Michael Kröll/Carlo Weber

Das neue Hessische Personalvertretungsgesetz
Gesetzestext und Synopse des alten und neuen Rechts

D1641044

Michael Kröll/Carlo Weber

Das neue Hessische Personalvertretungsgesetz

Gesetzestext und Synopse des alten und neuen Rechts

BUND
VERLAG

Bibliografische Information der Deutschen Nationalbibliothek
Die Deutsche Nationalbibliothek verzeichnet diese Publikation in der
Deutschen Nationalbibliografie; detaillierte bibliografische Daten
sind im Internet über *http://dnb.d-nb.de* abrufbar.

© Bund-Verlag GmbH, Emil-von-Behring-Straße 14, 60439 Frankfurt am Main, 2023
Umschlag: Neil McBeath, Stuttgart
Satz: Dörlemann Satz, Lemförde
Druck: CPI books GmbH, Birkstr. 10, 25917 Leck

ISBN 978-3-7663-7311-3

www.bund-verlag.de

Vorwort

Das Fortentwickeln des HPVG und das zeitgemäße Ausgestalten der Mitbestimmung im öffentlichen Dienst im Dialog mit den Gewerkschaften hatte sich die Regierungskoalition aus CDU und BÜNDNIS 90/DIE GRÜNEN auf die Fahnen und in ihren Koalitionsvertrag für die aktuelle Legislaturperiode von 2019–2024 geschrieben. Das aus dem Jahr 1988 stammende Gesetz sollte an aktuelle Entwicklungen der öffentlichen Verwaltung sowie in der Rechtsprechung angepasst werden.

Im Frühjahr 2022 wurde hierzu ein erster Referentenentwurf (vom 21.6.2022) präsentiert. Nach einer ersten Anhörung der Verbände mündete dieser Referentenentwurf nach Überarbeitung in einen Gesetzesentwurf, den die Landesregierung am 31.10.2022 billigte und dem Landtag zur Beschlussfassung vorlegte. Den Gesetzentwurf der Landesregierung mit dem Titel »Gesetz zur Novellierung des Hessischen Personalvertretungsrechts« (LT-Drs. 20/9470 vom 4.11.2022) überwies der Landtag nach einer ersten Lesung am 15.11.2022 zur Detailberatung federführend an den Innenausschuss. Parallel haben die Verbände, insbesondere die Gewerkschaften, zum Gesetzentwurf erneut und umfangreich Stellung genommen (Näheres zu den einzelnen Stellungnahmen Ausschussvorlage INA 20/63, Teil 1 bis Teil 5). Nach der öffentlichen Anhörung im Innenausschuss am 2.2.2023 beschloss der Innenausschuss am 9.3.2023 einen Änderungsantrag der Fraktion der CDU und der Fraktion BÜNDNIS 90/DIE GRÜNEN (LT-Drs. 20/10698 vom 7.3.2023), in welchem einige (wenige) Themen aufgegriffen wurden, die in der Anhörung besonders problematisiert wurden. Der Landtag hat den Gesetzentwurf am 23.3.2023 in 3. Lesung abschließend beraten und beschlossen. Das Gesetz zur Novellierung des Hessischen Personalvertretungsrechts und zur Änderung dienstrechtlicher Vorschriften vom 28.3.2023, das in Artikel 1 das novellierte HPVG enthält, wurde am 5.4.2023 im Gesetz- und Verordnungsblatt (GVBl. I S. 103) verkündet. Die jetzt gültige Neufassung des HPVG ist am 6.4.2023 in Kraft getreten. Seit diesem Tag sind die neuen Vorschriften von den bisherigen Personalvertretungen und Jugend- und Auszubildendenvertretungen in Hessen, die bis zur Neuwahl im Mai 2024 die Geschäfte weiterführen (§ 110 HPVG n.F.), sowie für die Dienststellen die Grundlage für ihre Tätigkeit. Mit der Neufassung sind die bisherigen Vorschriften nicht bloß überarbeitet, sondern umfassend neu strukturiert worden. Kaum eine Regelung findet sich dort, wo sie bisher zu finden war. Das erschwert bereits das Auffinden der neuen Vorschriften. Zudem ist auch ein Vergleich der alten und neuen Gesetzesfassung hinsichtlich der Änderungen mühsam und oftmals nur durch einen aufwendigen Textvergleich möglich.

Die vorliegende Broschüre soll den Praktikerinnen und Praktikern deshalb eine erste Handreichung zum Anwenden des »neuen« HPVG geben. In der Einleitung werden die wesentlichen Änderungen zusammengefasst und übersichtlich skizziert. Im ersten Teil wird der aktuelle Text des novellierten HPVG wiedergegeben. Im zweiten Teil stellt eine dreispaltige Synopse die Vorschriften des HPVG in alter Fassung (erste Spalte) den Vorschriften der neuen Fassung (zweite Spalte) gegenüber. Flankiert wird diese Gegenüberstellung durch kompakte und praxisorientierte Erläuterungen der Neuerungen und Änderungen (dritte Spalte). Der zweite Teil schließt mit einer Schnellübersicht der alten und neuen Vorschriften, die in einer Tabelle gegenübergestellt sind, ab. Damit sollen die bisher bekannten Vorschriften auf einen Blick in der Neufassung aufzufinden sein.

Vorwort

In dem dritten Teil sind wesentliche Änderungen und Neuerungen sowie Grundlegendes zur Personalratsarbeit in Übersichten kompakt dargestellt.

Die Verfasser und der Verlag möchten mit dieser Hilfestellung den Anwenderinnen und den Anwendern die ersten Schritte beim Anwenden der neuen Gesetzesfassung erleichtern. Eine detaillierte und vertiefte Auseinandersetzung mit den neuen und geänderten Vorschriften kann und soll diese Broschüre nicht ersetzen.

Frankfurt, im Mai 2023

Inhaltsverzeichnis

Inhaltsverzeichnis

Abkürzungsverzeichnis

a. a. O.	am angegebenen Ort
a. F.	alte Fassung
Art.	Artikel
BJAV	Bezirksjugend- und -auszubildendenvertretung
BPersVG	Bundespersonalvertretungsgesetz
BPR	Bezirkspersonalrat
GJAV	Gesamtjugend- und -auszubildendenvertretung
GPR	Gesamtpersonalrat
HHG	Hessisches Hochschulgesetz
HJAV	Hauptjugend- und -auszubildendenvertretung
HPR	Hauptpersonalrat
HPVG	Hessisches Personalvertretungsgesetz
i. V. m.	in Verbindung mit
JAV	Jugend- und Auszubildendenvertretung
LT-Drs.	Landtagsdrucksache
n. F.	neue Fassung
PR	Personalrat
Rn.	Randnummer
TV-H	Tarifvertrag für das Land Hessen
TVöD	Tarifvertrag für den öffentlichen Dienst
u. a.	unter anderem
vgl.	vergleiche
WO	Wahlordnung
WPflG	Wehrpflichtgesetz
z. B.	zum Beispiel
z. T.	zum Teil

Einleitung: Das HPVG 2023 – Was ist neu?

Die Neufassung des Hessischen Personalvertretungsgesetzes (HPVG) ist am 6. 4. 2023 in Kraft getreten. Sie löst das HPVG vom 24. 3. 1988 (GVBl. I S. 103) ab, mit dem damals die Möglichkeiten der Personalvertretungen – im Unterschied zur vorherigen Fassung vom 11. 7. 1984 (unter Berücksichtigung der Staatsgerichtshof-Entscheidung vom 30. 4. 1986 – P. St. 1023) – durch die CDU/FDP-Regierungsmehrheit deutlich beschnitten wurden.

Die jetzige Novellierung ist seither nicht die erste Änderung. Vielmehr ist das HPVG in den letzten Jahren mehr als 40-mal geändert worden, allerdings überwiegend nur (bei) einzelne(n) Vorschriften. Anlass hierfür waren oftmals aktuelle, in der Regel organisatorische Entwicklungen in der hessischen Landesverwaltung oder auch Gesetzes- bzw. Tarifänderungen, die im Personalvertretungsrecht abzubilden und umzusetzen waren. Besonders hervorzuheben sind die jeweils durch Regierungswechsel veranlassten Änderungen in den Jahren 1992, 1999 und 2004. Bei diesen Änderungen wurden die Arbeitsbedingungen und die Beteiligungsmöglichkeiten der Personalvertretungen wesentlich verändert – zum Teil verbessert und zum Teil verschlechtert.

Mit dem Gesetz zur Änderung des HPVG vom 25. 2. 1992 (GVBl. I S. 77) knüpfte nach dem Regierungswechsel 1991 die SPD/GRÜNEN-Mehrheit im Landtag im Wesentlichen an das HPVG von 1984 unter Berücksichtigung der Staatsgerichtshof-Entscheidung vom 30. 4. 1986 an. Das stärkte die Möglichkeiten der Beteiligung der Personalvertretungen (wieder). Der nächste Regierungswechsel im April 1999 hin zur CDU/FDP besiegelte eine erneute Änderung des HPVG. Das Gesetz zur Beschleunigung von Entscheidungsprozessen innerhalb der öffentlichen Verwaltung vom 6. 7. 1999 (GVBl. I S. 338) schränkte die bisherigen Beteiligungsrechte der Personalvertretungen ganz erheblich ein. Hervorzuheben ist etwa die Herabstufung der Mitbestimmung in organisatorischen und wirtschaftlichen Angelegenheiten zur Mitwirkung. Nach dem nächsten Regierungswechsel im April 2003 verabschiedete die CDU-Alleinregierung das Zweite Gesetz zur Beschleunigung von Entscheidungsprozessen innerhalb der öffentlichen Verwaltung vom 18. 12. 2003 (GVBl. I S. 494), welches in Art. 1 erneut das HPVG änderte. Damit wurden die Möglichkeiten der Personalvertretungen noch weiter reduziert, etwa indem die Zustimmungsverweigerungsgründe bei personellen Einzelmaßnahmen vorgegeben und eingegrenzt wurden und eine gewichtige Konkurrenzregel – nach der die Mitbestimmung bei gleichzeitig vorliegender Mitwirkung oder Anhörung zurücktritt – eingefügt wurde.

Mit der jetzigen Novellierung des HPVG durch das Gesetz vom 28. 3. 2023 will die Regierungskoalition aus CDU und BÜNDNIS 90/DIE GRÜNEN das HPVG fortentwickeln und zeitgemäß ausgestalten. Diese vielversprechenden Ziele hat die amtierende Regierungsmehrheit – jedenfalls aus Sicht der Beschäftigten, ihrer Personalvertretungen und der Gewerkschaften – mit dem neuen HPVG verfehlt. Es bleibt weiterhin bei den beschriebenen reduzierten Beteiligungsmöglichkeiten der Personalvertretungen insbesondere durch den Rücktritt der Mitbestimmung bei gleichzeitiger Mitwirkung oder Anhörung (jetzt § 78 Abs. 4 n. F.).

Das neue HPVG bringt eine umfassende Neustrukturierung sowie eine sprachliche und redaktionelle Überarbeitung des Gesetzes. Inhaltliche Änderungen sind damit überwiegend nicht verbunden. Es ist an einigen Stellen an aktuelle Entwicklungen in der öffentlichen Verwaltung, etwa im Hinblick auf elektronische Kommunikationsmöglichkeiten, sowie Entwicklungen in der Rechtsprechung, etwa durch richterlich eingeräumte Beteiligungsrechte, angepasst worden. Die wesentlichen Änderungen werden im Folgenden übersichtsartig dargestellt.

1. Neue Struktur: Änderung der Paragrafen-Folge

Das HPVG ist nun völlig neu gegliedert. Nur wenige Regelungen sind an der bisherigen Stelle geblieben. Selbst inhaltlich nicht geänderte Vorschriften finden sich unter neuer Nummerierung. Dabei sind grundsätzliche Regelungen, wie z. B. die Grundsätze der Zusammenarbeit zwischen Dienststelle und Personalrat (§ 2 n. F.), die Stellung der Gewerkschaften in der Dienststelle (§ 3 n.F), das Benachteiligungs- und Begünstigungsverbot (§ 7 n. F.) und die Schweigepflicht (§ 8 n. F.) an den Anfang des Gesetzes gestellt worden. Bisher verstreute Regelungskomplexe sind nun nach Sachzusammenhängen neu sortiert, etwa die Beteiligung des Personalrats (Sechster Teil). Zudem haben die einzelnen Paragrafen jetzt amtliche Überschriften.

Diese umfassenden Neustrukturierungen erleichtern perspektivisch das Anwenden des neuen Gesetzes – auch wenn in der Anfangszeit die Suche nach den aktuellen Regelungen sicherlich noch etwas aufwändiger sein wird.

2. Neue Struktur: Die Beteiligungsrechte

Die bisherige Einteilung in Mitbestimmungsrechte, Mitwirkungsrechte, Anhörungsrechte und Informationsrechte findet sich auch im novellierten HPVG wieder. Die Grundstruktur bei den Mitbestimmungsrechten, insbesondere die Entscheidungskompetenz der Einigungsstelle, wurde nicht angetastet. Weiterhin hat der Beschluss der Einigungsstelle nach § 71 Abs. 1 n. F. entweder Bindungscharakter (mit der Aufhebungsmöglichkeit bei Entscheidungen, die im Einzelfall wegen der Auswirkung auf das Gemeinwohl wesentlicher Bestandteil der Regierungsgewalt sind; § 71 Abs. 2 n. F.) oder nur Empfehlungscharakter.

Die Beteiligung ist nun nach der Art der Angelegenheit gegliedert in soziale Angelegenheiten (§ 74 n. F.), in Personalangelegenheiten (§§ 75 ff. n. F.) und in organisatorische, wirtschaftliche und sonstige Angelegenheiten (§§ 78 ff. n. F.). Neu ist nun, dass innerhalb der jeweiligen Vorschriften grundsätzlich in Absatz 1 die Mitbestimmungstatbestände und in den folgenden Absätzen die Mitwirkungs- und die Anhörungstatbestände normiert sind. Das erleichtert das Auffinden und Anwenden der jeweiligen Beteiligungsrechte.

3. Neue Struktur: Die Einigungsstelle

Die Regelungen zur Einigungsstelle sind neu gegliedert. Die bisherigen Vorgaben in § 71 a. F. finden sich nun übersichtlicher in § 69 n. F. (Bildung der Einigungsstelle), in § 70 n. F. (Verfahren der Einigungsstelle) und in § 71 n. F. (Umfang der Bindungswirkung und Durchführung der Beschlüsse der Einigungsstelle). Abgesehen von der nun neu eingefügten Verpflichtung zur Begründung, wenn die oberste Dienstbehörde der Empfehlung der Einigungsstelle nicht folgt, sind damit keine inhaltlichen Änderungen verbunden.

4. Sprachliche Anpassungen

Das novellierte HPVG ist sprachlich in Gänze überarbeitet worden, insbesondere im Hinblick auf die aktuelle Rechtschreibung, und geschlechterneutral formuliert worden. Dabei werden entweder geschlechtsneutrale Begriffe, etwa Dienststellenleitung (vgl. §§ 6 Abs. 1, 62 Abs. 1 n. F.) oder sowohl die weibliche als auch die männliche Bezeichnung, etwa Beamtinnen und Beamte (§§ 4 Abs. 1, 75 Abs. 1 n. F.), Arbeitnehmerinnen und Arbeitnehmer (§§ 4 Abs. 1, 75 Abs. 2 n. F.), die oder der Vorsitzende des Personalrats (§ 28 Abs. 2 n. F.) verwendet. Inhaltliche Änderungen sind damit nicht verbunden.

5. Inhaltliche Änderungen

Neben den umfangreichen strukturellen und sprachlichen Änderungen sind auch einige inhaltliche Änderungen zu verzeichnen, zum Beispiel:

a) Wahlrecht

Das Mindestalter für das aktive Wahlrecht zum Personalrat (bisher 18. Lebensjahr) ist gestrichen (§ 10 Abs. 1 n. F.). Somit können Beschäftigte jeden Alters ihre Stimme abgeben. Gewählt werden können Beschäftigte allerdings weiterhin erst, wenn sie am Wahltag das 18. Lebensjahr vollendet haben (§ 11 Abs. 1 n. F.).

Der Ausschluss des Wahlrechts für die Freistellungsphase der Altersteilzeit (§ 10 Abs. 1 Nr. 3 n. F.) sowie das Erlöschen der Mitgliedschaft im Personalrat mit Eintritt in die Freistellungsphase (§ 24 Abs. 1 Nr. 7 n. F.) sind jetzt ausdrücklich normiert. Das entspricht der bisherigen Rechtsprechung des Bundesverwaltungsgerichts (Beschluss vom 15. 5. 2002 – 6 P 8.01).

Bei längeren Beurlaubungen geht die Wahlberechtigung erst bei mehr als zwölf (bisher sechs) Monaten Beurlaubungszeit verloren (§ 10 Abs. 1 Nr. 2 n. F.). Das gilt für alle Arten von Beurlaubungen, nicht mehr nur bei Beurlaubungen unter Wegfall der Bezüge. Der zwölfmonatige Beurlaubungszeitraum gilt entsprechend als Höchstgrenze für das passive Wahlrecht sowie für das Erlöschen der Mitgliedschaft im Personalrat. Nicht wählbar sind Beschäftigte, die am Wahltag noch länger als zwölf Monate beurlaubt sind (§ 11 Abs. 2 Nr. 2 n. F.). Die Mitgliedschaft im Personalrat erlischt durch Eintritt in eine mehr als zwölfmonatige Beurlaubung (§ 24 Abs. 1 Nr. 6 n. F.).

Bei Abordnungen und Zuweisungen geht das Wahlrecht nicht mehr nach drei Monaten verloren, wenn die Rückkehr an die bisherige Dienststelle binnen weiterer neun Monate feststeht (§ 10 Abs. 2 n. F.).

b) Wahlvorschriften

Die nächsten regelmäßigen Personalratswahlen – und erstmaligen Wahlen nach dem neuen HPVG – finden nach der Klarstellung in § 20 Abs. 1 n. F. im Mai 2024 statt.

Einleitung: Das HPVG 2023 – Was ist neu?

Neu ist die Festlegung des Beginns der Amtsperiode jeweils am 1. Juni eines jeden Wahljahres (§ 20 Abs. 2 n. F.). Ebenfalls neu ist das befristete Übergangsmandat für den Fall, dass nach Ablauf der Amtszeit ein neuer Personalrat noch nicht konstituiert ist. In diesem Fall führt der bisherige Personalrat die Geschäfte weiter, bis sich der neu gewählte Personalrat konstituiert hat, längstens jedoch bis zum Ablauf des 31. Juli (§ 20 Abs. 2 n. F.). Diese Regelung soll personalratslose Zeiten verhindern.

Die wesentlichen Aufgaben des Wahlvorstands, die zum Teil bisher in der Wahlordnung geregelt sind, finden sich nunmehr ausdrücklich im HPVG (§ 17 n. F.).

Neu ist die Zulassung eines vereinfachten Wahlverfahrens bei der Jugend- und Auszubildendenvertretung. Der Wahlvorstand kann bestimmen, dass die Wahl der Jugend- und Auszubildendenvertretung in Dienststellen mit höchstens 20 Jugendlichen und Auszubildenden in einer Wahlversammlung stattfindet (§ 55 Abs. 2 n. F.).

c) Rechte der Gewerkschaften

Das Zutrittsrecht der Gewerkschaften zur Dienststelle ist jetzt ausdrücklich in § 3 Abs. 2 n. F. geregelt. Danach ist den Beauftragten der in der Dienststelle vertretenen Gewerkschaften zum Wahrnehmen der im HPVG genannten Aufgaben und Befugnisse nach Unterrichtung der Dienststelle Zugang zu der Dienststelle zu gewähren, soweit dem nicht zwingende dienstliche Gründe, zwingende Sicherheitsvorschriften oder der Schutz von Dienstgeheimnissen entgegenstehen.

Außerdem wird den Gewerkschaften in § 3 Abs. 3 Satz 2 n. F. die Möglichkeit einer Verlinkung auf ihren Internetauftritt im Intranet der Dienststelle eingeräumt.

Beauftragte der in der Dienststelle vertretenen Gewerkschaften haben jetzt bei der Teilnahme an der Personalversammlung ein ausdrücklich normiertes Rederecht (§ 45 Abs. 2 n. F.)

d) Schutz der Personalratsmitglieder

Der Schutz der Personalratsmitglieder vor Versetzungen und Abordnungen wird erweitert auf Zuweisungen und Personalgestellungen. Mitglieder des Personalrats dürfen nach § 40 Abs. 2 n. F. gegen ihren Willen nur versetzt, zugewiesen, abgeordnet oder im Wege der Personalgestellung einem Dritten zugewiesen werden, wenn dies aus wichtigen dienstlichen Gründen auch unter Berücksichtigung der Mitgliedschaft im Personalrat unvermeidbar ist und der Personalrat zustimmt.

e) Virtuelle Personalratssitzung

Die bisher befristet bis zum 30.6.2023 bestehende Möglichkeit, die Personalratssitzung vollständig oder durch Zuschalten einzelner Mitglieder oder Teilnahmeberechtigter mittels Video- oder Telefonkonferenz durchzuführen, findet sich jetzt unbefristet in § 29 Abs. 3 n. F. Die Personalratssitzungen finden weiterhin in der Regel als Präsenzsitzung in Anwesenheit der Mitglieder vor Ort statt. Der Personalrat hat nun allerdings dauerhaft die Option, die Sitzung – ganz oder teilweise – virtuell durchzuführen. Neu ist die Klarstellung, dass Personalratsmitglieder bei Hybridsitzungen nicht zur virtuellen Teilnahme verpflichtet werden können. Sie sind weiterhin berechtigt, vor Ort an der Sitzung teilzunehmen (§ 29 Abs. 3 Satz 6 n. F.).

f) Elektronische Kommunikation

In der Praxis hat sich die elektronische Kommunikation zwischen Dienststelle und Personalrat – in der Regel per E-Mail – bereits etabliert. Der Gesetzgeber hat nunmehr an zahlreichen Stellen im

HPVG die elektronische Form der Schriftform gleichgesetzt und erlaubt somit neben der schriftlichen alternativ nun auch ausdrücklich die elektronische Kommunikation.

Das gilt etwa für

- Zustimmungsverweigerungen in Mitbestimmungsangelegenheiten (§ 66 Abs. 2 Satz 4 n. F.)
- Unterbreiten von Initiativanträgen durch den Personalrat (§ 67 Abs. 1 Satz 2 n. F.)
- Zurückweisen von Initiativanträgen durch die Dienststelle (§ 67 Abs. 2 Satz 3 n. F.)
- Mitteilung der Dienststelle, wenn in Mitwirkungsangelegenheiten den Einwendungen des Personalrats nicht oder nicht in vollem Umfang entsprochen wird (§ 72 Abs. 3 n. F.)
- Beantragen von Mitwirkungsmaßnahmen durch den Personalrat (§ 72 Abs. 4 Satz 1 n. F.)
- Mitteilung der Entscheidung über beantragte Mitwirkungsmaßnahmen durch die Dienststelle (§ 72 Abs. 4 Satz 1 n. F.)
- Mitteilung von Bedenken des Personalrats gegen fristlose Entlassungen, außerordentliche Kündigungen oder Kündigungen während der Probezeit (§ 75 Abs. 4 n. F.)

Außerdem sind nun Einwendungen gegen das Protokoll über die Personalratssitzung auch elektronisch möglich (§ 32 Abs. 2 n. F.).

Soweit die Schriftform für die Authentizität und Rechtssicherheit erforderlich ist, bleibt sie ausdrücklich vorgegeben. Dienstvereinbarungen beispielsweise sind weiterhin schriftlich niederzulegen (§ 65 Abs. 2 n. F.) oder Weiterbeschäftigungsansprüche durch bisherige Auszubildende ebenfalls weiterhin schriftlich geltend zu machen (§ 41 Abs. 2 n. F.)

g) Informations- und Kommunikationssysteme

Das Zulassen der elektronischen Kommunikation erfordert das Nutzen von Informations- und Kommunikationssystemen. Deshalb hat die Dienststelle dem Personalrat für die Sitzungen, die Sprechstunden und die laufende Geschäftsführung die in der Dienststelle üblicherweise genutzte Informations- und Kommunikationstechnik in dem zum sachgerechten Wahrnehmen seiner Aufgaben erforderlichen Umfang zur Verfügung zu stellen. Das ist jetzt klarstellend anders als in § 42 Abs. 2 a. F. in § 35 Abs. 2 n. F. ausdrücklich ergänzt worden. Das gilt auch für das Durchführen von virtuellen Sitzungen nach § 29 Abs. 3 n. F.

Der Personalrat kann für seine Mitteilungen an die Beschäftigten über Angelegenheiten, die sie betreffen, für seine Bekanntmachungen und für seine Aushänge jetzt ausdrücklich auch die in der Dienststelle üblicherweise genutzten Informations- und Kommunikationssysteme nutzen (§ 34 Abs. 2 n. F.). Abgesehen von der Möglichkeit der virtuellen Personalratssitzung und den Möglichkeiten der elektronischen Kommunikation hat der Gesetzgeber keine weiteren elektronischen Handlungsmöglichkeiten für die Personalratsarbeit, etwa bei Sprechstunden, Monatsgesprächen oder Personalversammlungen, aufgenommen.

h) Datenschutz

Gänzlich neu sind die in § 42 n. F. normierten Grundsätze des Datenschutzes. Damit wird klargestellt, dass der Personalrat beim Verarbeiten personenbezogener Daten die Vorschriften über den Datenschutz einzuhalten hat, insbesondere die Datenschutz-Grundverordnung und das Hessische Datenschutz- und Informationsfreiheitsgesetz. Die Dienststelle ist die datenschutzrechtlich verantwortliche Stelle für das Verarbeiten personenbezogener Daten, auch bei Verarbeiten von Daten durch den Personalrat. Die Dienststelle und der Personalrat unterstützen sich gegenseitig beim Einhalten der datenschutzrechtlichen Vorschriften. Die Aufgaben der oder des behördlichen Datenschutzbeauftragten bestehen auch gegenüber dem Personalrat als Teil der verantwortlichen Stelle. Deshalb wird der oder dem Datenschutzbeauftragten eine besondere Verschwiegenheitspflicht gegenüber der Dienststelle auferlegt, etwa hinsichtlich Informationen, die Rückschlüsse auf den Meinungsbildungsprozess des Personalrats zulassen.

i) Allgemeine Aufgaben des Personalrats

Die allgemeinen Aufgaben des Personalrats – jetzt in § 60 n. F. geregelt – sind erweitert um die Förderung der Vereinbarkeit von Familie, Pflege und Beruf (§ 60 Abs. 1 Nr. 6 n. F.) sowie die Anregung von Maßnahmen, die dem Umweltschutz in der Dienststelle dienen (§ 60 Abs. 1 Nr. 9 n. F.).

j) Durchführung von Maßnahmen

In § 64 Abs. 1 n. F. ist erstmals ausdrücklich geregelt, dass die Dienststelle die mit dem Personalrat abgestimmten Maßnahmen durchführt. Die Dienststellenleitung und der Personalrat dürfen im Einzelfall etwas anderes vereinbaren, etwa beim Verwalten von Sozialeinrichtungen.
Der Personalrat darf nicht einseitig in den Dienstbetrieb eingreifen. Das ist jetzt in § 64 Abs. 2 n. F. ausdrücklich normiert.

k) Monatsgespräch

Die gemeinschaftlichen Besprechungen zwischen Dienststellenleitung und Personalrat, die mindestens einmal im Monat stattfinden sollen, sind jetzt ausdrücklich als Monatsgespräche bezeichnet in § 62 Abs. 1 n. F. Inhaltlich neu ist die Soll-Regelung zur möglichst frühzeitigen Unterrichtung des Personalrats im Rahmen der Monatsgespräche durch die Dienststellenleitung über beabsichtigte Maßnahmen zur Verwaltungsmodernisierung und zur Digitalisierung sowie über beabsichtigte Organisationsentscheidungen, die beteiligungspflichtige Maßnahmen zur Folge haben (§ 62 Abs. 1 Satz 4 n. F.). Damit soll eine frühzeitige Information des Personalrats bereits im Vorfeld von anstehenden Veränderungen, die sich auf die Beschäftigten auswirken, erreicht werden.

l) Mitbestimmungsrechte

Neu aufgenommen ist bei den sozialen Angelegenheiten, bei denen nach § 71 Abs. 1 n. F. die Einigungsstelle verbindlich entscheidet, das Mitbestimmungsrecht über Grundsätze des behördlichen oder betrieblichen Gesundheits- und Eingliederungsmanagements (§ 74 Abs. 1 Nr. 5 n. F.). Der Empfehlung des Innenausschusses (LT-Drs. 20/10698, S. 8) folgend ist der bisherige Mitbestimmungstatbestand bei der Aufstellung des Urlaubsplans um die Aufstellung allgemeiner Urlaubsgrundsätze erweitert worden (§ 74 Abs. 1 Nr. 8 n. F.). Das hat allerdings lediglich klarstellen Charakter. Zum Aufstellen des Urlaubsplans gehört bereits nach der jüngsten Rechtsprechung des Bundesverwaltungsgerichts auch das Aufstellen allgemeiner Urlaubsgrundsätze (Beschluss vom 21.9.2022 – 5 P 17.21). Zur Mitbestimmung bei personellen Einzelmaßnahmen nach § 75 n. F., bei denen nach § 71 Abs. 1 n. F. die Einigungsstelle lediglich eine Empfehlung an die oberste Dienstbehörde ausspricht, gehört nun nach § 75 Abs. 1 Nr. 7, Abs. 2 Nr. 7 auch die Ablehnung eines Antrags nach §§ 64a HBG und 64b HBG (Familienpflegezeit und Pflegezeit). Außerdem ist bei Arbeitnehmerinnen und Arbeitnehmern nunmehr – ausdrücklich – die Stufenzuordnung, die nicht in das Ermessen des Arbeitgebers gestellt ist, mitbestimmungspflichtig (§ 75 Abs. 2 Nr. 2 n. F.). Das entspricht der bisherigen Rechtsprechung des Bundesverwaltungsgerichts (Beschlüsse vom 7.3.2011 – 6 P 15.10, vom 13.10.2009 – 6 P 15.08, und vom 27.8.2008 – 6 P 11.07). Außerdem hat der Personalrat jetzt mitzubestimmen bei der Personalgestellung von Arbeitnehmerinnen und Arbeitnehmern (§ 75 Abs. 2 Nr. 4 n. F.).

Neu sind bei den organisatorischen und wirtschaftlichen Angelegenheiten, bei denen nach § 71 Abs. 1 n. F. die Einigungsstelle lediglich eine Empfehlung an die oberste Dienstbehörde ausspricht, die Mitbestimmungsrechte über

- die Anordnung von Dienstbereitschaft, Bereitschaftsdienst, Rufbereitschaft, Mehrarbeit und Überstunden sowie der Festsetzung von Kurzarbeit (§ 78 Abs. 1 Nr. 2 n. F.) und
- die Einführung, wesentliche Änderung und Aufhebung von Arbeitsformen außerhalb der Dienststelle und von Arbeitszeitmodellen (§ 78 Abs. 1 Nr. 2 n. F.).

m) Mitwirkungsrechte

Der Personalrat wirkt jetzt nach § 75 Abs. 3 Nr. 2 n. F. mit bei der Feststellung der begrenzten Dienstfähigkeit, sofern die oder der Beschäftigte es beantragt. Dies dient der Rechtsklarheit im Hinblick auf die Rechtsprechung des Bundesverwaltungsgerichts (Beschluss vom 27. 3. 2018 – 5 P 3.17), wonach die bestehende Gesetzeslücke hinsichtlich der Feststellung der begrenzten Dienstfähigkeit bereits durch eine Analogie geschlossen wurde.

Der bisherige Mitwirkungstatbestand hinsichtlich der Einführung grundlegender neuer Arbeitsmethoden (§ 81 Abs. 1 a. F.) ist um die beispielhafte Aufzählung »insbesondere für Verfahren der Verwaltungsdigitalisierung« (§ 78 Abs. 2 Nr. 2 n. F.) ergänzt worden. Damit wird klargestellt, dass es sich beim Einführen von Fachverfahren zur Verwaltungsdigitalisierung immer (nur) um einen Mitwirkungstatbestand handelt.

n) Anhörung

Neue anhörungspflichtige Tatbestände finden sich im neuen HPVG nicht. Allerdings ist erstmals das Anhörungsverfahren geregelt. Soweit der Personalrat anzuhören ist, ist ihm nach § 73 n. F. die beabsichtigte Maßnahme rechtzeitig bekanntzugeben und ausreichend Gelegenheit zur Äußerung innerhalb angemessener Frist zu geben.

o) Personalversammlung

Die Personalversammlung kann nach der Neuregelung nur noch Angelegenheiten behandeln, die die Dienststelle oder ihre Beschäftigten unmittelbar betreffen, insbesondere die aktuelle Entwicklung von Tarif-, Besoldungs- und Sozialangelegenheiten sowie Fragen der tatsächlichen Gleichstellung von Frauen und Männern, der Teilhabe von Menschen mit Behinderungen und der Vereinbarkeit von Familie, Pflege und Beruf (§ 46 Abs. 2 n. F.).

Hat die Personalversammlung dem Personalrat Anträge unterbreitet, ist der Personalrat nun verpflichtet, die Beschäftigten über die Behandlung der Anträge und den Fortgang der in der Personalversammlung behandelten Angelegenheiten zu unterrichten (§ 46 Abs. 4 n. F.).

Beauftragte der in der Dienststelle vertretenen Gewerkschaften haben jetzt bei der Teilnahme an der Personalversammlung ein ausdrücklich normiertes Rederecht (§ 45 Abs. 2 n. F.)

p) Hilfskräfterat für studentische Hilfskräfte

An der Regelung, dass studentische Hilfskräfte nicht als Beschäftigte im Sinne des HPVG gelten (§ 4 Abs. 5 Nr. 3 n. F.), wird trotz der deutlichen Kritik in der Anhörung im Innenausschuss am 2. 2. 2023 festgehalten. Nach der Empfehlung des Innenausschusses (LT-Drs. 20/10698, S. 10) wird stattdessen für die studentischen Hilfskräfte mit dem Hilfskräferat nach § 97 Abs. 7 n. F. eine eigenständige Interessenvertretung neu geschaffen. Der Hilfskräfterat wird von den studentischen Hilfskräften an den Hochschulen gewählt und besteht aus drei Mitgliedern (bei bis zu 1000 studentischen Hilfskräften) oder sieben Mitgliedern (bei über 1000 studentischen Hilfskräften). Aufgabe des Hilfskräferats ist es, die besonderen Interessen der studentischen Hilfskräfte, die sich aus deren speziellen Arbeitsverhältnissen ergeben, zu vertreten. Dafür sollen Mitglieder des Hilfskräferats an der Personalratssitzung mit Rederecht und in allen Angelegenheiten, die die studentischen Hilfskräfte betreffen, sogar mit Antrags- und Stimmrecht teilnehmen.

Teil 1
Hessisches Personalvertretungsgesetz (HPVG)[1]

vom 28. 3. 2023 (GVBl. I S. 183)

Inhaltsübersicht

---

1   Dieses Gesetz dient der Umsetzung
  1. der Richtlinie 2002/14/EG des Europäischen Parlaments und des Rates vom 11. März 2002 zur Festlegung eines allgemeinen Rahmens für die Unterrichtung und Anhörung der Arbeitnehmer in der Europäischen Gemeinschaft (ABl. EG Nr. L 80 S. 29), geändert durch Richtlinie (EU) 2015/1794 des Europäischen Parlaments und des Rates vom 6. Oktober 2015 (ABl. EU Nr. L 263 S. 1),
  2. der Richtlinie 2001/23/EG des Rates vom 12. März 2001 zur Angleichung der Rechtsvorschriften der Mitgliedstaaten über die Wahrung von Ansprüchen der Arbeitnehmer beim Übergang von Unternehmen, Betrieben oder Unternehmens- oder Betriebsteilen (ABl. EG Nr. L 82 S. 16), zuletzt geändert durch Richtlinie (EU) 2015/1794 des Europäischen Parlaments und des Rates vom 6. Oktober 2015 (ABl. EU Nr. L 263 S. 1),
  3. der Richtlinie 2000/43/EG des Rates vom 29. Juni 2000 zur Anwendung des Gleichbehandlungsgrundsatzes ohne Unterschied der Rasse oder der ethnischen Herkunft (ABl. EG Nr. L 180 S. 22) und
  4. der Richtlinie 2000/78/EG des Rates vom 27. November 2000 zur Festlegung eines allgemeinen Rahmens für die Verwirklichung der Gleichbehandlung in Beschäftigung und Beruf (ABl. EG Nr. L 303 S. 16).

Hessisches Personalvertretungsgesetz (HPVG)

Hessisches Personalvertretungsgesetz (HPVG)

ACHTER TEIL
Gerichtliche Entscheidungen
§ 106 Gerichtszuständigkeit, anzuwendende Vorschriften
§ 107 Bildung von Fachkammern und eines Fachsenats

NEUNTER TEIL
Übergangs- und Schlussvorschriften
§ 108 Verordnungsermächtigung
§ 109 Entsprechende Geltung von Vorschriften
§ 110 Übergangsregelungen für bestehende Personalvertretungen
§ 111 Aufhebung bisherigen Rechts
§ 112 Inkrafttreten

ERSTER TEIL
Allgemeine Vorschriften

§ 1 Geltungsbereich, Ausschluss abweichender Regelungen
(1) In Ausgestaltung des Art. 37 Abs. 1 der Verfassung des Landes Hessen werden in den Verwaltungen und Betrieben des Landes, der Gemeinden, Gemeindeverbände und sonstigen nicht bundesunmittelbaren Körperschaften, Anstalten und Stiftungen des öffentlichen Rechts sowie in den Gerichten des Landes Personalvertretungen gebildet.
(2) Dieses Gesetz gilt nicht für Religionsgemeinschaften und ihre karitativen und erzieherischen Einrichtungen ohne Rücksicht auf ihre Rechtsform; ihnen bleibt die selbstständige Ordnung eines Personalvertretungsrechts überlassen.
(3) Durch Tarifvertrag oder Dienstvereinbarung kann das Personalvertretungsrecht nicht abweichend von diesem Gesetz geregelt werden.

§ 2 Grundsätze der Zusammenarbeit
(1) Dienststelle und Personalvertretung arbeiten unter Beachtung der Gesetze und Tarifverträge vertrauensvoll zum Wohl der Beschäftigten und zur Erfüllung der der Dienststelle obliegenden Aufgaben zusammen.
(2) [1]Dienststelle und Personalvertretung haben alles zu unterlassen, was geeignet ist, die Arbeit und den Frieden in der Dienststelle zu gefährden. [2]Insbesondere dürfen sie keine Maßnahmen des Arbeitskampfes gegeneinander durchführen. [3]Die Zulässigkeit von Arbeitskämpfen tariffähiger Parteien wird hierdurch nicht berührt.
(3) Außenstehende Stellen dürfen erst angerufen werden, wenn eine Einigung in der Dienststelle nicht erzielt worden ist.
(4) Dienststelle und Personalvertretung haben darüber zu wachen, dass alle Angehörigen der Dienststelle nach Recht und Billigkeit behandelt werden, insbesondere, dass jede Benachteiligung von Personen wegen ihrer ethnischen Herkunft, ihrer Abstammung oder sonstigen Herkunft, ihrer Nationalität, ihrer Religion oder Weltanschauung, ihrer Behinderung, ihres Alters, ihrer politischen oder gewerkschaftlichen Betätigung oder Einstellung oder wegen ihres Geschlechts oder ihrer sexuellen Identität unterbleibt.
(5) Die Dienststellenleitung und die Personalvertretung haben bei der Wahrnehmung ihrer Aufgaben nach diesem Gesetz jede parteipolitische Betätigung in der Dienststelle zu unterlassen; die Behandlung von Tarif-, Besoldungs- und Sozialangelegenheiten wird dadurch nicht berührt.

§ 3 Stellung der Gewerkschaften und Arbeitgebervereinigungen

(1) Dienststelle und Personalvertretung arbeiten auch mit den in der Dienststelle vertretenen Gewerkschaften und Arbeitgebervereinigungen zum Wohl der Beschäftigten und zur Erfüllung der der Dienststelle obliegenden Aufgaben vertrauensvoll zusammen.

(2) Den Beauftragten der in der Dienststelle vertretenen Gewerkschaften ist zur Wahrnehmung der in diesem Gesetz genannten Aufgaben und Befugnisse nach Unterrichtung der Dienststelle Zugang zu der Dienststelle zu gewähren, soweit dem nicht zwingende dienstliche Gründe, zwingende Sicherheitsvorschriften oder der Schutz von Dienstgeheimnissen entgegenstehen.

(3) [1]Die Aufgaben der Gewerkschaften und der Arbeitgebervereinigungen, insbesondere die Wahrnehmung der Interessen ihrer Mitglieder, werden durch dieses Gesetz nicht berührt. [2]Auf Verlangen einer Gewerkschaft oder einer Arbeitgebervereinigung hat die Dienststelle in ihrem Intranet auf den Internetauftritt der Gewerkschaft oder der Arbeitgebervereinigung zu verlinken.

(4) [1]Die Personalvertretung hat das Recht, die Gewerkschaften bei der Erfüllung ihrer Aufgaben in der Dienststelle zu unterstützen. [2]Beschäftigte, die Aufgaben nach diesem Gesetz wahrnehmen, werden dadurch in der Betätigung für ihre Gewerkschaft in der Dienststelle nicht beschränkt.

(5) Die Personalvertretung hat sich für die Wahrung der Vereinigungsfreiheit der Beschäftigten einzusetzen.

§ 4 Beschäftigte, Gruppen

(1) [1]Beschäftigte im Sinne dieses Gesetzes sind die Beamtinnen und Beamten sowie die Arbeitnehmerinnen und Arbeitnehmer einschließlich der zu ihrer Berufsausbildung Beschäftigten. [2]Richterinnen und Richter sowie Staatsanwältinnen und Staatsanwälte sind Beschäftigte im Sinne dieses Gesetzes, wenn sie an eine Verwaltung oder einen Betrieb nach § 1 Abs. 1 abgeordnet sind.

(2) [1]Die Beamtinnen und Beamten sowie die Arbeitnehmerinnen und Arbeitnehmer bilden je eine Gruppe. [2]Die in Abs. 1 Satz 2 genannten Beschäftigten treten zur Gruppe der Beamtinnen und Beamten hinzu.

(3) [1]Wer Beamtin oder Beamter ist, bestimmen die Beamtengesetze. [2]Beschäftigte, die sich in der Ausbildung für eine Beamtenlaufbahn befinden, gelten als Beamtinnen und Beamte im Sinne dieses Gesetzes.

(4) [1]Arbeitnehmerinnen oder Arbeitnehmer im Sinne dieses Gesetzes sind Beschäftigte, die aufgrund eines Arbeitsvertrags in einem Arbeitsverhältnis zu einem der in § 1 Abs. 1 genannten Rechtsträger stehen oder sich in einer beruflichen Ausbildung in einem privatrechtlichen Verhältnis zu einem dieser Rechtsträger befinden. [2]Als Arbeitnehmerinnen und Arbeitnehmer gelten auch arbeitnehmerähnliche Personen nach § 12a des Tarifvertragsgesetzes in der Fassung der Bekanntmachung vom 25. August 1969 (BGBl. I S. 1323), zuletzt geändert durch Gesetz vom 20. Mai 2020 (BGBl. I S. 1055).

(5) Als Beschäftigte im Sinne dieses Gesetzes gelten nicht

1. Ehrenbeamtinnen und Ehrenbeamte,
2. Personen, die dem Organ der Körperschaft, Anstalt oder Stiftung des öffentlichen Rechts angehören, das zu deren gesetzlicher Vertretung berufen ist,
3. Personen, die an der Hochschule, an der sie immatrikuliert sind, eine Beschäftigung ausüben,
4. Personen, deren Beschäftigung vorwiegend durch Beweggründe karitativer oder religiöser Art bestimmt wird,
5. Personen, die vorwiegend zu ihrer Heilung, Wiedereingewöhnung, sittlichen Besserung oder Erziehung beschäftigt werden,
6. Personen, die ein mit einer Schul- oder Hochschulausbildung zusammenhängendes Praktikum ableisten, sofern das Praktikum nicht tarifvertraglich geregelt ist, sowie
7. Personen, die längstens zwei Monate in der Dienststelle beschäftigt sind.

§ 5 Dienststellen

(1) [1]Dienststellen im Sinne dieses Gesetzes sind die einzelnen Behörden, Verwaltungsstellen und Betriebe der in § 1 Abs. 1 genannten Verwaltungen und die Gerichte. [2]Gemeinden und Gemeindeverbände bilden unter Ausschluss der Eigenbetriebe und Krankenanstalten eine Dienststelle im Sinne dieses Gesetzes; Eigenbetriebe und Krankenanstalten gelten als selbstständige Dienststellen.

(2) [1]Die einer Behörde der Mittelstufe unmittelbar nachgeordnete Behörde bildet mit den ihr nachgeordneten Stellen eine Dienststelle; dies gilt nicht, soweit auch die weiter nachgeordneten Stellen im Verwaltungsaufbau nach Aufgabenbereich und Organisation selbstständig sind. [2]Behörde der Mittelstufe im Sinne dieses Gesetzes ist die der obersten Dienstbehörde unmittelbar nachgeordnete Behörde, der andere Dienststellen nachgeordnet sind.

(3) [1]Nebenstellen oder Teile einer Dienststelle, die räumlich weit von dieser entfernt liegen, gelten als selbstständige Dienststellen, wenn die Mehrheit ihrer wahlberechtigten Beschäftigten dies in geheimer Abstimmung beschließt. [2]Die oberste Dienstbehörde kann Nebenstellen oder Teile einer Dienststelle im Einvernehmen mit der Personalvertretung zu selbstständigen Dienststellen im Sinne dieses Gesetzes erklären; die Personalvertretung ist insoweit antragsberechtigt. [3]Satz 1 gilt nicht für die Regierungspräsidien, das Hessische Landesamt für Naturschutz, Umwelt und Geologie, den Landesbetrieb Landwirtschaft Hessen, den Landesbetrieb Hessisches Landeslabor und Hessen Mobil – Straßen- und Verkehrsmanagement.

(4) Mehrere Dienststellen gelten als eine Dienststelle, wenn die Mehrheit der wahlberechtigten Beschäftigten jeder Dienststelle dies in geheimer Abstimmung beschließt.

(5) [1]Bei gemeinsamen Dienststellen der in § 1 Abs. 1 genannten Verwaltungen, Betriebe oder Gerichte mit Einrichtungen, die nicht unter dieses Gesetz fallen, gelten nur die im Dienste dieser Verwaltungen, Betriebe oder Gerichte stehenden Beschäftigten als zur Dienststelle gehörig. [2]Im Übrigen wird bei Dienststellen, denen Beschäftigte mehrerer Dienstherren angehören, nur eine gemeinsame Personalvertretung gebildet, wenn nicht die Mehrheit der wahlberechtigten Beschäftigten eines Dienstherrn in geheimer Abstimmung die Bildung getrennter Personalvertretungen beschließt.

§ 6 Vertretung der Dienststelle

(1) [1]Für die Dienststelle handelt ihre Leiterin oder ihr Leiter (Dienststellenleitung). [2]Die Dienststellenleitung kann sich durch ihre ständige Vertreterin oder ihren ständigen Vertreter, bei obersten und oberen Landesbehörden, Behörden der Mittelstufe, den Hochschulen, dem Landeswohlfahrtsverband Hessen und der Deutschen Rentenversicherung Hessen auch durch die Leiterin oder den Leiter der für Personalangelegenheiten zuständigen Abteilung, vertreten lassen.

(2) [1]Als Dienststellenleitung können sich Bürgermeisterinnen und Bürgermeister sowie Landrätinnen und Landräte durch ihre allgemeine Vertreterin oder ihren allgemeinen Vertreter oder eine andere allgemein oder im Einzelfall bevollmächtigte Beigeordnete oder einen solchen Beigeordneten, bei kreisfreien Städten und Landkreisen sowie bei Sonderstatus-Städten nach § 4a Abs. 2 der Hessischen Gemeindeordnung auch durch die Leiterin oder den Leiter des für Personalangelegenheiten zuständigen Amtes, vertreten lassen. [2]§ 86 Abs. 2 bleibt unberührt. [3]In Eigenbetrieben und Krankenanstalten kann sich eine Betriebsleiterin oder ein Betriebsleiter als Dienststellenleitung durch eine allgemein oder im Einzelfall bevollmächtigte andere Betriebsleiterin oder einen solchen Betriebsleiter oder durch eine für den Fall der tatsächlichen oder rechtlichen Verhinderung der alleinigen Betriebsleiterin oder des alleinigen Betriebsleiters vom Gemeindevorstand bestellte stellvertretende Betriebsleiterin oder einen solchen Betriebsleiter oder durch die Leiterin oder den Leiter der für Personalangelegenheiten zuständigen Abteilung vertreten lassen. [4]In allen Fällen muss die Vertreterin oder der Vertreter zur Entscheidung befugt sein. [5]Beim Hessischen Verwaltungsschulverband kann sich die Verbandsvorsteherin oder der Verbandsvorsteher als Dienststellenleitung durch die Verbandsgeschäftsführerin oder den Verbandsgeschäftsführer vertreten lassen.

(3) [1]Abweichend von Abs. 1 handelt bei den der Aufsicht des Landes unterstehenden Körperschaften, Anstalten und Stiftungen des öffentlichen Rechts der Vorstand. [2]Er kann sich durch ein entscheidungsbefugtes Mitglied oder dessen ständige Vertreterin oder ständigen Vertreter vertreten lassen. [3]Bei den Sozialversicherungsträgern, den Kommunalen Gebietsrechenzentren, den Handwerkskammern, der Kassenärztlichen Vereinigung Hessen und den Studierendenwerken handelt für die Dienststelle die Geschäftsführerin oder der Geschäftsführer.

(4) In Zweifelsfällen bestimmt die oberste Dienstbehörde, wer die Aufgaben der Dienststellenleitung wahrnimmt.

§ 7 Behinderungs-, Benachteiligungs- und Begünstigungsverbot, Unfallfürsorge

(1) Personen, die Aufgaben oder Befugnisse nach diesem Gesetz wahrnehmen, dürfen darin nicht behindert und wegen ihrer Tätigkeit nicht benachteiligt oder begünstigt werden; dies gilt auch für ihre berufliche Entwicklung.

(2) Erleidet eine Beamtin oder ein Beamter bei der Wahrnehmung von Rechten oder der Erfüllung von Pflichten nach diesem Gesetz einen Unfall, der im Sinne der beamtenrechtlichen Unfallfürsorgevorschriften ein Dienstunfall wäre, so sind diese Vorschriften entsprechend anzuwenden.

§ 8 Schweigepflicht

(1) [1]Personen, die Aufgaben oder Befugnisse nach diesem Gesetz wahrnehmen oder wahrgenommen haben, haben über die ihnen dabei bekannt gewordenen Angelegenheiten und Tatsachen Stillschweigen zu bewahren. [2]Abgesehen von den Fällen des § 61 Abs. 1 Satz 4 und § 87 Abs. 2 Satz 2 gilt die Schweigepflicht nicht

1. für Mitglieder der Personalvertretung und der Jugend- und Auszubildendenvertretung gegenüber den übrigen Mitgliedern der Vertretung,
2. für die in Satz 1 genannten Personen gegenüber der zuständigen Personalvertretung,
3. gegenüber der vorgesetzten Dienststelle, der bei ihr gebildeten Stufenvertretung und gegenüber dem Gesamtpersonalrat, wenn diese im Rahmen ihrer Zuständigkeit beteiligt sind, sowie
4. für die Anrufung der Einigungsstelle.

(2) Die Schweigepflicht besteht nicht in Bezug auf Angelegenheiten oder Tatsachen, die offenkundig sind oder ihrer Bedeutung nach keiner Geheimhaltung bedürfen.

ZWEITER TEIL
Der Personalrat

Erster Abschnitt
Wahl und Zusammensetzung

§ 9 Bildung von Personalräten

(1) In allen Dienststellen, die in der Regel mindestens fünf Wahlberechtigte beschäftigen, von denen drei wählbar sind, werden Personalräte gebildet.

(2) Dienststellen, in denen ein Personalrat nach Abs. 1 nicht gebildet wird, werden von der übergeordneten Dienststelle im Einvernehmen mit der Stufenvertretung einer anderen Dienststelle zugeordnet.

§ 10 Wahlberechtigung

(1) [1]Wahlberechtigt sind alle Beschäftigten, es sei denn, dass sie

1. infolge Richterspruchs das Recht, in öffentlichen Angelegenheiten zu wählen oder zu stimmen, nicht besitzen oder
2. am Wahltag seit mehr als zwölf Monaten beurlaubt sind oder

3. Altersteilzeit im Blockmodell ausüben und sich am Wahltag in der Freistellungsphase befinden. [2]Wahlberechtigt sind auch Personen, deren Beschäftigungsverhältnis aufgrund tariflicher Bestimmungen wegen Unterbrechung der Arbeiten ohne besondere Kündigung beendet worden ist und die Anspruch auf Wiedereinstellung haben.

(2) [1]Wer zu einer Dienststelle abgeordnet ist, wird dort wahlberechtigt, sobald die Abordnung länger als drei Monate gedauert hat; im selben Zeitpunkt verliert sie oder er das Wahlrecht in der bisherigen Dienststelle. [2]Das gleiche gilt, wenn Beschäftigte mit mehr als der Hälfte ihrer regelmäßigen Arbeitszeit länger als drei Monate in einer anderen Dienststelle tätig sind. [3]Satz 1 und 2 gelten nicht, wenn feststeht, dass die oder der Beschäftigte binnen weiterer neun Monate zur bisherigen Dienststelle zurückkehren wird. [4]In Fällen einer Zuweisung verliert die oder der Beschäftigte das Wahlrecht in der bisherigen Dienststelle, sobald die Zuweisung länger als drei Monate gedauert hat; Satz 3 gilt entsprechend. [5]Satz 1 ist auf Teilnehmerinnen und Teilnehmer an Lehrgängen nicht anzuwenden.

(3) Beamtinnen und Beamte im Vorbereitungsdienst und Beschäftigte in entsprechender Berufsausbildung sind nur in ihrer Stammbehörde wahlberechtigt, soweit sich aus § 83 Abs. 1 und den §§ 89 und 94 nichts anderes ergibt.

(4) Erwirbt die oder der Beschäftigte das Wahlrecht in einer anderen Dienststelle, auf die dieses Gesetz keine Anwendung findet, so verliert sie oder er gleichzeitig das Wahlrecht in der bisherigen Dienststelle.

§ 11 Wählbarkeit

(1) [1]Wählbar sind alle Wahlberechtigten, die am Wahltag

1. das 18. Lebensjahr vollendet haben und
2. seit sechs Monaten der Dienststelle angehören; Unterbrechungen im Sinne von § 10 Abs. 1 Satz 2 sind unschädlich.

[2]Besteht die Dienststelle weniger als ein Jahr, bedarf es für die Wählbarkeit nicht der sechsmonatigen Zugehörigkeit zur Dienststelle.

(2) Nicht wählbar sind

1. Beschäftigte, die infolge Richterspruchs nicht die Fähigkeit besitzen, Rechte aus öffentlichen Wahlen zu erlangen,
2. Beschäftigte, die am Wahltag noch länger als zwölf Monate beurlaubt sind, sowie
3. für die Wahl der Personalvertretung ihrer Dienststelle die in § 6 genannten Personen sowie Beschäftigte, die zu selbstständigen Entscheidungen in Personalangelegenheiten der Dienststelle befugt sind.

(3) Die in § 10 Abs. 3 genannten Personen sind nur in ihrer Stammbehörde wählbar, soweit sich aus § 83 Abs. 1 und den §§ 89 und 94 nichts anderes ergibt.

§ 12 Zahl der Personalratsmitglieder

(1) [1]Der Personalrat besteht in Dienststellen mit in der Regel

1. 5 bis 15 Wahlberechtigten aus einem Mitglied,
2. 16 bis 60 Wahlberechtigten aus drei Mitgliedern,
3. 61 bis 150 Wahlberechtigten aus fünf Mitgliedern,
4. 151 bis 300 Wahlberechtigten aus sieben Mitgliedern,
5. 301 bis 600 Wahlberechtigten aus neun Mitgliedern,
6. 601 bis 1000 Wahlberechtigten aus elf Mitgliedern.

[2]Die Zahl der Mitglieder erhöht sich in Dienststellen mit 1001 bis 5000 Wahlberechtigten um je zwei für je weitere angefangene 1000, mit 5001 und mehr Wahlberechtigten um je zwei für je weitere angefangene 2000 Wahlberechtigte bis zur Höchstzahl von 23 Mitgliedern.

(2) Maßgebend für die Ermittlung der Zahl der Personalratsmitglieder ist der zehnte Werktag vor Erlass des Wahlausschreibens.

§ 13   Vertretung nach Gruppen und Geschlechtern

(1) [1]Frauen und Männer sind bei der Bildung des Personalrats entsprechend ihrem Anteil an den wahlberechtigten Beschäftigten der Dienststelle zu berücksichtigen. [2]Sind in einer Dienststelle Angehörige verschiedener Gruppen beschäftigt, so müssen in jeder Gruppe Frauen und Männer entsprechend ihrem Anteil und jede Gruppe entsprechend ihrer Stärke im Personalrat vertreten sein, wenn dieser aus mindestens drei Mitgliedern besteht. [3]Macht ein Geschlecht innerhalb einer Vorschlagsliste oder eine Gruppe von ihrem Recht, im Personalrat vertreten zu sein, keinen Gebrauch, so verliert es oder sie bis zur nächsten Wahl ihren Anspruch auf Vertretung. [4]Die auf das jeweilige Geschlecht oder die Gruppe entfallenden Sitze werden auf das andere Geschlecht innerhalb der Vorschlagsliste oder die anderen Gruppen entsprechend ihrer Stärke verteilt. [5]Entfällt bei der Berücksichtigung der Geschlechter entsprechend ihrem Anteil an den wahlberechtigten Beschäftigten der Dienststelle innerhalb einer Gruppe auf ein Geschlecht kein Sitz im Personalrat, so kann gleichwohl eine Angehörige oder ein Angehöriger des in der Minderheit befindlichen Geschlechts auf einem Wahlvorschlag benannt und gewählt werden.

(2) [1]Der Wahlvorstand stellt fest, wie hoch der Anteil an Frauen und Männern bei den wahlberechtigten Beschäftigten insgesamt und in den einzelnen Gruppen ist, und errechnet die Verteilung der Sitze auf die Gruppen und innerhalb der Gruppen auf die Geschlechter nach den Grundsätzen der Verhältniswahl.

(3) Eine Gruppe erhält bei
1.   weniger als 51 Gruppenangehörigen mindestens eine Vertreterin oder einen Vertreter,
2.   51 bis 200 Gruppenangehörigen mindestens zwei Vertreterinnen und Vertreter,
3.   201 bis 600 Gruppenangehörigen mindestens drei Vertreterinnen und Vertreter,
4.   601 bis 1000 Gruppenangehörigen mindestens vier Vertreterinnen und Vertreter,
5.   1001 bis 3000 Gruppenangehörigen mindestens fünf Vertreterinnen und Vertreter,
6.   3001 bis 5000 Gruppenangehörigen mindestens sechs Vertreterinnen und Vertreter,
7.   5001 bis 9000 Gruppenangehörigen mindestens sieben Vertreterinnen und Vertreter,
8.   9001 bis 15000 Gruppenangehörigen mindestens acht Vertreterinnen und Vertreter,
9.   über 15000 Gruppenangehörigen mindestens neun Vertreterinnen und Vertreter.

(4) [1]Eine Gruppe, der in der Regel nicht mehr als fünf Beschäftigte angehören, erhält nur dann eine Vertretung, wenn sie mindestens fünf Prozent der Beschäftigten der Dienststelle umfasst. [2]Erhält sie keine Vertretung und findet Gruppenwahl statt, so kann sich jede Angehörige und jeder Angehörige dieser Gruppe durch Erklärung gegenüber dem Wahlvorstand einer anderen Gruppe anschließen.

(5) Der Personalrat soll sich aus Vertreterinnen und Vertretern der verschiedenen Beschäftigungsarten zusammensetzen.

§ 14   Abweichende Gruppeneinteilung

(1) Die Verteilung der Mitglieder des Personalrats auf die Gruppen kann abweichend von § 13 geordnet werden, wenn die Mehrheit der Wahlberechtigten jeder Gruppe dies vor der Neuwahl in getrennten geheimen Abstimmungen beschließt.

(2) [1]Für jede Gruppe können auch Angehörige anderer Gruppen vorgeschlagen werden. [2]Die Gewählten vertreten die Gruppe, für die sie vorgeschlagen worden sind. [3]Satz 2 gilt auch für Ersatzmitglieder.

§ 15   Wahlgrundsätze

(1) Der Personalrat wird in geheimer und unmittelbarer Wahl gewählt.

(2) Besteht der Personalrat aus mehr als einer Person, so wählen die Beamtinnen und Beamten sowie die Arbeitnehmerinnen und Arbeitnehmer ihre Vertreterinnen und Vertreter je in getrennten Wahlgängen, es sei denn, dass die Mehrheit der Wahlberechtigten jeder Gruppe vor der Neuwahl in getrennten geheimen Abstimmungen die gemeinsame Wahl beschließt.

(3) ^{1}Zur Wahl des Personalrats können die wahlberechtigten Beschäftigten sowie die im Personalrat vertretenen Gewerkschaften Vorschläge machen. ^{2}Die Wahlvorschläge müssen mindestens so viele Bewerberinnen und Bewerber enthalten wie erforderlich sind, um die anteilige Verteilung der Sitze im Personalrat auf Frauen und Männer zu erreichen. ^{3}Jeder Wahlvorschlag der Beschäftigten muss von mindestens fünf Prozent der wahlberechtigten Gruppenangehörigen, jedoch mindestens von zwei Wahlberechtigten unterzeichnet sein. ^{4}In jedem Falle genügt die Unterzeichnung durch 50 Gruppenangehörige.

(4) ^{1}Die Wahl wird in der Regel nach den Grundsätzen der Verhältniswahl durchgeführt. ^{2}Nach näherer Bestimmung durch die Rechtsverordnung nach § 108 besteht die Möglichkeit, dass die Wahlberechtigten abweichend von § 13 Abs. 1 Satz 2 aus den Bewerberinnen und Bewerbern einer unter Berücksichtigung des Anteils der Geschlechter aufgestellten Vorschlagsliste so viele Personen wählen können, wie bei Gruppenwahl Vertreterinnen und Vertreter der jeweiligen Gruppe und bei gemeinsamer Wahl Personalratsmitglieder zu wählen sind (personalisierte Verhältniswahl). ^{3}Wird nur ein Wahlvorschlag eingereicht, so findet Mehrheitswahl statt. ^{4}In Dienststellen, deren Personalrat aus einer Person besteht, wird dieser mit einfacher Stimmenmehrheit gewählt. ^{5}Das gleiche gilt für Gruppen, denen nur eine Vertreterin oder ein Vertreter im Personalrat zusteht.

(5) Ist gemeinsame Wahl beschlossen worden, so muss jeder Wahlvorschlag der Beschäftigten von mindestens fünf Prozent der wahlberechtigten Beschäftigten unterzeichnet sein; Abs. 3 Satz 3 und 4 gilt entsprechend.

(6) Jede Beschäftigte und jeder Beschäftigte kann nur auf einem Wahlvorschlag und nur mit ihrer oder seiner Zustimmung benannt werden.

§ 16 Wahlvorstand

(1) ^{1}Spätestens acht Wochen vor Beginn des Zeitraums für die nächsten allgemeinen Personalratswahlen nach § 20 Abs. 1 bestellt der Personalrat mindestens drei Wahlberechtigte als Wahlvorstand und eine oder einen von ihnen als Vorsitzende oder Vorsitzenden. ^{2}Im Wahlvorstand sollen Frauen und Männer vertreten sein. ^{3}Die Mehrheit der Mitglieder des Wahlvorstandes soll dem Geschlecht angehören, auf das die Mehrheit der in der Dienststelle Beschäftigten entfällt. ^{4}Sind in der Dienststelle Angehörige verschiedener Gruppen beschäftigt, so soll jede Gruppe im Wahlvorstand vertreten sein. ^{5}Für die Mitglieder des Wahlvorstandes sollen Ersatzmitglieder benannt werden.

(2) ^{1}Besteht sechs Wochen vor Beginn des Zeitraums für die nächsten allgemeinen Personalratswahlen nach § 20 Abs. 1 kein Wahlvorstand oder besteht in einer Dienststelle, die die Voraussetzungen des § 9 Abs. 1 erfüllt, kein Personalrat, so beruft die Dienststellenleitung auf Antrag von mindestens drei Wahlberechtigten oder einer in der Dienststelle vertretenen Gewerkschaft eine Personalversammlung zur Wahl des Wahlvorstandes ein. ^{2}Die Zusammensetzung des Wahlvorstands richtet sich nach Abs. 1. ^{3}Die Personalversammlung wählt eine Versammlungsleiterin oder einen Versammlungsleiter.

(3) Findet eine Personalversammlung nicht statt oder wählt die Personalversammlung keinen Wahlvorstand, so bestellt ihn die Dienststellenleitung auf Antrag von mindestens drei Wahlberechtigten oder einer in der Dienststelle vertretenen Gewerkschaft.

§ 17 Aufgaben des Wahlvorstands

(1) ^{1}Der Wahlvorstand hat die Wahl unverzüglich einzuleiten und durchzuführen. ^{2}Kommt der Wahlvorstand dieser Verpflichtung nicht nach, so beruft die Dienststellenleitung auf Antrag von mindestens drei Wahlberechtigten oder einer in der Dienststelle vertretenen Gewerkschaft eine Personalversammlung zur Wahl eines neuen Wahlvorstandes ein. ^{3}§ 16 Abs. 2 Satz 2 und 3 und Abs. 3 gilt entsprechend.

(2) ^{1}Unverzüglich nach Abschluss der Wahl nimmt der Wahlvorstand öffentlich die Auszählung der Stimmen vor, stellt deren Ergebnis in einem Protokoll fest und gibt es den Angehörigen der Dienst-

stelle bekannt. ²Der Dienststellenleitung und den in der Dienststelle vertretenen Gewerkschaften ist eine Kopie des Protokolls zu übersenden.

§ 18   Freiheit der Wahl, Kosten

(1) ¹Niemand darf die Wahl des Personalrats behindern oder in einer gegen die guten Sitten verstoßenden Weise beeinflussen. ²Insbesondere dürfen die Wahlberechtigten in der Ausübung des aktiven und passiven Wahlrechts nicht beschränkt werden.

(2) ¹Die sächlichen Kosten der Wahl trägt die Dienststelle. ²Notwendige Versäumnis von Arbeitszeit infolge der Ausübung des Wahlrechts, der Teilnahme an den in den §§ 16 und 17 Abs. 1 genannten Personalversammlungen oder der Betätigung im Wahlvorstand hat keine Minderung der Dienstbezüge oder des Arbeitsentgelts zur Folge. ³Für die Mitglieder des Wahlvorstandes gelten § 35 Abs. 2 und 3, die §§ 37 und 38 Abs. 1 sowie § 39 entsprechend.

(3) Den Beschäftigten werden die notwendigen Fahrtkosten für die Reise von der Beschäftigungsstelle oder von der Ausbildungsstelle zum Wahlort und zurück nach den Vorschriften über die Reisekostenvergütung der Beamtinnen und Beamten erstattet.

§ 19   Anfechtung der Wahl

Mindestens drei Wahlberechtigte, jede in der Dienststelle vertretene Gewerkschaft oder die Dienststellenleitung können binnen einer Frist von 14 Tagen, vom Tag der Bekanntgabe des Wahlergebnisses gerechnet, die Wahl beim Verwaltungsgericht anfechten, wenn gegen wesentliche Vorschriften über das Wahlrecht, die Wählbarkeit oder das Wahlverfahren verstoßen worden ist, es sei denn, dass durch den Verstoß das Wahlergebnis nicht geändert oder beeinflusst werden konnte.

Zweiter Abschnitt
Amtszeit

§ 20   Regelmäßiger Wahlzeitraum, Amtszeit

(1) Die regelmäßigen Personalratswahlen finden alle vier Jahre in der Zeit zwischen dem 1. und dem 31. Mai statt, beginnend mit dem Jahr 2024.

(2) ¹Die regelmäßige Amtszeit des Personalrats beträgt vier Jahre. ²Die Amtszeit beginnt am 1. Juni des Jahres, in dem die regelmäßigen Personalratswahlen stattfinden, und endet mit Ablauf von vier Jahren. ³Hat sich nach Ablauf der Amtszeit ein neuer Personalrat noch nicht konstituiert, führt der bisherige Personalrat die Geschäfte weiter, bis sich der neu gewählte Personalrat konstituiert hat, längstens jedoch bis zum Ablauf des 31. Juli.

(3) ¹Hat außerhalb des für die regelmäßigen Personalratswahlen festgelegten Zeitraums eine Personalratswahl stattgefunden, so ist der Personalrat in dem auf die Wahl folgenden nächsten Zeitraum der regelmäßigen Personalratswahlen neu zu wählen. ²Hat die Amtszeit des Personalrats zu Beginn des für die regelmäßigen Personalratswahlen festgelegten Zeitraums noch nicht ein Jahr betragen, so ist der Personalrat in dem übernächsten Zeitraum der regelmäßigen Personalratswahlen neu zu wählen.

§ 21   Vorzeitige Neuwahl

(1) Außerhalb des in § 20 Abs. 1 genannten Zeitraums ist der Personalrat neu zu wählen, wenn

1. mit Ablauf von 24 Monaten, vom Tag der Wahl gerechnet, die Zahl der regelmäßig Beschäftigten um die Hälfte, mindestens aber um 50 gestiegen oder gesunken ist,
2. die Gesamtzahl der Mitglieder des Personalrats, auch nach Eintreten sämtlicher Ersatzmitglieder, um mehr als ein Viertel der vorgeschriebenen Zahl gesunken ist,
3. der Personalrat mit der Mehrheit seiner Mitglieder seinen Rücktritt beschlossen hat,
4. die Personalratswahl mit Erfolg gerichtlich angefochten worden ist, oder

5. der Personalrat durch gerichtliche Entscheidung aufgelöst ist.

(2) In den Fällen des Abs. 1 Nr. 1 bis 3 führt der Personalrat die Geschäfte weiter, bis sich der neu gewählte Personalrat konstituiert hat.

(3) ¹In den Fällen des Abs. 1 Nr. 4 und 5 nimmt der Wahlvorstand, der die Neuwahl durchführt, die dem Personalrat nach diesem Gesetz zustehenden Befugnisse und Pflichten wahr, bis sich der neu gewählte Personalrat konstituiert hat. ²Die Bestellung des Wahlvorstands nach § 16 Abs. 2 oder 3 erfolgt unverzüglich nach Eintritt der Rechtskraft der Entscheidung. ³Der Wahlvorstand hat die Neuwahl unverzüglich einzuleiten.

§ 22 Folgen von Umstrukturierungen

(1) ¹Werden Gemeinden, Gemeindeverbände und sonstige Körperschaften, Anstalten oder Stiftungen des öffentlichen Rechts in eine andere juristische Person des öffentlichen Rechts eingegliedert oder schließen sie sich zu einer neuen juristischen Person des öffentlichen Rechts zusammen, so sind die Personalräte neu zu wählen. ²Die bis zum Zeitpunkt des Wirksamwerdens der Eingliederung oder der Neubildung bestehenden Personalräte bestellen gemeinsam unverzüglich Wahlvorstände für die Neuwahlen. ³Die bisherigen Personalräte führen die Geschäfte gemeinsam weiter, bis sich die neugewählten Personalräte konstituiert haben. ⁴Die Aufgaben der oder des Vorsitzenden werden von Sitzung zu Sitzung abwechselnd von den Vorsitzenden der bisherigen Personalräte wahrgenommen. ⁵Hat sich die Zahl der Beschäftigten der Körperschaft um weniger als zehn Prozent geändert, findet keine Neuwahl statt.

(2) ¹Werden Dienststellen im Sinne dieses Gesetzes ganz in eine andere Dienststelle eingegliedert oder zu einer neuen Dienststelle zusammengeschlossen, so werden die betroffenen Personalvertretungen bis zu den nächsten regelmäßigen Personalratswahlen nach Maßgabe der nachfolgenden Sätze zusammengefasst. ²Im Falle der Eingliederung treten zur Personalvertretung der aufnehmenden Dienststelle Personalratsmitglieder aus den Personalvertretungen der eingegliederten Dienststellen in der Zahl hinzu, die dem Anteil der in die aufnehmende Dienststelle gewechselten Wahlberechtigten dieser Dienststellen an der neuen Gesamtzahl der Wahlberechtigten der Dienststelle entspricht, mindestens jedoch jeweils ein Personalratsmitglied. ³Ein Anteils-Restwert von 0,5 und mehr steht für ein Personalratsmitglied. ⁴Die hinzutretenden Personalratsmitglieder werden von den jeweiligen bisherigen Personalräten der eingegliederten Dienststellen aus ihrer Mitte in Einzelabstimmungen mit einfacher Mehrheit bestimmt. ⁵Die übrigen Mitglieder dieser Personalräte werden Ersatzmitglieder; über die Reihenfolge entscheiden die bisherigen Personalräte in Einzelabstimmungen mit einfacher Mehrheit. ⁶Bei den Abstimmungen nach Satz 4 und 5 sollen die Gruppen, die Geschlechter und die in den bisherigen Personalräten vertretenen Listen angemessen berücksichtigt werden. ⁷Im Falle des Zusammenschlusses wird entsprechend verfahren, wobei der Personalrat der größten der zusammengeschlossenen Dienststellen als Personalrat der aufnehmenden Dienststelle gilt.

(3) Im Falle der Ausgliederung oder der teilweisen Eingliederung von Dienststellen gilt Abs. 1 entsprechend.

(4) ¹Das für das Recht des öffentlichen Dienstes zuständige Ministerium wird ermächtigt, durch Rechtsverordnung die Folgen von Umstrukturierungsmaßnahmen auf die Personalvertretungen abweichend von Abs. 1 bis 3 zu regeln, soweit dies erforderlich ist, um Erschwernisse auszugleichen und eine ausreichende Interessenwahrnehmung der Beschäftigten sicherzustellen. ²Es kann dabei insbesondere Bestimmungen treffen über

1. den Zeitpunkt für die Neuwahl der Personalvertretungen,
2. die vorübergehende Wahrnehmung der Aufgaben neu zu wählender Personalvertretungen durch die bisherigen Personalvertretungen, deren Vorsitzende oder deren Stellvertreterinnen und Stellvertreter,
3. die Änderung der Amtszeit der Personalvertretungen,
4. die Bestellung von Wahlvorständen für Neuwahlen.

§ 23 Ausschluss eines Mitglieds, Auflösung des Personalrats

[1]Ein Viertel der Wahlberechtigten oder eine in der Dienststelle vertretene Gewerkschaft kann bei dem Verwaltungsgericht den Ausschluss eines Mitglieds aus dem Personalrat oder die Auflösung des Personalrats wegen grober Vernachlässigung seiner gesetzlichen Befugnisse oder wegen grober Verletzung seiner gesetzlichen Pflichten beantragen. [2]Der Personalrat kann aus denselben Gründen den Ausschluss eines Mitglieds beantragen. [3]Die Dienststellenleitung kann den Ausschluss eines Mitglieds aus dem Personalrat oder die Auflösung des Personalrats wegen grober Verletzung seiner gesetzlichen Pflichten beantragen.

§ 24 Erlöschen der Mitgliedschaft

(1) Die Mitgliedschaft im Personalrat erlischt durch
1. Ablauf der Amtszeit,
2. Niederlegung des Amtes,
3. Beendigung des Dienst- oder Arbeitsverhältnisses, es sei denn, die Wahlberechtigung bleibt bestehen,
4. Ausscheiden aus der Dienststelle,
5. Verlust der Wählbarkeit,
6. Eintritt in eine mehr als zwölfmonatige Beurlaubung,
7. Eintritt in die Freistellungsphase der Altersteilzeit im Blockmodell,
8. gerichtliche Entscheidung nach § 23,
9. gerichtliche Entscheidung über die Feststellung der Nichtwählbarkeit nach Ablauf der in § 19 bestimmten Frist, es sei denn, der Mangel liegt nicht mehr vor.

(2) Die Mitgliedschaft im Personalrat wird durch den Wechsel der Gruppenzugehörigkeit eines Mitglieds nicht berührt; dieses vertritt weiterhin die Gruppe, von der es gewählt wurde.

§ 25 Ruhen der Mitgliedschaft

[1]Die Mitgliedschaft von Beamtinnen und Beamten im Personalrat ruht, solange ihnen die Führung der Dienstgeschäfte verboten ist oder sie wegen eines schwebenden Disziplinarverfahrens vorläufig des Dienstes enthoben sind. [2]Das gleiche gilt für die Mitgliedschaft von Arbeitnehmerinnen und Arbeitnehmern, solange ihnen die Wahrnehmung dienstlicher Angelegenheiten untersagt oder über eine Klage wegen fristloser Entlassung noch nicht rechtskräftig entschieden worden ist.

§ 26 Eintritt von Ersatzmitgliedern

(1) [1]Scheidet ein Mitglied aus dem Personalrat aus, so tritt ein Ersatzmitglied ein. [2]Ist ein Mitglied des Personalrats zeitweilig verhindert, so tritt ein Ersatzmitglied für die Dauer der Verhinderung ein.

(2) [1]Die Ersatzmitglieder werden der Reihe nach aus den nicht gewählten Beschäftigten derjenigen Vorschlagslisten entnommen, denen die zu ersetzenden Mitglieder angehören. [2]Ist das ausgeschiedene oder verhinderte Mitglied mit einfacher Stimmenmehrheit gewählt, so tritt die oder der nicht gewählte Beschäftigte mit der nächsthöheren Stimmenzahl als Ersatzmitglied ein.

(3) Ist die Personalratswahl mit Erfolg angefochten worden oder der Personalrat durch gerichtliche Entscheidung aufgelöst, treten Ersatzmitglieder nicht ein.

Dritter Abschnitt
Geschäftsführung

§ 27 Vorsitz

(1) [1]Der Personalrat wählt aus seiner Mitte mit einfacher Mehrheit die Vorsitzende oder den Vorsitzenden und eine Stellvertreterin oder einen Stellvertreter oder mehrere Stellvertreterinnen und

Stellvertreter. [2]Bei der Wahl der Stellvertreterinnen und Stellvertreter sollen die Gruppen und die im Personalrat vertretenen Gewerkschaften berücksichtigt werden.

(2) [1]Die oder der Vorsitzende führt die laufenden Geschäfte. [2]Sie oder er kann diese Befugnis auf ihre oder seine Stellvertreterinnen und Stellvertreter übertragen.

(3) [1]Die oder der Vorsitzende vertritt den Personalrat im Rahmen der von diesem gefassten Beschlüsse. [2]Bei Angelegenheiten, die nur eine Gruppe betreffen, soll bei der Vertretung ein Mitglied dieser Gruppe beteiligt werden.

§ 28 Anberaumung der Sitzungen

(1) [1]Spätestens eine Woche nach dem Wahltag hat der Wahlvorstand die Mitglieder des Personalrats zur konstituierenden Sitzung und Vornahme der nach § 27 Abs. 1 vorgeschriebenen Wahlen einzuberufen. [2]Die oder der Vorsitzende des Wahlvorstands leitet die Sitzung, bis der Personalrat aus seiner Mitte eine Wahlleiterin oder einen Wahlleiter bestellt hat.

(2) [1]Die weiteren Sitzungen beraumt die oder der Vorsitzende des Personalrats an; dabei ist auf die dienstlichen Erfordernisse Rücksicht zu nehmen. [2]Die oder der Vorsitzende setzt die Tagesordnung fest und leitet die Sitzung. [3]Sie oder er hat die Mitglieder des Personalrats zu den Sitzungen rechtzeitig zu laden und ihnen die Tagesordnung mitzuteilen. [4]Satz 3 gilt auch für die Ladung anderer Personen, soweit sie ein Recht auf Teilnahme an der Sitzung haben.

(3) [1]Kann ein Mitglied des Personalrats oder eine andere Teilnahmeberechtigte oder ein anderer Teilnahmeberechtigter an der Sitzung nicht teilnehmen, so hat sie oder er dies unter Angabe der Gründe unverzüglich der oder dem Vorsitzenden mitzuteilen. [2]In diesem Falle ist die Ladung des jeweiligen Ersatzmitgliedes sicherzustellen.

(4) Auf Antrag
1. eines Viertels der Mitglieder des Personalrats,
2. der Mehrheit der Vertreterinnen und Vertreter einer Gruppe,
3. der Dienststellenleitung,
4. der Schwerbehindertenvertretung in Angelegenheiten, die schwerbehinderte Beschäftigte besonders betreffen, oder
5. der Mehrheit der Mitglieder der Jugend- und Auszubildendenvertretung in Angelegenheiten, die besonders die in § 52 genannten Beschäftigten betreffen,

hat die oder der Vorsitzende eine Sitzung anzuberaumen und den Gegenstand, dessen Beratung beantragt ist, auf die Tagesordnung zu setzen.

§ 29 Durchführung der Sitzungen, Teilnahmeberechtigte

(1) [1]Die Sitzungen des Personalrats sind nicht öffentlich. [2]Der Personalrat kann ihm zur Verfügung gestelltes Büropersonal zur Erstellung des Protokolls hinzuziehen.

(2) Die Sitzungen des Personalrats finden in der Regel während der Arbeitszeit statt.

(3) [1]Die Sitzungen des Personalrats finden in der Regel als Präsenzsitzung in Anwesenheit seiner Mitglieder vor Ort statt. [2]Die Sitzung kann vollständig oder durch Zuschaltung einzelner Mitglieder oder Teilnahmeberechtigter mittels Video- oder Telefonkonferenz durchgeführt werden, wenn
1. vorhandene Einrichtungen genutzt werden, die durch die Dienststelle zur dienstlichen Nutzung freigegeben sind,
2. nicht mindestens 25 Prozent der Mitglieder des Personalrats binnen einer von der oder dem Vorsitzenden zu bestimmenden Frist gegenüber der oder dem Vorsitzenden widersprechen und
3. der Personalrat geeignete Maßnahmen trifft, um sicherzustellen, dass Dritte vom Inhalt der Sitzung keine Kenntnis nehmen können.

[3]Eine Aufzeichnung ist unzulässig. [4]Personalratsmitglieder, die mittels Video- oder Telefonkonferenz an Sitzungen teilnehmen, gelten als anwesend im Sinne des § 30 Abs. 1 und 2. [5]§ 32 Abs. 1 Satz 3 findet mit der Maßgabe Anwendung, dass die oder der Vorsitzende vor Beginn der Beratung die zu-

geschalteten Personalratsmitglieder feststellt und in die Anwesenheitsliste einträgt. [6]Das Recht eines Personalratsmitglieds, an einer vor Ort stattfindenden Sitzung in Präsenz teilzunehmen, wird durch die Möglichkeit der Teilnahme mittels Video- oder Telefonkonferenz nicht eingeschränkt.

(4) [1]Die Dienststellenleitung nimmt an den Sitzungen teil, die auf ihr Verlangen anberaumt worden sind, oder zu denen sie eingeladen worden ist. [2]Sie ist berechtigt, zu den Sitzungen sachkundige Mitarbeiterinnen und Mitarbeiter hinzuzuziehen. [3]Sie ist ferner berechtigt, zu ihrer Beratung eine Vertreterin oder einen Vertreter des jeweiligen Arbeitgeberverbandes oder des jeweiligen kommunalen Spitzenverbandes hinzuzuziehen. [4]In diesem Fall kann auch der Personalrat Sachverständige beiziehen. [5]Satz 3 und 4 gelten nicht, soweit Gegenstände behandelt werden, die die Mitteilung oder Erörterung schutzwürdiger personenbezogener Daten (Abs. 7 Satz 3) einschließen, es sei denn, die oder der Betroffene stimmt zu, oder soweit Anordnungen behandelt werden, durch die die Alarmbereitschaft oder der Einsatz der Vollzugspolizei geregelt werden.

(5) [1]Eine Vertreterin oder ein Vertreter der Jugend- und Auszubildendenvertretung, die oder der von dieser benannt wird, nimmt an allen Sitzungen beratend teil. [2]An der Behandlung von Angelegenheiten, die die in § 52 genannten Beschäftigten besonders betreffen, kann die gesamte Jugend- und Auszubildendenvertretung beratend teilnehmen. [3]Bei Beschlüssen des Personalrats, die überwiegend die in § 52 genannten Beschäftigten betreffen, haben alle Mitglieder der Jugend- und Auszubildendenvertretung Stimmrecht.

(6) Die Schwerbehindertenvertretung hat das Recht, an allen Sitzungen des Personalrats beratend teilzunehmen.

(7) [1]An allen Sitzungen des Personalrats können Beauftragte der im Personalrat der Dienststelle vertretenen Gewerkschaften beratend teilnehmen. [2]Dies gilt nicht, soweit Gegenstände behandelt werden, die die Mitteilung oder Erörterung schutzwürdiger personenbezogener Daten einschließen, es sei denn, die oder der Betroffene stimmt zu, oder soweit Anordnungen behandelt werden, durch die die Alarmbereitschaft und der Einsatz der Vollzugspolizei geregelt werden. [3]Als schutzwürdig gelten Angaben über die Gesundheit, die Eignung, die Leistung oder das Verhalten der Beschäftigten, Bewerberinnen oder Bewerber.

§ 30 Beschlussfassung

(1) [1]Der Personalrat beschließt mit einfacher Stimmenmehrheit der anwesenden Mitglieder. [2]Bei Stimmengleichheit ist ein Antrag abgelehnt. [3]Stimmenthaltungen und ungültige Stimmen zählen zur Berechnung der Mehrheit nicht mit.

(2) Der Personalrat ist nur beschlussfähig, wenn mindestens die Hälfte seiner Mitglieder anwesend ist; Stellvertretung durch Ersatzmitglieder ist zulässig.

(3) Bei der Feststellung der Stimmenmehrheit werden die Stimmen anderer anwesender Personen, die über ein Stimmrecht verfügen, mitgezählt.

(4) [1]An der Beratung und Beschlussfassung über Angelegenheiten, die die persönlichen Interessen eines Mitgliedes des Personalrats unmittelbar berühren, nimmt dieses Mitglied nicht teil. [2]Entsprechendes gilt für diejenigen Personen, die nach diesem Gesetz berechtigt sind, an den Sitzungen des Personalrats beratend oder mit Stimmrecht teilzunehmen.

(5) [1]Über die Angelegenheiten der Beamtinnen und Beamten sowie der Arbeitnehmerinnen und Arbeitnehmer wird vom Personalrat gemeinsam beraten und beschlossen. [2]In Angelegenheiten, die lediglich die Angehörigen einer Gruppe betreffen, beschließen nach gemeinsamer Beratung im Personalrat auf ihren Antrag nur die Vertreterinnen und Vertreter dieser Gruppe. [3]Der Antrag muss von der Mehrheit der in der Sitzung anwesenden Vertreterinnen und Vertreter der Gruppe gestellt werden. [4]Die Abs. 1 und 2 gelten entsprechend.

§ 31 Aussetzen von Beschlüssen

(1) [1]Erachtet die Mehrheit der Vertreterinnen und Vertreter einer Gruppe oder der Jugend- und Auszubildendenvertretung einen Beschluss des Personalrats als eine erhebliche Beeinträchtigung wichtiger Interessen der durch sie vertretenen Beschäftigten, so ist auf ihren Antrag der Beschluss auf die Dauer von sechs Arbeitstagen vom Zeitpunkt der Beschlussfassung an auszusetzen. [2]In dieser Frist soll, gegebenenfalls mit Hilfe der unter den Mitgliedern des Personalrats oder der Jugend- und Auszubildendenvertretung vertretenen Gewerkschaften, eine Verständigung versucht werden. [3]Bei der Aussetzung eines Beschlusses nach Satz 1 verlängern sich die Fristen nach diesem Gesetz um die Dauer der Aussetzung.

(2) [1]Nach Ablauf der Frist nach Abs. 1 Satz 1 ist über die Angelegenheit neu zu beschließen. [2]Wird der erste Beschluss bestätigt, so kann der Antrag auf Aussetzung nicht wiederholt werden.

(3) Die Abs. 1 und 2 gelten entsprechend, wenn die Schwerbehindertenvertretung einen Beschluss des Personalrats als eine erhebliche Beeinträchtigung wichtiger Interessen der durch sie vertretenen Beschäftigten erachtet.

§ 32 Protokoll

(1) [1]Über jede Verhandlung des Personalrats ist ein Protokoll zu führen, das mindestens den Wortlaut der Beschlüsse und die Stimmenmehrheit, mit der sie gefasst sind, enthält. [2]Das Protokoll ist von der oder dem Vorsitzenden und einem weiteren Mitglied zu unterzeichnen. [3]Dem Protokoll ist eine Anwesenheitsliste beizufügen, in die sich jede Teilnehmerin und jeder Teilnehmer eigenhändig einzutragen hat; § 29 Abs. 3 Satz 5 bleibt unberührt.

(2) [1]Die Mitglieder des Personalrats sowie die Schwerbehindertenvertretung erhalten eine Kopie des Protokolls. [2]Hat die Dienststellenleitung an der Sitzung teilgenommen, so ist ihr der entsprechende Auszug aus dem Protokoll zur Unterzeichnung vorzulegen und in Kopie zuzuleiten. [3]Haben Beauftragte der Gewerkschaften an der Sitzung teilgenommen, so ist ihnen der entsprechende Auszug aus dem Protokoll in Kopie zuzuleiten. [4]Einwendungen gegen das Protokoll sind unverzüglich schriftlich oder elektronisch zu erheben; sie werden dem Protokoll beigefügt.

§ 33 Geschäftsordnung

Sonstige Bestimmungen über die Geschäftsführung können in einer Geschäftsordnung getroffen werden, die der Personalrat mit der Mehrheit der Stimmen seiner Mitglieder beschließt.

§ 34 Sprechstunden, Mitteilungen an die Beschäftigten

(1) [1]Der Personalrat kann Sprechstunden während der Arbeitszeit einrichten. [2]Zeit und Ort bestimmt er im Einvernehmen mit der Dienststellenleitung.

(2) [1]Der Personalrat kann Mitteilungen an die Beschäftigten über Angelegenheiten, die sie betreffen, herausgeben. [2]Ihm werden in den Dienststellen geeignete Plätze für Bekanntmachungen und Aushänge zur Verfügung gestellt. [3]Für Informationen nach Satz 1 und 2 kann der Personalrat auch die in der Dienststelle üblicherweise genutzten Informations- und Kommunikationssysteme nutzen.

§ 35 Kosten

(1) Die durch die Tätigkeit des Personalrats entstehenden Kosten trägt die Dienststelle.

(2) Für die Sitzungen, die Sprechstunden und die laufende Geschäftsführung hat die Dienststelle dem Personalrat Räume und Geschäftsbedarf einschließlich der in der Dienststelle üblicherweise genutzter Informations- und Kommunikationstechnik in dem zur sachgerechten Wahrnehmung seiner Aufgaben erforderlichen Umfang zur Verfügung zu stellen.

(3) [1]Für Reisen von Mitgliedern des Personalrats, die dieser in Erfüllung seiner Aufgaben beschlossen hat, werden Reisekosten nach den Vorschriften über die Reisekostenvergütung der Beamtinnen und Beamten erstattet. [2]In diesen Fällen ist die Reise der für die Genehmigung von Dienstreisen zustän-

digen Stelle rechtzeitig vorher anzuzeigen. ³Für den Ersatz von Sachschäden an privaten Kraftfahrzeugen gelten die beamtenrechtlichen Bestimmungen entsprechend.

§ 36 Verbot der Beitragserhebung
Der Personalrat darf für seine Zwecke von den Beschäftigten keine Beiträge erheben oder annehmen.

Vierter Abschnitt
Rechtsstellung der Personalratsmitglieder

§ 37 Ehrenamtlichkeit, Versäumnis von Arbeitszeit
(1) Die Mitglieder des Personalrats führen ihr Amt unentgeltlich als Ehrenamt.
(2) ¹Versäumnis von Arbeitszeit, die zur ordnungsgemäßen Durchführung der Aufgaben des Personalrats erforderlich ist, hat keine Minderung der Dienstbezüge, des Arbeitsentgelts und aller Zulagen zur Folge. ²Werden Personalratsmitglieder für die Erfüllung ihrer Aufgaben über ihre regelmäßige Arbeitszeit hinaus beansprucht, so ist ihnen ein entsprechender Zeitausgleich in Freizeit zu gewähren.

§ 38 Freistellung
(1) ¹Mitglieder des Personalrats sind auf Antrag des Personalrats von ihrer dienstlichen Tätigkeit freizustellen, wenn und soweit es nach Umfang und Art der Dienststelle zur ordnungsgemäßen Durchführung ihrer Aufgaben erforderlich ist. ²Bei der Freistellung sind nach der oder dem Vorsitzenden die Gruppen entsprechend ihrer Stärke und die im Personalrat vertretenen Gewerkschaften und freien Listen entsprechend ihrem Stimmenanteil zu berücksichtigen, soweit sie nicht auf die Freistellung verzichten; dabei ist die oder der Vorsitzende anzurechnen. ³Gewerkschaften, die zur selben Spitzenorganisation gehören, sowie freie Listen können sich hierfür gruppenübergreifend zusammenschließen. ⁴Die Freistellung darf nicht zur Beeinträchtigung des beruflichen Werdegangs führen. ⁵Verweigert die Dienststelle die Freistellung, so kann der Personalrat unmittelbar die Einigungsstelle anrufen; für die Bildung der Einigungsstelle und das Verfahren gelten die §§ 69 und 70.
(2) Von ihrer dienstlichen Tätigkeit sind nach Abs. 1 auf Antrag ganz freizustellen in Dienststellen mit in der Regel

1.	300 bis	600 Beschäftigten	ein Mitglied,
2.	601 bis	1000 Beschäftigten	zwei Mitglieder,
3.	1001 bis	2000 Beschäftigten	drei Mitglieder,
4.	2001 bis	3000 Beschäftigten	vier Mitglieder,
5.	3001 bis	4000 Beschäftigten	fünf Mitglieder,
6.	4001 bis	5000 Beschäftigten	sechs Mitglieder,
7.	5001 bis	6000 Beschäftigten	sieben Mitglieder,
8.	6001 bis	7000 Beschäftigten	acht Mitglieder,
9.	7001 bis	8000 Beschäftigten	neun Mitglieder,
10.	8001 bis	9000 Beschäftigten	zehn Mitglieder,
11.	9001 bis 10000 Beschäftigten		elf Mitglieder.

²In Dienststellen mit mehr als 10 000 Beschäftigten ist für je angefangene weitere 2000 Beschäftigte ein weiteres Mitglied freizustellen. ³Eine entsprechende teilweise Freistellung mehrerer Mitglieder ist möglich.

§ 39 Schulungs- und Bildungsmaßnahmen

Personalratsmitgliedern ist für die Teilnahme an Schulungs- und Bildungsveranstaltungen, die der Personalratsarbeit dienen, auf Antrag die erforderliche Dienstbefreiung unter Fortzahlung der Dienstbezüge oder des Arbeitsentgeltes zu gewähren.

§ 40 Schutz vor Kündigung, Versetzung, Abordnung und Zuweisung

(1) ¹Die außerordentliche Kündigung von Mitgliedern des Personalrats, die in einem Arbeitsverhältnis stehen, bedarf der Zustimmung des Personalrats. ²Verweigert der Personalrat seine Zustimmung oder äußert er sich nicht innerhalb von drei Arbeitstagen nach Eingang des Antrags, so kann das Verwaltungsgericht sie auf Antrag der Dienststellenleitung ersetzen, wenn die außerordentliche Kündigung unter Berücksichtigung aller Umstände gerechtfertigt ist. ³In dem Verfahren vor dem Verwaltungsgericht ist die betroffene Person Beteiligte.

(2) ¹Mitglieder des Personalrats dürfen gegen ihren Willen nur versetzt, zugewiesen, abgeordnet oder im Wege der Personalgestellung einem Dritten zugewiesen werden, wenn dies aus wichtigen dienstlichen Gründen auch unter Berücksichtigung der Mitgliedschaft im Personalrat unvermeidbar ist und der Personalrat zustimmt; dies gilt nicht für einen Dienststellenwechsel zum Zwecke der Ausbildung oder im Anschluss daran sowie bei Auflösung einer Behörde oder bei einer auf Rechtsvorschrift beruhenden wesentlichen Änderung des Aufbaus oder der Verschmelzung einer Behörde mit einer anderen. ²Als Versetzung im Sinne des Satz 1 gilt auch die mit einem Wechsel des Dienstortes verbundene Umsetzung in derselben Dienststelle.

(3) Für Mitglieder des Wahlvorstands sowie für Wahlbewerberinnen und Wahlbewerber gelten die Abs. 1 und 2 entsprechend.

§ 41 Besonderer Schutz der Auszubildenden

(1) Beabsichtigt der Arbeitgeber, eine Beschäftigte oder einen Beschäftigten, die oder der in einem Berufsausbildungsverhältnis nach dem Berufsbildungsgesetz in der Fassung der Bekanntmachung vom 4. Mai 2020 (BGBl. I S. 920), geändert durch Gesetz vom 22. Juli 2022 (BGBl. I S. 1174), dem Krankenpflegegesetz vom 16. Juli 2003 (BGBl. I S. 1442), zuletzt geändert durch Gesetz vom 15. August 2019 (BGBl. I S. 1307), dem Pflegeberufegesetz vom 17. Juli 2017 (BGBl. I S. 2581), zuletzt geändert durch Gesetz vom 11. Juli 2021 (BGBl. I S. 2754), oder dem Hebammengesetz vom 22. November 2019 (BGBl. I S. 1759), geändert durch Gesetz vom 24. Februar 2021 (BGBl. I S. 274), steht und die oder der Mitglied des Personalrats ist, nach erfolgreicher Beendigung des Berufsausbildungsverhältnisses nicht in ein Arbeitsverhältnis auf unbestimmte Zeit zu übernehmen, so hat er dies drei Monate vor Beendigung des Berufsausbildungsverhältnisses der oder dem Auszubildenden schriftlich mitzuteilen.

(2) Verlangt eine Auszubildende oder ein Auszubildender im Sinne des Abs. 1, die oder der Mitglied des Personalrats ist, innerhalb der letzten drei Monate vor Beendigung des Berufsausbildungsverhältnisses schriftlich die Weiterbeschäftigung, so gilt im Anschluss an das erfolgreiche Berufsausbildungsverhältnis ein Arbeitsverhältnis auf unbestimmte Zeit als begründet.

(3) Die Abs. 1 und 2 gelten auch, wenn das Berufsausbildungsverhältnis vor Ablauf eines Jahres nach Beendigung der Amtszeit des Personalrats erfolgreich endet.

(4) Wenn Tatsachen vorliegen, auf Grund derer dem Arbeitgeber unter Berücksichtigung aller Umstände die Weiterbeschäftigung nicht zugemutet werden kann, so kann er spätestens bis zum Ablauf von zwei Wochen nach Beendigung des Berufsausbildungsverhältnisses beim Verwaltungsgericht beantragen,

1. festzustellen, dass ein Arbeitsverhältnis nach den Abs. 2 oder 3 nicht begründet wird, oder
2. das bereits nach den Abs. 2 oder 3 begründete Arbeitsverhältnis aufzulösen. In dem Verfahren vor dem Verwaltungsgericht ist der Personalrat Beteiligter.

(5) Die Abs. 2 bis 4 sind unabhängig davon anzuwenden, ob der Arbeitgeber seiner Mitteilungspflicht nach Abs. 1 nachgekommen ist.

Fünfter Abschnitt
Datenschutz

§ 42 Grundsätze
[1]Bei der Verarbeitung personenbezogener Daten hat der Personalrat die Vorschriften über den Datenschutz einzuhalten. [2]Soweit der Personalrat zur Erfüllung der in seiner Zuständigkeit liegenden Aufgaben personenbezogene Daten verarbeitet, ist die Dienststelle der für die Verarbeitung Verantwortliche im Sinne der datenschutzrechtlichen Vorschriften. [3]Die Dienststelle und der Personalrat unterstützen sich gegenseitig bei der Einhaltung der datenschutzrechtlichen Vorschriften. [4]Die oder der Datenschutzbeauftragte ist gegenüber der Dienststelle zur Verschwiegenheit verpflichtet über Informationen, die Rückschlüsse auf den Meinungsbildungsprozess des Personalrats zulassen. [5]§ 6 Abs. 4 Satz 3 und 4 des Hessischen Datenschutz- und Informationsfreiheitsgesetzes vom 3. Mai 2018 (GVBl. S. 82), zuletzt geändert durch Gesetz vom 15. November 2021 (GVBl. S. 718), gilt auch im Hinblick auf das Verhältnis der oder des Datenschutzbeauftragten zur Dienststelle.

DRITTER TEIL
Die Personalversammlung

§ 43 Allgemeines
(1) Die Personalversammlung besteht aus den Beschäftigten der Dienststelle.
(2) Kann nach den dienstlichen Verhältnissen eine gemeinsame Versammlung aller Beschäftigten der Dienststelle nicht stattfinden, so sind Teilversammlungen abzuhalten.

§ 44 Einberufung der Personalversammlung
(1) Der Personalrat beruft die Personalversammlung ein und legt die Tagesordnung fest.
(2) Der Personalrat ist auf Wunsch der Dienststellenleitung oder eines Viertels der wahlberechtigten Beschäftigten verpflichtet, eine Personalversammlung einzuberufen und den Gegenstand, dessen Beratung beantragt ist, auf die Tagesordnung zu setzen.
(3) Auf Antrag einer in der Dienststelle vertretenen Gewerkschaft muss der Personalrat vor Ablauf von 20 Arbeitstagen nach Eingang des Antrages eine Personalversammlung nach Abs. 1 einberufen, wenn im vorhergegangenen Kalenderjahr keine Personalversammlung durchgeführt worden ist, in der ein Tätigkeitsbericht erstattet worden ist.

§ 45 Durchführung der Personalversammlung, Teilnahmeberechtigte
(1) [1]Die Personalversammlung ist nicht öffentlich. [2]Sie wird von der oder dem Vorsitzenden des Personalrats geleitet.
(2) [1]An allen Personalversammlungen können Beauftragte der in der Dienststelle vertretenen Gewerkschaften teilnehmen. [2]Sie haben Rederecht. [3]Der Personalrat hat die Gewerkschaften rechtzeitig über die Einberufung der Personalversammlung zu informieren.
(3) [1]Die Dienststellenleitung ist berechtigt, an den Personalversammlungen teilzunehmen, in denen ein Tätigkeitsbericht erstattet wird oder die auf ihren Wunsch einberufen worden sind. [2]Sie ist über die Einberufung der Personalversammlung rechtzeitig zu informieren. [3]§ 29 Abs. 4 Satz 3 gilt entsprechend.
(4) [1]Personalversammlungen nach § 46 Abs. 1 und auf Wunsch der Dienststellenleitung einberufene Personalversammlungen finden während der Arbeitszeit statt, soweit nicht die dienstlichen Verhältnisse eine andere Regelung erfordern. [2]Die Teilnahme an diesen Personalversammlungen hat keine Minderung der Dienstbezüge oder des Arbeitsentgelts zur Folge. [3]Soweit Personalversammlungen nach Satz 1 aus dienstlichen Gründen außerhalb der Arbeitszeit stattfinden müssen, ist den Teilnehmerinnen und Teilnehmern ein entsprechender Zeitausgleich in Freizeit zu gewähren.

(5) [1]Fahrtkosten, die durch die Teilnahme an Personalversammlungen nach Abs. 4 entstehen, werden in entsprechender Anwendung der Vorschriften über die Reisekostenvergütung der Beamtinnen und Beamten erstattet. [2]Dies gilt nicht für Beamtinnen und Beamte im Vorbereitungsdienst sowie für Auszubildende, die an zentralen Ausbildungslehrgängen teilnehmen.

(6) [1]Andere Personalversammlungen finden außerhalb der Arbeitszeit statt. [2]Hiervon kann im Einvernehmen mit der Dienststellenleitung abgewichen werden.

§ 46   Angelegenheiten der Personalversammlung

(1) Der Personalrat soll mindestens einmal in jedem Kalenderjahr in einer Personalversammlung einen Tätigkeitsbericht erstatten.

(2) [1]Die Personalversammlung kann alle Angelegenheiten behandeln, die die Dienststelle oder ihre Beschäftigten unmittelbar betreffen, insbesondere die aktuelle Entwicklung von Tarif-, Besoldungs- und Sozialangelegenheiten sowie Fragen der tatsächlichen Gleichstellung von Frauen und Männern, der Teilhabe von Menschen mit Behinderungen und der Vereinbarkeit von Familie, Pflege und Beruf. [2]§ 2 Abs. 2 und 5 gilt für die Personalversammlung entsprechend.

(3) Die Personalversammlung kann dem Personalrat Anträge unterbreiten und zu seinen Beschlüssen Stellung nehmen.

(4) Der Personalrat unterrichtet die Beschäftigten über die Behandlung der Anträge und den Fortgang der in der Personalversammlung behandelten Angelegenheiten.

VIERTER TEIL
Stufenvertretungen und Gesamtpersonalrat

Erster Abschnitt
Stufenvertretungen

§ 47   Bildung von Stufenvertretungen

Für den Geschäftsbereich mehrstufiger Verwaltungen und Gerichte werden bei den Behörden der Mittelstufe Bezirkspersonalräte, bei den obersten Dienstbehörden Hauptpersonalräte gebildet (Stufenvertretungen).

§ 48   Wahl und Zusammensetzung

(1)[1]Die Mitglieder des Bezirkspersonalrats werden von den zum Geschäftsbereich der Behörde der Mittelstufe, die Mitglieder des Hauptpersonalrats von den zum Geschäftsbereich der obersten Dienstbehörde gehörenden Beschäftigten gewählt. [2]Soweit bei unteren Landesbehörden die Personalangelegenheiten der Beschäftigten zum Geschäftsbereich verschiedener Mittelbehörden gehören, sind diese Beschäftigten für den Bezirkspersonalrat bei der jeweils zuständigen Mittelbehörde wahlberechtigt. [3]Soweit bei Behörden der Mittelstufe die Personalangelegenheiten der Beschäftigten zum Geschäftsbereich verschiedener oberster Landesbehörden gehören, sind diese Beschäftigten für den Hauptpersonalrat bei der jeweils zuständigen obersten Landesbehörde wahlberechtigt.

(2) [1]Die Stufenvertretungen bestehen bei in der Regel
1.   bis zu 1000 Wahlberechtigten im Geschäftsbereich aus sieben Mitgliedern,
2.   1001 bis   3000 Wahlberechtigten im Geschäftsbereich aus neun Mitgliedern,
3.   3001 bis   5000 Wahlberechtigten im Geschäftsbereich aus elf Mitgliedern,
4.   5001 bis   7000 Wahlberechtigten im Geschäftsbereich aus 13 Mitgliedern,
5.   7001 bis 10 000 Wahlberechtigten im Geschäftsbereich aus 15 Mitgliedern,
6.   10 001 und mehr Wahlberechtigten im Geschäftsbereich aus 17 Mitgliedern.
[2]Für den Hauptpersonalrat beim Hessischen Ministerium für Wissenschaft und Kunst gilt § 12 Abs. 1 entsprechend.

(3) [1]Die §§ 10 und 11, § 13 Abs. 1 und 2, die §§ 14 bis 16 Abs. 2 sowie die §§ 17 bis § 20 Abs. 1 gelten entsprechend. [2]Eine Personalversammlung zur Bestellung des Bezirks- oder Hauptwahlvorstandes findet nicht statt. [3]An ihrer Stelle übt die Leitung der Dienststelle, bei der die Stufenvertretung zu errichten ist, im Benehmen mit den in der Dienststelle vertretenen Gewerkschaften die Befugnisse zur Bestellung des Wahlvorstandes nach § 16 Abs. 2 und § 17 Abs. 1 aus.

(4) [1]Die Wahl der Stufenvertretungen soll möglichst gleichzeitig mit der der Personalräte erfolgen. [2]In diesem Falle führen die bei den Dienststellen bestehenden Wahlvorstände die Wahl der Stufenvertretungen im Auftrag des Bezirks- oder Hauptwahlvorstandes durch. [3]Andernfalls bestellen auf sein Ersuchen die Personalräte oder, wenn solche nicht bestehen, die Dienststellenleitungen im Benehmen mit den in der Dienststelle vertretenen Gewerkschaften die örtlichen Wahlvorstände für die Wahl der Stufenvertretungen.

(5) [1]In den Stufenvertretungen erhält jede Gruppe mindestens eine Vertreterin oder einen Vertreter. [2]Besteht die Stufenvertretung aus mehr als neun Mitgliedern, erhält jede Gruppe mindestens zwei Vertreterinnen oder Vertreter. [3]Satz 2 gilt nicht für den Hauptpersonalrat beim Hessischen Ministerium für Wissenschaft und Kunst. [4]§ 13 Abs. 4 gilt entsprechend.

§ 49   Amtszeit, Geschäftsführung, Rechtsstellung, Datenschutz

(1) [1]Für die Amtszeit und die Geschäftsführung der Stufenvertretungen gelten die §§ 20 bis 34 Abs. 2 sowie die §§ 35 bis 38 Abs. 1 entsprechend. [2]§ 28 Abs. 1 gilt mit der Maßgabe, dass die Mitglieder der Stufenvertretung spätestens zwei Wochen nach dem Wahltag einzuberufen sind.

(2) Für die Rechtsstellung der Mitglieder der Stufenvertretungen und den Datenschutz gelten die §§ 37 bis 42 mit Ausnahme des § 38 Abs. 2 entsprechend.

(3) In Stufenvertretungen sind von ihrer dienstlichen Tätigkeit auf Antrag freizustellen
1. ab 7 Mitgliedern ein Mitglied mit der Hälfte der regelmäßigen wöchentlichen Arbeitszeit,
2. ab 9 Mitgliedern ein Mitglied ganz und
3. ab 13 Mitgliedern zwei Mitglieder.

(4) Für die Aufgaben, Befugnisse und Pflichten der Stufenvertretungen gelten die Vorschriften des Sechsten Teils entsprechend.

Zweiter Abschnitt
Gesamtpersonalrat

§ 50   Bildung eines Gesamtpersonalrats

(1) [1]In den Fällen des § 5 Abs. 3 wird neben den einzelnen Personalräten ein Gesamtpersonalrat gebildet. [2]Das gleiche gilt in Gemeinden, Gemeindeverbänden und sonstigen Körperschaften des öffentlichen Rechts mit einstufigem Verwaltungsaufbau auch in den Fällen des § 5 Abs. 1 und des § 86 Abs. 1.

(2) In Gemeinden, Gemeindeverbänden und sonstigen Körperschaften, Anstalten und Stiftungen des öffentlichen Rechts tritt an die Stelle der Stufenvertretung der Gesamtpersonalrat.

§ 51   Anzuwendende Vorschriften

Für den Gesamtpersonalrat gelten die §§ 9 und 12, § 48 Abs. 1, 3 bis 5 und § 49 Abs. 1, 2 und 4, für Gesamtpersonalräte nach § 50 Abs. 2 gilt auch § 49 Abs. 3 entsprechend.

FÜNFTER TEIL
Jugend- und Auszubildendenvertretung

§ 52   Bildung von Jugend- und Auszubildendenvertretungen

In Dienststellen, bei denen Personalvertretungen gebildet sind und denen in der Regel mindestens fünf Beschäftigte angehören, die das 18. Lebensjahr noch nicht vollendet haben oder die sich in einer beruflichen Ausbildung befinden, werden Jugend- und Auszubildendenvertretungen gebildet.

§ 53   Wahlberechtigung und Wählbarkeit

(1) [1]Wahlberechtigt sind die Beschäftigten, die am Wahltag das 18. Lebensjahr noch nicht vollendet haben oder sich in einer beruflichen Ausbildung befinden. [2]§ 10 Abs. 1 Satz 1 Nr. 1 und 2 sowie Abs. 2 bis 4 gilt entsprechend.

(2) [1]Wählbar sind die Beschäftigten, die am Wahltag das 26. Lebensjahr noch nicht vollendet haben oder sich in einer beruflichen Ausbildung befinden. [2]§ 11 Abs. 1 Satz 1 Nr. 2, Satz 2 sowie Abs. 2 und 3 gilt entsprechend.

§ 54   Größe und Zusammensetzung

(1) Die Jugend- und Auszubildendenvertretung besteht in Dienststellen mit in der Regel
1.   5 bis 10 der in § 52 genannten Beschäftigten aus einem Mitglied,
2.   11 bis 50 der vorgenannten Beschäftigten aus drei Mitgliedern,
3.   51 bis 200 der vorgenannten Beschäftigten aus fünf Mitgliedern und
4.   mehr als 200 der vorgenannten Beschäftigten aus sieben Mitgliedern.

(2) [1]Frauen und Männer sind entsprechend ihrem Anteil an den Wahlberechtigten zu berücksichtigen. [2]Insofern findet § 13 Abs. 1 und 2 entsprechende Anwendung.

(3) Die Jugend- und Auszubildendenvertretung soll sich aus Vertreterinnen und Vertretern der verschiedenen Beschäftigungsarten der in § 52 genannten Beschäftigten zusammensetzen.

§ 55   Wahl, Amtszeit, Vorsitz

(1) [1]Der Personalrat bestimmt im Einvernehmen mit der Jugend- und Auszubildendenvertretung den Wahlvorstand und seinen Vorsitz. [2]§ 15 Abs. 1, 3 bis 6, § 16 Abs. 1 Satz 1 bis 3 sowie die §§ 18, 19 und 21 Abs. 3 Satz 1 gelten für die Wahl der Jugend- und Auszubildendenvertretung entsprechend.

(2) [1]Der Wahlvorstand kann bestimmen, dass die Wahl in Dienststellen mit höchstens 20 in der Regel Beschäftigten im Sinne von § 52 in einer Wahlversammlung stattfindet. [2]Er hat dazu spätestens vier Wochen vor Ablauf der Amtszeit einzuberufen. [3]Gewählt wird in geheimer Wahl nach den Grundsätzen der Mehrheitswahl. [4]Die oder der Vorsitzende des Wahlvorstands leitet die Wahlversammlung, führt die Wahl durch und fertigt über das Ergebnis ein Protokoll.

(3) [1]Die Amtszeit der Jugend- und Auszubildendenvertretung beträgt zwei Jahre. [2]Im Übrigen gelten die Vorschriften der §§ 20 bis 26 mit Ausnahme des § 21 Abs. 1 Nr. 1 entsprechend. [3]Ein Mitglied der Jugend- und Auszubildendenvertretung, das im Laufe der Amtszeit das 26. Lebensjahr vollendet oder seine Berufsausbildung abschließt, bleibt bis zum Ende der Amtszeit Mitglied der Jugend- und Auszubildendenvertretung.

(4) Besteht die Jugend- und Auszubildendenvertretung aus drei oder mehr Mitgliedern, so wählt sie mit einfacher Mehrheit aus ihrer Mitte eine Vorsitzende oder einen Vorsitzenden und eine Stellvertreterin oder einen Stellvertreter oder mehrere Stellvertreterinnen und Stellvertreter.

§ 56   Aufgaben

(1) Die Jugend- und Auszubildendenvertretung hat folgende allgemeine Aufgaben:
1.   Maßnahmen, die den in § 52 genannten Beschäftigten dienen, insbesondere in Fragen der Berufsbildung, beim Personalrat zu beantragen,

2. Maßnahmen, die der Gleichberechtigung von weiblichen und männlichen Jugendlichen und Auszubildenden dienen, zu beantragen,

3. darüber zu wachen, dass die zugunsten der in § 52 genannten Beschäftigten geltenden Gesetze, Verordnungen, Unfallverhütungsvorschriften, Tarifverträge, Dienstvereinbarungen und Verwaltungsanordnungen durchgeführt werden,

4. Anregungen und Beschwerden von in § 52 genannten Beschäftigten, insbesondere in Fragen der Berufsbildung, entgegenzunehmen und, falls sie berechtigt erscheinen, beim Personalrat auf eine Erledigung hinzuwirken; die Jugend- und Auszubildendenvertretung hat die betroffenen Beschäftigten über den Stand und das Ergebnis der Verhandlungen zu informieren.

(2) Die Zusammenarbeit der Jugend- und Auszubildendenvertretung mit dem Personalrat bestimmt sich nach den § 28 Abs. 4, § 29 Abs. 5 sowie § 31.

(3) [1]Zur Durchführung ihrer Aufgaben ist die Jugend- und Auszubildendenvertretung durch den Personalrat rechtzeitig und umfassend zu unterrichten. [2]Die Jugend- und Auszubildendenvertretung kann verlangen, dass ihr der Personalrat die zur Durchführung ihrer Aufgaben erforderlichen Unterlagen zur Verfügung stellt.

(4) Der Personalrat hat die Jugend- und Auszubildendenvertretung zu den Monatsgesprächen nach § 62 Abs. 1 beizuziehen, wenn Angelegenheiten behandelt werden, die die in § 52 genannten Beschäftigten besonders betreffen.

(5) [1]Die Jugend- und Auszubildendenvertretung kann nach Verständigung des Personalrats Sitzungen abhalten; § 28 Abs. 1 bis 3, § 29 Abs. 1 bis 3 und 6, § 30 Abs. 1 bis 4 sowie die §§ 32 und 33 gelten entsprechend. [2]An den Sitzungen der Jugend- und Auszubildendenvertretung kann ein vom Personalrat beauftragtes Personalratsmitglied teilnehmen.

§ 57   Anzuwendende Vorschriften

[1]Für die Jugend- und Auszubildendenvertretung gelten die §§ 34 bis 38 Abs. 1 sowie die §§ 39 und 42 entsprechend, § 35 Abs. 3 mit der Maßgabe, dass Reisekosten nur gezahlt werden, wenn der Personalrat die Reise beschlossen hat. [2]§ 40 gilt entsprechend mit der Maßgabe, dass die außerordentliche Kündigung, die Versetzung, die Zuweisung und die Abordnung von Mitgliedern der Jugend- und Auszubildendenvertretung, der Wahlvorstände und von Wahlbewerberinnen und Wahlbewerbern der Zustimmung des Personalrats bedürfen. [3]§ 41 gilt entsprechend; in dem Verfahren vor dem Verwaltungsgericht nach § 41 Abs. 4 ist bei einem Mitglied der Jugend- und Auszubildendenvertretung auch diese Beteiligte.

§ 58   Jugend- und Auszubildendenversammlung

[1]Die Jugend- und Auszubildendenvertretung soll mindestens einmal in jedem Kalenderjahr eine Jugend- und Auszubildendenversammlung einberufen. [2]Auf Antrag eines Viertels der in § 52 genannten Beschäftigten der Dienststelle ist die Jugend- und Auszubildendenvertretung verpflichtet, eine Jugend- und Auszubildendenversammlung einzuberufen. [3]Die Jugend- und Auszubildendenversammlung soll möglichst unmittelbar vor oder nach einer ordentlichen Personalversammlung stattfinden. [4]Sie wird von der oder dem Vorsitzenden der Jugend- und Auszubildendenvertretung geleitet. [5]Die oder der Personalratsvorsitzende oder ein beauftragtes Mitglied des Personalrats nimmt an der Jugend- und Auszubildendenversammlung teil. [6]§ 43 Abs. 2 sowie die §§ 45 und 46 gelten entsprechend.

§ 59   Jugend- und Auszubildendenstufenvertretung und Gesamtjugend- und -auszubildendenvertretung

(1) [1]Für den Geschäftsbereich mehrstufiger Verwaltungen werden, soweit Stufenvertretungen bestehen, bei den Behörden der Mittelstufe Bezirksjugend- und -auszubildendenvertretungen und bei den obersten Dienstbehörden Hauptjugend- und -auszubildendenvertretungen gebildet. [2]Für die Jugend-

und Auszubildendenstufenvertretungen gelten § 48 Abs. 1 und 4 sowie die §§ 52 bis 57 mit Ausnahme der Regelung über die Einrichtung von Sprechstunden entsprechend.

(2) ¹Erfolgt die Wahl der Jugend- und Auszubildendenstufenvertretung gleichzeitig mit den nach § 48 Abs. 3 in Verbindung mit § 20 Abs. 1 regelmäßig durchzuführenden Wahlen der Stufenvertretung, so gilt § 48 Abs. 4 mit der Maßgabe, dass die danach gebildeten Wahlvorstände auch die Aufgaben der Wahlvorstände für die Wahl der Jugend- und Auszubildendenstufenvertretung wahrnehmen. ²In den übrigen Fällen gilt § 48 Abs. 4 mit der Maßgabe, dass im Falle des § 48 Abs. 4 Satz 3 die Aufgaben des örtlichen Wahlvorstandes dem Bezirks- oder Hauptwahlvorstand obliegen. ³Soweit danach in Dienststellen kein Wahlvorstand bestellt wird, kann der Bezirks- oder Hauptwahlvorstand die Stimmabgabe in diesen Dienststellen durchführen oder die briefliche Stimmabgabe anordnen.

(3) ¹In den in § 50 Abs. 1 bezeichneten Fällen wird neben den einzelnen Jugend- und Auszubildendenvertretungen eine Gesamtjugend- und -auszubildendenvertretung gebildet. ²Abs. 1 Satz 2 gilt entsprechend.

SECHSTER TEIL
Beteiligung des Personalrats

Erster Abschnitt
Allgemeines

§ 60 Allgemeine Aufgaben
(1) ¹Der Personalrat hat folgende allgemeine Aufgaben:
1. Maßnahmen, die der Dienststelle und ihren Angehörigen dienen, zu beantragen,
2. darüber zu wachen, dass die zugunsten der Beschäftigten geltenden Gesetze, Verordnungen, Tarifverträge, Dienstvereinbarungen und Verwaltungsanordnungen durchgeführt werden,
3. Anregungen und Beschwerden von Beschäftigten entgegenzunehmen und, falls sie berechtigt erscheinen, durch Verhandlung mit der Dienststellenleitung auf ihre Erledigung hinzuwirken,
4. die Teilhabe und berufliche Entwicklung schwerbehinderter Beschäftigter und sonstiger besonders schutzbedürftiger, insbesondere älterer Personen zu fördern sowie Maßnahmen zur beruflichen Förderung schwerbehinderter Beschäftigter zu beantragen,
5. die Durchsetzung der tatsächlichen Gleichstellung von Frauen und Männern zu fördern,
6. die Vereinbarkeit von Familie, Pflege und Beruf zu fördern,
7. die Eingliederung ausländischer Beschäftigter in die Dienststelle und das Verständnis zwischen ihnen und den deutschen Beschäftigten zu fördern,
8. mit der Jugend- und Auszubildendenvertretung zur Förderung der Belange der in § 52 genannten Beschäftigten eng zusammenzuarbeiten,
9. Maßnahmen, die dem Umweltschutz in der Dienststelle dienen, anzuregen.
²Entsprechende Anträge des Personalrats sind eingehend zwischen Dienststellenleitung und Personalrat zu erörtern und in angemessener Frist zu beantworten.
(2) Der Personalrat hat auf die Verhütung von Unfall- und Gesundheitsgefahren zu achten, die für den Arbeitsschutz zuständigen Stellen durch Anregung, Beratung und Auskunft zu unterstützen und sich für die Durchführung des Arbeitsschutzes einzusetzen.

§ 61 Informations- und Teilnahmerechte
(1) ¹Der Personalrat ist zur Durchführung seiner Aufgaben rechtzeitig und umfassend zu unterrichten. ²Ihm sind die hierfür erforderlichen Unterlagen zu übermitteln. ³Dazu gehören in Personalangelegenheiten Bewerbungsunterlagen aller Bewerber. ⁴Personalakten dürfen nur mit Einwilligung der oder des Beschäftigten und nur von den von ihr oder ihm bestimmten Mitgliedern des Personal-

rats eingesehen werden. [5]Dienstliche Beurteilungen sind auf Verlangen der oder des Beschäftigten dem Personalrat zur Kenntnis zu bringen.

(2) [1]Vor Einführung, Anwendung, Änderung oder Erweiterung eines automatisierten Verfahrens zur Verarbeitung personenbezogener Daten der Beschäftigten nach § 78 Abs. 2 Satz 1 Nr. 7 hat die Dienststelle dem Personalrat das Verzeichnis von Verarbeitungstätigkeiten nach Art. 30 der Verordnung (EU) Nr. 2016/679 des Europäischen Parlaments und des Rates vom 27. April 2016 zum Schutz natürlicher Personen bei der Verarbeitung personenbezogener Daten, zum freien Datenverkehr und zur Aufhebung der Richtlinie 95/46/EG (Datenschutz-Grundverordnung) (ABl. EU Nr. L 119 S. 1, Nr. L 314 S. 72, 2018 Nr. L 127 S. 2, 2021 Nr. L 74 S. 35) oder nach § 65 des Hessischen Datenschutz- und Informationsfreiheitsgesetzes mit dem Hinweis zu übermitteln, dass der Personalrat bei begründeten Zweifeln an der datenschutzrechtlichen Zulässigkeit eine Stellungnahme der oder des Hessischen Datenschutzbeauftragten fordern kann. [2]Macht der Personalrat von dieser Möglichkeit Gebrauch, beginnt die von ihm einzuhaltende Frist erst mit der Vorlage der von der Dienststellenleitung einzuholenden Stellungnahme.

(3) [1]Bei Prüfungen, die eine Dienststelle von den Beschäftigten ihres Bereichs abnimmt, wird eines der Mitglieder der Prüfungskommission vom Personalrat benannt; dieses muss zumindest die gleiche oder eine entsprechende Qualifikation besitzen, wie sie durch die Prüfung festgestellt werden soll. [2]Bei Auswahlverfahren, Aufnahmetests oder Auswahlen, denen sich Bewerber für eine Einstellung oder eine Ausbildung zu unterziehen haben, und bei Auswahlverfahren zur Besetzung eines Amtes mit Funktionsbezeichnung entsendet der Personalrat, der mitzubestimmen hat, eine Vertreterin oder einen Vertreter in das Gremium. [3]Diese Regelung findet keine Anwendung bei Prüfungen, Aufnahmetests und Auswahlen, die durch Rechtsvorschriften geregelt sind, sowie in den Fällen des § 76 Abs. 2 und 3 Nr. 1.

(4) Bei Einführung und Prüfung von Arbeitsschutzeinrichtungen und bei Unfalluntersuchungen, die von der Dienststelle oder den für den Arbeitsschutz zuständigen Stellen vorgenommen werden, ist der Personalrat zuzuziehen.

§ 62 Monatsgespräch

(1) [1]Die Dienststellenleitung und der Personalrat sollen mindestens einmal im Monat zu einer gemeinschaftlichen Besprechung zusammentreten (Monatsgespräch). [2]In den Monatsgesprächen hat die Dienststellenleitung beabsichtigte Maßnahmen, die der Beteiligung unterliegen, rechtzeitig und eingehend mit dem Personalrat zu erörtern. [3]In den Monatsgesprächen soll auch die Gestaltung des Dienstbetriebs behandelt werden, insbesondere alle Vorgänge, die die Beschäftigten wesentlich berühren. [4]Die Dienststellenleitung soll den Personalrat in den Monatsgesprächen möglichst frühzeitig über beabsichtigte Maßnahmen zur Verwaltungsmodernisierung und zur Digitalisierung sowie über beabsichtigte Organisationsentscheidungen, die beteiligungspflichtige Maßnahmen zur Folge haben, unterrichten.

(2) Die Dienststellenleitung und der Personalrat haben über strittige Fragen mit dem ernsten Willen zur Einigung zu verhandeln und Vorschläge für die Beilegung von Meinungsverschiedenheiten zu machen.

(3) Die Dienststellenleitung und der Personalrat sind berechtigt, sachkundige Mitarbeiterinnen und Mitarbeiter oder Sachverständige zu den Monatsgesprächen hinzuzuziehen.

(4) An den Monatsgesprächen nimmt die Schwerbehindertenvertretung teil sowie nach Maßgabe des § 56 Abs. 4 ein Mitglied der Jugend- und Auszubildendenvertretung, das von dieser benannt wird.

(5) [1]An den Monatsgesprächen können Beauftragte der im Personalrat der Dienststelle vertretenen Gewerkschaften sowie Vertreterinnen und Vertreter des jeweiligen Arbeitgeberverbandes oder kommunalen Spitzenverbandes teilnehmen. [2]Dies gilt nicht, soweit Gegenstände behandelt werden, die die Mitteilung oder Erörterung schutzwürdiger personenbezogener Daten nach § 29 Abs. 7 Satz 3 ein-

schließen, es sei denn, der Betroffene stimmt zu, oder soweit Anordnungen behandelt werden, durch die die Alarmbereitschaft oder der Einsatz der Vollzugspolizei geregelt werden.

§ 63 Zuständige Personalvertretung

(1) [1]In Angelegenheiten, in denen die Dienststelle zur Entscheidung befugt ist, beteiligt die Dienststellenleitung den bei der Dienststelle bestehenden Personalrat. [2]Bei Versetzungen und Abordnungen sind der Personalrat der abgebenden und der Personalrat der aufnehmenden Dienststelle zu beteiligen.

(2) [1]In Angelegenheiten, in denen die Dienststelle nicht zur Entscheidung befugt ist, beteiligt gleichwohl die Leitung der Dienststelle, der die oder der Beschäftigte angehört oder bei der sie oder er eingestellt werden soll, den bei dieser Dienststelle bestehenden Personalrat. [2]Die Leitung der zur Entscheidung befugten Dienststelle kann die Beteiligung allgemein oder im Einzelfall an Stelle der in Satz 1 genannten Dienststellenleitung durchführen.

(3) [1]Bei Maßnahmen, die für die Beschäftigten mehrerer Dienststellen von allgemeiner Bedeutung sind, ist die bei der für die Entscheidung zuständigen Dienststelle gebildete Stufenvertretung an Stelle der Personalräte zu beteiligen. [2]Bei Maßnahmen, die für die verschiedenen Geschäftsbereichen angehörenden Beschäftigten einer unteren Landesbehörde von allgemeiner Bedeutung sind, nimmt der Bezirkspersonalrat der zuständigen Mittelbehörde die Aufgaben der Stufenvertretung wahr; er unterrichtet die Bezirkspersonalräte beteiligter Mittelbehörden und gibt ihnen Gelegenheit zur Äußerung.

(4) [1]Bei Maßnahmen, die für die Beschäftigten mehrerer Geschäftsbereiche von allgemeiner Bedeutung sind oder über die die Landesregierung entscheidet, nimmt der Hauptpersonalrat bei der zuständigen obersten Landesbehörde die Aufgaben der Stufenvertretung wahr. [2]Er unterrichtet die Hauptpersonalräte bei den beteiligten obersten Landesbehörden und gibt ihnen Gelegenheit zur Äußerung.

(5) Die Abs. 2 und 3 gelten entsprechend für die Verteilung der Zuständigkeit zwischen Personalrat und Gesamtpersonalrat.

(6) [1]Im Falle der Einführung, Anwendung, wesentlichen Änderung oder Erweiterung von technischen Einrichtungen, die dazu geeignet sind, das Verhalten oder die Leistung der Beschäftigten zu überwachen nach § 78 Abs. 1 Satz 1 Nr. 6 sowie der automatisierten Verarbeitung personenbezogener Daten der Beschäftigten nach § 78 Abs. 2 Satz 1 Nr. 7 ist der Personalrat der Dienststelle zu beteiligen, der die Beschäftigten angehören, deren personenbezogene Daten verarbeitet werden. [2]Die Abs. 3 bis 5 bleiben unberührt.

§ 64 Durchführung der Entscheidungen, vorläufige Regelungen

(1) Entscheidungen, an denen der Personalrat beteiligt war, führt die Dienststelle durch, es sei denn, dass im Einzelfall etwas anderes vereinbart ist.

(2) Der Personalrat darf nicht durch einseitige Handlungen in den Dienstbetrieb eingreifen.

(3) [1]Die Leitung der zur Entscheidung befugten Dienststelle kann bei Maßnahmen, die der Natur der Sache nach keinen Aufschub dulden, bis zur endgültigen Entscheidung vorläufige Regelungen treffen. [2]Sie hat dem Personalrat die vorläufige Regelung mitzuteilen und zu begründen und unverzüglich das Verfahren nach den §§ 66 bis 73 einzuleiten oder fortzusetzen.

§ 65 Dienstvereinbarungen

(1) [1]Dienstvereinbarungen sind zulässig, soweit sie dieses Gesetz ausdrücklich zulässt. [2]Sie sind nicht zulässig, soweit Arbeitsentgelte und sonstige Arbeitsbedingungen üblicherweise durch Tarifvertrag geregelt werden. [3]Dies gilt nicht, wenn ein Tarifvertrag den Abschluss ergänzender Dienstvereinbarungen ausdrücklich zulässt.

(2) Dienstvereinbarungen werden von Dienststelle und Personalrat beschlossen, sind schriftlich niederzulegen; von beiden Seiten zu unterzeichnen und in geeigneter Weise bekanntzumachen.

(3) Dienstvereinbarungen, die für einen größeren Bereich gelten, gehen den Dienstvereinbarungen für einen kleineren Bereich vor.

(4) Dienstvereinbarungen können, soweit nichts anderes vereinbart ist, mit einer Frist von drei Monaten gekündigt werden. Nach Kündigung oder Ablauf einer Dienstvereinbarung gelten ihre Regelungen weiter, wenn und soweit dies ausdrücklich vereinbart worden ist.

Zweiter Abschnitt
Beteiligungsverfahren

Erster Titel
Verfahren bei Mitbestimmung

§ 66 Verfahren zwischen Dienststelle und Personalrat

(1) [1]Soweit eine Maßnahme der Mitbestimmung des Personalrats unterliegt, bedarf sie nach rechtzeitiger und eingehender Erörterung nach § 62 Abs. 1 seiner vorherigen Zustimmung. [2]Auf die Erörterung kann im beiderseitigen Einvernehmen verzichtet werden.

(2) [1]Die Dienststellenleitung unterrichtet den Personalrat von der beabsichtigten Maßnahme und beantragt seine Zustimmung. [2]Der Beschluss des Personalrats ist der Dienststellenleitung innerhalb von zwei Wochen nach Antragstellung mitzuteilen. [3]In dringenden Fällen kann die Dienststellenleitung diese Frist auf eine Woche abkürzen. [4]Die Maßnahme gilt als gebilligt, wenn nicht der Personalrat innerhalb der genannten Frist die Zustimmung unter Angabe der Gründe schriftlich oder elektronisch verweigert.

§ 67 Initiativrecht des Personalrats

(1) [1]Der Personalrat kann in Angelegenheiten, die seiner Mitbestimmung unterliegen, Maßnahmen beantragen, die den Beschäftigten der Dienststelle insgesamt oder Gruppen von ihnen dienen. [2]Der Personalrat hat seine Anträge der Dienststellenleitung schriftlich oder elektronisch zu unterbreiten und zu begründen; sie sind nach § 62 Abs. 1 zu erörtern.

(2) [1]Die Dienststellenleitung soll über den Antrag nach Abs. 1 innerhalb von vier Wochen nach Abschluss der Erörterung entscheiden. [2]Kann die Dienststellenleitung die Frist nicht einhalten, so ist dem Personalrat innerhalb dieser Frist ein Zwischenbescheid zu erteilen; die endgültige Entscheidung ist innerhalb weiterer vier Wochen zu treffen. [3]Soweit die Dienststellenleitung eine alleinige Entscheidungsbefugnis besitzt, gilt die Maßnahme als gebilligt, wenn die Dienststelle nicht innerhalb der genannten Frist die Zustimmung schriftlich oder elektronisch verweigert.

§ 68 Stufenverfahren

(1) [1]Kommt nach § 66 oder § 67 zwischen der Leitung einer nachgeordneten Dienststelle und dem Personalrat eine Einigung nicht zustande, so kann die Dienststellenleitung oder der Personalrat die Angelegenheit innerhalb von zwei Wochen auf dem Dienstweg der übergeordneten Dienststelle, bei der eine Stufenvertretung besteht, vorlegen. [2]Die übergeordnete Dienststelle hat innerhalb von zwei Wochen die Stufenvertretung mit der Angelegenheit zu befassen.

(2) [1]Ist die übergeordnete Dienststelle eine Behörde der Mittelstufe und kommt zwischen ihr und dem Bezirkspersonalrat eine Einigung nicht zustande, so kann ihre Dienststellenleitung oder der Bezirkspersonalrat die Angelegenheit innerhalb von zwei Wochen der obersten Dienstbehörde vorlegen. [2]Die oberste Dienstbehörde hat innerhalb von zwei Wochen den Hauptpersonalrat mit der Angelegenheit zu befassen. [3]Kommt zwischen der obersten Dienstbehörde und dem Hauptpersonalrat

eine Einigung nicht zustande, so kann die Leitung der obersten Dienstbehörde oder der Hauptpersonalrat innerhalb von zwei Wochen die Einigungsstelle anrufen.

(3) Ist die übergeordnete Dienststelle eine oberste Dienstbehörde und kommt zwischen ihr und dem Hauptpersonalrat eine Einigung nicht zustande, so kann die Leitung der obersten Dienstbehörde oder der Hauptpersonalrat innerhalb von zwei Wochen die Einigungsstelle anrufen.

(4) [1]Kommt nach § 66 oder § 67 zwischen der Leitung einer Dienststelle, die oberste Dienstbehörde ist, und dem Personalrat eine Einigung nicht zustande, so kann die Leitung der obersten Dienstbehörde oder der Personalrat innerhalb von zwei Wochen den Hauptpersonalrat mit der Angelegenheit befassen. [2]Kommt eine Einigung nicht zustande, so kann die Leitung der obersten Dienstbehörde oder der Hauptpersonalrat innerhalb von zwei Wochen die Einigungsstelle anrufen. [3]Besteht kein Hauptpersonalrat, so tritt an seine Stelle der Personalrat.

(5) [1]Kommt nach § 66 oder § 67 bei Gemeinden, Gemeindeverbänden oder sonstigen Körperschaften, Anstalten und Stiftungen des öffentlichen Rechts mit einstufigem Verwaltungsaufbau zwischen der Dienststellenleitung und dem Personalrat eine Einigung nicht zustande, so kann die Dienststellenleitung oder der Personalrat innerhalb von zwei Wochen die Einigungsstelle anrufen.

(6) Die in den Abs. 1 bis 5 genannten Fristen können im beiderseitigen Einvernehmen der jeweiligen Dienststellenleitung und Personalvertretung verkürzt oder verlängert werden.

§ 69 Bildung der Einigungsstelle

(1) [1]Die Einigungsstelle wird bei der obersten Dienstbehörde gebildet. [2]Sie besteht aus sechs Beisitzerinnen und Beisitzern, die jeweils zur Hälfte von der obersten Dienstbehörde und der zur Anrufung der Einigungsstelle berechtigten Personalvertretung innerhalb von zwei Wochen nach der Anrufung bestellt werden, und aus einer oder einem unparteiischen Vorsitzenden, auf die oder den sich beide Seiten einigen. [2]Ist die oberste Dienstbehörde ein Kollegialorgan, erfolgt die Bestellung durch Beschluss mit einfacher Mehrheit.

(2) [1]Kommt eine Einigung über die Person der oder des Vorsitzenden innerhalb von zwei Wochen nach der Anrufung nicht zustande, so wird sie oder er von der oder dem Vorsitzenden der Landespersonalkommission bestellt. [2]Die oder der Vorsitzende der Einigungsstelle hat innerhalb von zwei Wochen nach der Bestellung zur ersten Sitzung der Einigungsstelle einzuladen; lädt sie oder er nicht ein, so ist durch die Vorsitzende oder den Vorsitzenden der Landespersonalkommission unverzüglich eine neue Vorsitzende oder ein neuer Vorsitzender zu bestellen.

(3) [1]Die oberste Dienstbehörde kann eine ständige Einigungsstelle einrichten. [2]In diesem Fall werden die oder der Vorsitzende sowie eine Stellvertreterin oder ein Stellvertreter für die Dauer der regelmäßigen Amtszeit der Personalräte bestellt. [3]Die Abs. 1 und 2 gelten mit der Maßgabe, dass zur ersten Sitzung innerhalb von zwei Wochen seit der Anrufung der Einigungsstelle einzuladen ist.

(4) [1]Die §§ 35 und 37 Abs. 1 sowie § 42 gelten entsprechend. [2]Der oder dem Vorsitzenden kann eine Entschädigung für Zeitaufwand gewährt werden.

§ 70 Verfahren der Einigungsstelle

(1) [1]Die Einigungsstelle entscheidet nach mündlicher Verhandlung, die nicht öffentlich ist, durch Beschluss. [2]Sie kann den Anträgen der Beteiligten auch teilweise entsprechen. [3]Der Beschluss muss sich im Rahmen der geltenden Rechtsvorschriften, insbesondere des Haushaltsgesetzes, halten.

(2) [1]Die Entscheidung erfolgt in der ersten Sitzung der Einigungsstelle, spätestens aber einen Monat danach. [2]Die Frist kann im Einvernehmen der Mitglieder der Einigungsstelle verkürzt oder verlängert werden.

(3) [1]Der Beschluss wird mit Stimmenmehrheit gefasst. [2]Bestellt eine Seite innerhalb der in § 69 Abs. 1 Satz 2 genannten Frist keine Beisitzerinnen und Beisitzer oder bleiben Beisitzerinnen oder Beisitzer trotz rechtzeitiger Einladung der Sitzung fern, so entscheiden die oder der Vorsitzende und die erschienenen Beisitzerinnen und Beisitzer allein.

(4) Der Beschluss ist zu begründen, von der oder dem Vorsitzenden der Einigungsstelle zu unterzeichnen und den Beteiligten unverzüglich zuzustellen.

§ 71 Umfang der Bindungswirkung und Durchführung der Beschlüsse der Einigungsstelle

(1) [1]In den Fällen des § 75 Abs. 1 und 2 sowie der §§ 77 und 78 Abs. 1 hat der Beschluss der Einigungsstelle den Charakter einer Empfehlung an die oberste Dienstbehörde; sofern die oberste Dienstbehörde der Empfehlung nicht folgt, hat sie dies zu begründen. [2]In den übrigen Fällen bindet der Beschluss der Einigungsstelle die Beteiligten, soweit er eine Entscheidung im Sinne des § 70 Abs. 1 enthält.

(2) [1]Abweichend von Abs. 1 Satz 2 kann in der Landesverwaltung die oberste Dienstbehörde, wenn sie sich einem bindenden Beschluss der Einigungsstelle nicht anschließt, innerhalb eines Monats nach Zustellung des Beschlusses der Einigungsstelle die Entscheidung der Landesregierung, für Beschäftigte des Landtags die Entscheidung der Präsidentin oder des Präsidenten des Landtags im Benehmen mit dem Präsidium des Landtags und für Beschäftigte des Rechnungshofes die Entscheidung der Präsidentin oder des Präsidenten des Rechnungshofs im Benehmen mit dem Präsidium des Landtags beantragen, wenn die Entscheidung im Einzelfall wegen ihrer Auswirkungen auf das Gemeinwohl wesentlicher Bestandteil der Regierungsgewalt ist. [2]Diese Entscheidung ist endgültig. [3]Bei Gemeinden, Gemeindeverbänden und sonstigen Körperschaften, Anstalten und Stiftungen des öffentlichen Rechts kann in den Fällen des Satz 1 die oberste Dienstbehörde, wenn sie sich nicht dem Beschluss der Einigungsstelle anschließt, diesen aufheben und endgültig entscheiden.

(3) [1]Beschlüsse der Einigungsstelle führt die Dienststelle durch, es sei denn, dass im Einzelfall etwas anderes bestimmt ist. [2]Weigert sich die Dienststelle, einen endgültigen Beschluss der Einigungsstelle zu vollziehen, kann der Personalrat Klage beim Verwaltungsgericht erheben. [3]Das Verwaltungsgericht trifft eine die Dienststelle zum Vollzug verpflichtende Entscheidung.

Zweiter Titel
Verfahren bei Mitwirkung und Anhörung

§ 72 Mitwirkung

(1) Soweit der Personalrat an Entscheidungen mitwirkt, hat die Dienststellenleitung die beabsichtigte Maßnahme mit dem Ziel einer Verständigung rechtzeitig und eingehend mit ihm zu erörtern.

(2) [1]Äußert sich der Personalrat nicht innerhalb von zwei Wochen oder hält er bei Erörterung seine Einwendungen oder Vorschläge nicht aufrecht, so gilt die beabsichtigte Maßnahme als gebilligt. [2]Erhebt der Personalrat Einwendungen, so hat er der Dienststellenleitung die Gründe mitzuteilen.

(3) Entspricht die Dienststelle den Einwendungen des Personalrats nicht oder nicht in vollem Umfang, so teilt sie dem Personalrat ihre Entscheidung unter Angabe der Gründe innerhalb eines Monats schriftlich oder elektronisch mit.

(4) [1]Beantragt der Personalrat eine Maßnahme, die seiner Mitwirkung unterliegt, so hat er sie der Dienststellenleitung schriftlich oder elektronisch vorzuschlagen. [2]Diese hat dem Personalrat innerhalb angemessener Frist eine Entscheidung schriftlich oder elektronisch mitzuteilen; eine Ablehnung ist zu begründen.

(5) [1]Kommt zwischen der Leitung einer nachgeordneten Dienststelle und dem Personalrat eine Einigung nicht zustande, so kann die Dienststellenleitung oder der Personalrat die Angelegenheit innerhalb von zwei Wochen auf dem Dienstweg der übergeordneten Dienststelle, bei der eine Stufenvertretung besteht, vorlegen. [2]Die übergeordnete Dienststelle hat innerhalb von zwei Wochen die Stufenvertretung mit der Angelegenheit zu befassen. [3]Ist die übergeordnete Dienststelle eine Behörde der Mittelstufe und kommt zwischen ihr und dem Bezirkspersonalrat innerhalb von vier Wochen eine Einigung nicht zustande, so entscheidet die Leitung der obersten Dienstbehörde nach Verhandlung

mit dem Hauptpersonalrat endgültig. [4]Ist die übergeordnete Dienststelle eine oberste Dienstbehörde, so entscheidet ihre Leitung nach Verhandlung mit dem Hauptpersonalrat endgültig.

(6) [1]Der Personalrat einer Gemeinde, eines Gemeindeverbandes oder einer sonstigen Körperschaft, Anstalt oder Stiftung des öffentlichen Rechts mit einstufigem Verwaltungsaufbau kann innerhalb von zwei Wochen nach Zugang der Mitteilung (Abs. 3) die Entscheidung der obersten Dienstbehörde beantragen. [2]Abs. 4 Satz 2 gilt entsprechend.

§ 73 Anhörung

[1]Soweit der Personalrat anzuhören ist, ist ihm die beabsichtigte Maßnahme rechtzeitig bekanntzugeben und ausreichend Gelegenheit zur Äußerung innerhalb angemessener Frist zu geben. [2]§ 75 Abs. 4 Satz 3 bleibt unberührt.

Dritter Abschnitt
Beteiligung in sozialen Angelegenheiten

§ 74 Beteiligungspflichtige Maßnahmen

(1) Der Personalrat bestimmt in sozialen Angelegenheiten, gegebenenfalls durch Abschluss von Dienstvereinbarungen und soweit eine gesetzliche oder tarifliche Regelung nicht besteht, mit über

1. Gewährung von Unterstützungen und entsprechenden sozialen Zuwendungen,
2. Zuweisung und Kündigung von Wohnungen, über die die Dienststelle verfügt, und allgemeine Festsetzung der Nutzungsbedingungen,
3. Zuweisung von Dienst- und Pachtland und Festsetzung der Nutzungsbedingungen,
4. Maßnahmen zur Verhütung von Dienst- und Arbeitsunfällen und sonstigen Gesundheitsschädigungen,
5. Grundsätze des behördlichen oder betrieblichen Gesundheits- und Eingliederungsmanagements,
6. Regelungen der Ordnung und des Verhaltens der Beschäftigten in der Dienststelle,
7. Zeit, Ort und Art der Auszahlung der Dienstbezüge und Arbeitsentgelte,
8. Aufstellung allgemeiner Urlaubsgrundsätze und des Urlaubsplans,
9. Errichtung, Verwaltung und Auflösung von Sozialeinrichtungen ohne Rücksicht auf ihre Rechtsform,
10. Fragen der Lohngestaltung innerhalb der einzelnen Dienststelle, insbesondere die Aufstellung von Entlohnungsgrundsätzen, die Einführung und Anwendung von neuen Entlohnungsmethoden und deren Änderung sowie die Festsetzung der Akkord- und Prämiensätze und vergleichbarer leistungsbezogener Entgelte, einschließlich der Geldfaktoren,
11. Grundsätze über die Bewertung von anerkannten Vorschlägen im Rahmen des betrieblichen Vorschlagswesens,
12. Aufstellung von Sozialplänen einschließlich Plänen für Umschulungen zum Ausgleich oder zur Milderung von wirtschaftlichen Nachteilen, die den Beschäftigten infolge von Rationalisierungsmaßnahmen und Betriebsänderungen entstehen,
13. Gestaltung der Arbeitsplätze.

(2) Der Personalrat wirkt auf Antrag von Beschäftigten mit, bevor Ersatzansprüche gegen sie geltend gemacht werden. Anträgen und Berichten der Dienststelle ist in solchen Fällen die Stellungnahme des Personalrats beizufügen.

(3) [1]In den Fällen des Abs. 1 Nr. 1 ist auf Verlangen der Antragstellerin oder des Antragstellers nur die oder der Vorsitzende zu beteiligen. [2]Die Dienststellenleitung hat dem Personalrat nach Abschluss jedes Kalendervierteljahres einen Überblick über die Unterstützungen und entsprechenden sozialen Zuwendungen zu geben. [3]Dabei sind die Anträge den Leistungen gegenüberzustellen. [4]Auskunft über die von der Antragstellerin oder dem Antragsteller angeführten Gründe wird hierbei nicht erteilt.

Vierter Abschnitt
Beteiligung in Personalangelegenheiten

§ 75 Personelle Einzelmaßnahmen

(1) Der Personalrat bestimmt in Personalangelegenheiten der Beamtinnen und Beamten mit bei
1. Einstellung,
2. Beförderung, Verleihung eines anderen Amtes mit anderer Amtsbezeichnung beim Wechsel der Laufbahngruppe, Laufbahnwechsel,
3. Übertragung einer höher oder niedriger zu bewertenden Tätigkeit,
4. Versetzung zu einer anderen Dienststelle,
5. Umsetzung innerhalb der Dienststelle für eine Dauer von mehr als sechs Monaten, wenn sie mit einem Wechsel des Dienstortes verbunden ist,
6. Abordnung oder Zuweisung für eine Dauer von mehr als sechs Monaten,
7. Ablehnung eines Antrags auf Teilzeitbeschäftigung oder Beurlaubung nach den §§ 62 bis 65 des Hessischen Beamtengesetzes,
8. Anordnungen, welche die Freiheit in der Wahl der Wohnung beschränken,
9. Hinausschieben des Eintritts in den Ruhestand über die Altersgrenze hinaus,
10. Entlassung, sofern sie nicht kraft Gesetzes oder auf eigenen Antrag erfolgt.

(2) Der Personalrat bestimmt in Personalangelegenheiten der Arbeitnehmerinnen und Arbeitnehmer mit bei
1. Einstellung,
2. Eingruppierung, Höher- oder Rückgruppierung einschließlich der hiermit verbundenen Stufenzuordnung, es sei denn, diese ist in das Ermessen des Arbeitgebers gestellt, ohne dass allgemeine Grundsätze zur Ermessensausübung erlassen wurden,
3. Übertragung einer höher oder niedriger zu bewertenden Tätigkeit,
4. Versetzung zu einer anderen Dienststelle oder Personalgestellung,
5. Umsetzung innerhalb der Dienststelle für eine Dauer von mehr als sechs Monaten, wenn sie mit einem Wechsel des Dienstortes verbunden ist,
6. Abordnung oder Zuweisung für eine Dauer von mehr als sechs Monaten,
7. Ablehnung eines Antrags auf Teilzeitbeschäftigung oder Beurlaubung nach § 14 Abs. 2 des Hessischen Gleichberechtigungsgesetzes vom 20. Dezember 2015 (GVBl. S. 637), zuletzt geändert durch Gesetz vom 14. Dezember 2021 (GVBl. S. 931), und in den Fällen, in denen Beamtinnen und Beamten nach den §§ 62 bis 65 des Hessischen Beamtengesetzes Teilzeitbeschäftigung oder Urlaub bewilligt werden kann,
8. Anordnungen, welche die Freiheit in der Wahl der Wohnung beschränken,
9. Weiterbeschäftigung über die Altersgrenze hinaus,
10. ordentlicher Kündigung außerhalb der Probezeit.

(3) Der Personalrat wirkt mit bei
1. Versagung oder Widerruf der Genehmigung einer Nebentätigkeit,
2. vorzeitiger Versetzung in den Ruhestand und Feststellung der begrenzten Dienstfähigkeit, sofern die oder der Beschäftigte es beantragt.

(4) ¹Vor fristlosen Entlassungen, außerordentlichen Kündigungen und vor Kündigungen während der Probezeit ist der Personalrat anzuhören. ²Die Dienststellenleitung hat die beabsichtigte Maßnahme zu begründen. ³Hat der Personalrat Bedenken, so hat er sie unter Angabe der Gründe der Dienststellenleitung unverzüglich spätestens innerhalb von drei Arbeitstagen schriftlich oder elektronisch mitzuteilen.

(5) Eine Kündigung ist unwirksam, wenn der Personalrat nicht beteiligt worden ist.

(6) Der Personalrat kann die Zustimmung zu einer Maßnahme nach den Abs. 1 und 2 nur verweigern, wenn

1. die Maßnahme gegen ein Gesetz, eine Verordnung, eine Bestimmung in einem Tarifvertrag, eine gerichtliche Entscheidung oder eine Verwaltungsanordnung oder gegen eine Richtlinie im Sinne des § 77 Abs. 1 Nr. 4 verstößt oder
2. die durch Tatsachen begründete Besorgnis besteht, dass durch die Maßnahme die oder der betroffene Beschäftigte oder andere Beschäftigte benachteiligt werden, ohne dass dies aus dienstlichen oder persönlichen Gründen gerechtfertigt ist, oder
3. die durch Tatsachen begründete Besorgnis besteht, dass die oder der Beschäftigte oder die Bewerberin oder der Bewerber den Frieden in der Dienststelle durch unsoziales oder gesetzwidriges Verhalten stören werde.

(7) Die Abs. 1 bis 6 gelten entsprechend für Richterinnen und Richter, Staatsanwältinnen und Staatsanwälte, die an eine Verwaltung oder an einen Betrieb nach § 1 Abs. 1 abgeordnet sind.

§ 76   Ausnahmen von der Beteiligung an personellen Einzelmaßnahmen

(1) Von der Mitbestimmung nach § 75 ausgenommen sind Umsetzungen sowie Abordnungen und Versetzungen im Bereich eines Dienstherrn, die in Vollziehung eines Reform- oder Umstrukturierungskonzepts erfolgen, das mindestens Rahmenbedingungen für den notwendigen personellen Vollzug enthält und an dem die nach § 63 zuständigen Personalvertretungen mitgewirkt haben.

(2) § 75 gilt nicht für
1. Beamtinnen und Beamte auf Probe oder auf Lebenszeit der in § 30 Abs. 1 und 2 des Beamtenstatusgesetzes vom 17. Juni 2008 (BGBl. I S. 1010), zuletzt geändert durch Gesetz vom 28. Juni 2021 (BGBl. I S. 2250), bezeichneten Art und vergleichbare Arbeitnehmerinnen und Arbeitnehmer einschließlich der Referentinnen und Referenten bei der Hessischen Landeszentrale für politische Bildung,
2. die Präsidentin oder den Präsidenten, die Vizepräsidentin oder den Vizepräsidenten und die Mitglieder des Hessischen Rechnungshofs,
3. die Hessische Datenschutzbeauftragte oder den Hessischen Datenschutzbeauftragten,
4. Beamtinnen und Beamte sowie Beamtenstellen der Besoldungsgruppe A 16 und höher und Arbeitnehmerinnen und Arbeitnehmer in entsprechenden Stellungen,
5. Ämter nach § 4 des Hessischen Beamtengesetzes, auch wenn sie im Beamtenverhältnis auf Lebenszeit oder im Arbeitnehmerverhältnis übertragen werden, sonstige Dienststellenleitungen, Amtsleitungen und den Amtsleitungen vergleichbare Funktionsstellen sowie Leiterinnen und Leiter von allgemein bildenden und beruflichen Schulen und von Schulen für Erwachsene,
6. leitende Ärztinnen und leitende Ärzte an Krankenhäusern, Sanatorien und Heilanstalten,
7. die Mitglieder des Klinikumsvorstands des Universitätsklinikums Frankfurt.

(3) § 75 gilt eingeschränkt für
1. Beamtinnen und Beamte auf Zeit nur, wenn sie es beantragen,
2. die ständigen Vertreterinnen und ständigen Vertreter der Dienststellenleitung in Verwaltungen mit mehrstufigem Aufbau, soweit sie nicht unter Abs. 2 fallen, mit der Maßgabe, dass die nächste Stufenvertretung beteiligt wird; die Stufenvertretung gibt dem Personalrat Gelegenheit zur Äußerung, die Frist nach § 66 Abs. 2 Satz 2 verlängert sich um eine Woche,
3. die ständigen Vertreterinnen und ständigen Vertreter der Leitungen von allgemein bildenden und beruflichen Schulen sowie von Schulen für Erwachsene mit der Maßgabe, dass der Gesamtpersonalrat beim Staatlichen Schulamt beteiligt wird.

§ 77   Allgemeine Personalangelegenheiten

(1) Der Personalrat bestimmt, gegebenenfalls durch Abschluss von Dienstvereinbarungen und soweit eine gesetzliche oder tarifliche Regelung nicht besteht, mit über
1. Inhalt von Personalfragebogen,
2. Grundsätze des Verfahrens bei Stellenausschreibungen,

3. Beurteilungsrichtlinien,
4. Erlass von Richtlinien über die personelle Auswahl bei Einstellungen, Versetzungen, Beförderungen, Umgruppierungen und Kündigungen,
5. allgemeine Grundsätze der Berufsausbildung und Fortbildung der Beschäftigten.

(2) Der Personalrat hat bei der Erstellung von Frauenförder- und Gleichstellungsplänen nach § 5 des Hessischen Gleichberechtigungsgesetzes mitzubestimmen.

Fünfter Abschnitt
Beteiligung in organisatorischen, wirtschaftlichen und sonstigen Angelegenheiten

§ 78   Organisatorische und wirtschaftliche Angelegenheiten

(1) ¹Der Personalrat bestimmt in organisatorischen Angelegenheiten, gegebenenfalls durch Abschluss von Dienstvereinbarungen und soweit eine gesetzliche oder tarifliche Regelung nicht besteht, mit über

1. Beginn und Ende der täglichen Arbeitszeit und der Pausen sowie die Verteilung der Arbeitszeit auf die einzelnen Wochentage,
2. Anordnung von Dienstbereitschaft, Bereitschaftsdienst, Rufbereitschaft, Mehrarbeit und Überstunden sowie Festsetzung von Kurzarbeit,
3. Einführung, wesentliche Änderung und Aufhebung von Arbeitsformen außerhalb der Dienststelle und von Arbeitszeitmodellen,
4. Maßnahmen zur Hebung der Arbeitsleistung und zur Erleichterung des Arbeitsablaufs,
5. Einführung, Anwendung, wesentliche Änderung oder Erweiterung von technischen Einrichtungen, die dazu geeignet sind, das Verhalten oder die Leistung der Beschäftigten zu überwachen,
6. Bestellung und Abberufung von Frauen- und Gleichstellungsbeauftragten, Datenschutzbeauftragten, Fachkräften für Arbeitssicherheit, Sicherheitsbeauftragten, Vertrauens- und Betriebsärztinnen und Vertrauens- und Betriebsärzten.

²Muss für Gruppen von Beschäftigten die tägliche Arbeitszeit nach Erfordernissen, die die Dienststelle nicht voraussehen kann, unregelmäßig und kurzfristig festgesetzt werden, beschränkt sich die Mitbestimmung auf die Grundsätze über die Aufstellung der Dienstpläne.

(2) ¹Der Personalrat wirkt mit bei

1. der Einführung von der Neuen Verwaltungssteuerung (NVS) entsprechenden neuen Steuerungsverfahren einschließlich der damit zusammenhängenden technischen Verfahren,
2. der Einführung grundlegend neuer Arbeitsmethoden, insbesondere für Verfahren der Verwaltungsdigitalisierung,
3. der Aufstellung von allgemeinen Grundsätzen für die Bemessung des Personalbedarfs,
4. allgemeinen Festlegungen von Verfahren und Methoden von Wirtschaftlichkeits- und Organisationsprüfungen,
5. der Einführung von technischen Rationalisierungsmaßnahmen, die den Wegfall von Planstellen oder Stellen zur Folge haben,
6. der Vergabe oder Privatisierung von Arbeiten oder Aufgaben, die bisher durch die Beschäftigten der Dienststelle wahrgenommen werden,
7. der Einführung, Anwendung, Änderung oder Erweiterung automatisierter Verfahren zur Verarbeitung personenbezogener Daten der Beschäftigten,
8. der Festlegung von Grundsätzen der Arbeitsplatz- und Dienstpostenbewertung,
9. der Installation betrieblicher und dem Anschluss an öffentliche Informations- und Kommunikationsnetze,
10. der Errichtung, Auflösung, Einschränkung, Verlegung oder Zusammenlegung von Dienststellen oder wesentlicher Teile von ihnen.

²Satz 1 gilt nicht bei probe- oder versuchsweiser Einführung neuer Techniken und Verfahren für die Dauer des Probe- oder Pilotbetriebs.

(3) ¹Der Personalrat ist anzuhören
1. vor der Weiterleitung von Stellenanforderungen zum Haushaltsvoranschlag,
2. vor Neu-, Um- und Erweiterungsbauten von Diensträumen.

²Gibt der Personalrat einer nachgeordneten Dienststelle zu den Stellenanforderungen eine Stellungnahme ab, so ist diese mit den Stellenanforderungen der übergeordneten Dienststelle vorzulegen. ³Dies gilt entsprechend für die Personalplanung.

(4) Bei Maßnahmen, die unter die Abs. 2 und 3 fallen, tritt ein gleichzeitig vorliegendes Mitbestimmungsrecht zurück.

§ 79 Verwaltungsanordnungen

(1) Der Personalrat wirkt mit, wenn eine Dienststelle Verwaltungsanordnungen für die innerdienstlichen sozialen und personellen Angelegenheiten der Beschäftigten ihres Geschäftsbereichs erlassen will, sofern nicht nach § 95 des Hessischen Beamtengesetzes die Spitzenorganisationen der zuständigen Gewerkschaften zu beteiligen sind.

(2) Soweit beabsichtigte Verwaltungsanordnungen über den Geschäftsbereich einer Mittelbehörde oder einer obersten Dienstbehörde hinausgehen, sind die Stufenvertretungen der bei der Vorbereitung beteiligten Dienstbehörden entsprechend Abs. 1 zu beteiligen.

§ 80 Beschäftigtenvertretung im Verwaltungsrat

(1) ¹In Betrieben, Körperschaften, Anstalten und Stiftungen des öffentlichen Rechts mit mehr als zehn Beschäftigten, die überwiegend wirtschaftliche Aufgaben erfüllen und für die ein Verwaltungsrat oder eine entsprechende Einrichtung besteht, müssen dem Verwaltungsrat oder der entsprechenden Einrichtung auch Vertreterinnen und Vertreter der Beschäftigten angehören. ²Die Zahl der Vertreterinnen und Vertreter der Beschäftigten beträgt ein Drittel der Mitgliederzahl, die für den Verwaltungsrat oder die entsprechende Einrichtung nach den gesetzlichen Vorschriften oder der Satzung vorgesehen ist.

(2) Die Vertreterinnen und Vertreter der Beschäftigten im Verwaltungsrat oder der entsprechenden Einrichtung haben die gleichen Rechte und Pflichten wie die sonstigen Mitglieder.

(3) ¹Die Vertreterinnen und Vertreter der Beschäftigten im Verwaltungsrat oder der entsprechenden Einrichtung werden von den nach § 10 wahlberechtigten Beschäftigten gewählt. ²Die im Betrieb, der Körperschaft, Anstalt oder Stiftung vertretenen Gewerkschaften und Berufsverbände können Wahlvorschläge machen und dabei auch Personen benennen, die nicht Beschäftigte sind. ³Die Wahlvorschläge müssen Frauen und Männer entsprechend ihrem Anteil an den wahlberechtigten Beschäftigten berücksichtigen. ⁴Die Wahlvorschläge werden in einer Liste zusammengefasst. ⁵Gewählt wird nach den Grundsätzen der Mehrheitswahl. ⁶Briefwahl ist zulässig. ⁷Die für das Recht des öffentlichen Dienstes zuständige Ministerin oder der hierfür zuständige Minister bestimmt durch Rechtsverordnung das Nähere über die Wahl und die Wählbarkeit.

(4) ¹Die Abs. 1 bis 3 gelten nicht für Eigenbetriebe nach dem Eigenbetriebsgesetz in der Fassung vom 9. Juni 1989 (GVBl. I S. 154), zuletzt geändert durch Gesetz vom 14. Juli 2016 (GVBl. S. 121), sowie die kommunalen Versorgungskassen und Zusatzversorgungskassen. ²Durch Rechtsvorschrift zugelassene Abweichungen von Abs. 1 Satz 2 und Abs. 3 bedürfen der Zustimmung des für das Recht des öffentlichen Dienstes zuständigen Ministeriums.

SIEBTER TEIL
Besondere Vorschriften für einzelne Zweige des öffentlichen Dienstes und den Hessischen Rundfunk

§ 81   Grundsatz
Für die nachstehenden Zweige des öffentlichen Dienstes und für den Hessischen Rundfunk gilt dieses Gesetz, soweit im Folgenden nichts anderes bestimmt ist.

Erster Abschnitt
Polizei

§ 82   Personalräte bei den Polizeibehörden
(1) Es werden Personalräte gebildet bei
1. dem Hessischen Landeskriminalamt,
2. dem Hessischen Bereitschaftspolizeipräsidium,
3. den Polizeipräsidien sowie
4. dem Hessischen Polizeipräsidium für Technik.
(2) Die in Abs. 1 genannten Dienststellen gelten als Dienststellen im Sinne dieses Gesetzes.
(3) § 5 Abs. 3 gilt nicht im Bereich der Polizei.

§ 83   Hauptpersonalrat der Polizei
(1) Die Beschäftigten der in § 82 Abs. 1 genannten Polizeidienststellen sowie die Beschäftigten der Hessischen Hochschule für öffentliches Management und Sicherheit, die auf vom Landespolizeipräsidium zugewiesenen Stellenkontingenten geführt werden, und die Anwärterinnen und Anwärter für den Polizeivollzugsdienst wählen als eigene Stufenvertretung den Hauptpersonalrat der Polizei, der beim Hessischen Ministerium des Innern und für Sport gebildet wird.
(2) Im Hauptpersonalrat der Polizei sind ab 17 Mitgliedern drei Mitglieder von ihrer dienstlichen Tätigkeit auf Antrag freizustellen.

§ 84   Interessenvertretung der Polizeipraktikantinnen und Polizeipraktikanten
(1) [1]Die Polizeipraktikantinnen und Polizeipraktikanten wählen Vertrauensleute. [2]Ihre Interessen werden von dem für die Ausbildungsdienststelle zuständigen örtlichen Personalrat wahrgenommen. [3]Die Vertrauensleute haben das Recht, an Sitzungen des Personalrats mit beratender Stimme teilzunehmen, wenn Angelegenheiten behandelt werden, die auch die Polizeipraktikantinnen und Polizeipraktikanten betreffen.
(2) Das Nähere über die Wahl der Vertrauensleute bestimmt das für das Recht des öffentlichen Dienstes zuständige Ministerium.

§ 85   Sonderregelungen
(1) [1]Anordnungen, durch die die Alarmbereitschaft und der Einsatz der Vollzugspolizei geregelt werden, unterliegen nicht der Beteiligung des Personalrats, soweit nachstehend nichts anderes bestimmt ist. [2]§ 62 bleibt unberührt.
(2) Beabsichtigte Maßnahmen in sozialen Angelegenheiten im Rahmen vollzugspolizeilicher Einsätze sind dem Personalrat rechtzeitig mitzuteilen und mit ihm zu beraten, es sei denn, es sind Sofortentscheidungen zur Aufrechterhaltung der öffentlichen Sicherheit und Ordnung notwendig.
(3) [1]Grundsätzliche Bestimmungen über Maßnahmen in sozialen Angelegenheiten, die für die Beschäftigten mehrerer Dienststellen aufgestellt werden, sind mit der bei der für die Entscheidung zuständigen Dienststelle gebildeten Stufenvertretung anstelle der Personalräte zu beraten. [2]Ist bei der für

die Entscheidung zuständigen Dienststelle eine Stufenvertretung nicht gebildet, so tritt an die Stelle der Stufenvertretung die bei ihr gebildete Personalvertretung.

Zweiter Abschnitt
Feuerwehr

§ 86   Berufsfeuerwehr
(1) Die kommunalen Berufsfeuerwehren gelten als Dienststellen im Sinne dieses Gesetzes.
(2) Die Dienststellenleitung kann sich auch durch die leitende Beamtin oder den leitenden Beamten der Dienststelle vertreten lassen.

Dritter Abschnitt
Verfassungsschutz

§ 87   Landesamt für Verfassungsschutz Hessen
(1) Für die Beschäftigten des Landesamts für Verfassungsschutz Hessen tritt an die Stelle einer nach diesem Gesetz zuständigen Stufenvertretung der Personalrat beim Landesamt für Verfassungsschutz Hessen; ist ein Gesamtpersonalrat gebildet, tritt dieser an die Stelle der Stufenvertretung.
(2) [1]Abweichend von § 61 Abs. 1 sind dem Personalrat auf Verlangen die zur Durchführung seiner Aufgaben erforderlichen Unterlagen vorzulegen. [2]Personalakten dürfen nur mit Zustimmung der oder des Beschäftigten von den von ihr oder ihm bestimmten Mitgliedern des Personalrats eingesehen werden. [3]Bedürfen Unterlagen oder Personalakten ihrem Inhalt oder ihrer Bedeutung nach im öffentlichen Interesse der Geheimhaltung, so entscheidet die Leiterin oder der Leiter des Landesamtes für Verfassungsschutz Hessen darüber, ob sie dem Personalrat vorgelegt werden oder dem Personalrat Einsicht gestattet wird. [4]Entspricht die Entscheidung nicht dem Antrag des Personalrats, so kann dieser die endgültige Entscheidung der für den Verfassungsschutz zuständigen Ministerin oder des hierfür zuständigen Ministers herbeiführen.
(3) Die Gewerkschaften üben die ihnen nach diesem Gesetz zustehenden Befugnisse gegenüber der Dienststelle und dem Personalrat durch Beauftragte aus, die Beschäftigte der Dienststelle sind.

Vierter Abschnitt
Justiz

§ 88   Hauptpersonalrat für den Justizvollzug
Für die Beschäftigten der Justizvollzugsanstalten, der Jugendarresteinrichtungen und der Aus- und Fortbildungsstätte für Justizvollzugsbedienstete des Landes Hessen – H.B. Wagnitz-Seminar – wird als eigene Stufenvertretung ein Hauptpersonalrat beim Hessischen Ministerium der Justiz gebildet.

§ 89   Interessenvertretung der Rechtsreferendarinnen und Rechtsreferendare
[1]Die Interessen der Rechtsreferendarinnen und Rechtsreferendare nach diesem Gesetz werden von dem Personalrat der Dienststelle wahrgenommen, bei der sie sich jeweils in Ausbildung befinden. [2]Werden in der Dienststelle in der Regel mindestens fünf Rechtsreferendarinnen und Rechtsreferendare ausgebildet, so können sie eine Vertrauensperson wählen; ein Wahlrecht zum Personalrat besitzen sie nicht. [3]Die Vertrauensperson hat das Recht, an Sitzungen des Personalrats mit beratender Stimme teilzunehmen, wenn Angelegenheiten behandelt werden, die auch die Rechtsreferendarinnen und Rechtsreferendare betreffen. [4]Die §§ 39 bis 44 des Juristenausbildungsgesetzes in der Fassung der Bekanntmachung vom 15. März 2004 (GVBl. I S. 158), zuletzt geändert durch Gesetz vom 13. Oktober 2022 (GVBl. S. 489), bleiben unberührt.

Fünfter Abschnitt
Forsten

§ 90   Landesbetrieb Hessen-Forst
(1) Beim Landesbetrieb Hessen-Forst ist Stufenvertretung in den Fällen
1. der Nichteinigung zwischen der Leitung einer Dienststelle und dem Personalrat,
2. des § 76 Abs. 3 Nr. 2
der Gesamtpersonalrat.
(2) Im Übrigen bleibt die Zuständigkeit des Hauptpersonalrats unberührt. Dieser ist abweichend von Abs. 1 Nr. 1 Stufenvertretung im Falle der Nichteinigung zwischen der Dienststellenleitung und dem Personalrat des Landesbetriebs Hessen-Forst.
(3) Für den Gesamtpersonalrat beim Landesbetrieb Hessen-Forst gilt § 49 Abs. 3 entsprechend.

Sechster Abschnitt
Schulen

§ 91   Personalräte im Schulbereich
(1) [1]Die Lehrkräfte, Erzieherinnen und Erzieher, Sozialpädagoginnen und Sozialpädagogen, in Erziehung und Unterricht tätigen Personen sowie die sonstigen in der Schule Beschäftigten des Landes wählen eigene Personalvertretungen. [2]Wahlberechtigt sind alle Beschäftigten nach Satz 1, die mit mindestens vier Wochenstunden beschäftigt sind. [3]Wählbar sind alle Wahlberechtigten, die mindestens mit der Hälfte der nach der Pflichtstundenverordnung vom 19. Mai 2017 (ABl. S. 191) in der jeweils geltenden Fassung für sie maßgeblichen wöchentlichen Pflichtstunden oder der Hälfte der wöchentlichen Arbeitszeit beschäftigt sind.
(2) Dienststellen im Sinne dieses Gesetzes sind alle allgemein bildenden und beruflichen Schulen sowie die Schulen für Erwachsene und die Studienseminare.
(3) Bei der Beteiligung des Personalrats einer allgemein bildenden oder beruflichen Schule oder einer Schule für Erwachsene steht das Selbsteintrittsrecht nach § 63 Abs. 2 Satz 2 neben der Leitung der zur Entscheidung befugten Dienststelle auch der Leitung des Staatlichen Schulamts zu.

§ 92   Gesamtpersonalräte Schule
(1) Neben den bei den allgemein bildenden und beruflichen Schulen sowie den Schulen für Erwachsene gewählten Personalräten sind bei den Staatlichen Schulämtern für die in § 91 Abs. 1 Satz 1 genannten Beschäftigten Gesamtpersonalräte zu bilden. [2]Für die Wahl, die Amtszeit und die Geschäftsführung des Gesamtpersonalrats gelten die §§ 9, 12, 48 Abs. 1, 3 und 4 und § 49 entsprechend.
(2) [1]Bei Maßnahmen, die für die in § 91 Abs. 1 Satz 1 genannten Beschäftigten mehrerer Dienststellen von allgemeiner Bedeutung sind, ist der Gesamtpersonalrat zu beteiligen. [2]Bei Abordnungen und Versetzungen innerhalb des Dienstbezirks eines Staatlichen Schulamts bestimmt der Gesamtpersonalrat anstelle des Personalrats der abgebenden und des Personalrats der aufnehmenden Dienststelle mit. [3]Nicht der Mitbestimmung unterliegen Abordnungen innerhalb eines Landkreises oder einer kreisfreien Stadt sowie zwischen Dienststellen eines Landkreises und einer kreisfreien Stadt, für die dasselbe staatliche Schulamt zuständig ist,
1. bis zur Dauer eines Schuljahres,
2. mit weniger als der Hälfte der Pflichtstunden bis zur Dauer von zwei Schuljahren.
(3) [1]Bei Maßnahmen, die für die in § 91 Abs. 1 Satz 1 genannten Beschäftigten der Dienstbezirke mehrerer Staatlicher Schulämter von allgemeiner Bedeutung sind, ist der bei der für die Entscheidung zuständigen Dienststelle gebildete Gesamtpersonalrat zu beteiligen. [2] Er unterrichtet die Gesamtpersonalräte bei den beteiligten Staatlichen Schulämtern und gibt ihnen Gelegenheit zur Äußerung.

§ 93 Hauptpersonalrat Schule

(1) ¹Als eigene Stufenvertretung wird der Hauptpersonalrat Schule beim Hessischen Kultusministerium gebildet. ²§ 12 Abs. 1 gilt entsprechend.

(2) ¹Die den Schulen in freier Trägerschaft vom Land zur Verfügung gestellten oder an sie beurlaubten Lehrkräfte sind für die bei den jeweiligen Staatlichen Schulämtern gebildeten Gesamtpersonalräte und den Hauptpersonalrat Schule wahlberechtigt und wählbar. ²§ 91 Abs. 1 Satz 2 und 3 gilt entsprechend.

§ 94 Wahlrecht der Lehrkräfte im Vorbereitungsdienst

(1) ¹Lehrkräfte im Vorbereitungsdienst sind für die Wahl zum Personalrat ihres Studienseminars wahlberechtigt und wählbar. ²Die §§ 5 und 6 der Verordnung zur Durchführung des Hessischen Lehrkräftebildungsgesetzes vom 28. September 2011 (GVBl. I S. 615), zuletzt geändert durch Gesetz vom 13. Mai 2022 (GVBl. S. 286), bleiben unberührt.

(2) ¹Für den Personalrat ihrer Ausbildungsschule, den Gesamtpersonalrat Schule beim Staatlichen Schulamt und den Hauptpersonalrat Schule sind die Lehrkräfte im Vorbereitungsdienst wahlberechtigt. ²Bei der Ermittlung der Zahl der Wahlberechtigten werden sie nur bei den Studienseminaren berücksichtigt.

§ 95 Sonderregelungen für die Personalvertretungen im Schulbereich

(1) ¹Die Sitzungen der Personalvertretungen und die Personalversammlungen im Schulbereich finden außerhalb der Unterrichtszeit statt, soweit nicht zwingende dienstliche Gründe eine andere Regelung erfordern. ²Dies gilt nicht für die Sitzungen der Gesamtpersonalräte und des Hauptpersonalrats.

(2) ¹In den Fällen des § 37 Abs. 2 Satz 2 und § 38 Abs. 1 Satz 1 und 2 ermäßigt die Hessische Kultusministerin oder der Hessische Kultusminister die Pflichtstundenzahl in angemessener Weise durch Rechtsverordnung.

(3) Die durch die Tätigkeit des Personalrats entstehenden Kosten einschließlich der Kosten für Rechtsstreitigkeiten der Schulpersonalräte in Personalvertretungsangelegenheiten mit Ausnahme der in Abs. 4 genannten trägt das Land.

(4) ¹Die Sitzungen und Sprechstunden werden, soweit landeseigene Räume nicht zur Verfügung gestellt werden können, in den Räumen einer Schule durchgeführt. ²Jeder Schulträger ist verpflichtet, die erforderlichen Räume, Einrichtungsgegenstände und den Geschäftsbedarf zur Verfügung zu stellen. ³Notwendige Kosten für Heizung, Beleuchtung und Reinigung sowie für die Zurverfügungstellung des Geschäftsbedarfs werden nicht erstattet.

(5) Auf die Erstellung von Stundenplänen findet § 78 Abs. 1 Satz 1 Nr. 1 keine Anwendung.

(6) ¹Bei schulorganisatorischen Maßnahmen nach § 146 des Hessischen Schulgesetzes in der Fassung vom 1. August 2017 (GVBl. S. 150), zuletzt geändert durch Gesetz vom 7. Dezember 2022 (GVBl. S. 734), gilt § 78 Abs. 2 Satz 1 Nr. 10 mit der Maßgabe, dass das Staatliche Schulamt das Mitwirkungsverfahren durchführt. ²Sind mehrere Dienststellen betroffen, so wird das Verfahren nach § 63 Abs. 3 vom Kultusministerium durchgeführt.

§ 96 Innerschulische Angelegenheiten

Das den Konferenzen der Lehrkräfte oder der Schulkonferenz durch das Hessische Schulgesetz sowie durch die zu seiner Ausführung ergangenen Rechts- und Verwaltungsvorschriften eingeräumte Recht auf Mitwirkung bei der Gestaltung innerschulischer Angelegenheiten bleibt unberührt.

Siebter Abschnitt
Hochschulen und andere Bildungseinrichtungen

§ 97   Hochschulen des Landes

(1) Dieses Gesetz findet keine Anwendung auf Professorinnen und Professoren, Hochschuldozentinnen und Hochschuldozenten sowie Juniorprofessorinnen und Juniorprofessoren an Hochschulen des Landes.

(2) Für die wissenschaftlichen Mitglieder einer Hochschule des Landes gilt § 4 Abs. 2 nicht. Sie bilden neben den in § 4 Abs. 2 genannten Gruppen eine weitere Gruppe.

(3) ¹In Dienststellen mit mehr als zwei Gruppen besteht ein Personalrat, für den nach § 12 Abs. 1 drei Mitglieder vorgesehen sind, aus vier Mitgliedern, wenn eine Gruppe mindestens ebenso viele Beschäftigte zählt wie die beiden anderen Gruppen zusammen. ²Das vierte Mitglied steht der stärksten Gruppe zu. ³Für Angelegenheiten, die lediglich die Angehörigen zweier Gruppen betreffen, gilt § 30 Abs. 5 Satz 2 und 3 entsprechend.

(4) ¹Bei der Einstellung befristet oder auf Zeit zu beschäftigender wissenschaftlicher Mitglieder findet eine Mitbestimmung des Personalrats nach § 75 Abs. 1 Nr. 1 und Abs. 2 Nr. 1 nur statt, wenn die Beschäftigten dies beantragen.

(5) § 78 Abs. 1 Satz 1 Nr. 1 gilt an den Hochschulen des Landes mit der Maßgabe, dass für die Durchführung der Lehrveranstaltungen allein die Fachbereiche zuständig sind.

(6) Die Technischen Betriebseinheiten der Hochschulen des Landes gelten nicht als Betriebe im Sinne dieses Gesetzes.

(7) ¹An den Hochschulen des Landes wird ein Hilfskräfterat gewählt, der an Hochschulen mit bis zu 1000 studentischen Hilfskräften aus drei Mitgliedern, an Hochschulen mit über 1000 studentischen Hilfskräften aus sieben Mitgliedern besteht. ²Ein Mitglied des Hilfskräferats kann an den Sitzungen des Personalrats, zu denen es wie ein Personalratsmitglied zu laden ist, mit Rederecht, in allen Angelegenheiten, die die studentischen Hilfskräfte betreffen, mit Antrags- und Stimmrecht teilnehmen. ³Besteht der Hilfskräferat aus sieben Mitgliedern, gilt Satz 2 für zwei Mitglieder. ⁴Wahlberechtigt sind alle Personen, die am Wahltag als studentische Hilfskraft an der Hochschule beschäftigt sind. ⁵Wählbar sind alle Personen, die zum Zeitpunkt der Einreichung des Wahlvorschlags als studentische Hilfskraft an der Hochschule beschäftigt sind. ⁶Nach Beendigung der Tätigkeit als studentische Hilfskraft bleibt die Mitgliedschaft im Hilfskräferat für die restliche Amtszeit bestehen, solange das Mitglied Angehörige oder Angehöriger der Hochschule ist; für diese Mitglieder gilt Satz 2 und 3 nicht. ⁷Das Nähere über die Wahl des Hilfskräferats regeln die Wahlordnungen der Hochschulen.

§ 98   Universitätskliniken

(1) ¹Die in einem Universitätsklinikum in der Rechtsform einer Anstalt des öffentlichen Rechts tätigen Bediensteten der Universität und diejenigen Bediensteten der Universität, deren Personalangelegenheiten dem Universitätsklinikum übertragen sind, gelten im Sinne dieses Gesetzes als Beschäftigte des Universitätsklinikums. ²Für ein Universitätsklinikum in privater Rechtsform gelten die Abs. 2 bis 5.

(2) Bei einem Universitätsklinikum in privater Rechtsform ist der Betriebsrat für das dort tätige wissenschaftliche Personal im Arbeitnehmerverhältnis entsprechend den betriebsverfassungsrechtlichen Vorschriften zuständig.

(3) ¹Soweit die Zuständigkeit des Betriebsrates nach den betriebsverfassungsrechtlichen Vorschriften nicht gegeben ist, ist für das von der Universität dem Universitätsklinikum in privater Rechtsform gestellte oder zugewiesene wissenschaftliche und nicht wissenschaftliche Personal im Landesdienst eine eigenständige Personalvertretung bei der Universität zu wählen. ²Der Betriebsrat kann an den Sitzungen der Personalvertretung teilnehmen.

(4) [1]Die Universität ist zugleich oberste Dienstbehörde im Sinne dieses Gesetzes; sie kann das Universitätsklinikum in privater Rechtsform mit der Wahrnehmung ihrer Befugnisse nach § 6 beauftragen. [2]Dies gilt nicht für Maßnahmen nach § 25a Abs. 5 Satz 6 des Gesetzes für die hessischen Universitätskliniken vom 26. Juni 2000 (GVBl. I S. 344), zuletzt geändert durch Gesetz vom 14. Dezember 2021 (GVBl. S. 931).

(5) [1]In Angelegenheiten, die der Mitbestimmung der Personalvertretung unterliegen, gilt § 69 mit der Maßgabe, dass die oder der Vorsitzende der Einigungsstelle bei Nichteinigung beider Seiten von der oder dem Vorsitzenden der Landespersonalkommission bestellt wird und sie oder er sich bei der Beschlussfassung zunächst der Stimme zu enthalten hat. [2]Kommt eine Stimmenmehrheit nicht zustande, so nimmt die oder der Vorsitzende der Einigungsstelle nach weiterer Beratung an der erneuten Beschlussfassung teil.

§ 99 DIPF / Leibniz-Institut für Bildungsforschung und Bildungsinformation
[1]Für die Professorinnen und Professoren am DIPF / Leibniz-Institut für Bildungsforschung und Bildungsinformation entfällt die Mitbestimmung und Mitwirkung des Personalrats in Personalangelegenheiten. [2]Auf Antrag der oder des betroffenen Beschäftigten hat der Personalrat mitzuwirken.

§ 100 Hessische Hochschule für öffentliches Management und Sicherheit
(1) Die Hessische Hochschule für öffentliches Management und Sicherheit ist eine Dienststelle im Sinne dieses Gesetzes.

(2) Die Beschäftigten der Hessischen Hochschule für öffentliches Management und Sicherheit, ausgenommen diejenigen, die auf vom Landespolizeipräsidium zugewiesenen Stellenkontingenten geführt werden, wählen den Hauptpersonalrat nach § 48 Abs. 1 Satz 1.

(3) Stammbehörde der an der Hessischen Hochschule für öffentliches Management und Sicherheit studierenden Beschäftigten ist die Einstellungsbehörde.

§ 101 Studienzentrum der Finanzverwaltung und Justiz Rotenburg a. d. Fulda
(1) Dieses Gesetz findet keine Anwendung auf die Einstellung von hauptamtlichen Lehrkräften an der Hessischen Hochschule für Finanzen und Rechtspflege in Rotenburg a. d. Fulda.

(2) Dienststellen im Sinne dieses Gesetzes sind
1. der Fachbereich Steuer der Hessischen Hochschule für Finanzen und Rechtspflege in Rotenburg a. d. Fulda zusammen mit der Landesfinanzschule Hessen sowie der Zentralverwaltung des Studienzentrums der Finanzverwaltung und Justiz Rotenburg a. d. Fulda und
2. der Fachbereich Rechtspflege der Hessischen Hochschule für Finanzen und Rechtspflege in Rotenburg a. d. Fulda zusammen mit der Ausbildungsstätte für den mittleren Justizdienst.

(3) [1]Stammbehörde der an der Hessischen Hochschule für Finanzen und Rechtspflege in Rotenburg a. d. Fulda studierenden Beschäftigten ist die Einstellungsbehörde. [2]Die oberste Dienstbehörde kann Abweichendes bestimmen.

(4) [1]Übergeordnete Dienststelle im Sinne von § 68 und § 72 Abs. 5 ist im Falle von Abs. 2 Nr. 1 das Hessische Ministerium der Finanzen und im Falle von Abs. 2 Nr. 2 das Oberlandesgericht Frankfurt am Main. [2]Die hauptamtlichen Lehrkräfte des Fachbereichs Rechtspflege der Hessischen Hochschule für Finanzen und Rechtspflege in Rotenburg a. d. Fulda und der Ausbildungsstätte für den mittleren Justizdienst sind, abweichend von § 48 Abs. 2 Satz 1, für die bei dem Oberlandesgericht Frankfurt am Main und bei dem Hessischen Ministerium der Justiz gebildeten Stufenvertretungen wählbar und wahlberechtigt.

(5) [1]Für die Wahl eines Gesamtpersonalrats im Studienzentrum der Finanzverwaltung und Justiz Rotenburg a. d. Fulda gilt § 50 Abs. 1 Satz 1 entsprechend. [2]Wird ein Stufenverfahren nach § 68 Abs. 1 oder § 72 Abs. 5 eingeleitet, weil zwischen der Direktorin oder dem Direktor des Studienzentrums der Finanzverwaltung und Justiz Rotenburg a. d. Fulda und dem Gesamtpersonalrat eine Einigung nicht

zustande gekommen ist, gilt § 63 Abs. 4 entsprechend und ist das Hessische Ministerium der Finanzen die zuständige oberste Landesbehörde.

Achter Abschnitt
Theater und Orchester

§ 102 Dienststellen
[1]Öffentliche Theater und selbstständige Orchester sind Dienststellen im Sinne dieses Gesetzes. [2]Sie gelten nicht als Betriebe im Sinne dieses Gesetzes.

§ 103 Sonderregelungen für künstlerisch Beschäftigte
(1) [1]Für die an den öffentlichen Theatern und Orchestern künstlerisch Beschäftigten, insbesondere die Solistinnen und Solisten, die Mitglieder des Singchors, der Tanzgruppe und des Orchesters gilt § 4 Abs. 2 nicht. [2]Sie bilden zusammen eine Gruppe.
(2) § 97 Abs. 3 gilt entsprechend.
(3) [1]Für die in Abs. 1 genannten Beschäftigten entfällt die Mitbestimmung und Mitwirkung des Personalrats in Personalangelegenheiten. [2]Auf Antrag der oder des betroffenen Beschäftigten hat der Personalrat mitzuwirken.

Neunter Abschnitt
Hessischer Rundfunk

§ 104 Sonderregelungen
(1) Dieses Gesetz findet auf den Hessischen Rundfunk Anwendung; ausgenommen hiervon ist die Bestimmung des § 78 Abs. 1 Satz 1 Nr. 7 bezüglich der Bestellung und Abberufung der oder des Datenschutzbeauftragten nach § 28 Abs. 2 Satz 1 des Hessischen Datenschutz- und Informationsfreiheitsgesetzes.
(2) [1]Der Hessische Rundfunk gilt einschließlich seiner Studios und Sendeanlagen als Dienststelle im Sinne dieses Gesetzes. [2]Die Aufgaben der obersten Dienstbehörde werden von einem Ausschuss wahrgenommen, der aus dem Verwaltungsrat und der Intendantin oder dem Intendanten besteht.
(3) Als Beschäftigte im Sinne dieses Gesetzes gelten auch die ständigen freien Mitarbeiterinnen und Mitarbeiter; sie gehören zur Gruppe der Arbeitnehmerinnen und Arbeitnehmer.
(4) [1]Für die Beschäftigten mit vorwiegend künstlerischer Tätigkeit und die in der Programmgestaltung verantwortlich Tätigen entfällt die Mitbestimmung und Mitwirkung des Personalrats in Personalangelegenheiten. [2]Auf Antrag der oder des betroffenen Beschäftigten hat der Personalrat mitzuwirken.

Zehnter Abschnitt
Deutsche Rentenversicherung Hessen

§ 105 Mitglied in der Arbeitsgruppe Personalvertretung der Deutschen Rentenversicherung
[1]Die oder der Vorsitzende des Gesamtpersonalrats der Deutschen Rentenversicherung Hessen ist Mitglied in der Arbeitsgruppe Personalvertretung der Deutschen Rentenversicherung nach § 140 Abs. 2 Satz 1 des Sechsten Buches Sozialgesetzbuch. [2]Ist das Mitglied verhindert, wird es in der Arbeitsgruppe Personalvertretung von seiner Stellvertretung nach § 51 in Verbindung mit § 49 Abs. 1 Satz 1 und § 27 Abs. 1 Satz 1 vertreten.

ACHTER TEIL
Gerichtliche Entscheidungen

§ 106 Gerichtszuständigkeit, anzuwendende Vorschriften

(1) [1]Die Verwaltungsgerichte entscheiden über

1. Wahlberechtigung und Wählbarkeit,
2. Wahl, Amtszeit und Zusammensetzung der Personalvertretungen und der Jugend- und Auszubildendenvertretungen,
3. Zuständigkeit, Geschäftsführung und Rechtsstellung der Personalvertretungen und der Jugend- und Auszubildendenvertretungen,
4. Zusammensetzung, Zuständigkeit und Geschäftsführung der Einigungsstelle sowie Rechtmäßigkeit eines bindenden Beschlusses der Einigungsstelle nach § 71 Abs. 1 sowie
5. Bestehen oder Nichtbestehen von Dienstvereinbarungen.

[2]Die §§ 19, 23 und 24 Abs. 1, § 41 Abs. 4 und § 71 Abs. 3 bleiben unberührt.

(2) Der Personalrat oder eine in der Dienststelle vertretene Gewerkschaft können bei groben Verstößen der Dienststellenleitung gegen ihre Verpflichtungen aus diesem Gesetz beim Verwaltungsgericht beantragen, der Dienststellenleitung zur Sicherung der Rechte nach diesem Gesetz aufzugeben, eine Handlung zu unterlassen, die Vornahme einer Handlung zu dulden oder eine Handlung vorzunehmen.

(3) [1]Die Vorschriften des Arbeitsgerichtsgesetzes über das Beschlussverfahren gelten entsprechend. [2]§ 89 Abs. 1 und § 94 Abs. 1 jeweils in Verbindung mit § 11 Abs. 4 und 5 des Arbeitsgerichtsgesetzes gelten mit der Maßgabe, dass an Stelle der dort genannten Personen auch Beschäftigte des öffentlichen Dienstes mit der Befähigung zum Richteramt tätig werden können.

§ 107 Bildung von Fachkammern und eines Fachsenats

(1) Für die nach diesem Gesetz zu treffenden Entscheidungen ist

1. beim
   a) Verwaltungsgericht Frankfurt am Main für den eigenen Bezirk und die Bezirke der Verwaltungsgerichte Darmstadt und Wiesbaden,
   b) Verwaltungsgericht Kassel für den eigenen Bezirk und den Bezirk des Verwaltungsgerichts Gießen
   eine Fachkammer,
2. beim Hessischen Verwaltungsgerichtshof ein Fachsenat

zu bilden.

(2) Die Fachkammer entscheidet in der Besetzung mit einer oder einem Vorsitzenden und je zwei nach Abs. 4 Satz 2 Nr. 1 und 2 berufenen ehrenamtlichen Richterinnen und Richtern.

(3) Der Fachsenat entscheidet in der Besetzung mit drei Richterinnen und Richtern und einer nach Abs. 4 Satz 2 Nr. 1 berufenen ehrenamtlichen Richterin oder einem solchen Richter sowie einer nach Abs. 4 Satz 2 Nr. 2 berufenen ehrenamtlichen Richterin oder einem solchen Richter.

(4) [1]Die ehrenamtlichen Richterinnen und Richter müssen Beschäftigte im Sinne dieses Gesetzes sein. [2]Sie werden je zur Hälfte von

1. den unter den Beschäftigten vertretenen Gewerkschaften und
2. den obersten Landesbehörden und den kommunalen Spitzenverbänden

vorgeschlagen und vom Hessischen Ministerium der Justiz berufen. [3]Für die Berufung und Stellung der ehrenamtlichen Richterinnen und Richter und ihre Heranziehung zu den Sitzungen gelten die Vorschriften des Arbeitsgerichtsgesetzes über ehrenamtliche Richterinnen und Richter mit der Maßgabe entsprechend, dass die bisherigen ehrenamtlichen Richterinnen und Richter bis zur Neuberufung im Amt bleiben. [4]Die Hessische Ministerin oder der Hessische Minister der Justiz kann die Befugnisse nach Satz 2 durch Rechtsverordnung auf eine nachgeordnete Behörde übertragen.

NEUNTER TEIL
Übergangs- und Schlussvorschriften

§ 108 Verordnungsermächtigung

(1) Die Landesregierung wird ermächtigt, zur Durchführung der in diesem Gesetz bezeichneten Wahlen durch Rechtsverordnung Vorschriften zu erlassen über

1. die Vorbereitung der Wahl, insbesondere die Aufstellung der Wählerlisten und die Errechnung der Vertreterzahl,
2. die Frist für die Einsichtnahme in die Wählerlisten und die Erhebung von Einsprüchen,
3. die Vorschlagslisten und die Frist für ihre Einreichung,
4. das Wahlausschreiben und die Fristen für seine Bekanntmachung,
5. die Stimmabgabe,
6. der Feststellung des Wahlergebnisses und die Fristen für seine Bekanntmachung,
7. die Aufbewahrung der Wahlakten.

(2) Die Rechtsverordnung nach Abs. 1 hat Regelungen vorzusehen über die Wahl von Frauen und Männern entsprechend ihrem Anteil an den wahlberechtigten Beschäftigten der Dienststelle sowie für den Fall, dass die Wahlvorschläge nicht dem vorgenannten Anteil von Frauen und Männern entsprechen.

§ 109 Entsprechende Geltung von Vorschriften

[1]Vorschriften in anderen Gesetzen, die den Betriebsräten Befugnisse oder Pflichten übertragen, gelten entsprechend für die nach diesem Gesetz zu errichtenden Personalvertretungen. [2]Dies gilt nicht für Vorschriften, welche die Betriebsverfassung oder die Mitbestimmung regeln.

§ 110 Übergangsregelungen für bestehende Personalvertretungen

[1]Die am 5. April 2023 bestehenden Personalvertretungen und Jugend- und Auszubildendenvertretungen führen die Geschäfte weiter, bis sich die neu gewählten Personalvertretungen und Jugend- und Auszubildendenvertretungen konstituiert haben, längstens jedoch bis zum 31. Juli 2024. [2]§ 20 Abs. 2 bleibt unberührt.

§ 111 Aufhebung bisherigen Rechts

Das Hessische Personalvertretungsgesetz vom 24. März 1988 (GVBl. 1 S. 103), zuletzt geändert durch Gesetz vom 15. November 2021 (GVBl. S. 718, 867), wird aufgehoben.

§ 112 Inkrafttreten

Dieses Gesetz tritt am Tag nach der Verkündung in Kraft.[2]

---

2 Hinweis: Das neue HPVG ist am 5. 4. 2023 im Gesetz- und Verordnungsblatt verkündet worden (GVBl. S. 183) und am Folgetag, dem 6. 4. 2023, in Kraft getreten.

Teil 2
Synopse des bisherigen und neuen Rechts mit Erläuterungen

1.   Benutzerhinweise

Die nachstehend abgedruckte dreispaltige Synopse zeigt auf, welche Neuerungen und Änderungen das neue HPVG aufweist und gibt erste Hinweise für die Praxis. Ausgehend von der bisherigen HPVG-Fassung und der bekannten und vertrauten Reihenfolge der Vorschriften in der linken Spalte werden die aktuellen Vorschriften in der danebenliegenden, mittleren Spalte gegenübergestellt. In der rechten Spalte finden sich schließlich kurze und praxistaugliche Erläuterungen. Dabei ist den neuen Texten zur leichteren Zuordnung bei jedem Eintrag neben der neuen Paragrafennummer jeweils die (erstmals in der Neufassung verwendete) amtliche Überschrift angefügt. Beim neuen Gesetzestext in der zweiten Spalte sind die Neuerungen und Änderungen zudem (fett) hervorgehoben, um diese schnell zu erfassen. Die vereinzelten Streichungen in den bisherigen Vorschriften sind zum Zwecke der Übersichtlichkeit nicht hervorgehoben.

Die neuen Gliederungsüberschriften sind in der zweiten Spalte nicht aufgenommen und beim Gesetzestext in Teil 1 nachzulesen.

In Gänze weggefallene Paragrafen finden mit erklärendem Hinweis in der dritten Spalte keine Entsprechung mehr; neu hinzugekommene Regelungen sind an thematisch passender Stelle in der Paragrafen-Abfolge der zweiten Spalte eingefügt. Hier fehlt es an einer Entsprechung in der ersten Spalte (HPVG a. F.) – es ist der erläuternde Hinweis »bisher keine Regelung« angegeben.

Grundsätzlich ist für jede Einzelaussage des Gesetzes eine eigene Tabellenzeile verwendet worden, weil durchweg für jeden einzelnen Absatz des bisherigen Textes die passende neue Fundstelle gegenüberzustellen war.

In der dritten Spalte sind die Neuerungen und Änderungen für die Praxis erläutert. Dabei wird an die Gesetzgebungsmaterialien angeknüpft. Die im Gesetzentwurf der Landesregierung »Gesetz zur Novellierung des Hessischen Personalvertretungsrecht« vom 4. 11. 2022 (LT-Drs. 20/9470) und dem Änderungsantrag der Fraktion der CDU und der Fraktion BÜNDNIS 90/DIE GRÜNEN vom 7. 3. 2023 (LT-Drs. 20/10698), mit dem noch einige (wenige) Themen aufgegriffen wurden, die in der Anhörung zum Gesetzentwurf am 2. 2. 2023 besonders problematisiert worden sind, enthaltenen Begründungen werden skizziert. Sie geben grundlegende Hinweise für das Auslegen und das Anwenden der neuen und geänderten Vorschriften. Zum Teil sind diese Vorschriften – insbesondere bei gänzlich neuen Regelungen – mit weitergehenden Hinweisen versehen.

Hat die neue Regelung den bisherigen Text identisch übernommen, ist das durch die Hinweise »unverändert« oder »entspricht der bisherigen Regelung« kenntlich gemacht. Sind in der neuen Regelung wegen der umfassenden Neustrukturierung des HPVG die Querverweise innerhalb des Gesetzes an die neue Paragrafenfolge angepasst, hat das grundsätzlich keine inhaltlichen Änderungen zur Folge. Das wird mit dem Hinweis »keine inhaltlichen Änderungen« gekennzeichnet. Die redaktionellen und sprachlichen Anpassungen (neue Rechtschreibung oder geschlechterneutrale Formulierung) führen ebenfalls nicht zu inhaltlichen Änderungen – folglich wird auch dies mit »keine inhaltlichen Änderungen« vermerkt.

2. Synopse

HPVG alte Fassung	HPVG neue Fassung (ab 6. 4. 2023)
§ 1 In Ausgestaltung des Art. 37 Abs. 1 der Verfassung des Landes Hessen werden in den Verwaltungen und Betrieben des Landes, der Gemeinden, Gemeindeverbände und sonstigen nicht bundesunmittelbaren Körperschaften, Anstalten und Stiftungen des öffentlichen Rechts sowie in den Gerichten des Landes Personalvertretungen gebildet.	§ 1 Geltungsbereich, Ausschluss abweichender Regelungen (1) In Ausgestaltung des Art. 37 Abs. 1 der Verfassung des Landes Hessen werden in den Verwaltungen und Betrieben des Landes, der Gemeinden, Gemeindeverbände und sonstigen nicht bundesunmittelbaren Körperschaften, Anstalten und Stiftungen des öffentlichen Rechts sowie in den Gerichten des Landes Personalvertretungen gebildet.
	(2) Dieses Gesetz gilt nicht für Religionsgemeinschaften und ihre karitativen und erzieherischen Einrichtungen ohne Rücksicht auf ihre Rechtsform; ihnen bleibt die selbstständige Ordnung eines Personalvertretungsrechts überlassen.
	(3) Durch Tarifvertrag oder Dienstvereinbarung kann das Personalvertretungsrecht nicht abweichend von diesem Gesetz geregelt werden.
Bisher keine Regelung.	**§ 3 Stellung der Gewerkschaften und Arbeitgebervereinigungen** **(2) Den Beauftragten der in der Dienststelle vertretenen Gewerkschaften ist zur Wahrnehmung der in diesem Gesetz genannten Aufgaben und Befugnisse nach Unterrichtung der Dienststelle Zugang zu der Dienststelle zu gewähren, soweit dem nicht zwingende dienstliche Gründe, zwingende Sicherheitsvorschriften oder der Schutz von Dienstgeheimnissen entgegenstehen.**
§ 2 Die Aufgaben der Gewerkschaften und Arbeitgebervereinigungen werden durch dieses Gesetz nicht berührt.	**§ 3 Stellung der Gewerkschaften und Arbeitgebervereinigungen** (3) [1]Die Aufgaben der Gewerkschaften und der Arbeitgebervereinigungen, **insbesondere die Wahrnehmung der Interessen ihrer Mitglieder,** werden durch dieses Gesetz nicht berührt. [2]**Auf Verlangen einer Gewerkschaft oder einer Arbeitgebervereinigung hat die Dienststelle in ihrem Intranet auf den Internetauftritt der Gewerkschaft oder der Arbeitgebervereinigung zu verlinken.**

Erläuterungen für die Praxis

Nach der Gesetzesbegründung entspricht Abs. 1 dem bisherigen § 1 (LT-Drs. 20/9470, S. 51).

Übernommen aus § 116 a. F.

Übernommen aus § 113 Abs. 1 a. F.

Mit § 3 werden nach der Gesetzesbegründung die Regelungen zur Stellung der Gewerkschaften und Arbeitgebervereinigungen und zur Zusammenarbeit mit ihnen in einer eigenen Vorschrift getroffen (LT-Drs. 20/9470, S. 51).

In § 3 Abs. 2 wird das Zutrittsrecht der Gewerkschaftsbeauftragten zur Dienststelle entsprechend § 9 Abs. 2 BPersVG geregelt (LT-Drs. 20/9470, S. 51). Das Zugangsrecht haben nur Beauftragte der Gewerkschaften, denen mindestens eine Beschäftigte oder ein Beschäftigter der Dienststelle als Mitglied angehört. Es handelt sich nicht um ein allgemeines, sondern um ein personalvertretungsrechtlich geprägtes Zugangsrecht zum Wahrnehmen der ausdrücklich im HPVG vorgesehenen Aufgaben und Befugnisse der Gewerkschaften. Das Zugangsrecht besteht nicht, wenn einer der abschließend aufgezählten Gründe entgegensteht.

Abs. 3 Satz 1 enthält nach der Gesetzesbegründung die Regelung des bisherigen § 2 ergänzt um die besondere Betonung der Interessen der Mitglieder (LT-Drs. 20/9470, S. 51). Abs. 3 entspricht § 9 Abs. 3 BPersVG.

Satz 1 hat klarstellenden Charakter. Die koalitionspolitischen Aufgaben der Gewerkschaften sind bereits durch Art. 9 Abs. 3 GG gewährleistet. Das Wahrnehmen der Mitgliederinteressen ist weit zu verstehen und reicht vom kollektivrechtlichen Abschluss von Tarifverträgen bis hin zur individualrechtlichen Vertretung im Rahmen des Arbeitsverhältnisses.

Darüber hinaus wird den Gewerkschaften und Arbeitgeberverbänden in Satz 2 ausdrücklich die Möglichkeit einer Verlinkung auf ihren Internetauftritt im Intranet der Dienststelle eröffnet.

HPVG alte Fassung	HPVG neue Fassung (ab 6.4.2023)
§ 3 (1) [1]Beschäftigte im Sinne dieses Gesetzes sind die Beamten und Arbeitnehmer einschließlich der zu ihrer Berufsausbildung Beschäftigten. [2]Richter und Staatsanwälte sind Beschäftigte im Sinne dieses Gesetzes, wenn sie an eine Verwaltung oder einen Betrieb nach § 1 abgeordnet sind.	**§ 4 Beschäftigte, Gruppen** (1) [1]Beschäftigte im Sinne dieses Gesetzes sind die **Beamtinnen und** Beamten sowie die **Arbeitnehmerinnen und** Arbeitnehmer einschließlich der zu ihrer Berufsausbildung Beschäftigten. [2]**Richterinnen und** Richter sowie **Staatsanwältinnen und** Staatsanwälte sind Beschäftigte im Sinne dieses Gesetzes, wenn sie an eine Verwaltung oder einen Betrieb nach § 1 **Abs. 1** abgeordnet sind.
§ 3 (2) [1]Die Beamten und die Arbeitnehmer bilden je eine Gruppe. [2]Die in Abs. 1 Satz 2 genannten Richter und Staatsanwälte treten zur Gruppe der Beamten.	**§ 4 Beschäftigte, Gruppen** (2) [1]Die **Beamtinnen und** Beamten sowie die **Arbeitnehmerinnen und** Arbeitnehmer bilden je eine Gruppe. [2]Die in Abs. 1 Satz 2 genannten **Beschäftigten** treten zur Gruppe der **Beamtinnen und** Beamten hinzu.
§ 3 (3) [1]Als Beschäftigte im Sinne dieses Gesetzes gelten nicht Personen, 1. die dem Organ der Körperschaft, Anstalt oder Stiftung des öffentlichen Rechts angehören, das zu deren gesetzlichen Vertretung berufen ist; 2. die an der Hochschule, an der sie als Studenten immatrikuliert sind, eine Beschäftigung ausüben; 3. deren Beschäftigung vorwiegend durch Beweggründe karitativer oder religiöser Art bestimmt ist; 4. die vorwiegend zu ihrer Heilung, Wiedereingewöhnung, sittlichen Besserung oder Erziehung beschäftigt werden; 5. die ein mit einer Schul- oder Hochschulausbildung zusammenhängendes Praktikum ableisten, sofern das Praktikum nicht tarifvertraglich geregelt ist; 6. die längstens zwei Monate in der Dienststelle beschäftigt sind.	**§ 4 Beschäftigte, Gruppen** (5) Als Beschäftigte im Sinne dieses Gesetzes gelten nicht 1. **Ehrenbeamtinnen und Ehrenbeamte,** 2. Personen, die dem Organ der Körperschaft, Anstalt oder Stiftung des öffentlichen Rechts angehören, das zu deren gesetzlicher Vertretung berufen ist, 3. Personen, die an der Hochschule, an der sie immatrikuliert sind, eine Beschäftigung ausüben, 4. Personen, deren Beschäftigung vorwiegend durch Beweggründe karitativer oder religiöser Art bestimmt wird, 5. Personen, die vorwiegend zu ihrer Heilung, Wiedereingewöhnung, sittlichen Besserung oder Erziehung beschäftigt werden, 6. Personen, die ein mit einer Schul- oder Hochschulausbildung zusammenhängendes Praktikum ableisten, sofern das Praktikum nicht tarifvertraglich geregelt ist, sowie 7. Personen, die längstens zwei Monate in der Dienststelle beschäftigt sind.

Erläuterungen für die Praxis

(LT-Drs. 20/9470, S. 51). Damit wird die durch Art. 9 Abs. 3 GG gewährleistete digitale gewerkschaftliche Information und Werbung klargestellt. Für den Inhalt sind die Gewerkschaften und Arbeitgebervereinigungen alleine verantwortlich (LT-Drs. 20/9470, S. 51).

Die bisherigen §§ 3 bis 5 werden nach der Gesetzesbegründung wegen des Sachzusammenhangs zusammengefasst und sprachlich überarbeitet (LT-Drs. 20/9470, S. 51).

Abs. 1 und 2 entsprechen nach der Gesetzesbegründung (LT-Drs. 20/9470, S. 51) mit sprachlichen Anpassungen dem bisherigen § 3 Abs. 1 und 2. In Abs. 1 Satz 2 wird die Verweisung an die neue Fassung von § 1 angepasst. Inhaltliche Änderungen sind damit nicht verbunden.

Abs. 1 und 2 entsprechen nach der Gesetzesbegründung (LT-Drs. 20/9470, S. 51) mit sprachlichen Anpassungen dem bisherigen § 3 Abs. 1 und 2. In Abs. 1 Satz 2 wird die Verweisung an die neue Fassung von § 1 angepasst. Inhaltliche Änderungen sind damit nicht verbunden.

In Abs. 5 werden nach der Gesetzesbegründung (LT-Drs. 20/9470, S. 52) alle Personengruppen übersichtlich aufgeführt, die nicht unter den Beschäftigtenbegriff des HPVG fallen. Damit sind keine Änderungen gegenüber der bisherigen Regelung verbunden. Die Geltung der Ausnahme für Ehrenbeamtinnen und Ehrenbeamte war bisher in § 4 a. F. geregelt.

An der Regelung, dass studentische Hilfskräfte nicht als Beschäftigte im Sinne des HPVG gelten (§ 4 Abs. 5 Nr. 3) wird trotz der Kritik in der Anhörung im Innenausschuss am 2. 2. 2023 (vgl. Stenografischer Bericht zur öffentlichen Anhörung am 2. 2. 2023, S. 49 ff.) nach der Empfehlung des Innenausschusses festgehalten (LT-Drs. 20/10698, S. 10). Sie beruht zum einen auf der durch die Rechtsprechung bestätigten Annahme, dass bei studentischen Hilfskräften die Eigenschaft als Studierende überwiegt und sie als solche durch die Hochschulgremien ausreichend vertreten werden (BVerwG vom 18. 3. 1981 – 6 P 17.79). Zum anderen könnten sie aufgrund der kurzen Beschäftigungszeit nicht für die gesamte Amtszeit des Personalrats von diesem repräsentativ vertreten werden. Um gleichwohl den veränderten Verhältnissen im Hochschulbereich und dem Schutzbedürfnis der studentischen Hilfskräfte auch im Hinblick auf ihre Beschäftigung Rechnung zu tragen, wird in § 97 Abs. 7 neu ein Hilfskräfterat als eigenständige Interessenvertretung für diesen Personenkreis eingeführt (näher hierzu bei § 97 Abs. 7).

HPVG alte Fassung	HPVG neue Fassung (ab 6. 4. 2023)
§ 4 [1]Beamte im Sinne dieses Gesetzes sind Beschäftigte, die nach Maßgabe der beamtenrechtlichen Vorschriften in das Beamtenverhältnis berufen worden sind, mit Ausnahme der Ehrenbeamten. [2]Als Beamte gelten auch zu ihrer Berufsausbildung Beschäftigte, die in einem öffentlich-rechtlichen Ausbildungsverhältnis stehen.	**§ 4 Beschäftigte, Gruppen** (3) **[1]Wer Beamtin oder Beamter ist, bestimmen die Beamtengesetze. [2]Beschäftigte, die sich in der Ausbildung für eine Beamtenlaufbahn befinden**, gelten als Beamtinnen und Beamte im Sinne dieses Gesetzes.
§ 5 [1]Arbeitnehmer im Sinne dieses Gesetzes sind die Angehörigen des öffentlichen Dienstes, die nach ihrem Arbeitsvertrag als Angestellte, Arbeiter oder Arbeitnehmer eingestellt sind. [2]Als Arbeitnehmer gelten auch arbeitnehmerähnliche Personen nach § 12a des Tarifvertragsgesetzes sowie Beschäftigte, die sich in einer beruflichen Ausbildung für eine Arbeitnehmertätigkeit befinden.	**§ 4 Beschäftigte, Gruppen** (4) **[1]Arbeitnehmerinnen oder** Arbeitnehmer im Sinne dieses Gesetzes sind Beschäftigte, die aufgrund eines Arbeitsvertrags in einem Arbeitsverhältnis zu einem der in **§ 1 Abs.** 1 genannten Rechtsträger stehen oder sich in einer beruflichen Ausbildung in einem privatrechtlichen Verhältnis zu einem dieser Rechtsträger befinden. [2]Als Arbeitnehmerinnen und Arbeitnehmer gelten auch arbeitnehmerähnliche Personen nach § 12a des Tarifvertragsgesetzes **in der Fassung der Bekanntmachung vom 25. August 1969 (BGBl. I S. 1323), zuletzt geändert durch Gesetz vom 20. Mai 2020 (BGBl. I S. 1055).**
§ 6 *Nicht besetzt.*	
§ 7 (1) [1]Dienststellen im Sinne dieses Gesetzes sind die einzelnen Behörden, Verwaltungsstellen und Betriebe der in § 1 genannten Verwaltungen und die Gerichte. [2]Gemeinden und Gemeindeverbände bilden unter Ausschluss der Eigenbetriebe und Krankenanstalten eine Dienststelle im Sinne dieses Gesetzes; Eigenbetriebe und Krankenanstalten gelten als selbstständige Dienststellen.	**§ 5 Dienststellen** (1) [1]Dienststellen im Sinne dieses Gesetzes sind die einzelnen Behörden, Verwaltungsstellen und Betriebe der in § 1 **Abs.** 1 genannten Verwaltungen und die Gerichte. [2]Gemeinden und Gemeindeverbände bilden unter Ausschluss der Eigenbetriebe und Krankenanstalten eine Dienststelle im Sinne dieses Gesetzes; Eigenbetriebe und Krankenanstalten gelten als selbstständige Dienststellen.

Erläuterungen für die Praxis

§ 4 Abs. 3 enthält nach der Gesetzesbegründung inhaltlich die Regelung des bisherigen § 4. Durch einen Verweis auf die Beamtengesetze wird Satz 1 vereinfacht. Der Regelungsgehalt von Satz 2 wird klarer zum Ausdruck gebracht. Inhaltliche Änderungen sind damit nicht verbunden. Ehrenbeamtinnen und Ehrenbeamte werden in die Ausnahmeregelung des Abs. 5 – als Ziffer 1 – aufgenommen (LT-Drs. 20/9470, S. 51).

§ 4 Abs. 4 entspricht inhaltlich dem bisherigen § 5 (LT-Drs. 20/9470, S. 51). Die Bestimmung wird sprachlich klarer gefasst, ohne dass damit inhaltliche Änderungen verbunden sind.

Lücke ist durch die Neunummerierung geschlossen.

§ 5 entspricht nach der Gesetzesbegründung weitgehend dem bisherigen § 7. Die Verweisungen werden an die neue Fassung des § 1 angepasst (LT-Drs. 20/9470, S. 52).

Keine inhaltlichen Änderungen.

HPVG alte Fassung	HPVG neue Fassung (ab 6. 4. 2023)
§ 7 (2) [1]Die einer Behörde der Mittelstufe unmittelbar nachgeordnete Behörde bildet mit den ihr nachgeordneten Stellen eine Dienststelle; dies gilt nicht, soweit auch die weiter nachgeordneten Stellen im Verwaltungsaufbau nach Aufgabenbereich und Organisation selbständig sind. [2]Behörde der Mittelstufe im Sinne dieses Gesetzes ist die der obersten Dienstbehörde unmittelbar nachgeordnete Behörde, der andere Dienststellen nachgeordnet sind.	§ 5 Dienststellen (2) [1]Die einer Behörde der Mittelstufe unmittelbar nachgeordnete Behörde bildet mit den ihr nachgeordneten Stellen eine Dienststelle; dies gilt nicht, soweit auch die weiter nachgeordneten Stellen im Verwaltungsaufbau nach Aufgabenbereich und Organisation **selbständig** sind. [2]Behörde der Mittelstufe im Sinne dieses Gesetzes ist die der obersten Dienstbehörde unmittelbar nachgeordnete Behörde, der andere Dienststellen nachgeordnet sind.
§ 7 (3) [1]Nebenstellen oder Teile einer Dienststelle, die räumlich weit von dieser entfernt liegen, gelten als selbstständige Dienststellen, wenn die Mehrheit ihrer wahlberechtigten Beschäftigten dies in geheimer Abstimmung beschließt. [2]Die oberste Dienstbehörde kann Nebenstellen oder Teile einer Dienststelle im Einvernehmen mit der Personalvertretung zu selbstständigen Dienststellen im Sinne dieses Gesetzes erklären; die Personalvertretung ist insoweit antragsberechtigt. [3]Satz 1 gilt nicht für die Regierungspräsidien, das Hessische Landesamt für Naturschutz, Umwelt und Geologie, den Landesbetrieb Landwirtschaft Hessen und den Landesbetrieb Hessisches Landeslabor.	§ 5 Dienststellen (3) [1]Nebenstellen oder Teile einer Dienststelle, die räumlich weit von dieser entfernt liegen, gelten als selbstständige Dienststellen, wenn die Mehrheit ihrer wahlberechtigten Beschäftigten dies in geheimer Abstimmung beschließt. [2]Die oberste Dienstbehörde kann Nebenstellen oder Teile einer Dienststelle im Einvernehmen mit der Personalvertretung zu **selbstständigen** Dienststellen im Sinne dieses Gesetzes erklären; die Personalvertretung ist insoweit antragsberechtigt. [3]Satz 1 gilt nicht für die Regierungspräsidien, das Hessische Landesamt für Naturschutz, Umwelt und Geologie, den Landesbetrieb Landwirtschaft Hessen, den Landesbetrieb Hessisches Landeslabor **und Hessen Mobil – Straßen- und Verkehrsmanagement**.
§ 7 (4) [1]Mehrere Dienststellen gelten als eine Dienststelle, wenn die Mehrheit der wahlberechtigten Beschäftigten jeder Dienststelle dies in geheimer Abstimmung beschließt.	§ 5 Dienststellen (4) Mehrere Dienststellen gelten als eine Dienststelle, wenn die Mehrheit der wahlberechtigten Beschäftigten jeder Dienststelle dies in geheimer Abstimmung beschließt.

Erläuterungen für die Praxis

Keine inhaltlichen Änderungen.

Abs. 3 Satz 3 wird nach der Gesetzesbegründung (LT-Drs. 20/9470, S. 52) aufgrund der vergleichbaren Struktur um Hessen Mobil – Straßen- und Verkehrsmanagement und das Hessische Landesamt für Gesundheit erweitert. Auch für diese wird damit eine Verselbstständigung von Nebenstellen oder weit entfernt liegenden Dienststellenteilen durch Abstimmung der Beschäftigten nach Satz 1 ausgeschlossen.

Der in der Gesetzesbegründung enthaltene Verweis auf das Hessische Landesamt für Gesundheit wurde nicht in die Gesetzesfassung von § 5 Abs. 3 Satz 3 aufgenommen.

Trotz der Kritik in der Anhörung im Innenausschuss am 2.2.2023, insbesondere im Hinblick auf den Wegfall der Vertretung vor Ort, etwa den Autobahnmeistereien (vgl. Stenografischer Bericht zur öffentlichen Anhörung am 2.2.2023, S. 26ff.) wegen der angedachten Nichtgeltung von Abs. 3 Satz 1 für Hessen Mobil, sieht der Innenausschuss an der Regelung in § 5 Abs. 3 Satz 3 keinen Änderungsbedarf. Die diesbezüglich geäußerten Bedenken könnten ohne Veränderung des Gesetzentwurfs ausgeräumt werden (LT-Drs. 20/10698, S. 8). Die befürchtete Auflösung von Personalräten im Bereich Hessen Mobil ohne deren Zustimmung wird auch nach der vorgesehenen Fassung des § 5 Abs. 3 nach dessen Satz 2 nicht möglich sein.

Nach § 110 führen die bisherigen Personalvertretungen die Geschäfte weiter, bis sich die neu gewählten Personalvertretungen konstituiert haben. Das gilt im Bereich von Hessen Mobil auch für die bisherigen örtlichen Personalräte. Die bisherigen Verselbstständigungen, die nach § 7 Abs. 3 Satz 2 durch die oberste Dienstbehörde (im Einvernehmen mit der Personalvertretung) erfolgten, bleiben so lange bestehen, bis die oberste Dienstbehörde dies im Einvernehmen mit der Personalvertretung, konkret mit den jeweiligen Personalräten, rückgängig gemacht hat (vgl. Kröll in: v. Roetteken/Rothländer, Hessisches Bedienstetenrecht I, § 7 HPVG a.F. Rn. 132). Selbst bei bisher zulässigen Verselbstständigungen nach § 7 Abs. 3 Satz 1 a.F. durch Beschäftigtenbeschluss, gilt dieser Verselbstständigungsbeschluss so lange, bis die Beschäftigten der verselbstständigten Nebenstelle oder des Dienststellenteils wieder mehrheitlich eine gemeinsame Dienststelle beschließen (Kröll, a.a.O., § 7 HPVG a.F. Rn. 131).

Unverändert.

HPVG alte Fassung	HPVG neue Fassung (ab 6.4.2023)
§ 7 (5) ¹Bei gemeinsamen Dienststellen der in § 1 genannten Verwaltungen, Betriebe oder Gerichte mit Einrichtungen, die nicht unter dieses Gesetz fallen, gelten nur die im Dienste dieser Verwaltungen, Betriebe oder Gerichte stehenden Beschäftigten als zur Dienststelle gehörig. ²Im Übrigen wird bei Dienststellen, denen Beschäftigte mehrerer Dienstherren angehören, nur eine gemeinsame Personalvertretung gebildet, wenn nicht die Mehrheit der wahlberechtigten Beschäftigten eines Dienstherrn in geheimer Abstimmung die Bildung getrennter Personalvertretungen beschließt.	§ 5 Dienststellen (5) ¹Bei gemeinsamen Dienststellen der in **§ 1 Abs. 1** genannten Verwaltungen, Betriebe oder Gerichte mit Einrichtungen, die nicht unter dieses Gesetz fallen, gelten nur die im Dienste dieser Verwaltungen, Betriebe oder Gerichte stehenden Beschäftigten als zur Dienststelle gehörig. ²Im Übrigen wird bei Dienststellen, denen Beschäftigte mehrerer Dienstherren angehören, nur eine gemeinsame Personalvertretung gebildet, wenn nicht die Mehrheit der wahlberechtigten Beschäftigten eines Dienstherrn in geheimer Abstimmung die Bildung getrennter Personalvertretungen beschließt.
§ 8 (1) ¹Für die Dienststelle handelt ihr Leiter. ²Er kann sich durch seinen ständigen Vertreter, bei obersten Dienstbehörden, Behörden der Mittelstufe, den Hochschulen, dem Landeswohlfahrtsverband Hessen und der Deutschen Rentenversicherung Hessen auch durch den Leiter der für Personalangelegenheiten zuständigen Abteilung vertreten lassen.	§ 6 Vertretung der Dienststelle (1) ¹Für die Dienststelle handelt **ihre Leiterin oder** ihr Leiter (Dienststellenleitung). ²**Die Dienststellenleitung** kann sich durch **ihre ständige Vertreterin oder** ihren ständigen Vertreter, bei obersten **und oberen Landesbehörden**, Behörden der Mittelstufe, den Hochschulen, dem Landeswohlfahrtsverband Hessen und der Deutschen Rentenversicherung Hessen auch durch **die Leiterin oder** den Leiter der für Personalangelegenheiten zuständigen Abteilung, vertreten lassen.
§ 8 (2) ¹Als Dienststellenleiter können sich Bürgermeister und Landräte durch ihren allgemeinen Vertreter oder einen anderen allgemein oder im Einzelfall bevollmächtigten Beigeordneten, bei kreisfreien Städten und Landkreisen sowie bei Sonderstatus-Städten nach § 4a Abs. 2 der Hessischen Gemeindeordnung auch durch den Leiter des für Personalangelegenheiten zuständigen Amtes, vertreten lassen. ²Als Dienststellenleiter der bei ihnen als Behörden der Landesverwaltung eingerichteten Hauptabteilungen können sich Oberbürgermeister und Landräte durch ihren allgemeinen Vertreter oder den Leiter der Hauptabteilung Allgemeine Landesverwaltung und, soweit diese beim Oberbürgermeister nicht eingerichtet ist, von dem Leiter einer anderen Haupt-	§ 6 Vertretung der Dienststelle (2) ¹Als **Dienststellenleitung** können sich **Bürgermeisterinnen und** Bürgermeister sowie **Landrätinnen und** Landräte durch **ihre allgemeine Vertreterin oder** ihren allgemeinen Vertreter oder eine andere allgemein oder im Einzelfall bevollmächtigte Beigeordnete oder einen solchen Beigeordneten, bei kreisfreien Städten und Landkreisen sowie bei Sonderstatus-Städten nach § 4a Abs. 2 der Hessischen Gemeindeordnung auch durch **die Leiterin oder** den Leiter des für Personalangelegenheiten zuständigen Amtes, vertreten lassen. ²**§ 86 Abs. 2** bleibt unberührt. ³In Eigenbetrieben und Krankenanstalten kann sich **eine Betriebsleiterin oder** ein Betriebsleiter als Dienststellenleitung durch **eine allgemein oder im Einzelfall bevollmächtigte andere Betriebs-**

Erläuterungen für die Praxis

Keine inhaltlichen Änderungen.

§ 6 enthält nach der Gesetzesbegründung die Regelungen des bisherigen § 8 in sprachlich überarbeiteter und rechtsbereinigter Form (LT-Drs. 20/9470, S. 52).

In Abs. 1 Satz 2 wird der Begriff der obersten Dienstbehörde durch den der obersten Landesbehörde ersetzt, da hier nicht der beamtenrechtliche, sondern der organisatorische Behördenbegriff maßgeblich ist (LT-Drs. 20/9470, S. 52). Ferner werden die oberen Landesbehörden ergänzt, für die dieselbe Interessenlage gilt.

Der bisherige Abs. 2 Satz 2 ist überholt und wird deshalb nicht weitergeführt. Ansonsten unverändert.

Durch die geänderte Fassung des Satzes 3 wird nach der Gesetzesbegründung (LT-Drs. 20/9470, S. 52) den Besonderheiten von Eigenbetrieben, deren Betriebsleitung nur aus einer Person besteht, besser Rechnung getragen. Um für diese ein autonomes Agieren im Sinne des Eigenbetriebsgesetzes auch gegenüber der Personalvertretung zu ermöglichen, werden erweiterte Vertretungsmöglichkeiten zugelassen.

HPVG alte Fassung	HPVG neue Fassung (ab 6. 4. 2023)
abteilung vertreten lassen. [3]§ 86 Abs. 2 Satz 2 bleibt unberührt. [4]In Eigenbetrieben und Krankenanstalten kann sich ein Betriebsleiter als Dienststellenleiter durch einen allgemein oder im Einzelfall bevollmächtigten anderen Betriebsleiter oder das für Personalangelegenheiten zuständige Mitglied der Betriebsleitung vertreten lassen. [5]In allen Fällen muss der Vertreter zur Entscheidung befugt sein. [6]Beim Hessischen Verwaltungsschulverband kann sich der Verbandsvorsteher als Dienststellenleiter durch den Verbandsgeschäftsführer vertreten lassen.	leiterin oder einen solchen Betriebsleiter oder durch eine für den Fall der tatsächlichen oder rechtlichen Verhinderung der alleinigen Betriebsleiterin oder des alleinigen Betriebsleiters vom Gemeindevorstand bestellte stellvertretende Betriebsleiterin oder einen solchen Betriebsleiter oder durch die Leiterin oder den Leiter der für Personalangelegenheiten zuständigen Abteilung vertreten lassen. [4]In allen Fällen muss die Vertreterin zur Entscheidung befugt sein. [5]Beim Hessischen Verwaltungsschulverband kann sich die Verbandsvorsteherin oder der Verbandsvorsteher als Dienststellenleitung durch die Verbandsgeschäftsführerin oder den Verbandsgeschäftsführer vertreten lassen.
§ 8 (3) [1]Abweichend von Abs. 1 handelt bei den der Aufsicht des Landes unterstehenden Körperschaften, Anstalten und Stiftungen des öffentlichen Rechts der Vorstand. [2]Er kann sich durch ein entscheidungsbefugtes Mitglied oder dessen ständigen Vertreter vertreten lassen. [3]Bei den Sozialversicherungsträgern, den Kommunalen Gebietsrechenzentren, den Handwerkskammern, der Kassenärztlichen Vereinigung Hessen und den Studentenwerken handelt für die Dienststelle der Geschäftsführer.	§ 6 Vertretung der Dienststelle (3) [1]Abweichend von Abs. 1 handelt bei den der Aufsicht des Landes unterstehenden Körperschaften, Anstalten und Stiftungen des öffentlichen Rechts der Vorstand. [2]Er kann sich durch ein entscheidungsbefugtes Mitglied oder dessen ständige Vertreterin oder ständigen Vertreter vertreten lassen. [3]Bei den Sozialversicherungsträgern, den Kommunalen Gebietsrechenzentren, den Handwerkskammern, der Kassenärztlichen Vereinigung Hessen und den Studierendenwerken handelt für die Dienststelle die Geschäftsführerin oder der Geschäftsführer.
§ 8 (4) In Zweifelsfällen bestimmt die oberste Dienstbehörde, wer die Aufgaben des Dienststellenleiters wahrnimmt.	§ 6 Vertretung der Dienststelle (4) In Zweifelsfällen bestimmt die oberste Dienstbehörde, wer die Aufgaben der Dienststellenleitung wahrnimmt.
§ 9 (1) [1]Wahlberechtigt sind alle Beschäftigten, die am Wahltag das achtzehnte Lebensjahr vollendet haben, es sei denn, daß sie infolge strafgerichtlicher Verurteilung das Recht, in öffentlichen Angelegenheiten zu wählen oder zu stimmen, nicht besitzen. [2]Wahlberechtigt sind auch Personen, deren Beschäftigungsverhältnis aufgrund tariflicher Bestimmungen wegen Unterbrechung der Arbeiten ohne	§ 10 Wahlberechtigung (1) [1]Wahlberechtigt sind alle Beschäftigten, es sei denn, dass sie 1. infolge Richterspruchs das Recht, in öffentlichen Angelegenheiten zu wählen oder zu stimmen, nicht besitzen oder 2. am Wahltag seit mehr als zwölf Monaten beurlaubt sind oder

Erläuterungen für die Praxis
Die sprachlichen Anpassungen haben keine inhaltlichen Änderungen zur Folge.
Unverändert.

Die Regelungen zur Wahlberechtigung, die bisher in § 9 enthalten sind, werden nach der Gesetzesbegründung in überarbeiteter Form in § 10 formuliert (LT-Drs. 20/9470, S. 52).

Abs. 1 wird nach der Gesetzesbegründung übersichtlicher strukturiert und sprachlich verbessert. Am vollendeten 18. Lebensjahr als Voraussetzung für die Wahlberechtigung wird nicht länger festgehalten. Der Ausschluss der jugendlichen Beschäftigten von der Wahlberechtigung ist nicht mehr zeitgemäß. Alle Beschäftigten sollen unabhängig vom Alter ihre Interessenvertretung (jetzt auch den PR, BPR, HPR oder GPR) wählen können.

HPVG alte Fassung	HPVG neue Fassung (ab 6.4.2023)
besondere Kündigung beendet worden ist und die Anspruch auf Wiedereinstellung haben. ³Beschäftigte, die am Wahltag seit mehr als **sechs** Monaten **unter Wegfall der Bezüge** beurlaubt sind, sind nicht wahlberechtigt.	3. **Altersteilzeit im Blockmodell ausüben und sich am Wahltag in der Freistellungsphase befinden.** ²Wahlberechtigt sind auch Personen, deren Beschäftigungsverhältnis aufgrund tariflicher Bestimmungen wegen Unterbrechung der Arbeiten ohne besondere Kündigung beendet worden ist und die Anspruch auf Wiedereinstellung haben.
§ 9 (2) ¹Wer zu einer Dienststelle abgeordnet ist, wird in ihr wahlberechtigt, sobald die Abordnung länger als drei Monate gedauert hat; im gleichen Zeitpunkt verliert er das Wahlrecht in der alten Dienststelle. ²Das gleiche gilt, wenn ein Beschäftigter mit mehr als der Hälfte seiner regelmäßigen Arbeitszeit länger als drei Monate in einer anderen Dienststelle tätig ist. ³In Fällen einer Zuweisung verliert der Beschäftigte das Wahlrecht in der alten Dienststelle, sobald die Zuweisung länger als drei Monate gedauert hat. ⁴Satz 1 ist auf Teilnehmer an Lehrgängen nicht anzuwenden.	**§ 10 Wahlberechtigung** (2) ¹Wer zu einer Dienststelle abgeordnet ist, wird **dort** wahlberechtigt, sobald die Abordnung länger als drei Monate gedauert hat; im selben Zeitpunkt verliert sie oder er das Wahlrecht in der **bisherigen** Dienststelle. ²Das gleiche gilt, wenn **Beschäftigte** mit mehr als der Hälfte **ihrer** regelmäßigen Arbeitszeit länger als drei Monate in einer anderen Dienststelle tätig **sind**. ³**Satz 1 und 2 gelten nicht, wenn feststeht, dass die oder der Beschäftigte binnen weiterer neun Monate zur bisherigen Dienststelle zurückkehren wird.** ⁴In Fällen einer Zuweisung verliert **die oder** der Beschäftigte das Wahlrecht in der **bisherigen** Dienststelle, sobald die Zuweisung länger als drei Monate gedauert hat; **Satz 3 gilt entsprechend.** ⁵Satz 1 ist auf **Teilnehmerinnen und** Teilnehmer an Lehrgängen nicht anzuwenden.
§ 9 (3) ¹Beamte im Vorbereitungsdienst und Beschäftigte in entsprechender Berufsausbildung sind nur in ihrer Stammbehörde wahlberechtigt. ²Für Anwärter für den Polizeivollzugsdienst gilt § 87 Abs. 1, für Rechtsreferendare gilt § 107, für Fachlehreranwärter, Lehramts- und Studienreferendare gilt § 108.	**§ 10 Wahlberechtigung** (3) **Beamtinnen und** Beamte im Vorbereitungsdienst und Beschäftigte in entsprechender Berufsausbildung sind nur in ihrer Stammbehörde wahlberechtigt, soweit sich aus **§ 83 Abs. 1 und den §§ 89 und 94** nichts anderes ergibt.

Erläuterungen für die Praxis

Nr. 1 enthält den bisherigen Ausschlussgrund des § 9 Abs. 1 Satz 1 in sprachlich vereinfachter Form.

Der Zeitraum unschädlicher Beurlaubung wird von sechs auf zwölf Monate angehoben (Nr. 2). Allerdings werden zukünftig alle Arten von Beurlaubungen von der Regelung erfasst, da bei derart langfristiger Beurlaubung nicht mehr von der erforderlichen Eingliederung in die Dienststelle auszugehen ist. Darunter fällt somit auch die Elternzeit, sofern keine Teilzeitbeschäftigung ausgeübt wird.

Neu aufgenommen wird nach der Gesetzesbegründung in Nr. 3 der Ausschluss der Wahlberechtigung für die Freistellungsphase der Altersteilzeit. Dies entspricht der Rechtsprechung des Bundesverwaltungsgerichts (Beschluss vom 15. 5. 2002 – 6 P 8.01). Danach führt bereits der Eintritt in die Freistellungsphase der Altersteilzeit nach dem Blockmodell zum Verlust des aktiven und passiven Wahlrechts (wie auch der Beendigung der Mitgliedschaft im Personalrat), weil durch die mit dem Eintritt in die Freistellungsphase erfolgende Ausgliederung des Beschäftigten feststeht, dass er nicht mehr in den Dienst zurückkehren wird. Diese Regelung kommt für den Beamtenbereich in Hessen sowie den Bereich des TVH nicht zum Tragen, da es hier keine Altersteilzeitregelung mehr gibt. Im Bereich des TVöD besteht allerdings weiterhin die Möglichkeit einer Altersteilzeit, so dass die Bestimmung für den Kommunalbereich von Bedeutung ist und der Klarstellung dient.

In Abs. 2 wird nach der Gesetzesbegründung ein neuer Satz 3 eingefügt, wonach eine vorübergehende Abwesenheit von der Dienststelle von weniger als zwölf Monaten nicht zum Verlust des Wahlrechts führen soll. Durch die Ergänzung von Satz 4 gilt entsprechendes für die Zuweisung. Dadurch wird praktischen Problemen bei der Feststellung der Wahlberechtigung von aufgrund nur temporär bestehender Aufgaben oder im Wege der Rotation abgeordneten oder zugewiesenen Beschäftigten entgegengewirkt. Gleichzeitig wird ein Gleichklang zu den Regelungen in Abs. 1 Satz 1 Nr. 2, § 11 Abs. 2 Nr. 2 und § 24 Abs. 1 Nr. 6 zum Verlust des Wahlrechts, der Wählbarkeit und des Personalratsmandats hergestellt.

Abs. 3 entspricht nach der Gesetzesbegründung (LT-Drs. 20/9470, S. 53) inhaltlich dem bisherigen § 9 Abs. 3 mit redaktionellen Anpassungen. Inhaltliche Änderungen sind damit nicht verbunden.

HPVG alte Fassung	HPVG neue Fassung (ab 6.4.2023)
§ 9	§ 10 Wahlberechtigung
(4) ¹Erwirbt der Beschäftigte das Wahlrecht in einer anderen Dienststelle, auf die dieses Gesetz keine Anwendung findet, so verliert er gleichzeitig das Wahlrecht in der alten Dienststelle.	(4) Erwirbt **die oder** der Beschäftigte das Wahlrecht in einer anderen Dienststelle, auf die dieses Gesetz keine Anwendung findet, so verliert **sie oder** er gleichzeitig das Wahlrecht in der **bisherigen** Dienststelle.
§ 10	§ 11 Wählbarkeit
(1) ¹Wählbar sind alle Wahlberechtigten, die am Wahltag seit sechs Monaten der Dienststelle angehören oder seit einem Jahr in öffentlichen Verwaltungen oder von diesen geführten Betrieben beschäftigt sind; Unterbrechungen im Sinne von § 9 Abs. 1 Satz 2 sind unschädlich. ²Nicht wählbar ist, wer infolge strafgerichtlicher Verurteilung die Fähigkeit, Rechte aus öffentlichen Wahlen zu erlangen, nicht besitzt.	(1) ¹Wählbar sind alle Wahlberechtigten, die am Wahltag 1. **das 18. Lebensjahr vollendet haben und** 2. seit sechs Monaten der Dienststelle angehören; Unterbrechungen im Sinne von § 10 Abs. 1 Satz 2 sind unschädlich. (…) (2) Nicht wählbar sind 1. Beschäftigte, die infolge **Richterspruchs** nicht die Fähigkeit besitzen, Rechte aus öffentlichen Wahlen zu erlangen, **2. Beschäftigte, die am Wahltag noch länger als zwölf Monate beurlaubt sind, sowie**
§ 10	§ 11 Wählbarkeit
(2) ¹Die in § 9 Abs. 3 genannten Personen sind nur in ihrer Stammbehörde wählbar. ²Für Rechtsreferendare gilt § 107, für Fachlehreranwärter, Lehramts- und Studienreferendare gilt § 108.	(3) Die in § 10 Abs. 3 genannten Personen sind nur in ihrer Stammbehörde wählbar, **soweit sich aus § 83 Abs. 1 und den §§ 89 und 94 nichts anderes ergibt.**

Erläuterungen für die Praxis

Abs. 4 entspricht nach der Gesetzesbegründung (LT-Drs. 20/9470, S. 53) inhaltlich dem bisherigen § 9 Abs. 4 mit redaktionellen Anpassungen. Inhaltliche Änderungen sind damit nicht verbunden.

Die bisherigen §§ 10 und 11 werden nach der Gesetzesbegründung in § 11 zusammengefasst und neu gegliedert (LT-Drs. 20/9470, S. 53).

Die Wählbarkeit setzt weiterhin die Wahlberechtigung nach § 10 voraus. Die weiteren Voraussetzungen werden durch eine Aufzählung in Abs. 1 übersichtlich dargestellt.

Für die Wählbarkeit und die damit verbundene Wahrnehmung der Aufgaben der Personalvertretungen wird wegen der damit verbundenen besonderen Pflichtenstellung an der Voraussetzung der Volljährigkeit festgehalten. Da das 18. Lebensjahr für die Wahlberechtigung nach § 10 nicht mehr erforderlich ist, muss es nun hier ausdrücklich normiert werden (Nr. 1).

Da für die Ausübung der Personalratstätigkeit vor allem die Kenntnis der Verhältnisse in der Dienststelle maßgebend ist, wird nach der Gesetzesbegründung in Nr. 2 für die Wählbarkeit nur noch auf die Zugehörigkeit zur Dienststelle und nicht mehr auf diejenige zum öffentlichen Dienst abgestellt. Die Regelung des bisherigen § 11 wird aus systematischen Gründen in Abs. 1 (als Satz 2) aufgenommen.

Nicht wählbare Personen werden nunmehr in Abs. 2 übersichtlich aufgelistet.

Nr. 1 entspricht dem bisherigen § 10 Abs. 1 Satz 2.

Als neue Nr. 2 wird die Regelung aus dem Bundespersonalvertretungsgesetz übernommen, dass nicht wählbar ist, wer am Wahltag noch länger als zwölf Monate beurlaubt ist. Die Wahl von Beschäftigten in den Personalrat, die noch länger als zwölf Monate und damit für einen wesentlichen Teil der vierjährigen Amtszeit ihr Mandat nicht wahrnehmen können, ist nach der Gesetzesbegründung nicht sachgerecht (LT-Drs. 20/9470, S. 53). Dieser Regelung korrespondiert mit § 10 Abs. 1 Satz 1 Nr. 2, wonach Beschäftigte, die am Wahltag seit mehr als zwölf Monaten beurlaubt sind, nicht wahlberechtigt sind.

Abs. 3 entspricht dem bisherigen § 10 Abs. 2 mit redaktioneller Anpassung.

HPVG alte Fassung	HPVG neue Fassung (ab 6. 4. 2023)
§ 10 (3) Nicht wählbar sind für die Personalvertretung ihrer Dienststelle die in § 8 genannten Personen sowie Beschäftigte, die zu selbständigen Entscheidungen in Personalangelegenheiten der Dienststelle befugt sind.	**§ 11 Wählbarkeit** (2) Nicht wählbar sind ... 3. für die Wahl der Personalvertretung ihrer Dienststelle die in **§ 6** genannten Personen sowie Beschäftigte, die zu selbstständigen Entscheidungen in Personalangelegenheiten der Dienststelle befugt sind.
§ 11 Besteht die Dienststelle weniger als ein Jahr, so bedarf es für die Wählbarkeit nicht der sechsmonatigen Zugehörigkeit zur Dienstelle.	**§ 11 Wählbarkeit** (1) ... ²Besteht die Dienststelle weniger als ein Jahr, bedarf es für die Wählbarkeit nicht der sechsmonatigen Zugehörigkeit zur Dienstelle.
§ 12 (1) In allen Dienststellen, die in der Regel mindestens fünf Wahlberechtigte beschäftigen, von denen drei wählbar sind, werden Personalräte gebildet.	**§ 9 Bildung von Personalräten** (1) In allen Dienststellen, die in der Regel mindestens fünf Wahlberechtigte beschäftigen, von denen drei wählbar sind, werden Personalräte gebildet.
§ 12 (2) Dienststellen, in denen ein Personalrat nach Abs. 1 nicht gebildet wird, werden von der übergeordneten Dienststelle im Einvernehmen mit der Stufenvertretung einer anderen Dienststelle zugeteilt.	**§ 9 Bildung von Personalräten** (2) Dienststellen, in denen ein Personalrat nach Abs. 1 nicht gebildet wird, werden von der übergeordneten Dienststelle im Einvernehmen mit der Stufenvertretung einer anderen Dienststelle **zugeordnet.**
§ 12 (3) ¹Der Personalrat besteht in Dienststellen mit in der Regel 5 bis 15 Wahlberechtigten aus einer Person, mit 16 bis 60 Wahlberechtigten aus 3 Mitgliedern, mit 61 bis 150 Wahlberechtigten aus 5 Mitgliedern, mit 151 bis 300 Wahlberechtigten aus 7 Mitgliedern, mit 301 bis 600 Wahlberechtigten aus 9 Mitgliedern, mit 601 bis 1000 Wahlberechtigten aus 11 Mitgliedern. ²Die Zahl der Mitglieder erhöht sich in Dienststellen mit 1001 bis 5000 Wahlberechtigten um je zwei für je weitere angefangene 1000, mit	**§ 12 Zahl der Personalratsmitglieder** (1) ¹Der Personalrat besteht in Dienststellen mit in der Regel 1. 5 bis 15 Wahlberechtigten aus **einem Mitglied,** 2. 16 bis 60 Wahlberechtigten aus drei Mitgliedern, 3. 61 bis 150 Wahlberechtigten aus fünf Mitgliedern, 4. 151 bis 300 Wahlberechtigten aus sieben Mitgliedern, 5. 301 bis 600 Wahlberechtigten aus neun Mitgliedern, 6. 601 bis 1000 Wahlberechtigten aus elf Mitgliedern. ²Die Zahl der Mitglieder erhöht sich in Dienststellen mit 1001 bis 5000 Wahlberechtigten um je zwei für je weitere angefangene 1000, mit

Erläuterungen für die Praxis
§ 11 Abs. 2 Nr. 3 entspricht dem bisherigen § 10 Abs. 3.

Die bisherigen §§ 10 und 11 werden nach der Gesetzesbegründung in § 11 zusammengefasst und neu gegliedert (LT-Drs. 20/9470, S. 53).

Die bisherige Regelung des § 11 befindet sich nun in § 11 Abs. 1 Satz 2.

Der Regelungsinhalt des bisherigen § 12 wird nach der Gesetzesbegründung aufgeteilt. Die Abs. 1 und 2 werden wegen ihrer grundsätzlichen Bedeutung als eigenständiger § 9 an den Anfang des ersten Abschnitts gestellt (LT-Drs. 20/9470, S. 52).

Der Regelungsinhalt des bisherigen § 12 wird nach der Gesetzesbegründung aufgeteilt. Die Abs. 1 und 2 werden wegen ihrer grundsätzlichen Bedeutung als eigenständiger § 9 an den Anfang des ersten Abschnitts gestellt (LT-Drs. 20/9470, S. 52).

Abs. 1 entspricht nach der Gesetzesbegründung dem bisherigen § 12 Abs. 3 in redaktionell überarbeiteter Form (LT-Drs. 20/9470, S. 53). Inhaltliche Änderungen sind damit nicht verbunden.

HPVG alte Fassung	HPVG neue Fassung (ab 6.4.2023)
5001 und mehr Wahlberechtigten um je zwei für je weitere angefangene 2000 Wahlberechtigte bis zur Höchstzahl von 23 Mitgliedern.	5001 und mehr Wahlberechtigten um je zwei für je weitere angefangene 2000 Wahlberechtigte bis zur Höchstzahl von 23 Mitgliedern.
Bisher nicht geregelt.	**§ 12 Zahl der Personalratsmitglieder** **(2) Maßgebend für die Ermittlung der Zahl der Personalratsmitglieder ist der zehnte Werktag vor Erlass des Wahlausschreibens.**
§ 12 (4) Als Wahlberechtigte im Sinne dieser Vorschrift gelten auch diejenigen Beschäftigten, die zur Jugend- und Auszubildendenvertretung wahlberechtigt sind.	Entfällt.
	§ 13 Vertretung nach Gruppen und Geschlechtern
§ 13 (1) ¹Männer und Frauen sind bei der Bildung des Personalrats entsprechend ihrem Anteil an den wahlberechtigten Beschäftigten der Dienststelle zu berücksichtigen. ²Sind in einer Dienststelle Angehörige verschiedener Gruppen beschäftigt, so müssen in jeder Gruppe Männer und Frauen entsprechend ihrem Anteil und jede Gruppe entsprechend ihrer Stärke im Personalrat vertreten sein, wenn dieser aus mindestens drei Mitgliedern besteht. ³Macht ein Geschlecht innerhalb einer Vorschlagsliste oder eine Gruppe von ihrem Recht, im Personalrat vertreten zu sein, keinen Gebrauch, so verlieren sie bis zur nächsten Wahl ihren Anspruch auf Vertretung. ⁴Die auf das jeweilige Geschlecht oder die Gruppe entfallenden Sitze werden auf das andere Geschlecht innerhalb der Vorschlagsliste oder die anderen Gruppen entsprechend ihrer Stärke verteilt. ⁵Entfällt bei der Berücksichtigung der Geschlechter entsprechend ihrem Anteil an den wahlberechtigten Beschäftigten der Dienststelle innerhalb einer Gruppe auf ein Geschlecht kein Sitz im Personalrat, so kann gleichwohl ein Angehöriger des in der Minderheit befindlichen Geschlechts	**§ 13 Vertretung nach Gruppen und Geschlechtern** (1) ¹**Frauen und Männer** sind bei der Bildung des Personalrats entsprechend ihrem Anteil an den wahlberechtigten Beschäftigten der Dienststelle zu berücksichtigen. ²Sind in einer Dienststelle Angehörige verschiedener Gruppen beschäftigt, so müssen in jeder Gruppe **Frauen und Männer** entsprechend ihrem Anteil und jede Gruppe entsprechend ihrer Stärke im Personalrat vertreten sein, wenn dieser aus mindestens drei Mitgliedern besteht. ³Macht ein Geschlecht innerhalb einer Vorschlagsliste oder eine Gruppe von ihrem Recht, im Personalrat vertreten zu sein, keinen Gebrauch, so verliert es oder sie bis zur nächsten Wahl ihren Anspruch auf Vertretung. ⁴Die auf das jeweilige Geschlecht oder die Gruppe entfallenden Sitze werden auf das andere Geschlecht innerhalb der Vorschlagsliste oder die anderen Gruppen entsprechend ihrer Stärke verteilt. ⁵Entfällt bei der Berücksichtigung der Geschlechter entsprechend ihrem Anteil an den wahlberechtigten Beschäftigten der Dienststelle innerhalb einer Gruppe auf ein Geschlecht kein Sitz im Personalrat, so kann gleichwohl eine

Erläuterungen für die Praxis

Als neuer Abs. 2 wird nach der Gesetzesbegründung eine Stichtagsregelung zur Ermittlung der Zahl der in der Regel Wahlberechtigten getroffen, die den Wahlvorständen Rechtsklarheit geben soll. Werktage sind die Tage, die nicht Sonn- oder Feiertag sind.

Der bisherige § 12 Abs. 4 entfällt, da gemäß § 10 Abs. 1 nunmehr alle Beschäftigten unabhängig vom Alter wahlberechtigt sind.

§ 13 enthält nach der Gesetzesbegründung die Regelungen zur Sicherstellung der angemessenen Repräsentanz der Geschlechter und der Gruppen im Personalrat und entspricht dem bisherigen § 13 (LT-Drs. 20/9470, S. 53). Die Regelung wurde lediglich redaktionell überarbeitet und sprachlich modernisiert. Inhaltliche Änderungen sind damit nicht verbunden.

Keine inhaltlichen Änderungen.

HPVG alte Fassung	HPVG neue Fassung (ab 6.4.2023)
auf einem Wahlvorschlag benannt und gewählt werden.	Angehörige oder ein Angehöriger des in der Minderheit befindlichen Geschlechts auf einem Wahlvorschlag benannt und gewählt werden.
§ 13 (2) Der Wahlvorstand stellt fest, wie hoch der Anteil an Männern und Frauen bei den wahlberechtigten Beschäftigten insgesamt und in den einzelnen Gruppen ist, und errechnet die Verteilung der Sitze auf die Gruppen und innerhalb der Gruppen auf die Geschlechter nach den Grundsätzen der Verhältniswahl.	**§ 13 Vertretung nach Gruppen und Geschlechtern** (2) Der Wahlvorstand stellt fest, wie hoch der Anteil an **Frauen und Männern** bei den wahlberechtigten Beschäftigten insgesamt und in den einzelnen Gruppen ist, und errechnet die Verteilung der Sitze auf die Gruppen und innerhalb der Gruppen auf die Geschlechter nach den Grundsätzen der Verhältniswahl.
§ 13 (3) Eine Gruppe erhält mindestens bei weniger als 51 Gruppenangehörigen einen Vertreter, bei 51 bis 200 Gruppenangehörigen zwei Vertreter, bei 201 bis 600 Gruppenangehörigen drei Vertreter, bei 601 bis 1000 Gruppenangehörigen vier Vertreter, bei 1001 bis 3000 Gruppenangehörigen fünf Vertreter, bei 3001 bis 5000 Gruppenangehörigen sechs Vertreter, bei 5001 bis 9000 Gruppenangehörigen sieben Vertreter, bei 9001 bis 15000 Gruppenangehörigen acht Vertreter, bei über 15000 Gruppenangehörigen neun Vertreter.	**§ 13 Vertretung nach Gruppen und Geschlechtern** (3) Eine Gruppe erhält bei 1. weniger als 51 Gruppenangehörigen mindestens **eine Vertreterin oder** einen Vertreter, 2. 51 bis 200 Gruppenangehörigen mindestens zwei **Vertreterinnen und** Vertreter, 3. 201 bis 600 Gruppenangehörigen mindestens drei **Vertreterinnen und** Vertreter, 4. 601 bis 1000 Gruppenangehörigen mindestens vier **Vertreterinnen und** Vertreter, 5. 1001 bis 3000 Gruppenangehörigen mindestens fünf **Vertreterinnen und** Vertreter, 6. 3001 bis 5000 Gruppenangehörigen mindestens sechs **Vertreterinnen und** Vertreter, 7. 5001 bis 9000 Gruppenangehörigen mindestens sieben **Vertreterinnen und** Vertreter, 8. 9001 bis 15000 Gruppenangehörigen mindestens acht Vertreterinnen und Vertreter, 9. über 15000 Gruppenangehörigen mindestens neun Vertreterinnen und Vertreter.

Erläuterungen für die Praxis
Keine inhaltlichen Änderungen.
Keine inhaltlichen Änderungen.

HPVG alte Fassung	HPVG neue Fassung (ab 6. 4. 2023)
§ 13 (4) ¹Eine Gruppe, der in der Regel nicht mehr als fünf Beschäftigte angehören, erhält nur dann eine Vertretung, wenn sie mindestens ein Zwanzigstel der Beschäftigten der Dienststelle umfaßt. ²Erhält sie keine Vertretung und findet Gruppenwahl statt, so kann sich jeder Angehörige dieser Gruppe durch Erklärung gegenüber dem Wahlvorstand einer anderen Gruppe anschließen.	§ 13 **Vertretung nach Gruppen und Geschlechtern** (4) ¹Eine Gruppe, der in der Regel nicht mehr als fünf Beschäftigte angehören, erhält nur dann eine Vertretung, wenn sie mindestens **fünf Prozent** der Beschäftigten der Dienststelle **umfasst**. ²Erhält sie keine Vertretung und findet Gruppenwahl statt, so kann sich **jede Angehörige und** jeder Angehörige dieser Gruppe durch Erklärung gegenüber dem Wahlvorstand einer anderen Gruppe anschließen.
§ 13 (5) Der Personalrat soll sich aus Vertretern der verschiedenen Beschäftigungsarten zusammensetzen.	§ 13 **Vertretung nach Gruppen und Geschlechtern** (5) Der Personalrat soll sich aus **Vertreterinnen und** Vertretern der verschiedenen Beschäftigungsarten zusammensetzen.
§ 14 (1) Die Verteilung der Mitglieder des Personalrats auf die Gruppen kann abweichend von § 13 geordnet werden, wenn die Mehrheit der Wahlberechtigten jeder Gruppe dies vor der Neuwahl in getrennten geheimen Abstimmungen beschließt.	§ 14 **Abweichende Gruppeneinteilung** (1) Die Verteilung der Mitglieder des Personalrats auf die Gruppen kann abweichend von § 13 geordnet werden, wenn die Mehrheit der Wahlberechtigten jeder Gruppe dies vor der Neuwahl in getrennten geheimen Abstimmungen beschließt.
§ 14 (2) ¹Für jede Gruppe können auch Angehörige anderer Gruppen vorgeschlagen werden. ²Die Gewählten gelten als Vertreter derjenigen Gruppe, für die sie vorgeschlagen worden sind. Satz 2 gilt auch für Ersatzmitglieder.	§ 14 **Abweichende Gruppeneinteilung** (2) ¹Für jede Gruppe können auch Angehörige anderer Gruppen vorgeschlagen werden. ²Die Gewählten **vertreten die** Gruppe, für die sie vorgeschlagen worden sind. ³Satz 2 gilt auch für Ersatzmitglieder.
§ 15 Die regelmäßig durchzuführenden Personalratswahlen sollen in Abständen von vier Jahren (§ 23 Abs. 1), jeweils in der Zeit zwischen dem 1. und dem 31. Mai, stattfinden.	§ 20 **Regelmäßiger Wahlzeitraum, Amtszeit** (1) Die regelmäßigen Personalratswahlen finden alle vier Jahre in der Zeit zwischen dem 1. und dem 31. Mai statt, **beginnend mit dem Jahr 2024.**
	§ 15 **Wahlgrundsätze**
§ 16 (1) Der Personalrat wird in geheimer und unmittelbarer Wahl gewählt.	§ 15 **Wahlgrundsätze** (1) Der Personalrat wird in geheimer und unmittelbarer Wahl gewählt.

Erläuterungen für die Praxis

Das in Abs. 4 geänderte Quorum von »mindestens ein Zwanzigstel« auf »mindestens fünf Prozent« bringt keine Veränderungen. Ein Zwanzigstel entspricht rechnerisch fünf Prozent.

Beispiel:
Ein Zwanzigstel von 240 sind 12. Fünf Prozent von 240 sind ebenfalls 12.

Keine inhaltlichen Änderungen.

§ 14 zur abweichenden Gruppeneinteilung entspricht nach der Gesetzesbegründung inhaltlich dem bisherigen § 14 in sprachlich überarbeiteter Form (LT-Drs. 20/9470, S. 53). Inhaltliche Änderungen sind damit nicht verbunden.

Keine inhaltlichen Änderungen in Abs. 1.

Keine inhaltlichen Änderungen.

Die bisher in § 15 enthaltene Regelung des Zeitraums, in dem die regelmäßigen Wahlen stattfinden, wird nach der Gesetzesbegründung aus systematischen Gründen in den § 20 Abs. 1 verschoben und klarer gefasst (LT-Drs. 20/9470, S. 54). Das Jahr, in dem die ersten regelmäßigen Personalratswahlen nach dem novellierten Gesetz stattfinden, wird ausdrücklich genannt: 2024. Damit sollen Auslegungsschwierigkeiten vermieden werden.

§ 15 zu den Wahlgrundsätzen entspricht nach der Gesetzesbegründung weitgehend dem bisherigen § 16. Die Vorschrift wurde sprachlich überarbeitet (LT-Drs. 20/9470, S. 53). Inhaltliche Änderungen sind damit nicht verbunden.

Keine inhaltlichen Änderungen.

HPVG alte Fassung	HPVG neue Fassung (ab 6. 4. 2023)
§ 16 (2) Besteht der Personalrat aus mehr als einer Person, so wählen die Beamten und Arbeitnehmer ihre Vertreter (§ 13) je in getrennten Wahlgängen, es sei denn, daß die Mehrheit der Wahlberechtigten jeder Gruppe vor der Neuwahl in getrennten geheimen Abstimmungen die gemeinsame Wahl beschließt.	§ 15 **Wahlgrundsätze** (2) Besteht der Personalrat aus mehr als einer Person, so wählen die **Beamtinnen und** Beamten sowie die **Arbeitnehmerinnen und** Arbeitnehmer ihre Vertreterinnen und Vertreter je in getrennten Wahlgängen, es sei denn, **dass** die Mehrheit der Wahlberechtigten jeder Gruppe vor der Neuwahl in getrennten geheimen Abstimmungen die gemeinsame Wahl beschließt.
§ 16 (3) [1]Zur Wahl des Personalrats können die wahlberechtigten Beschäftigten sowie die im Personalrat vertretenen Gewerkschaften Vorschläge machen. [2]Die Wahlvorschläge müssen mindestens so viele Bewerber und Bewerberinnen enthalten wie erforderlich sind, um die anteilige Verteilung der Sitze im Personalrat auf Männer und Frauen zu erreichen. [3]Jeder Wahlvorschlag der Beschäftigten muß von mindestens einem Zwanzigstel der wahlberechtigten Gruppenangehörigen, jedoch mindestens von zwei Wahlberechtigten unterzeichnet sein. [4]In jedem Falle genügt die Unterzeichnung durch fünfzig Gruppenangehörige.	§ 15 **Wahlgrundsätze** (3) [1]Zur Wahl des Personalrats können die wahlberechtigten Beschäftigten sowie die im Personalrat vertretenen Gewerkschaften Vorschläge machen. [2]Die Wahlvorschläge müssen mindestens so viele **Bewerberinnen und Bewerber** enthalten wie erforderlich sind, um die anteilige Verteilung der Sitze im Personalrat auf **Frauen und Männer** zu erreichen. [3]Jeder Wahlvorschlag der Beschäftigten muss von mindestens **fünf Prozent** der wahlberechtigten Gruppenangehörigen, jedoch mindestens von zwei Wahlberechtigten unterzeichnet sein. [4]In jedem Falle genügt die Unterzeichnung durch 50 Gruppenangehörige.
§ 16 (4) [1]Die Wahl wird nach den Grundsätzen der Verhältniswahl durchgeführt. [2]Für die ab 1. Mai 1996 stattfindenden örtlichen Personalratswahlen ist wahlweise die Möglichkeit vorzusehen, daß die Wahlberechtigten abweichend von § 13 Abs. 1 Satz 2 aus den Bewerbern und Bewerberinnen einer unter Berücksichtigung des Anteils der Geschlechter aufgestellten Vorschlagsliste so viele Personen wählen können, wie bei Gruppenwahl Vertreter der jeweiligen Gruppe und bei gemeinsamer Wahl Personalratsmitglieder zu wählen sind. [3]Wird nur ein Wahlvorschlag eingereicht, so findet Mehrheitswahl statt. [4]In Dienststellen, deren Personalrat aus einer Person besteht, wird dieser mit einfacher Stimmenmehrheit gewählt. [5]Das gleiche gilt für Gruppen, denen nur ein Vertreter im Personalrat zusteht.	§ 15 **Wahlgrundsätze** (4) [1]Die Wahl wird **in der Regel** nach den Grundsätzen der Verhältniswahl durchgeführt. [2]**Nach näherer Bestimmung durch die Rechtsverordnung nach § 108 besteht die Möglichkeit**, dass die Wahlberechtigten abweichend von § 13 Abs. 1 Satz 2 aus den **Bewerberinnen und Bewerbern** einer unter Berücksichtigung des Anteils der Geschlechter aufgestellten Vorschlagsliste so viele Personen wählen können, wie bei Gruppenwahl **Vertreterinnen und** Vertreter der jeweiligen Gruppe und bei gemeinsamer Wahl Personalratsmitglieder zu wählen sind (personalisierte Verhältniswahl). [3]Wird nur ein Wahlvorschlag eingereicht, so findet Mehrheitswahl statt. [4]In Dienststellen, deren Personalrat aus einer Person besteht, wird dieser mit einfacher Stimmenmehrheit gewählt. [5]Das gleiche gilt für Gruppen, denen nur **eine Vertreterin oder** ein Vertreter im Personalrat zusteht.

Erläuterungen für die Praxis

Keine inhaltlichen Änderungen.

Das in Abs. 3 geänderte Quorum von »mindestens ein Zwanzigstel« auf »mindestens fünf Prozent« bringt keine Veränderungen. Ein Zwanzigstel entspricht rechnerisch fünf Prozent.

Beispiel:
Ein Zwanzigstel von 480 sind 24. Fünf Prozent von 480 sind ebenfalls 24.

Die bisherige Regelung zur Einführung der Möglichkeit, die Wahl unter bestimmten Bedingungen als personalisierte Verhältniswahl durchzuführen, wird in Abs. 4 Satz 2 in eine Dauerregelung überführt (LT-Drs. 20/9470, S. 53).

HPVG alte Fassung	HPVG neue Fassung (ab 6. 4. 2023)
§ 16 (5) Ist gemeinsame Wahl beschlossen worden, so muß jeder Wahlvorschlag der Beschäftigten von mindestens einem Zwanzigstel der wahlberechtigten Beschäftigten unterzeichnet sein; Abs. 3 Satz 3 und 4 gilt entsprechend.	**§ 15 Wahlgrundsätze** (5) Ist gemeinsame Wahl beschlossen worden, so **muss** jeder Wahlvorschlag der Beschäftigten von mindestens fünf Prozent der wahlberechtigten Beschäftigten unterzeichnet sein; Abs. 3 Satz 3 und 4 gilt entsprechend.
§ 16 (6) Jeder Beschäftigte kann nur auf einem Wahlvorschlag und nur mit seiner Zustimmung benannt werden.	**§ 15 Wahlgrundsätze** (6) **Jede Beschäftigte und** jeder Beschäftigte kann nur auf einem Wahlvorschlag und nur mit **ihrer oder** seiner Zustimmung benannt werden.
§ 17 (1) ¹Spätestens acht Wochen vor Beginn des Zeitraums für die nächsten allgemeinen Personalratswahlen (§ 15) bestellt der Personalrat mindestens drei Wahlberechtigte als Wahlvorstand und einen von ihnen als Vorsitzenden. ²Im Wahlvorstand sollen Männer und Frauen vertreten sein. ³Die Mehrheit der Mitglieder des Wahlvorstandes soll dem Geschlecht angehören, auf das die Mehrheit der in der Dienststelle Beschäftigten entfällt. ⁴Sind in der Dienststelle Angehörige verschiedener Gruppen beschäftigt, so soll jede Gruppe im Wahlvorstand vertreten sein.	**§ 16 Wahlvorstand** (1) ¹Spätestens acht Wochen vor Beginn des Zeitraums für die nächsten allgemeinen Personalratswahlen **nach § 20 Abs. 1** bestellt der Personalrat mindestens drei Wahlberechtigte als Wahlvorstand und **eine oder** einen von ihnen als **Vorsitzende oder** Vorsitzenden. ²Im Wahlvorstand sollen **Frauen und Männer** vertreten sein. ³Die Mehrheit der Mitglieder des Wahlvorstandes soll dem Geschlecht angehören, auf das die Mehrheit der in der Dienststelle Beschäftigten entfällt. ⁴Sind in der Dienststelle Angehörige verschiedener Gruppen beschäftigt, so soll jede Gruppe im Wahlvorstand vertreten sein. ⁵**Für die Mitglieder des Wahlvorstandes sollen Ersatzmitglieder benannt werden.**
§ 17 (2) ¹Besteht sechs Wochen vor Beginn des Zeitraums für die nächsten allgemeinen Personalratswahlen (§ 15) kein Wahlvorstand, so beruft der Leiter der Dienststelle auf Antrag von mindestens drei Wahlberechtigten oder einer in der Dienststelle vertretenen Gewerkschaft eine Personalversammlung zur Wahl des Wahlvorstandes ein. ²Abs. 1 gilt entsprechend. Die Personalversammlung wählt sich einen Versammlungsleiter.	**§ 16 Wahlvorstand** (2) ¹Besteht sechs Wochen vor Beginn des Zeitraums für die nächsten allgemeinen Personalratswahlen **nach § 20 Abs. 1** kein Wahlvorstand **oder besteht in einer Dienststelle, die die Voraussetzungen des § 9 Abs. 1 erfüllt, kein Personalrat**, so beruft **die Dienststellenleitung** auf Antrag von mindestens drei Wahlberechtigten oder einer in der Dienststelle vertretenen Gewerkschaft eine Personalversammlung zur Wahl des Wahlvorstandes ein. ²**Die Zusammensetzung des Wahlvorstands richtet sich** nach Abs. 1. ³Die Personalversammlung wählt **eine Versammlungsleiterin oder** einen Versammlungsleiter.

Erläuterungen für die Praxis

Keine inhaltlichen Änderungen.

Keine inhaltlichen Änderungen.

Die Regelungen zur Bildung des Wahlvorstands (bisher in §§ 17, 18 und 19) werden nach der Gesetzesbegründung aufgrund des sachlichen Zusammenhangs in einer Vorschrift zusammengefasst. Die Verweisungen werden angepasst (LT-Drs. 20/9470, S. 53).

§ 16 Abs. 1 (bisher § 17 Abs. 1) wird um einen Satz (Satz 5) ergänzt, wonach für die Mitglieder des Wahlvorstands Ersatzmitglieder benannt werden sollen. Dadurch wird nach der Gesetzesbegründung die Arbeitsfähigkeit des Wahlvorstands und damit die reibungslose und zügige Wahldurchführung sichergestellt (LT-Drs. 20/9470, S. 53).

In § 16 Abs. 2 Satz 1 werden nach der Gesetzesbegründung die Regelungen der bisherigen § 17 Abs. 2 Satz 1 und § 18 zur Einberufung einer Personalversammlung zur Wahl des Wahlvorstands wegen der gleichen Rechtsfolgen zusammengefasst. Satz 2 zur Zusammensetzung des Wahlvorstands wird durch den Verweis auf Abs. 1 klarer formuliert.

HPVG alte Fassung	HPVG neue Fassung (ab 6.4.2023)
§ 18 ¹Besteht in einer Dienststelle, die die Voraussetzung des § 12 erfüllt, kein Personalrat, so beruft der Leiter der Dienststelle unverzüglich eine Personalversammlung zur Wahl des Wahlvorstandes ein. ²§ 17 Abs. 2 Satz 2 und 3 gilt entsprechend.	**§ 16 Wahlvorstand** (2) ¹Besteht sechs Wochen vor Beginn des Zeitraums für die nächsten allgemeinen Personalratswahlen nach § 20 Abs. 1 kein Wahlvorstand **oder besteht in einer Dienststelle, die die Voraussetzungen des § 9 Abs. 1 erfüllt, kein Personalrat,** so beruft **die Dienststellenleitung** auf Antrag von mindestens drei Wahlberechtigten oder einer in der Dienststelle vertretenen Gewerkschaft eine Personalversammlung zur Wahl des Wahlvorstandes ein. ²**Die Zusammensetzung des Wahlvorstands richtet sich** nach Abs. 1. ³Die Personalversammlung wählt **eine Versammlungsleiterin oder** einen Versammlungsleiter.
§ 19 Findet eine Personalversammlung (§ 17 Abs. 2, § 18) nicht statt oder wählt die Personalversammlung keinen Wahlvorstand, so bestellt ihn der Leiter der Dienststelle auf Antrag von mindestens drei Wahlberechtigten oder einer in der Dienststelle vertretenen Gewerkschaft. § 17 Abs. 1 gilt entsprechend.	**§ 16 Wahlvorstand** (3) Findet eine Personalversammlung nicht statt oder wählt die Personalversammlung keinen Wahlvorstand, so bestellt ihn **die Dienststellenleitung** auf Antrag von mindestens drei Wahlberechtigten oder einer in der Dienststelle vertretenen Gewerkschaft.
§ 20 ¹Der Wahlvorstand hat die Wahl unverzüglich einzuleiten. ²Kommt der Wahlvorstand dieser Verpflichtung nicht nach, so beruft der Leiter der Dienststelle auf Antrag von mindestens drei Wahlberechtigten oder einer in der Dienststelle vertretenen Gewerkschaft eine Personalversammlung zur Wahl eines neuen Wahlvorstandes ein. ³§ 17 Abs. 2 Satz 2 und 3 und § 19 gelten entsprechend.	**§ 17 Aufgaben des Wahlvorstands** (1) ¹Der Wahlvorstand hat die Wahl unverzüglich einzuleiten **und durchzuführen**. ²Kommt der Wahlvorstand dieser Verpflichtung nicht nach, so beruft **die Dienststellenleitung** auf Antrag von mindestens drei Wahlberechtigten oder einer in der Dienststelle vertretenen Gewerkschaft eine Personalversammlung zur Wahl eines neuen Wahlvorstandes ein. ³§ **16** Abs. 2 Satz 2 und 3 und **Abs. 3 gilt** entsprechend.
Bisher keine Regelung im HPVG, allerdings in der WO.	**§ 17 Aufgaben des Wahlvorstands** (2) ¹**Unverzüglich nach Abschluss der Wahl nimmt der Wahlvorstand öffentlich die Auszählung der Stimmen vor, stellt deren Ergebnis in einem Protokoll fest und gibt es den Angehörigen der Dienststelle bekannt.** ²**Der Dienststellenleitung und den in der Dienststelle vertretenen Gewerkschaften ist eine Kopie des Protokolls zu übersenden.**

Erläuterungen für die Praxis

In § 16 Abs. 2 Satz 1 werden nach der Gesetzesbegründung die Regelungen der bisherigen § 17 Abs. 2 Satz 1 und § 18 zur Einberufung einer Personalversammlung zur Wahl des Wahlvorstands wegen der gleichen Rechtsfolgen zusammengefasst. Satz 2 zur Zusammensetzung des Wahlvorstands wird durch den Verweis auf Abs. 1 klarer formuliert.

In Abs. 3 findet sich die Regelung des bisherigen § 19. Die sprachliche Anpassung hat keine inhaltlichen Änderungen zur Folge.

Der bisherige Verweis in § 19 Satz 2 auf die entsprechende Geltung des § 17 Abs. 1 (Zusammensetzung des Wahlvorstands) ist wegen des jetzigen Verweises in § 17 Abs. 2 Satz 2 an dieser Stelle entbehrlich.

§ 17 übernimmt nach der Gesetzesbegründung die Regelung des bisherigen § 20 und erweitert diese um weitere wesentliche Aufgaben des Wahlvorstands, nämlich die Durchführung der Wahl (in Abs. 1 Satz 1), und in Abs. 2 die öffentliche Auszählung der Stimmen, die Feststellung des Ergebnisses der Wahl sowie dessen Bekanntgabe (LT-Drs. 20/9470, S. 54). Die Verweisungen werden entsprechend angepasst.

Die jetzt in Abs. 2 normierten Aufgaben des Wahlvorstands waren bisher in der Wahlordnung zum HPVG geregelt, etwa in § 18 Abs. 1 WO (Feststellung des Wahlergebnisses), in § 19 WO (Wahlniederschrift) oder in § 21 WO (Bekanntmachung des Wahlergebnisses).

Synopse des bisherigen und neuen Rechts mit Erläuterungen

HPVG alte Fassung	HPVG neue Fassung (ab 6.4.2023)
§ 21 (1) ¹Niemand darf die Wahl des Personalrats behindern oder in einer gegen die guten Sitten verstoßenden Weise beeinflussen. ²Insbesondere darf kein Wahlberechtigter in der Ausübung des aktiven und passiven Wahlrechts beschränkt werden.	§ 18 Freiheit der Wahl, Kosten (1) ¹Niemand darf die Wahl des Personalrats behindern oder in einer gegen die guten Sitten verstoßenden Weise beeinflussen. ²Insbesondere dürfen **die Wahlberechtigten** in der Ausübung des aktiven und passiven Wahlrechts **nicht** beschränkt werden.
§ 21 (2) ¹Die sächlichen Kosten der Wahl trägt die Dienststelle. ²Notwendige Versäumnis von Arbeitszeit infolge der Ausübung des Wahlrechts, der Teilnahme an den in den §§ 17 bis 20 genannten Personalversammlungen oder der Betätigung im Wahlvorstand hat keine Minderung der Dienstbezüge oder des Arbeitsentgelts zur Folge. ³Für die Mitglieder des Wahlvorstandes gelten § 40 Abs. 1 bis 3 und § 42 Abs. 2 und 3 entsprechend.	§ 18 Freiheit der Wahl, Kosten (2) ¹Die sächlichen Kosten der Wahl trägt die Dienststelle. ²Notwendige Versäumnis von Arbeitszeit infolge der Ausübung des Wahlrechts, der Teilnahme an den in den §§ **16 und 17 Abs. 1** genannten Personalversammlungen oder der Betätigung im Wahlvorstand hat keine Minderung der Dienstbezüge oder des Arbeitsentgelts zur Folge. ³Für die Mitglieder des Wahlvorstandes gelten § **35 Abs. 2 und 3, die §§ 37 und 38 Abs. 1 sowie § 39** entsprechend.
§ 21 (3) Dem Beschäftigten werden die notwendigen Fahrkosten für die Reise von der Beschäftigungsstelle oder von der Ausbildungsstelle zum Wahlort und zurück nach den Vorschriften über die Reisekostenvergütung der Beamten erstattet.	§ 18 Freiheit der Wahl, Kosten (3) **Den** Beschäftigten werden die notwendigen Fahrtkosten für die Reise von der Beschäftigungsstelle oder von der Ausbildungsstelle zum Wahlort und zurück nach den Vorschriften über die Reisekostenvergütung **der Beamtinnen** und Beamten erstattet.
§ 22 (1) Mindestens drei Wahlberechtigte, jede in der Dienststelle vertretene Gewerkschaft oder der Leiter der Dienststelle können binnen einer Frist von vierzehn Tagen, vom Tage der Bekanntgabe des Wahlergebnisses an gerechnet, die Wahl beim Verwaltungsgericht anfechten, wenn gegen wesentliche Vorschriften über das Wahlrecht, die Wählbarkeit oder das Wahlverfahren verstoßen worden ist, es sei denn, daß durch den Verstoß das Wahlergebnis nicht geändert oder beeinflußt werden konnte.	§ 19 Anfechtung der Wahl Mindestens drei Wahlberechtigte, jede in der Dienststelle vertretene Gewerkschaft oder **die Dienststellenleitung** können binnen einer Frist von 14 Tagen, vom Tag der Bekanntgabe des Wahlergebnisses gerechnet, die Wahl beim Verwaltungsgericht anfechten, wenn gegen wesentliche Vorschriften über das Wahlrecht, die Wählbarkeit oder das Wahlverfahren verstoßen worden ist, es sei denn, **dass** durch den Verstoß das Wahlergebnis nicht geändert oder **beeinflusst** werden konnte.
§ 22 (2) Ist die Wahl des gesamten Personalrats rechtskräftig für ungültig erklärt, so nimmt der nach § 18 zu bildende Wahlvorstand die dem Personalrat nach diesem Gesetz zustehenden Befugnisse und Pflichten bis zur Neuwahl wahr.	§ 21 Vorzeitige Neuwahl (3) ¹**In den Fällen des Abs. 1 Nr. 4 und 5 nimmt der Wahlvorstand, der die Neuwahl durchführt, die dem Personalrat nach diesem Gesetz zustehenden Befugnisse und Pflichten wahr, bis sich der neu gewählte Personalrat konstituiert hat. ²Die Bestellung des Wahl-**

Erläuterungen für die Praxis

§ 18 entspricht nach der Gesetzesbegründung dem bisherigen § 21 in sprachlich und redaktionell überarbeiteter Form (LT-Drs. 20/9470, S. 54). Damit sind keine inhaltlichen Änderungen verbunden.

Keine inhaltlichen Änderungen in Abs. 1.

Keine inhaltlichen Änderungen.

Keine inhaltlichen Änderungen.

Die Voraussetzungen einer Wahlanfechtung (bisher § 22 Abs. 1) werden nach der Gesetzesbegründung in sprachlich überarbeiteter Form in § 19 fortgeführt (LT-Drs. 20/9470, S. 54). Inhaltliche Änderungen sind damit nicht verbunden.

In § 21 werden nach der Gesetzesbegründung alle Gründe für eine vorzeitige Neuwahl des Personalrats sowie deren Folgen zusammengefasst, die sich bisher in § 24 Abs. 1 und 2, § 22 Abs. 2 und § 25 Abs. 2 befunden haben (LT-Drs. 20/9470, S. 54).

Die Folgen einer erfolgreichen Wahlanfechtung – bisher § 22 Abs. 2 – werden jetzt in § 21 Abs. 3 zusammenfassend geregelt. In Abs. 3 wird durch Ergänzung um die Sätze 2 und 3 klargestellt, dass die Maßnahmen zur Einleitung der Neuwahl unverzüglich nach Rechtskraft der gericht-

HPVG alte Fassung	HPVG neue Fassung (ab 6. 4. 2023)
	vorstands nach § 16 Abs. 2 oder 3 erfolgt unverzüglich nach Eintritt der Rechtskraft der Entscheidung. ³Der Wahlvorstand hat die Neuwahl unverzüglich einzuleiten.
§ 23 (1) ¹Die regelmäßige Amtszeit des Personalrats beträgt vier Jahre. ²Die Amtszeit beginnt mit dem Tage der Wahl oder, wenn zu diesem Zeitpunkt noch ein Personalrat besteht, mit dem Ablauf seiner Amtszeit. ³Sie endet spätestens am 31. Mai des Jahres, in dem nach § 15 die regelmäßigen Personalratswahlen stattfinden.	§ 20 Regelmäßiger Wahlzeitraum, Amtszeit (2) ¹Die regelmäßige Amtszeit des Personalrats beträgt vier Jahre. ²Die Amtszeit beginnt am 1. Juni des Jahres, in dem die regelmäßigen Personalratswahlen stattfinden, und endet mit Ablauf von vier Jahren. ³Hat sich nach Ablauf der Amtszeit ein neuer Personalrat noch nicht konstituiert, führt der bisherige Personalrat die Geschäfte weiter, bis sich der neu gewählte Personalrat konstituiert hat, längstens jedoch bis zum Ablauf des 31. Juli.
§ 23 (2) ¹Hat außerhalb des für die regelmäßigen Personalratswahlen festgelegten Zeitraums eine Personalratswahl stattgefunden, so ist der Personalrat in dem auf die Wahl folgenden nächsten Zeitraum der regelmäßigen Personalratswahlen neu zu wählen. ²Hat die Amtszeit des Personalrats zu Beginn des für die regelmäßigen Personalratswahlen festgelegten Zeitraums noch nicht ein Jahr betragen, so ist der Personalrat in dem übernächsten Zeitraum der regelmäßigen Personalratswahlen neu zu wählen.	§ 20 Regelmäßiger Wahlzeitraum, Amtszeit (3) ¹Hat außerhalb des für die regelmäßigen Personalratswahlen festgelegten Zeitraums eine Personalratswahl stattgefunden, so ist der Personalrat in dem auf die Wahl folgenden nächsten Zeitraum der regelmäßigen Personalratswahlen neu zu wählen. ²Hat die Amtszeit des Personalrats zu Beginn des für die regelmäßigen Personalratswahlen festgelegten Zeitraums noch nicht ein Jahr betragen, so ist der Personalrat in dem übernächsten Zeitraum der regelmäßigen Personalratswahlen neu zu wählen.
§ 24 (1) Der Personalrat ist neu zu wählen, wenn 1. mit Ablauf von vierundzwanzig Monaten, vom Beginn des Zeitraums für die letzten allgemeinen Personalratswahlen (§ 15) an gerechnet, die Zahl der regelmäßig Beschäftigten um die Hälfte, mindestens aber um fünfzig gestiegen oder gesunken ist, oder	§ 21 Vorzeitige Neuwahl (1) **Außerhalb des in § 20 Abs. 1 genannten** Zeitraums ist der Personalrat neu zu wählen, wenn 1. mit Ablauf von **24** Monaten, vom **Tag der Wahl** gerechnet, die Zahl der regelmäßig Beschäftigten um die Hälfte, mindestens aber um **50** gestiegen oder gesunken ist,

Erläuterungen für die Praxis

lichen Entscheidungen – § 21 Abs. 1 Nr. 4 stellt auf die erfolgreiche Wahlanfechtung ab – einzuleiten sind. Unverzüglich meint ohne schuldhaftes Zögern. Der Wahlvorstand muss bereits nach seiner ersten Sitzung die Namen seiner Mitglieder und ggf. der Ersatzmitglieder sowie die Fristen für Vorabstimmungen durch Aushang in der Dienststelle bekanntgeben (vgl. § 1 Abs. 3 WO-HPVG).

§ 20 Abs. 2 übernimmt nach der Gesetzesbegründung die Regelung des bisherigen § 23 Abs. 1 und entwickelt diese in Anlehnung an den neuen § 27 Abs. 2 BPersVG weiter (LT-Drs. 20/9470, S. 54). Bereits bisher orientierte sich die Regelung zur Amtszeit an der entsprechenden Regelung des Bundespersonalvertretungsgesetzes (§ 26 BPersVG alt). Deren Änderung in eine stichtagsbezogene Ausgestaltung von Beginn und Ende der Amtszeit sowie die Ergänzung einer übergangsweisen Wahrnehmung der Geschäfte durch den bisherigen Personalrat bei Verzögerung der Konstituierung des neu gewählten Gremiums zur Vermeidung personalratsloser Zeiten werden übernommen.

Die Amtszeit beginnt künftig stichtagsbezogen am 1. Juni des Jahres, in dem die regelmäßigen Personalratswahlen stattfinden (2024, 2028 usw.), und endet mit dem Ablauf von vier Jahren (am 31. Mai). Die regelmäßig vierjährige Amtszeit kann tatsächlich abweichen. Sie kann kürzer sein, wenn beispielsweise eine vorzeitige Neuwahl nach § 21 Abs. 1 erfolgt. Die Amtszeit kann auch länger als vier Jahre sein, wenn beispielsweise bei einem vorzeitig gewählten Personalrat dessen Amtszeit noch nicht ein Jahr betragen hat (§ 20 Abs. 3 Satz 2) oder sich der neu gewählte Personalrat erst nach Ablauf der Amtszeit konstituiert (§ 20 Abs. 2 Satz 3).

§ 20 Abs. 3 entspricht dem bisherigen § 23 Abs. 2.

In § 21 werden nach der Gesetzesbegründung alle Gründe für eine vorzeitige Neuwahl des Personalrats sowie deren Folgen zusammengefasst, die sich bisher in § 24 Abs. 1 und 2, § 22 Abs. 2 und § 25 Abs. 2 befunden haben (LT-Drs. 20/9470, S. 54).

Die Auflistung der Gründe für eine Neuwahl außerhalb des regelmäßigen Wahlzeitraums in Abs. 1 wird mit der neuen Nr. 4 zur Klarstellung gegenüber der bisherigen Regelung in § 24 Abs. 1 um die Fallgestaltung der erfolgreichen Anfechtung der Personalratswahl (§ 19) erweitert. Dieser Fall war im bisherigen § 24 Abs. 1 nicht genannt, obwohl auch hier bereits nach der

HPVG alte Fassung	HPVG neue Fassung (ab 6. 4. 2023)
2. die Gesamtzahl der Mitglieder des Personalrats, auch nach Eintreten sämtlicher Ersatzmitglieder, um mehr als ein Viertel der vorgeschriebenen Zahl gesunken ist, oder 3. der Personalrat mit der Mehrheit seiner Mitglieder seinen Rücktritt beschlossen hat, oder 4. der Personalrat durch gerichtliche Entscheidung aufgelöst ist.	2. die Gesamtzahl der Mitglieder des Personalrats, auch nach Eintreten sämtlicher Ersatzmitglieder, um mehr als ein Viertel der vorgeschriebenen Zahl gesunken ist, 3. der Personalrat mit der Mehrheit seiner Mitglieder seinen Rücktritt beschlossen hat, **4. die Personalratswahl mit Erfolg gerichtlich angefochten worden ist,** oder 5. der Personalrat durch gerichtliche Entscheidung aufgelöst ist.
§ 24 (2) In den Fällen des Abs. 1 Nr. 1 bis 3 führt der Personalrat die Geschäfte weiter, bis der neue Personalrat gewählt ist.	**§ 21 Vorzeitige Neuwahl** (2) In den Fällen des Abs. 1 Nr. 1 bis 3 führt der Personalrat die Geschäfte weiter, **bis sich der neu gewählte Personalrat konstituiert** hat.
	§ 22 Folgen von Umstrukturierungen
§ 24 (3) ¹Werden Gemeinden, Gemeindeverbände und sonstige Körperschaften, Anstalten oder Stiftungen des öffentlichen Rechts in eine andere juristische Person des öffentlichen Rechts eingegliedert oder schließen sie sich zu einer neuen juristischen Person des öffentlichen Rechts zusammen, so sind die Personalräte neu zu wählen. ²Die bis zum Zeitpunkt des Wirksamwerdens der Eingliederung oder der Neubildung bestehenden Personalräte bestellen gemeinsam unverzüglich Wahlvorstände für die Neuwahlen. ³Die bisherigen Personalräte führen die Geschäfte gemeinsam weiter, bis die neuen Personalräte gewählt sind. ⁴Die Aufgaben des Vorsitzenden werden von Sitzung zu Sitzung abwechselnd von den Vorsitzenden der bisherigen Personalräte wahrgenommen. ⁵Hat sich die Zahl der Beschäftigten der Körperschaft um weniger als zehn Prozent geändert, findet keine Neuwahl statt.	**§ 22 Folgen von Umstrukturierungen** (1) ¹Werden Gemeinden, Gemeindeverbände und sonstige Körperschaften, Anstalten oder Stiftungen des öffentlichen Rechts in eine andere juristische Person des öffentlichen Rechts eingegliedert oder schließen sie sich zu einer neuen juristischen Person des öffentlichen Rechts zusammen, so sind die Personalräte neu zu wählen. ²Die bis zum Zeitpunkt des Wirksamwerdens der Eingliederung oder der Neubildung bestehenden Personalräte bestellen gemeinsam unverzüglich Wahlvorstände für die Neuwahlen. ³Die bisherigen Personalräte führen die Geschäfte gemeinsam weiter, bis **sich die neugewählten Personalräte konstituiert** haben. ⁴Die Aufgaben **der oder** des Vorsitzenden werden von Sitzung zu Sitzung abwechselnd von den Vorsitzenden der bisherigen Personalräte wahrgenommen. ⁵Hat sich die Zahl der Beschäftigten der Körperschaft um weniger als zehn Prozent geändert, findet keine Neuwahl statt.
§ 24 (4) ¹Werden Dienststellen im Sinne dieses Gesetzes ganz in eine andere Dienststelle eingegliedert oder zu einer neuen Dienststelle zusammengeschlossen, so werden die betroffen Personalvertretungen bis zu den nächsten regelmäßigen Personalratswahlen	**§ 22 Folgen von Umstrukturierungen** (2) ¹Werden Dienststellen im Sinne dieses Gesetzes ganz in eine andere Dienststelle eingegliedert oder zu einer neuen Dienststelle zusammengeschlossen, so werden die betroffen Personalvertretungen bis zu den nächsten regelmäßigen Personalratswahlen

Erläuterungen für die Praxis

bisherigen Rechtslage eine Neuwahl vorgesehen war (§ 22 Abs. 2). Die Regelung wird nach der Gesetzesbegründung (LT-Drs. 20/9470, S. 54) klarer gefasst, indem ein Bezug zu § 20 Abs. 1, der die regelmäßige Amtszeit regelt, hergestellt wird.

In Nr. 1 wird zur Vereinfachung auf den Tag der Wahl anstelle des Beginns des Zeitraums für die letzten allgemeinen Personalratswahlen abgestellt. Bei mehrtägigen Wahlen ist der letzte Tag der Wahl maßgebend.

In Abs. 2 wird anstelle des Zeitpunkts der Wahl des neuen Personalrats auf dessen Konstituierung abgestellt, da er erst ab diesem Zeitpunkt handlungsfähig ist. Damit werden Vertretungslücken verhindert.

§ 22 enthält nach der Gesetzesbegründung die Regelungen der bisherigen § 24 Abs. 3 bis 6 in leicht überarbeiteter Form (LT-Drs. 20/9470, S. 54).

In Abs. 1 Satz 3 wird das Ende der gemeinsamen Weiterführung der Geschäfte der bisherigen Personalräte ebenfalls – wie in § 21 Abs. 2 und 3 – an die Konstituierung der neu gewählten Personalräte geknüpft. Erst ab diesem Zeitpunkt sind sie handlungsfähig. Damit werden Vertretungslücken verhindert.

Keine inhaltlichen Änderungen.

HPVG alte Fassung	HPVG neue Fassung (ab 6.4.2023)
(§ 15) nach Maßgabe der nachfolgenden Sätze zusammengefasst. [2]Im Falle der Eingliederung treten zur Personalvertretung der aufnehmenden Dienststelle Personalratsmitglieder aus den Personalvertretungen der eingegliederten Dienststellen in der Zahl hinzu, die dem Anteil der in die aufnehmende Dienststelle gewechselten Wahlberechtigten dieser Dienststellen an der neuen Gesamtzahl der Wahlberechtigten der Dienststelle entspricht, mindestens jedoch jeweils ein Personalratsmitglied. [3]Ein Anteils-Restwert von 0,5 und mehr steht für ein Personalratsmitglied. [4]Die hinzutretenden Personalratsmitglieder werden von den jeweiligen bisherigen Personalräten der eingegliederten Dienststellen aus ihrer Mitte in Einzelabstimmungen mit einfacher Mehrheit bestimmt. [5]Die übrigen Mitglieder dieser Personalräte werden Ersatzmitglieder; über die Reihenfolge entscheiden die bisherigen Personalräte in Einzelabstimmungen mit einfacher Mehrheit. [6]Bei den Abstimmungen nach Satz 4 und 5 sollen die Gruppen, die Geschlechter und die in den bisherigen Personalräten vertretenen Listen angemessen berücksichtigt werden. [7]Im Falle des Zusammenschlusses wird entsprechend verfahren, wobei der Personalrat der größten der zusammengeschlossenen Dienststellen als Personalrat der aufnehmenden Dienststelle gilt.	nach Maßgabe der nachfolgenden Sätze zusammengefasst. [2]Im Falle der Eingliederung treten zur Personalvertretung der aufnehmenden Dienststelle Personalratsmitglieder aus den Personalvertretungen der eingegliederten Dienststellen in der Zahl hinzu, die dem Anteil der in die aufnehmende Dienststelle gewechselten Wahlberechtigten dieser Dienststellen an der neuen Gesamtzahl der Wahlberechtigten der Dienststelle entspricht, mindestens jedoch jeweils ein Personalratsmitglied. [3]Ein Anteils-Restwert von 0,5 und mehr steht für ein Personalratsmitglied. [4]Die hinzutretenden Personalratsmitglieder werden von den jeweiligen bisherigen Personalräten der eingegliederten Dienststellen aus ihrer Mitte in Einzelabstimmungen mit einfacher Mehrheit bestimmt. [5]Die übrigen Mitglieder dieser Personalräte werden Ersatzmitglieder; über die Reihenfolge entscheiden die bisherigen Personalräte in Einzelabstimmungen mit einfacher Mehrheit. [6]Bei den Abstimmungen nach Satz 4 und 5 sollen die Gruppen, die Geschlechter und die in den bisherigen Personalräten vertretenen Listen angemessen berücksichtigt werden. [7]Im Falle des Zusammenschlusses wird entsprechend verfahren, wobei der Personalrat der größten der zusammengeschlossenen Dienststellen als Personalrat der aufnehmenden Dienststelle gilt.
§ 24 (5) Im Falle der Ausgliederung oder der teilweisen Eingliederung von Dienststellen gilt Abs. 3 entsprechend.	**§ 22 Folgen von Umstrukturierungen** (3) Im Falle der Ausgliederung oder der teilweisen Eingliederung von Dienststellen gilt Abs. 1 entsprechend.
§ 24 (6) [1]Das für das Dienstrecht zuständige Ministerium wird ermächtigt, durch Rechtsverordnung die Folgen von Umstrukturierungsmaßnahmen auf die Personalvertretungen abweichend von Abs. 3 bis 5 zu regeln, soweit dies erforderlich ist, um Erschwernisse auszugleichen und eine ausreichende Interessenwahrnehmung der Beschäftigten sicherzustellen. [2]Es kann dabei insbesondere Bestimmungen treffen über	**§ 22 Folgen von Umstrukturierungen** (4) [1]Das für das **Recht des öffentlichen Dienstes** zuständige Ministerium wird ermächtigt, durch Rechtsverordnung die Folgen von Umstrukturierungsmaßnahmen auf die Personalvertretungen abweichend von Abs. **1 bis 3** zu regeln, soweit dies erforderlich ist, um Erschwernisse auszugleichen und eine ausreichende Interessenwahrnehmung der Beschäftigten sicherzustellen. [2]Es kann dabei insbesondere Bestimmungen treffen über

Erläuterungen für die Praxis
Keine inhaltlichen Änderungen.
Keine inhaltlichen Änderungen.

HPVG alte Fassung	HPVG neue Fassung (ab 6. 4. 2023)
1. den Zeitpunkt für die Neuwahl der Personalvertretungen, 2. die vorübergehende Wahrnehmung der Aufgaben neu zu wählender Personalvertretungen durch die bisherigen Personalvertretungen, deren Vorsitzende oder deren Stellvertreter, 3. die Änderung der Amtszeit der Personalvertretungen, 4. die Bestellung von Wahlvorständen für Neuwahlen.	1. den Zeitpunkt für die Neuwahl der Personalvertretungen, 2. die vorübergehende Wahrnehmung der Aufgaben neu zu wählender Personalvertretungen durch die bisherigen Personalvertretungen, deren Vorsitzende oder deren **Stellvertreterinnen und** Stellvertreter, 3. die Änderung der Amtszeit der Personalvertretungen, 4. die Bestellung von Wahlvorständen für Neuwahlen.
§ 25 (1) ¹Auf Antrag eines Viertels der Wahlberechtigten, **des Leiters der Dienststelle** oder einer in der Dienststelle vertretenen Gewerkschaft kann das Verwaltungsgericht wegen grober Vernachlässigung der gesetzlichen Befugnisse oder wegen grober Verletzung der gesetzlichen Pflichten den Ausschluß eines Mitgliedes aus dem Personalrat oder die Auflösung des Personalrats beschließen. ²Der Personalrat kann aus den gleichen Gründen den Ausschluß eines Mitglieds beantragen.	**§ 23 Ausschluss eines Mitglieds, Auflösung des Personalrats** ¹Ein Viertel der Wahlberechtigten oder eine in der Dienststelle vertretene Gewerkschaft kann bei dem Verwaltungsgericht den Ausschluss eines Mitglieds aus dem Personalrat oder die Auflösung des Personalrats wegen grober Vernachlässigung seiner gesetzlichen Befugnisse oder wegen grober Verletzung seiner gesetzlichen Pflichten beantragen. ²Der Personalrat kann aus denselben Gründen den **Ausschluss** eines Mitglieds beantragen. ³**Die Dienststellenleitung kann den Ausschluss eines Mitglieds aus dem Personalrat oder die Auflösung des Personalrats wegen grober Verletzung seiner gesetzlichen Pflichten beantragen.**
§ 25 (2) Ist der Personalrat rechtskräftig aufgelöst, so findet § 22 Abs. 2 Anwendung.	**§ 21 Vorzeitige Neuwahl** (3) ¹**In den Fällen des Abs. 1 Nr. 4 und 5 nimmt der Wahlvorstand, der die Neuwahl durchführt, die dem Personalrat nach diesem Gesetz zustehenden Befugnisse und Pflichten wahr, bis sich der neu gewählte Personalrat konstituiert hat.** ²**Die Bestellung des Wahlvorstands nach § 16 Abs. 2 oder 3 erfolgt unverzüglich nach Eintritt der Rechtskraft der Entscheidung.** ³**Der Wahlvorstand hat die Neuwahl unverzüglich einzuleiten.**

Erläuterungen für die Praxis

Die Bestimmung, die sich bisher in § 25 Abs. 1 fand, wird nach der Gesetzesbegründung in § 23 klarer strukturiert (LT-Drs. 20/9470, S. 54).

Durch Aufspaltung des bisherigen Satz 1 in die Sätze 1 und 3 werden die unterschiedlichen Antragsrechte deutlicher voneinander unterschieden und es kommt klarer zum Ausdruck, dass die Dienststellenleitung den Ausschluss eines Mitglieds aus dem Personalrat oder die Auflösung des Personalrats insgesamt nur wegen grober Verletzung der gesetzlichen Pflichten beantragen kann.

Satz 1 wird im Gleichklang mit Satz 2 und 3 neu formuliert, ohne dass sich inhaltlich etwas ändert.

In § 21 werden nach der Gesetzesbegründung alle Gründe für eine vorzeitige Neuwahl des Personalrats sowie deren Folgen zusammengefasst, die sich bisher in § 24 Abs. 1 und 2, § 22 Abs. 2 und § 25 Abs. 2 befunden haben (LT-Drs. 20/9470, S. 54).

Die Folgen einer rechtskräftigen Auflösung des Personalrats – bisher § 25 Abs. 2 i. V. m. § 22 Abs. 2 – werden jetzt in § 21 Abs. 3 zusammenfassend geregelt. Abs. 3 wird durch Ergänzung um die Sätze 2 und 3 klargestellt, dass die Maßnahmen zur Einleitung der Neuwahl unverzüglich nach Rechtskraft der gerichtlichen Entscheidungen – § 21 Abs. 1 Nr. 5 stellt auf die gerichtliche Auflösung des Personalrats ab – einzuleiten sind. Unverzüglich meint ohne schuldhaftes Zögern. Der Wahlvorstand muss bereits nach seiner ersten Sitzung die Namen seiner Mitglieder und ggf. der Ersatzmitglieder sowie die Fristen für Vorabstimmungen durch Aushang in der Dienststelle bekanntzugeben (vgl. § 1 Abs. 3 WO-HPVG).

In Abs. 3 wird anstelle des Zeitpunkts der Wahl des neuen Personalrats auf dessen Konstituierung abgestellt, da er erst ab diesem Zeitpunkt handlungsfähig ist. Damit werden Vertretungslücken verhindert.

HPVG alte Fassung	HPVG neue Fassung (ab 6.4.2023)
§ 26 Die Mitgliedschaft im Personalrat erlischt durch 1. Ablauf der Amtszeit, 2. Niederlegung des Amtes, 3. Beendigung des Dienstverhältnisses, es sei denn die Wahlberechtigung bleibt bestehen, 4. Ausscheiden aus der Dienststelle, 5. Verlust der Wählbarkeit, 6. gerichtliche Entscheidung nach § 25, 7. Feststellung nach Ablauf der in § 22 Abs. 1 bestimmten Frist, daß der Gewählte nicht wählbar war.	§ 24 **Erlöschen der Mitgliedschaft** (1) Die Mitgliedschaft im Personalrat erlischt durch 1. Ablauf der Amtszeit, 2. Niederlegung des Amtes, 3. Beendigung des **Dienst- oder Arbeitsverhältnisses**, es sei denn, die Wahlberechtigung bleibt bestehen, 4. Ausscheiden aus der Dienststelle, 5. Verlust der Wählbarkeit, 6. **Eintritt in eine mehr als zwölfmonatige Beurlaubung,** 7. **Eintritt in die Freistellungsphase der Altersteilzeit im Blockmodell,** 8. gerichtliche Entscheidung nach § 23, 9. **gerichtliche Entscheidung über die Feststellung der Nichtwählbarkeit nach Ablauf der in § 19 bestimmten Frist, es sei denn, der Mangel liegt nicht mehr vor.**
Bisher keine Regelung.	§ 24 **Erlöschen der Mitgliedschaft** (2) **Die Mitgliedschaft im Personalrat wird durch den Wechsel der Gruppenzugehörigkeit eines Mitglieds nicht berührt; dieses vertritt weiterhin die Gruppe, von der es gewählt wurde.**
§ 27 ¹Die Mitgliedschaft eines Beamten im Personalrat ruht, solange ihm die Vornahme von Amtshandlungen verboten oder er wegen eines gegen ihn schwebenden Disziplinarverfahrens vorläufig des Dienstes enthoben ist. ²Das gleiche gilt für die Mitgliedschaft eines Arbeitnehmers, solange ihm die Wahrnehmung dienstlicher Angelegenheiten untersagt oder auf eine Klage wegen fristloser Entlassung noch nicht rechtskräftig entschieden worden ist.	§ 25 **Ruhen der Mitgliedschaft** ¹Die Mitgliedschaft von **Beamtinnen und** Beamten im Personalrat ruht, solange **ihnen** die **Führung der Dienstgeschäfte** verboten ist oder **sie** wegen eines schwebenden Disziplinarverfahrens vorläufig des Dienstes enthoben **sind**. ²Das gleiche gilt für die Mitgliedschaft von **Arbeitnehmerinnen und** Arbeitnehmern, solange **ihnen** die Wahrnehmung dienstlicher Angelegenheiten untersagt oder über eine Klage wegen fristloser Entlassung noch nicht rechtskräftig entschieden worden ist.

Erläuterungen für die Praxis

§ 24 Abs. 1 übernimmt nach der Gesetzesbegründung die Regelung des bisherigen § 26. Die Gründe für ein Erlöschen der Mitgliedschaft im Personalrat werden sprachlich überarbeitet und um zwei Tatbestände (Nr. 6 und Nr. 7) ergänzt (LT-Drs. 20/9470, S. 55).

Die Vorschrift gilt wegen des Verweises in § 49 Abs. 1 auch für BPR und HPR und wegen §§ 51, 49 Abs. 1 HPVG auch für GPR.

In Nr. 6 wird der Wegfall der Wahlberechtigung bzw. der Wählbarkeit bei langfristiger Beurlaubung nachvollzogen. Da die §§ 10 und 11 auf die Verhältnisse am Wahltag abstellen, bedarf es einer ausdrücklichen Regelung für das Erlöschen der Mitgliedschaft, wenn die langfristige Beurlaubung im Laufe des Mandats erfolgt. Das Erlöschen der Mitgliedschaft in diesen Fällen ist nach der Gesetzesbegründung gerechtfertigt, da es nicht sachgerecht ist, eine über ein Jahr andauernde Abwesenheit durch Ersatzmitglieder zu überbrücken. Die Mitgliedschaft im Personalrat erlischt bereits mit dem Eintritt in eine mehr als zwölfmonatige Beurlaubung. Zu diesem Zeitpunkt muss feststehen, wie lange die anstehende Beurlaubung dauern wird. Dauert diese maximal zwölf Monate, erlischt die Mitgliedschaft nicht.

Mit Nr. 7 wird die Rechtsprechung des Bundesverwaltungsgerichts (Beschluss vom 15.5.2002 – 6 P 8.01) nachvollzogen und der Eintritt in die Freistellungsphase der Altersteilzeit als eigener Erlöschensgrund geregelt. Die Alterszeitzeit hat weiterhin Bedeutung für Personen, für die der TVöD Anwendung findet.

Nr. 9 – bisher Nr. 7 – wird klarer gefasst.

In Abs. 2 wird zur Klarstellung die Regelung des § 31 Abs. 2 BPersVG übernommen.

§ 25 entspricht nach der Gesetzesbegründung inhaltlich dem bisherigen § 27 (LT-Drs. 20/9470, S. 55). Die Regelung wird an die beamtenrechtlichen Begrifflichkeiten angepasst. Inhaltliche Änderungen sind damit nicht verbunden.

HPVG alte Fassung	HPVG neue Fassung (ab 6.4.2023)
§ 28 (1) [1]Scheidet ein Mitglied aus dem Personalrat aus, so tritt ein Ersatzmitglied ein. [2]Das gleiche gilt, wenn ein Mitglied des Personalrats zeitweilig verhindert ist.	§ 26 Eintritt von Ersatzmitgliedern (1) [1]Scheidet ein Mitglied aus dem Personalrat aus, so tritt ein Ersatzmitglied ein. [2]**Ist ein Mitglied des Personalrats zeitweilig verhindert, so tritt ein Ersatzmitglied für die Dauer der Verhinderung ein.**
§ 28 (2) [1]Die Ersatzmitglieder werden der Reihe nach aus den nicht gewählten Beschäftigten derjenigen Vorschlagslisten entnommen, denen die zu ersetzenden Mitglieder angehören. [2]Ist das ausgeschiedene oder verhinderte Mitglied mit einfacher Stimmenmehrheit gewählt, so tritt der nicht gewählte Beschäftigte mit der nächsthöheren Stimmenzahl als Ersatzmitglied ein.	§ 26 Eintritt von Ersatzmitgliedern (2) [1]Die Ersatzmitglieder werden der Reihe nach aus den nicht gewählten Beschäftigten derjenigen Vorschlagslisten entnommen, denen die zu ersetzenden Mitglieder angehören. [2]Ist das ausgeschiedene oder verhinderte Mitglied mit einfacher Stimmenmehrheit gewählt, so tritt **die oder der** nicht gewählte Beschäftigte mit der nächsthöheren Stimmenzahl als Ersatzmitglied ein.
§ 28 (3) Im Falle des § 24 Abs. 1 Nr. 4 treten Ersatzmitglieder nicht ein.	§ 26 Eintritt von Ersatzmitgliedern (3) **Ist die Personalratswahl mit Erfolg angefochten worden oder der Personalrat durch gerichtliche Entscheidung aufgelöst,** treten Ersatzmitglieder nicht ein.
	§ 27 Vorsitz
§ 29 [1]Der Personalrat wählt aus seiner Mitte mit einfacher Mehrheit den Vorsitzenden und einen oder mehrere Stellvertreter. [2]Bei der Wahl der Stellvertreter sollen die Gruppen und die im Personalrat vertretenen Gewerkschaften berücksichtigt werden.	**§ 27 Vorsitz** (1) [1]Der Personalrat wählt aus seiner Mitte mit einfacher Mehrheit **die Vorsitzende oder** den Vorsitzenden und **eine Stellvertreterin oder** einen Stellvertreter oder mehrere **Stellvertreterinnen und** Stellvertreter. [2]Bei der Wahl der **Stellvertreterinnen und** Stellvertreter sollen die Gruppen und die im Personalrat vertretenen Gewerkschaften berücksichtigt werden.
§ 30 (1) [1]Der Vorsitzende führt die laufenden Geschäfte. [2]Er kann diese Befugnis auf seine Stellvertreter übertragen.	**§ 27 Vorsitz** (2) [1]**Die oder** der Vorsitzende führt die laufenden Geschäfte. [2]**Sie oder** er kann diese Befugnis auf **ihre oder** seine **Stellvertreterinnen und** Stellvertreter übertragen.

Erläuterungen für die Praxis

§ 26 entspricht nach der Gesetzesbegründung inhaltlich dem bisherigen § 28 (LT-Drs. 20/9470, S. 55).

Der Regelungsinhalt des Abs. 1 Satz 2 wird verdeutlicht, indem klargestellt wird, dass bei vorübergehender Verhinderung das Ersatzmitglied nur für die Dauer der Verhinderung eintritt.

Keine inhaltlichen Änderungen.

In Abs. 3 Satz 1 werden an Stelle der Verweisung die Gründe ausdrücklich genannt, bei deren Vorliegen keine Ersatzmitglieder eintreten, nämlich bei erfolgreicher Wahlanfechtung oder gerichtlicher Auflösung des Personalrats.

Die Regelungen zur Geschäftsführung werden nach der Gesetzesbegründung nach inhaltlichen Zusammenhängen neu geordnet und entsprechend dem zeitlichen Ablauf übersichtlicher strukturiert (LT-Drs. 20/9470, S. 55).

Die bisher in §§ 29 und 30 enthaltenen Regelungen zum Vorsitz des Personalrats werden nach der Gesetzesbegründung im neuen § 27 in sprachlich überarbeiteter Form zusammengefasst (LT-Drs. 20/9470, S. 55). Inhaltliche Änderungen sind damit nicht verbunden.

Keine inhaltlichen Änderungen.

HPVG alte Fassung	HPVG neue Fassung (ab 6.4.2023)
§ 30 (2) [1]Der Vorsitzende vertritt den Personalrat im Rahmen der von diesem gefaßten Beschlüsse. [2]Bei Angelegenheiten, die nur eine Gruppe betreffen, soll bei der Vertretung ein Mitglied dieser Gruppe beteiligt werden.	§ 27 Vorsitz (3) [1]**Die oder** der Vorsitzende vertritt den Personalrat im Rahmen der von diesem **gefassten** Beschlüsse. [2]Bei Angelegenheiten, die nur eine Gruppe betreffen, soll bei der Vertretung ein Mitglied dieser Gruppe beteiligt werden.
	§ 28 Anberaumung der Sitzungen
§ 31 (1) Spätestens eine Woche nach dem Wahltag hat der Wahlvorstand die Mitglieder des Personalrats zur Vornahme der nach § 29 vorgeschriebenen Wahlen einzuberufen.	**§ 28 Anberaumung der Sitzungen** (1) [1]Spätestens eine Woche nach dem Wahltag hat der Wahlvorstand die Mitglieder des Personalrats zur **konstituierenden Sitzung und** Vornahme der nach **§ 27 Abs. 1** vorgeschriebenen Wahlen einzuberufen. [2]**Die oder der Vorsitzende des Wahlvorstands leitet die Sitzung, bis der Personalrat aus seiner Mitte eine Wahlleiterin oder einen Wahlleiter bestellt hat.**
§ 31 (2) [1]Die weiteren Sitzungen beraumt der Vorsitzende des Personalrats an. [2]Er setzt die Tagesordnung fest und leitet die Verhandlung. [3]Der Vorsitzende hat die Mitglieder des Personalrats zu den Sitzungen rechtzeitig zu laden und ihnen die Tagesordnung mitzuteilen. [4]Satz 3 gilt auch für die Ladung der Schwerbehindertenvertretung, der Mitglieder der Jugend- und Auszubildendenvertretung und des Vertrauensmannes der Zivildienstleistenden.	**§ 28 Anberaumung der Sitzungen** (2) [1]Die weiteren Sitzungen beraumt **die oder** der Vorsitzende des Personalrats an; **dabei ist auf die dienstlichen Erfordernisse Rücksicht zu nehmen.** [2]**Die oder der Vorsitzende** setzt die Tagesordnung fest und leitet die **Sitzung.** [3]**Sie oder er** hat die Mitglieder des Personalrats zu den Sitzungen rechtzeitig zu laden und ihnen die Tagesordnung mitzuteilen. [4]Satz 3 gilt auch für die Ladung **anderer Personen, soweit sie ein Recht auf Teilnahme an der Sitzung haben.**
§ 31 (3) Auf Antrag 1. eines Viertels der Mitglieder des Personalrats, 2. der Mehrheit der Vertreter einer Gruppe, 3. des Leiters der Dienststelle, 4. der Schwerbehindertenvertretung in Angelegenheiten, die besonders schwerbehinderte Beschäftigte betreffen, oder 5. der Mehrheit der Mitglieder der Jugend- und Auszubildendenvertretung in Angelegenheiten, die besonders die in § 54 Abs. 1 Satz 1 genannten Beschäftigten betreffen,	**§ 28 Anberaumung der Sitzungen** (4) Auf Antrag 1. eines Viertels der Mitglieder des Personalrats, 2. der Mehrheit **der Vertreterinnen und** Vertreter einer Gruppe, 3. der **Dienststellenleitung,** 4. der Schwerbehindertenvertretung in Angelegenheiten, die schwerbehinderte Beschäftigte besonders betreffen, oder 5. der Mehrheit der Mitglieder der Jugend- und Auszubildendenvertretung in Angelegenheiten, die besonders die in **§ 52** genannten Beschäftigten betreffen,

Erläuterungen für die Praxis

Keine inhaltlichen Änderungen.

In § 28 werden nach der Gesetzesbegründung (LT-Drs. 20/9470, S. 55) die bisherigen § 31 Abs. 1, 2 und 3, § 32 Abs. 1 Satz 2 und 3 sowie § 34 Abs. 2 Satz 2 und 3 zur Anberaumung von Sitzungen aufgrund ihres sachlichen Zusammenhangs zusammengeführt (LT-Drs. 20/9470, S. 55).

Abs. 1 betrifft wie der bisherige § 31 Abs. 1 die konstituierende Sitzung des Personalrats. Das wird in Satz 1 klargestellt. Weiterhin wird mit Satz 2 eine Klarstellung zur Sitzungsleitung durch die oder den Vorsitzenden des Wahlvorstands bis zur Bestellung eine Wahlleiterin oder eines Wahlleiters getroffen (LT-Drs. 20/9470, S. 55).

In § 28 Abs. 2 werden die Regelungen der bisherigen § 31 Abs. 2 und § 32 Abs. 1 Satz 2 und 3, die in sachlichem Zusammenhang stehen, zusammengefasst (LT-Drs. 20/9470, S. 55).

Abs. 4 entspricht dem bisherigen § 31 Abs. 3 (LT-Drs. 20/9470, S. 55) mit sprachlichen Anpassungen. Inhaltliche Änderungen sind damit nicht verbunden.

HPVG alte Fassung	HPVG neue Fassung (ab 6. 4. 2023)
hat der Vorsitzende eine Sitzung anzuberaumen und den Gegenstand, dessen Beratung beantragt ist, auf die Tagesordnung zu setzen.	hat **die** oder der Vorsitzende eine Sitzung anzuberaumen und den Gegenstand, dessen Beratung beantragt ist, auf die Tagesordnung zu setzen.
	§ 29 Durchführung der Sitzungen, Teilnahmeberechtigte
§ 31 (4) [1]Der Leiter der Dienststelle nimmt an den Sitzungen teil, die auf sein Verlangen anberaumt sind, und an den Sitzungen, zu denen er eingeladen ist. [2]Er ist berechtigt, zu den Sitzungen sachkundige Mitarbeiter hinzuziehen. [3]Er ist ferner berechtigt, zu seiner Beratung einen Vertreter des jeweiligen Arbeitgeberverbandes oder des jeweiligen kommunalen Spitzenverbandes hinzuzuziehen. [4]In diesem Fall kann auch der Personalrat Sachverständige beiziehen. [5]Satz 3 und 4 gilt nicht, soweit Gegenstände behandelt werden, die die Mitteilung oder Erörterung schutzwürdiger personenbezogener Daten (§ 33 Satz 3) einschließen, es sei denn, der Betroffene stimmt zu, oder soweit Anordnungen behandelt werden, durch die die Alarmbereitschaft oder der Einsatz der Vollzugspolizei geregelt werden.	**§ 29 Durchführung der Sitzungen, Teilnahmeberechtigte** (4) [1]**Die Dienststellenleitung** nimmt an den Sitzungen teil, die auf **ihr** Verlangen anberaumt worden sind, oder zu denen **sie** eingeladen worden ist. [2]**Sie** ist berechtigt, zu den Sitzungen sachkundige **Mitarbeiterinnen und** Mitarbeiter hinzuziehen. [3]**Sie** ist ferner berechtigt, zu **ihrer** Beratung **eine Vertreterin oder** einen Vertreter des jeweiligen Arbeitgeberverbandes oder des jeweiligen kommunalen Spitzenverbandes hinzuzuziehen. [4]In diesem Fall kann auch der Personalrat Sachverständige beiziehen. [5]Satz 3 und 4 **gelten** nicht, soweit Gegenstände behandelt werden, die die Mitteilung oder Erörterung schutzwürdiger personenbezogener Daten (**Abs. 7 Satz 3**) einschließen, es sei denn, **die oder** der Betroffene stimmt zu, oder soweit Anordnungen behandelt werden, durch die die Alarmbereitschaft oder der Einsatz der Vollzugspolizei geregelt werden.
(5) [1]Ein Vertreter der Jugend- und Auszubildendenvertretung, der von dieser benannt wird, nimmt an allen Sitzungen mit beratender Stimme teil. [2]An der Behandlung von Angelegenheiten, die besonders die in § 54 Abs. 1 Satz 1 genannten Beschäftigten betreffen, kann die gesamte Jugend- und Auszubildendenvertretung beratend teilnehmen. [3]Bei Beschlüssen des Personalrats, die überwiegend die in § 54 Abs. 1 Satz 1 genannten Beschäftigten betreffen, haben alle Mitglieder der Jugend- und Auszubildendenvertretung Stimmrecht.	(5) [1]Eine **Vertreterin oder ein** Vertreter der Jugend- und Auszubildendenvertretung, **die oder** der von dieser benannt wird, nimmt an allen Sitzungen beratend teil. [2]An der Behandlung von Angelegenheiten, die die in **§ 52** genannten Beschäftigten besonders betreffen, kann die gesamte Jugend- und Auszubildendenvertretung beratend teilnehmen. [3]Bei Beschlüssen des Personalrats, die überwiegend die in **§ 52** genannten Beschäftigten betreffen, haben alle Mitglieder der Jugend- und Auszubildendenvertretung Stimmrecht.

Erläuterungen für die Praxis

§ 29 fasst nach der Gesetzesbegründung die Regelungen zur Durchführung der Personalratssitzungen und zu den teilnahmeberechtigten Personen zusammen, die bisher in den §§ 31 bis 33 und § 37 verstreut waren (LT-Drs. 20/9470, S. 55).

Abs. 4 entspricht – mit sprachlichen Anpassungen – inhaltlich dem bisherigen § 31 Abs. 4 (LT-Drs. 20/9470, S. 55). Inhaltliche Änderungen sind damit nicht verbunden.

Abs. 5 entspricht – mit sprachlichen Anpassungen – inhaltlich dem bisherigen § 31 Abs. 5 (LT-Drs. 20/9470, S. 55). Inhaltliche Änderungen sind damit nicht verbunden.

HPVG alte Fassung	HPVG neue Fassung (ab 6. 4. 2023)
§ 32 (1) [1]Die Sitzungen des Personalrats sind nicht öffentlich; sie finden in der Regel während der Arbeitszeit statt. (…)	§ 29 Durchführung der Sitzungen, Teilnahmeberechtigte (1) [1]Die Sitzungen des Personalrats sind nicht öffentlich. [2]**Der Personalrat kann ihm zur Verfügung gestelltes Büropersonal zur Erstellung des Protokolls hinzuziehen.** (2) Die Sitzungen des Personalrats finden in der Regel während der Arbeitszeit statt.
§ 32 (1) (…) [2]Der Personalrat hat bei der Anberaumung seiner Sitzungen die dienstlichen Erfordernisse zu berücksichtigen. [3]Der Leiter der Dienststelle ist vom Zeitpunkt der Sitzungen rechtzeitig zu verständigen.	§ 28 Anberaumung der Sitzungen (2) [1]Die weiteren Sitzungen beraumt **die oder** der Vorsitzende des Personalrats an; **dabei ist auf die dienstlichen Erfordernisse Rücksicht zu nehmen.**
§ 32 (2) [1]Die Sitzungen des Personalrats finden in der Regel als Präsenzsitzung in Anwesenheit seiner Mitglieder vor Ort statt. [2]Die Sitzung kann vollständig oder durch Zuschaltung einzelner Mitglieder oder Teilnahmeberechtigter mittels Video- oder Telefonkonferenz durchgeführt werden, wenn 1. vorhandene Einrichtungen genutzt werden, die durch die Dienststelle zur dienstlichen Nutzung freigegeben sind, 2. nicht mindestens 25 Prozent der Mitglieder des Personalrats binnen einer vom Vorsitzenden zu bestimmenden Frist gegenüber dem Vorsitzenden widersprechen und 3. der Personalrat geeignete Maßnahmen trifft, um sicherzustellen, dass Dritte vom Inhalt der Sitzung keine Kenntnis nehmen können. [3]Eine Aufzeichnung ist unzulässig. [4]Personalratsmitglieder, die mittels Video- oder Telefonkonferenz an Sitzungen teilnehmen, gelten als anwesend im Sinne des § 34 Abs. 1 und 2. [5]§ 38 Abs. 1 Satz 3 findet mit der Maßgabe Anwen-	§ 29 Durchführung der Sitzungen, Teilnahmeberechtigte (3) [1]Die Sitzungen des Personalrats finden in der Regel als Präsenzsitzung in Anwesenheit seiner Mitglieder vor Ort statt. [2]Die Sitzung kann vollständig oder durch Zuschaltung einzelner Mitglieder oder Teilnahmeberechtigter mittels Video- oder Telefonkonferenz durchgeführt werden, wenn 1. vorhandene Einrichtungen genutzt werden, die durch die Dienststelle zur dienstlichen Nutzung freigegeben sind, 2. nicht mindestens 25 Prozent der Mitglieder des Personalrats binnen einer von **der oder** dem Vorsitzenden zu bestimmenden Frist gegenüber **der oder** dem Vorsitzenden widersprechen und 3. der Personalrat geeignete Maßnahmen trifft, um sicherzustellen, dass Dritte vom Inhalt der Sitzung keine Kenntnis nehmen können.

Erläuterungen für die Praxis

Die Regelungen des bisherigen § 32 Abs. 1 Satz 1 werden in die Abs. 1 und 2 aufgeteilt.

Abs. 1 wird um einen Satz ergänzt, der klarstellt, dass zur Erstellung des Protokolls auch dem Personalrat zur Verfügung gestelltes Büropersonal an den Sitzungen teilnehmen kann (LT-Drs. 20/9470, S. 55). Die Teilnahme von Büropersonal ist auf das Erstellen des Protokolls beschränkt. Eine Mitberatung ist unzulässig. Das teilnehmende Büropersonal unterliegt der Schweigepflicht nach § 8.

In § 28 Abs. 2 werden die Regelungen der bisherigen § 31 Abs. 2 und § 32 Abs. 1 Satz 2 und 3, die in sachlichem Zusammenhang stehen, zusammengefasst (LT-Drs. 20/9470, S. 55).

Eine inhaltliche Änderung ist damit nicht verbunden, insbesondere werden mit der der jetzigen Formulierung der Rücksichtnahme die dienstlichen Erfordernisse nicht über die Erfordernisse der Personalratstätigkeit erhoben. Die jetzige Regelung entspricht dem bisherigen Gebot der Berücksichtigung der dienstlichen Erfordernisse.

Der Wegfall der Vorgabe der Verständigung der Dienststellenleitung vom Sitzungszeitpunkt nach § 32 Abs. 1 Satz 3 a. F. ist in den Gesetzgebungsmaterialien nicht ausdrücklich benannt. Deshalb ist von einem Redaktionsversehen auszugehen. Die Personalräte sind weiterhin verpflichtet, die Dienststellenleitung vom Zeitpunkt der Sitzungen rechtzeitig zu verständigen. Nur so wird diese in die Lage versetzt, den Dienstbetrieb so zu organisieren, dass die Personalratsmitglieder, ggf. Ersatzmitglieder, und sonstige Teilnahmeberechtigte an der Sitzung teilnehmen können.

§ 29 Abs. 3 übernimmt die Regelungen des bisherigen § 32 Abs. 2 in der Fassung des Dritten Gesetzes zur Änderung dienstrechtlicher Vorschriften vom 15. November 2021 (GVBl. S. 718, 867), angepasst an die neue Paragrafenfolge als Dauerregelung. Die Zulassung elektronischer Kommunikation innerhalb des Personalrats in bestimmten Fällen hat sich – so die Gesetzesbegründung – in der Praxis bewährt.

Zur Klarstellung, dass die Personalratsmitglieder bei Hybridsitzungen nicht zur Teilnahme mittels Video- oder Telefonkonferenz verpflichtet werden können, sondern weiterhin berechtigt sind, vor Ort an der Sitzung teilzunehmen, wird ein weiterer Satz (6) angefügt (LT-Drs. 20/9470, S. 55). Diese Neuregelung sichert die Entscheidungskompetenz des Personalrats hinsichtlich der Durchführung seiner Sitzungen ab.

HPVG alte Fassung	HPVG neue Fassung (ab 6. 4. 2023)
dung, dass der Vorsitzende vor Beginn der Beratung die zugeschalteten Personalratsmitglieder feststellt und in die Anwesenheitsliste einträgt.	[3]Eine Aufzeichnung ist unzulässig. [4]Personalratsmitglieder, die mittels Video- oder Telefonkonferenz an Sitzungen teilnehmen, gelten als anwesend im Sinne des **§ 30 Abs. 1 und 2**. [5]**§ 32 Abs. 1 Satz 3** findet mit der Maßgabe Anwendung, dass **die oder** der Vorsitzende vor Beginn der Beratung die zugeschalteten Personalratsmitglieder feststellt und in die Anwesenheitsliste einträgt. [6]**Das Recht eines Personalratsmitglieds, an einer vor Ort stattfindenden Sitzung in Präsenz teilzunehmen, wird durch die Möglichkeit der Teilnahme mittels Video- oder Telefonkonferenz nicht eingeschränkt.**
§ 33 [1]An allen Sitzungen des Personalrats können Beauftragte der im Personalrat der Dienststelle vertretenen Gewerkschaften teilnehmen. [2]Dies gilt nicht, soweit Gegenstände behandelt werden, die die Mitteilung oder Erörterung schutzwürdiger personenbezogener Daten einschließen, es sei denn, der Betroffene stimmt zu, oder soweit Anordnungen behandelt werden, durch die die Alarmbereitschaft und der Einsatz der Vollzugspolizei geregelt werden. [3]Als schutzwürdig gelten Angaben über die Gesundheit, die Eignung, die Leistung oder das Verhalten der Beschäftigten oder Bewerber	**§ 29 Durchführung der Sitzungen, Teilnahmeberechtigte** (7) [1]An allen Sitzungen des Personalrats können Beauftragte der im Personalrat der Dienststelle vertretenen Gewerkschaften **beratend** teilnehmen. [2]Dies gilt nicht, soweit Gegenstände behandelt werden, die die Mitteilung oder Erörterung schutzwürdiger personenbezogener Daten einschließen, es sei denn, **die oder** der Betroffene stimmt zu, oder soweit Anordnungen behandelt werden, durch die die Alarmbereitschaft und der Einsatz der Vollzugspolizei geregelt werden. [3]Als schutzwürdig gelten Angaben über die Gesundheit, die Eignung, die Leistung oder das Verhalten der Beschäftigten, **Bewerberinnen oder** Bewerber.
§ 34 (1) [1]Der Personalrat beschließt mit einfacher Stimmenmehrheit der anwesenden Mitglieder. [2]Das gleiche gilt für die Beschlüsse einer im Personalrat vertretenen Gruppe. [3]Bei Stimmengleichheit ist ein Antrag abgelehnt. [4]Stimmenthaltungen und ungültige Stimmen zählen zur Berechnung der Mehrheit nicht mit.	**§ 30 Beschlussfassung** (1) [1]Der Personalrat beschließt mit einfacher Stimmenmehrheit der anwesenden Mitglieder. [2]Bei Stimmengleichheit ist ein Antrag abgelehnt. [3]Stimmenthaltungen und ungültige Stimmen zählen zur Berechnung der Mehrheit nicht mit.

Erläuterungen für die Praxis

Abs. 7 entspricht weitgehend dem bisherigen § 33. Zur Klarstellung, dass den Gewerkschafts-beauftragten auch ein Rederecht zusteht, wird in Satz 1 »beratend« aufgenommen (LT-Drs. 20/9470, S. 55).

Die Gewerkschaftsbeauftragten dürfen nunmehr, was bisher schon allgemein anerkannt war, aus-drücklich in den Sitzungen sprechen. Sie dürfen informieren und mitdiskutieren, allerdings nicht mitstimmen. Das Wort wird ihnen von der oder dem Vorsitzenden des Personalrats, die oder der die Sitzung leitet, erteilt.

Die Regelungen der bisherigen § 34 und 35, die die Beschlussfassung betreffen, werden nach der Gesetzesbegründung im neuen § 30 zusammengefasst (LT-Drs. 20/9470, S. 56).

Abs. 1 entspricht § 34 Abs. 1. Der bisherige Satz 2 (zur Gruppenbeschlussfassung) ist im Hinblick auf den Verweis auf Abs. 1 in Abs. 5 Satz 4 entbehrlich (LT-Drs. 20/9470, S. 56).

HPVG alte Fassung	HPVG neue Fassung (ab 6. 4. 2023)
§ 34 (2) ¹Der Personalrat ist nur beschlußfähig, wenn mindestens die Hälfte seiner Mitglieder anwesend ist; Stellvertretung durch Ersatzmitglieder ist zulässig.	§ 30 Beschlussfassung (2) Der Personalrat ist nur **beschlussfähig,** wenn mindestens die Hälfte seiner Mitglieder anwesend ist; Stellvertretung durch Ersatzmitglieder ist zulässig.
§ 34 (2) ²Kann ein Mitglied des Personalrats oder ein anderer Teilnahmeberechtigter an der Sitzung nicht teilnehmen, so hat er dies unter Angabe der Gründe unverzüglich dem Vorsitzenden mitzuteilen. ³In diesem Falle ist die Einladung des jeweiligen Ersatzmitgliedes sicherzustellen.	§ 28 Anberaumung der Sitzungen (3) ¹Kann ein Mitglied des Personalrats oder **eine andere Teilnahmeberechtigte** oder ein anderer Teilnahmeberechtigter an der Sitzung nicht teilnehmen, so hat **sie oder** er dies unter Angabe der Gründe unverzüglich **der oder** dem Vorsitzenden mitzuteilen. ²In diesem Falle ist die Ladung des jeweiligen Ersatzmitgliedes sicherzustellen.
Bisher keine Regelung.	§ 30 Beschlussfassung **(3) Bei der Feststellung der Stimmenmehrheit werden die Stimmen anderer anwesender Personen, die über ein Stimmrecht verfügen, mitgezählt.**
§ 34 (3) ¹An der Beratung und Beschlußfassung über Angelegenheiten, die die persönlichen Interessen eines Mitgliedes des Personalrats unmittelbar berühren, nimmt dieses Mitglied nicht teil. ²Entsprechendes gilt für diejenigen Personen, die nach diesem Gesetz berechtigt sind, an den Sitzungen des Personalrats beratend oder mit Stimmrecht teilzunehmen.	§ 28 Anberaumung der Sitzungen (4) ¹An der Beratung und **Beschluss**fassung über Angelegenheiten, die die persönlichen Interessen eines Mitgliedes des Personalrats unmittelbar berühren, nimmt dieses Mitglied nicht teil. ²Entsprechendes gilt für diejenigen Personen, die nach diesem Gesetz berechtigt sind, an den Sitzungen des Personalrats beratend oder mit Stimmrecht teilzunehmen.
§ 34 (4) Abs. 1 und 2 gelten entsprechend für eine im Personalrat vertretene Gruppe.	§ 30 Beschlussfassung (5) (…) ⁴Die Abs. 1 und 2 gelten entsprechend.
§ 35 (1) Über die Angelegenheiten der Beamten und Arbeitnehmer wird vom Personalrat gemeinsam beraten und beschlossen.	§ 30 Beschlussfassung (5) ¹Über die Angelegenheiten der **Beamtinnen und** Beamten sowie der **Arbeitnehmerinnen und** Arbeitnehmer wird vom Personalrat gemeinsam beraten und beschlossen. (…)

Erläuterungen für die Praxis

Abs. 2 entspricht § 34 Abs. 2 Satz 1. Die bisherigen Sätze 2 und 3 finden sich aufgrund des sachlichen Zusammenhangs zur Einladung jetzt in § 28 Abs. 3 (LT-Drs. 20/9470, S. 56). Die Mitteilung der Verhinderung (§ 34 Abs. 2 Satz 2 und 3 a. F.) an die oder den Vorsitzenden ist jetzt in § 28 Abs. 3 – systematisch bei der Sitzungseinladung – geregelt.

§ 28 Abs. 3 übernimmt die Regelungen des bisherigen § 34 Abs. 2 Satz 2 und 3 (LT-Drs. 20/9470, S. 55). Abgesehen von den sprachlichen Anpassungen sind damit keine Veränderungen verbunden.

Als neuer Abs. 3 wird in § 30 eine klarstellende Regelung bezüglich der Zählung von Stimmen anderer Personen mit Stimmrecht getroffen (LT-Drs. 20/9470, S. 56). Diese Regelung entspricht § 39 Abs. 3 BPersVG.

Das betrifft nach § 29 Abs. 5 Satz 3 HPVG die Mitglieder der Jugend- und Auszubildendenvertretung, die bei Beschlüssen des Personalrats, die überwiegend Jugendliche oder Auszubildende betreffen, ein Stimmrecht haben. Stimmrecht haben nach § 97 Abs. 7 Satz 3 auch die Vertreterin oder der Vertreter des Hilfskräfterats, in Angelegenheiten, die die studentischen Hilfskräfte betreffen.

Abs. 4 entspricht dem bisherigen § 34 Abs. 3 (LT-Drs. 20/9470, S. 56).

§ 30 Abs. 5 fasst die Regelungen der bisherigen § 35 sowie § 34 Abs. 4 zusammen, die die Beratung und Beschlussfassung bei Gruppenangelegenheiten betreffen (LT-Drs. 20/9470, S. 56). Abgesehen von sprachlichen Anpassungen sind inhaltliche Änderung damit nicht verbunden.

§ 30 Abs. 5 fasst die Regelungen der bisherigen § 35 sowie § 34 Abs. 4 zusammen, die die Beratung und Beschlussfassung bei Gruppenangelegenheiten betreffen (LT-Drs. 20/9470, S. 56). Abgesehen von sprachlichen Anpassungen sind inhaltliche Änderung damit nicht verbunden.

HPVG alte Fassung	HPVG neue Fassung (ab 6. 4. 2023)
§ 35 (2) [1]In Angelegenheiten, die lediglich die Angehörigen einer Gruppe betreffen, beschließen nach gemeinsamer Beratung im Personalrat auf ihren Antrag nur die Vertreter dieser Gruppe. [2]Der Antrag muß von der Mehrheit der in der Sitzung anwesenden Vertreter der Gruppe gestellt werden.	§ 30 Beschlussfassung (5) (…) [2]In Angelegenheiten, die lediglich die Angehörigen einer Gruppe betreffen, beschließen nach gemeinsamer Beratung im Personalrat auf ihren Antrag nur die **Vertreterinnen und** Vertreter dieser Gruppe. [3]Der Antrag **muss** von der Mehrheit der in der Sitzung anwesenden **Vertreterinnen und** Vertreter der Gruppe gestellt werden. (…).
§ 36 (1) [1]Erachtet die Mehrheit der Vertreter einer Gruppe oder der Jugend- und Auszubildendenvertretung einen Beschluß des Personalrats als eine erhebliche Beeinträchtigung wichtiger Interessen der durch sie vertretenen Beschäftigten, so ist auf ihren Antrag der Beschluß auf die Dauer von sechs Arbeitstagen vom Zeitpunkt der Beschlußfassung an auszusetzen. [2]In dieser Frist soll, gegebenenfalls mit Hilfe der Gewerkschaften, die unter den Mitgliedern des Personalrats oder den Mitgliedern der Jugend- und Auszubildendenvertretung vertreten sind, eine Verständigung versucht werden. [3]Bei der Aussetzung eines Beschlusses nach Satz 1 verlängern sich die Fristen nach diesem Gesetz um die Dauer der Aussetzung.	§ 31 Aussetzen von Beschlüssen (1) [1]Erachtet die Mehrheit der **Vertreterinnen und** Vertreter einer Gruppe oder der Jugend- und Auszubildendenvertretung einen **Beschluss** des Personalrats als eine erhebliche Beeinträchtigung wichtiger Interessen der durch sie vertretenen Beschäftigten, so ist auf ihren Antrag der **Beschluss** auf die Dauer von sechs Arbeitstagen vom Zeitpunkt der **Beschlussfassung** an auszusetzen. [2]In dieser Frist soll, gegebenenfalls mit Hilfe der unter den Mitgliedern des Personalrats oder der Jugend- und Auszubildendenvertretung vertretenen Gewerkschaften, eine Verständigung versucht werden. [3]Bei der Aussetzung eines Beschlusses nach Satz 1 verlängern sich die Fristen nach diesem Gesetz um die Dauer der Aussetzung.
(2) [1]Nach Ablauf der Frist nach Abs. 1 Satz 1 ist über die Angelegenheit neu zu beschließen. [2]Wird der erste Beschluß bestätigt, so kann der Antrag auf Aussetzung nicht wiederholt werden.	(2) [1]Nach Ablauf der Frist nach Abs. 1 Satz 1 ist über die Angelegenheit neu zu beschließen. [2]Wird der erste **Beschluss** bestätigt, so kann der Antrag auf Aussetzung nicht wiederholt werden.
(3) Die Abs. 1 und 2 gelten entsprechend, wenn die Schwerbehindertenvertretung einen Beschluß des Personalrats als eine erhebliche Beeinträchtigung wichtiger Interessen der durch sie vertretenen Beschäftigten erachtet.	(3) Die Abs. 1 und 2 gelten entsprechend, wenn die Schwerbehindertenvertretung einen **Beschluss** des Personalrats als eine erhebliche Beeinträchtigung wichtiger Interessen der durch sie vertretenen Beschäftigten erachtet.

Erläuterungen für die Praxis

§ 30 Abs. 5 fasst die Regelungen der bisherigen § 35 sowie § 34 Abs. 4 zusammen, die die Beratung und Beschlussfassung bei Gruppenangelegenheiten betreffen (LT-Drs. 20/9470, S. 56). Abgesehen von sprachlichen Anpassungen sind inhaltliche Änderung damit nicht verbunden.

§ 31 entspricht nach der Gesetzesbegründung dem bisherigen § 36 in sprachlich überarbeiteter Form (LT-Drs. 20/9470, S. 56). Inhaltliche Änderungen sind damit nicht verbunden.

Keine inhaltlichen Änderungen in Abs. 1.

Keine inhaltlichen Änderungen.

Keine inhaltlichen Änderungen.

HPVG alte Fassung	HPVG neue Fassung (ab 6.4.2023)
§ 37 (1) Die Schwerbehindertenvertretung hat das Recht, an allen Sitzungen des Personalrats mit beratender Stimme teilzunehmen.	§ 29 Durchführung der Sitzungen, Teilnahmeberechtigte (6) Die Schwerbehindertenvertretung hat das Recht, an allen Sitzungen des Personalrats beratend teilzunehmen.
§ 37 (2) Der Vertrauensmann der Zivildienstleistenden hat das Recht, an Sitzungen des Personalrats der Dienststelle mit beratender Stimme teilzunehmen, wenn Angelegenheiten behandelt werden, die auch die Zivildienstleistenden betreffen.	Entfällt.
§ 38 (1) ¹Über jede Verhandlung des Personalrats ist eine Niederschrift aufzunehmen, die mindestens den Wortlaut der Beschlüsse und die Stimmenmehrheit, mit der sie gefaßt sind, enthält. ²Die Niederschrift ist vom Vorsitzenden und einem weiteren Mitglied zu unterzeichnen. ³Der Niederschrift ist eine Anwesenheitsliste beizufügen, in die sich jeder Teilnehmer eigenhändig einzutragen hat.	§ 32 Protokoll (1) ¹Über jede Verhandlung des Personalrats ist ein Protokoll zu führen, das mindestens den Wortlaut der Beschlüsse und die Stimmenmehrheit, mit der sie gefasst sind, enthält. ²Das Protokoll ist von der oder dem Vorsitzenden und einem weiteren Mitglied zu unterzeichnen. ³Dem Protokoll ist eine Anwesenheitsliste beizufügen, in die sich jede Teilnehmerin und jeder Teilnehmer eigenhändig einzutragen hat; § 29 Abs. 3 Satz 5 bleibt unberührt.
§ 38 (2) ¹Die Mitglieder des Personalrats erhalten einen Abdruck der Niederschrift. ²Hat der Leiter der Dienststelle an der Sitzung teilgenommen, so ist ihm der entsprechende Teil der Niederschrift zur Unterzeichnung vorzulegen und in Abschrift zuzuleiten. ³Haben Beauftragte der Gewerkschaften an der Sitzung teilgenommen, so ist ihnen der entsprechende Teil der Niederschrift in Abschrift zuzuleiten. ⁴Einwendungen gegen die Niederschrift sind unverzüglich schriftlich zu erheben; sie werden der Niederschrift beigefügt.	§ 32 Protokoll (2) ¹Die Mitglieder des Personalrats sowie die Schwerbehindertenvertretung erhalten eine Kopie des Protokolls. ²Hat die Dienststellenleitung an der Sitzung teilgenommen, so ist ihr der entsprechende Auszug aus dem Protokoll zur Unterzeichnung vorzulegen und in Kopie zuzuleiten. ³Haben Beauftragte der Gewerkschaften an der Sitzung teilgenommen, so ist ihnen der entsprechende Auszug aus dem Protokoll in Kopie zuzuleiten. ⁴Einwendungen gegen das Protokoll sind unverzüglich schriftlich oder elektronisch zu erheben; sie werden dem Protokoll beigefügt.

Erläuterungen für die Praxis

§ 29 fasst nach der Gesetzesbegründung u. a. die Regelungen zu den teilnahmeberechtigten Personen zusammen, die bisher in den §§ 31 bis 33 und § 37 verstreut waren (LT-Drs. 20/9470, S. 55).

§ 29 Abs. 6 entspricht inhaltlich dem bisherigen § 37 Abs. 1 (LT-Drs. 20/9470, S. 55). Mit der sprachlichen Anpassung sind keine inhaltlichen Veränderungen verbunden.

Teilnahme des Vertrauensmanns der Zivildienstleistenden an Personalratssitzungen ist nicht mehr ausdrücklich geregelt. Das Teilnahmerecht lief bereits seit der Aussetzung der Wehrpflicht durch § 2 WPflG zum 1. 7. 2011 leer.

§ 32 übernimmt nach der Gesetzesbegründung weitgehend die Regelungen des bisherigen § 38, jedoch in sprachlich modernisierter Form (LT-Drs. 20/9470, S. 56).

Mit dem Austausch des Begriffs der Sitzungsniederschrift durch den Begriff »Protokoll« ist keine inhaltliche Änderung verbunden. Das jetzt geregelte Führen des Protokolls entspricht der bisherigen Aufnahme einer Niederschrift.

Abs. 1 Satz 3 wird um einen Halbsatz ergänzt, der auf § 29 Abs. 3 Satz 5 hinweist, um klarzustellen, dass bei Sitzungsteilnahme mittels Video- oder Telefonkonferenz keine eigenhändige Eintragung in die Anwesenheitsliste erforderlich ist (LT-Drs. 20/9470, S. 56). Die zugeschalteten Personalratsmitglieder und anderen Teilnahmeberechtigten sind von der oder dem Vorsitzenden vor Beginn der Beratung festzustellen und in die Anwesenheitsliste einzutragen.

In Abs. 2 wird ergänzt, dass auch die Schwerbehindertenvertretung eine Kopie des Protokolls erhält. Damit wird sie in die Lage versetzt, ihre Rechte nach § 178 Abs. 4 SGB IX gegenüber dem Personalrat geltend zu machen (LT-Drs. 20/9470, S. 56).

HPVG alte Fassung	HPVG neue Fassung (ab 6.4.2023)
§ 39 Sonstige Bestimmungen über die Geschäftsführung können in einer Geschäftsordnung getroffen werden, die sich der Personalrat gibt.	§ 33 Geschäftsordnung Sonstige Bestimmungen über die Geschäftsführung können in einer Geschäftsordnung getroffen werden, die der Personalrat **mit der Mehrheit der Stimmen seiner Mitglieder** beschließt.
§ 40 (1) Die Mitglieder des Personalrats führen ihr Amt unentgeltlich als Ehrenamt.	§ 37 Ehrenamtlichkeit, Versäumnis von Arbeitszeit (1) Die Mitglieder des Personalrats führen ihr Amt unentgeltlich als Ehrenamt.
§ 40 (2) ¹Versäumnis von Arbeitszeit, die zur ordnungsgemäßen Durchführung der Aufgaben des Personalrats erforderlich ist, hat keine Minderung der Dienstbezüge, des Arbeitsentgelts und aller Zulagen zur Folge. ²Personalratsmitglieder haben, soweit sie Geschäfte des Personalrats außerhalb ihrer Arbeitszeit erledigen müssen, einen Anspruch auf Dienstbefreiung entsprechend der aufgewandten Zeit. (…)	§ 37 Ehrenamtlichkeit, Versäumnis von Arbeitszeit (2) ¹Versäumnis von Arbeitszeit, die zur ordnungsgemäßen Durchführung der Aufgaben des Personalrats erforderlich ist, hat keine Minderung der Dienstbezüge, des Arbeitsentgelts und aller Zulagen zur Folge. ²Werden Personalratsmitglieder für die Erfüllung ihrer Aufgaben über ihre regelmäßige Arbeitszeit hinaus beansprucht, so ist ihnen **ein entsprechender Zeitausgleich in Freizeit** zu gewähren.
§ 40 (2) (…) ³Personalratsmitgliedern ist für die Teilnahme an Schulungs- und Bildungsveranstaltungen, die der Personalratsarbeit dienen, auf Antrag die erforderliche Dienstbefreiung unter Fortzahlung der Dienstbezüge zu gewähren.	§ 39 Schulungs- und Bildungsmaßnahmen Personalratsmitgliedern ist für die Teilnahme an Schulungs- und Bildungsveranstaltungen, die der Personalratsarbeit dienen, auf Antrag die erforderliche Dienstbefreiung unter Fortzahlung der Dienstbezüge **oder des Arbeitsentgeltes** zu gewähren.
§ 40 (3) ¹Mitglieder des Personalrats sind auf Antrag des Personalrats von ihrer dienstlichen Tätigkeit freizustellen, wenn und soweit es nach Umfang und Art der Dienststelle zur ordnungsgemäßen Durchführung ihrer Aufgaben erforderlich ist. ²Bei der Freistellung sind nach dem Vorsitzenden die Gruppen ent-	§ 38 Freistellung (1) ¹Mitglieder des Personalrats sind auf Antrag des Personalrats von ihrer dienstlichen Tätigkeit freizustellen, wenn und soweit es nach Umfang und Art der Dienststelle zur ordnungsgemäßen Durchführung ihrer Aufgaben erforderlich ist. ²Bei der Freistellung sind nach **der oder** dem Vorsitzenden die Gruppen ent-

Erläuterungen für die Praxis

Die Regelung in § 33 zur Geschäftsordnung entspricht nach der Gesetzesbegründung weitgehend dem bisherigen § 39. Es wird klargestellt, dass für den Beschluss über die Geschäftsordnung die absolute Mehrheit erforderlich ist (LT-Drs. 20/9470, S. 56). Die Geschäftsordnung kann nun nicht mehr bloß mit der einfachen Stimmenmehrheit der anwesenden Mitglieder des Personalrats beschlossen werden. Vielmehr ist die Mehrheit der Stimmen aller (seiner) Mitglieder erforderlich. Abzustellen ist dabei auf die tatsächliche Ist-Stärke des Gremiums.

Für die Wirksamkeit von Geschäftsordnungen bedarf es seit dem Inkrafttreten des novellierten HPVG am 6. 4. 2023 der qualifizierten Mehrheit. Deshalb müssen bereits bestehende Geschäftsordnungen, die lediglich mit einfacher Stimmenmehrheit gefasst worden sind, erneut zur Abstimmung gestellt werden. Nur wenn dabei die qualifizierte Mehrheit erreicht wird, gelten die Geschäftsordnungen fort.

Der Regelungsinhalt des bisherigen § 40 wird nach der Gesetzesbegründung aufgeteilt in die §§ 37, 38 und 39 neu (LT-Drs. 20/9470, S. 56).

§ 37 Abs. 1 entspricht dem bisherigen § 40 Abs. 1.

In Abs. 2 sind die Regelungen des bisherigen § 40 Abs. 2 Satz 1 und 2 enthalten.

In Satz 2 wird zur besseren Unterscheidung gegenüber der Dienstbefreiung nach § 16 der Hessischen Urlaubsverordnung nun der Begriff des Zeitausgleichs in Freizeit gewählt. Anders als bei der Dienstbefreiung nach Urlaubsrecht, die dazu dient, eine Pflichtenkollision aufzuheben, geht es hier um einen Ausgleich für übermäßige Inanspruchnahme durch die Personalratstätigkeit. Dies wird durch die neue Formulierung deutlicher zum Ausdruck gebracht (LT-Drs. 20/9470, S. 56f.).

Wegen ihres eigenständigen Regelungsgehalts wird die Regelung des bisherigen § 40 Abs. 2 Satz 3 nach der Gesetzesbegründung in einen gesonderten Paragrafen übernommen und präzisiert (LT-Drs. 20/9470, S. 57).

Die Präzisierung bezieht sich auf die Fortzahlung des Arbeitsentgeltes für Personalratsmitglieder, die der Gruppe der Arbeitnehmerinnen und Arbeitnehmer zuzuordnen sind. Eine Änderung der Rechtslage ist damit nicht verbunden. Der Begriff der Dienstbezüge umfasste nach der bisherigen Auslegung bereits jegliche Art von Arbeitsentgelt.

Die Freistellungsregelungen des bisherigen § 40 Abs. 3 und 4 werden nach der Gesetzesbegründung aufgrund ihrer Bedeutung in einen eigenen Paragrafen übernommen und redaktionell angepasst (LT-Drs. 20/9470, S. 57). Eine inhaltliche Änderung ist damit nicht verbunden.

HPVG alte Fassung	HPVG neue Fassung (ab 6. 4. 2023)
sprechend ihrer Stärke und die im Personalrat vertretenen Gewerkschaften und freien Listen entsprechend ihrem Stimmenanteil zu berücksichtigen, soweit sie nicht auf die Freistellung verzichten; dabei ist der Vorsitzende anzurechnen. [3]Gewerkschaften, die zur selben Spitzenorganisation gehören sowie freie Listen können sich hierfür gruppenübergreifend zusammenschließen. [4]Die Freistellung darf nicht zur Beeinträchtigung des beruflichen Werdegangs führen. [5]Verweigert die Dienststelle die Freistellung, so kann der Personalrat unmittelbar die Einigungsstelle anrufen; für die Bildung der Einigungsstelle und das Verfahren gilt § 71.	sprechend ihrer Stärke und die im Personalrat vertretenen Gewerkschaften und freien Listen entsprechend ihrem Stimmenanteil zu berücksichtigen, soweit sie nicht auf die Freistellung verzichten; dabei ist **die oder** der Vorsitzende anzurechnen. [3]Gewerkschaften, die zur selben Spitzenorganisation gehören, sowie freie Listen können sich hierfür gruppenübergreifend zusammenschließen. [4]Die Freistellung darf nicht zur Beeinträchtigung des beruflichen Werdegangs führen. [5]Verweigert die Dienststelle die Freistellung, so kann der Personalrat unmittelbar die Einigungsstelle anrufen; für die Bildung der Einigungsstelle und das Verfahren **gelten die §§ 69 und 70.**
§ 40 (4) [1]Von ihrer dienstlichen Tätigkeit sind nach Abs. 3 auf Antrag ganz freizustellen in Dienststellen mit in der Regel 300 bis 600 Beschäftigten ein Mitglied, 601 bis 1000 Beschäftigten zwei Mitglieder, 2001 bis 2000 Beschäftigten drei Mitglieder, 2001 bis 3000 Beschäftigten vier Mitglieder, 3001 bis 4000 Beschäftigten fünf Mitglieder, 4001 bis 5000 Beschäftigten sechs Mitglieder, 5001 bis 6000 Beschäftigten sieben Mitglieder, 6001 bis 7000 Beschäftigten acht Mitglieder, 7001 bis 8000 Beschäftigten neun Mitglieder, 8001 bis 9000 Beschäftigten zehn Mitglieder, 9001 bis 10 000 Beschäftigten elf Mitglieder. [2]In Dienststellen mit mehr als 10 000 Beschäftigten ist für je angefangene weitere 2000 Beschäftigte ein weiteres Mitglied freizustellen. [3]Eine entsprechende teilweise Freistellung mehrerer Mitglieder ist möglich.	**§ 38 Freistellung** (2) [1]Von ihrer dienstlichen Tätigkeit sind nach Abs. 1 auf Antrag ganz freizustellen in Dienststellen mit in der Regel 1. 300 bis 600 Beschäftigten ein Mitglied, 2. 601 bis 1000 Beschäftigten zwei Mitglieder, 3. 1001 bis 2000 Beschäftigten drei Mitglieder, 4. 2001 bis 3000 Beschäftigten vier Mitglieder, 5. 3001 bis 4000 Beschäftigten fünf Mitglieder, 6. 4001 bis 5000 Beschäftigten sechs Mitglieder, 7. 5001 bis 6000 Beschäftigten sieben Mitglieder, 8. 6001 bis 7000 Beschäftigten acht Mitglieder, 9. 7001 bis 8000 Beschäftigten neun Mitglieder, 10. 8001 bis 9000 Beschäftigten zehn Mitglieder, 11. 9001 bis 10 000 Beschäftigten elf Mitglieder. [2]In Dienststellen mit mehr als 10 000 Beschäftigten ist für je angefangene weitere 2000 Beschäftigte ein weiteres Mitglied freizustellen. [3]Eine entsprechende teilweise Freistellung mehrerer Mitglieder ist möglich.

Erläuterungen für die Praxis

Die bisherige Freistellungsstaffel wurde nicht verändert. Die von Gewerkschaftsseite geforderte Aufnahme von Teilfreistellungsmöglichkeiten in kleineren Dienststellen hat der Gesetzgeber nicht aufgenommen.

HPVG alte Fassung	HPVG neue Fassung (ab 6. 4. 2023)
§ 41 ¹Der Personalrat kann Sprechstunden während der Arbeitszeit einrichten. ²Zeit und Ort bestimmt er im Einvernehmen mit dem Leiter der Dienststelle.	**§ 34 Sprechstunden, Mitteilungen an die Beschäftigten** (1) ¹Der Personalrat kann Sprechstunden während der Arbeitszeit einrichten. ²Zeit und Ort bestimmt er im Einvernehmen mit **der Dienststellenleitung.**
Bisher keine Regelung.	**§ 34 Sprechstunden, Mitteilungen an die Beschäftigten** **(2) ¹Der Personalrat kann Mitteilungen an die Beschäftigten über Angelegenheiten, die sie betreffen, herausgeben. ²Ihm werden in den Dienststellen geeignete Plätze für Bekanntmachungen und Aushänge zur Verfügung gestellt. ³Für Informationen nach Satz 1 und 2 kann der Personalrat auch die in der Dienststelle üblicherweise genutzten Informations- und Kommunikationssysteme nutzen.**
§ 42 (1) Die durch die Tätigkeit des Personalrats entstehenden Kosten trägt die Dienststelle.	**§ 35 Kosten** (1) Die durch die Tätigkeit des Personalrats entstehenden Kosten trägt die Dienststelle.
§ 42 (2) Für die Sitzungen, die Sprechstunden und die laufende Geschäftsführung hat die Dienststelle die erforderlichen Räume und den Geschäftsbedarf zur Verfügung zu stellen.	**§ 35 Kosten** (2) Für die Sitzungen, die Sprechstunden und die laufende Geschäftsführung hat die Dienststelle **dem Personalrat** Räume und Geschäftsbedarf **einschließlich in der Dienststelle üblicherweise genutzter Informations- und Kommunikationstechnik in dem zur sachgerechten Wahrnehmung seiner Aufgaben erforderlichen Umfang** zur Verfügung zu stellen.
§ 42 (3) ¹Für Reisen von Mitgliedern des Personalrats, die dieser in Erfüllung seiner Aufgaben beschlossen hat, werden Reisekosten nach den Vorschriften über Reisekostenvergütung der Beamten gezahlt. ²In diesen Fällen ist die Reise	**§ 35 Kosten** (3) ¹Für Reisen von Mitgliedern des Personalrats, die dieser in Erfüllung seiner Aufgaben beschlossen hat, werden Reisekosten nach den Vorschriften über die Reisekostenvergütung der Beamtinnen und Beamten erstattet. ²In diesen Fällen ist die Reise der für die Genehmigung

Erläuterungen für die Praxis

§ 34 Abs. 1 entspricht nach der Gesetzesbegründung inhaltlich dem bisherigen § 41 (LT-Drs. 20/9470, S. 56).

In § 34 Abs. 2 wird nach der Gesetzesbegründung in Anlehnung an § 48 des BPersVG eine neue Regelung zur Klarstellung getroffen, dass der Personalrat zur Wahrnehmung seiner gesetzlichen Aufgaben und Befugnisse das Recht hat, die Beschäftigten zu informieren und mit ihnen zu kommunizieren und dazu die dienststelleninternen Informations- und Kommunikationssysteme nutzen kann (LT-Drs. 20/9470, S. 56). Die hierfür erforderlichen Kosten trägt die Dienststelle gemäß § 35 Abs. 1.

Für den Inhalt seiner Mitteilungen und Bekanntmachungen trägt allein der Personalrat die Verantwortung (LT-Drs. 20/9470, S. 56). Die Mitteilungen des Personalrats bedürfen nicht der Genehmigung durch die Dienststellenleitung. Eine Zensur durch die Dienststellenleitung ist unzulässig. Hält die Dienststellenleitung eine Bekanntmachung oder eine E-Mail des Personalrats für unzulässig, darf sie diese nicht eigenmächtig verhindern oder entfernen, sondern muss verwaltungsgerichtliche Hilfe in Anspruch nehmen (vgl. BVerwG vom 27.10.2009 – 6 P 11.08 – PersR 2010, 74).

Die Vorschrift zur Kostentragung in § 35 entspricht nach der Gesetzesbegründung weitgehend dem bisherigen § 42 (LT-Drs. 20/9470, S. 56).

Abs. 1 entspricht dem bisherigen § 42 Abs. 1.

In Abs. 2 wird klargestellt, dass nur solche Mittel zur Verfügung zu stellen sind, die zur sachgerechten Wahrnehmung der Aufgaben des Personalrats erforderlich sind. Dies entspricht der Rechtsprechung des Bundesverwaltungsgerichts (Beschluss vom 2.5.2014 – 6 PB 12.14).

Um der technischen Entwicklung Rechnung zu tragen, bezieht die Regelung nun ausdrücklich die in der Dienststelle üblicherweise genutzte Informations- und Kommunikationstechnik mit ein (LT-Drs. 20/9470, S. 56). Dabei handelt es sich um Informations- und Kommunikationstechnik, die in der Dienststelle vorhanden ist und von den Beschäftigten als Arbeitsmittel genutzt wird. Diese Technik ist auch dem Personalrat zur Verfügung zu stellen.

Im Übrigen ist nach der Gesetzesbegründung die umfangreiche Rechtsprechung zum Geschäftsbedarf durch Nennung einzelner Beispiele nicht sinnvoll abbildbar. Daraus ist ableitbar, dass die Rechtsprechung zum Geschäftsbedarf weiterhin heranzuziehen ist.

In Abs. 3 wird Satz 2 um das Erfordernis der rechtzeitigen Anzeige ergänzt, um der Dienststelle die Ausübung ihres Prüfrechts zu ermöglichen (LT-Drs. 20/9470, S. 56).

In Satz 3 wird eine Regelung zum Ersatz von Sachschäden an privaten Kraftfahrzeugen, die anlässlich einer Reise im Sinne des Abs. 1 entstehen, aufgenommen (LT-Drs. 20/9470, S. 56).

HPVG alte Fassung	HPVG neue Fassung (ab 6. 4. 2023)
der für die Genehmigung von Dienstreisen zuständigen Stelle vorher anzuzeigen.	von Dienstreisen zuständigen Stelle **rechtzeitig** vorher anzuzeigen. [3]**Für den Ersatz von Sachschäden an privaten Kraftfahrzeugen gelten die beamtenrechtlichen Bestimmungen entsprechend.**
§ 43 Der Personalrat darf für seine Zwecke von den Beschäftigten keine Beiträge erheben oder annehmen.	**§ 36 Verbot der Beitragserhebung** Der Personalrat darf für seine Zwecke von den Beschäftigten keine Beiträge erheben oder annehmen.
Bisher keine Regelung	**§ 42 Grundsätze Datenschutz** [1]Bei der Verarbeitung personenbezogener Daten hat der Personalrat die Vorschriften über den Datenschutz einzuhalten. [2]Soweit der Personalrat zur Erfüllung der in seiner Zuständigkeit liegenden Aufgaben personenbezogene Daten verarbeitet, ist die Dienststelle der für die Verarbeitung Verantwortliche im Sinne der datenschutzrechtlichen Vorschriften. [3]Die Dienststelle und der Personalrat unterstützen sich gegenseitig bei der Einhaltung der datenschutzrechtlichen Vorschriften. [4]Die oder der Datenschutzbeauftragte ist gegenüber der Dienststelle zur Verschwiegenheit verpflichtet über Informationen, die Rückschlüsse auf den Meinungsbildungsprozess des Personalrats zulassen. [5]§ 6 Abs. 4 Satz 3 und 4 des Hessischen Datenschutz- und Informationsfreiheitsgesetzes vom 3. Mai 2018 (GVBl. S. 82), zuletzt geändert durch Gesetz vom 15. November 2021 (GVBl. S. 718), gilt auch im Hinblick auf das Verhältnis der oder des Datenschutzbeauftragten zur Dienststelle.

Erläuterungen für die Praxis

§ 36 entspricht nach der Gesetzesbegründung dem bisherigen § 43 (LT-Drs. 20/9470, S. 56).

Mit der neuen Bestimmung zum Datenschutz in § 42 wird nach der Gesetzesbegründung zum einen klargestellt, dass der Personalrat bei der Verarbeitung personenbezogener Daten die datenschutzrechtlichen Bestimmungen einzuhalten hat (Satz 1). Diese ergeben sich insbesondere aus der Datenschutz-Grundverordnung und dem Hessischen Datenschutz- und Informationsfreiheitsgesetz. Von besonderer Bedeutung ist § 23 des Hessischen Datenschutz- und Informationsfreiheitsgesetzes, der spezifische Bestimmungen zur Verarbeitung personenbezogener Daten von Beschäftigten durch deren Interessenvertretungen enthält (LT-Drs. 20/9470, S. 57).

Entsprechend der Regelung in § 69 des Bundespersonalvertretungsgesetzes wird in Satz 2 festgelegt, dass die Dienststelle die datenschutzrechtliche Verantwortlichkeit für die Verarbeitung personenbezogener Daten durch den Personalrat trägt. Dies ist sachgerecht, da der Personalrat keine nach außen rechtlich verselbstständigte Institution ist und daher auch bei der Verarbeitung personenbezogener Daten als institutionell unselbstständiger Teil der Dienststelle agiert (LT-Drs. 20/9470, S. 57).

Die in Satz 3 normierte beiderseitige Unterstützungspflicht von Dienststelle und Personalrat bei der Einhaltung der datenschutzrechtlichen Vorschriften beruht auf der datenschutzrechtlichen Verantwortung der Dienststelle einerseits und der innerorganisatorischen Selbstständigkeit und Weisungsfreiheit des Personalrats andererseits (LT-Drs. 20/9470, S. 57). Bei der Erfüllung der datenschutzrechtlichen Pflichten sind Dienststelle und Personalrat in vielfacher Weise auf gegenseitige Unterstützung angewiesen: So trifft beispielsweise den Personalrat zwar keine Pflicht, ein eigenes Verzeichnis von Verarbeitungstätigkeiten (Art. 30 der Datenschutz-Grundverordnung) zu führen, allerdings muss das Verarbeitungsverzeichnis der Dienststelle auch die Verarbeitungstätigkeiten des Personalrats enthalten (LT-Drs. 20/9470, S. 56). Der Personalrat hat die Dienststelle folglich zur Erstellung des Verarbeitungsverzeichnisses über die in seinem Zuständigkeitsbereich verarbeiteten Beschäftigtendaten zu informieren.

Auch bei den datenschutzrechtlichen Auskunftsrechten (Art. 15 der Datenschutz-Grundverordnung) ist die Dienststelle, wenn der Auskunftsanspruch sich auf die durch den Personalrat verarbeiteten Daten bezieht, auf die Unterstützung durch den Personalrat angewiesen (LT-Drs. 20/9470, S. 56). Auch hier hat der Personalrat auf Anfrage der Dienststelle diese über die bei ihm verarbeiteten Daten des betroffenen Beschäftigten zu informieren.

Synopse des bisherigen und neuen Rechts mit Erläuterungen

HPVG alte Fassung	HPVG neue Fassung (ab 6.4.2023)
§ 44 (1) ¹Die Personalversammlung besteht aus den Beschäftigten der Dienststelle. (…)	§ 43 **Allgemeines** (1) Die Personalversammlung besteht aus den Beschäftigten der Dienststelle.
§ 44 (1) ²Sie wird vom Vorsitzenden des Personalrats geleitet. ³Sie ist nicht öffentlich.	§ 45 **Durchführung der Personalversammlung** (1) ¹Die Personalversammlung ist nicht öffentlich. ²Sie wird von **der oder dem** Vorsitzenden des Personalrats geleitet.
§ 44 (2) Kann nach den dienstlichen Verhältnissen eine gemeinsame Versammlung aller Beschäftigten der Dienststelle nicht stattfinden, so sind Teilversammlungen abzuhalten.	§ 43 **Allgemeines** (2) Kann nach den dienstlichen Verhältnissen eine gemeinsame Versammlung aller Beschäftigten der Dienststelle nicht stattfinden, so sind Teilversammlungen abzuhalten.
§ 45 (1) Der Personalrat hat mindestens einmal im Kalenderjahr in einer Personalversammlung einen Tätigkeitsbericht zu erstatten.	§ 46 **Angelegenheiten der Personalversammlung** (1) Der Personalrat **soll** mindestens einmal in jedem Kalenderjahr in einer Personalversammlung einen Tätigkeitsbericht erstatten.

Erläuterungen für die Praxis

Schließlich hat der Personalrat innerhalb seines Zuständigkeitsbereichs eigenverantwortlich die Umsetzung technischer und organisatorischer Maßnahmen zur Gewährleistung der Datensicherheit im Sinne der Art. 24 und 32 der Datenschutz-Grundverordnung sicherzustellen. Die Dienststelle hat den Personalrat mit den hierfür erforderlichen Sachmitteln, wie etwa geeigneten Sicherungseinrichtungen für Unterlagen mit personenbezogenen Daten, auszustatten (LT-Drs. 20/9470, S. 57).

Die Stellung und die Aufgaben des behördlichen Datenschutzbeauftragten richten sich nach der Datenschutz-Grundverordnung (Art. 38 und 39) und bestehen somit auch gegenüber dem Personalrat als Teil der verantwortlichen Stelle. Soweit erforderlich, sollte der Personalrat die Beratung durch den behördlichen Datenschutzbeauftragten in Anspruch nehmen. Die Sätze 4 und 5 stellen insofern die Vertraulichkeit des Meinungsbildungsprozesses entsprechend § 79a des Betriebsverfassungsgesetzes klar (LT-Drs. 20/9470, S. 58).

Die Vorschriften zur Personalversammlung werden nach sachlichen Gesichtspunkten neu gegliedert (LT-Drs. 20/9470, S. 58).

§ 43 Abs. 1 übernimmt inhaltlich – ohne Änderungen – den bisherigen § 44 Abs. 1 Satz 1 (LT-Drs. 20/9470, S. 58).

§ 45 fasst die Regelungen zur Durchführung der Personalversammlung und den Kreis der teilnahmeberechtigten Personen zusammen (LT-Drs. 20/9470, S. 58).

§ 45 Abs. 1 entspricht nach der Gesetzesbegründung dem bisherigen § 44 Abs. 1 Satz 2 und 3 in umgekehrter Reihenfolge (LT-Drs. 20/9470, S. 58).

§ 43 Abs. 2 übernimmt inhaltlich – ohne Änderungen – den bisherigen § 44 Abs. 2 (LT-Drs. 20/9470, S. 58).

§ 46 Abs. 1 übernimmt nach der Gesetzesbegründung den bisherigen § 45 Abs. 1 aus systematischen Gründen an diese Stelle (LT-Drs. 20/9470, S. 58).

Auch wenn die bisherige Verpflichtung (»hat«) zu einer Personalversammlung mit Tätigkeitsbericht zu einem »soll« herabgestuft ist, ist der Personalrat weiterhin verpflichtet, regelmäßig mindestens einmal in jedem Kalenderjahr in einer Personalversammlung über seine Tätigkeiten zu berichten. Nur in seltenen Ausnahmefällen kann der Personalrat hierauf verzichten, wenn es hierfür wichtige Gründe gibt, beispielsweise Kontaktbeschränkungen wegen einer Pandemie, die eine Personalversammlung verbieten.

Synopse des bisherigen und neuen Rechts mit Erläuterungen

HPVG alte Fassung	HPVG neue Fassung (ab 6.4.2023)
§ 45 (2) Der Personalrat ist berechtigt und auf Wunsch des Leiters der Dienststelle oder eines Viertels der wahlberechtigten Beschäftigten verpflichtet, eine Personalversammlung einzuberufen und den Gegenstand, dessen Beratung beantragt ist, auf die Tagesordnung zu setzen.	§ 44 Einberufung der Personalversammlung (1) Der Personalrat beruft die Personalversammlung ein und legt die Tagesordnung fest.
§ 45 (2) Der Personalrat ist berechtigt und auf Wunsch des Leiters der Dienststelle oder eines Viertels der wahlberechtigten Beschäftigten verpflichtet, eine Personalversammlung einzuberufen und den Gegenstand, dessen Beratung beantragt ist, auf die Tagesordnung zu setzen.	§ 44 Einberufung der Personalversammlung (2) Der Personalrat ist auf Wunsch **der Dienststellenleitung** oder eines Viertels der wahlberechtigten Beschäftigten verpflichtet, eine Personalversammlung einzuberufen und den Gegenstand, dessen Beratung beantragt ist, auf die Tagesordnung zu setzen.
§ 45 (3) Auf Antrag einer in der Dienststelle vertretenen Gewerkschaft muß der Personalrat vor Ablauf von zwanzig Arbeitstagen nach Eingang des Antrages eine Personalversammlung nach Abs. 1 einberufen, wenn im vorhergegangenen Kalenderjahr keine Personalversammlung durchgeführt worden ist.	§ 44 Einberufung der Personalversammlung (3) Auf Antrag einer in der Dienststelle vertretenen Gewerkschaft **muss** der Personalrat vor Ablauf von **20** Arbeitstagen nach Eingang des Antrages eine Personalversammlung nach Abs. 1 einberufen, wenn im vorhergegangenen Kalenderjahr keine Personalversammlung durchgeführt worden ist, **in der ein Tätigkeitsbericht erstattet worden ist.**
§ 46 (1)[1]Die in § 45 bezeichneten Personalversammlungen finden während der Arbeitszeit statt, soweit nicht die dienstlichen Verhältnisse eine andere Regelung erfordern. [2]Die Teilnahme an der Personalversammlung hat keine Minderung der Dienstbezüge oder des Arbeitsentgelts zur Folge. [3]Soweit in den Fällen des Satz 1 Personalversammlungen aus dienstlichen Gründen außerhalb der Arbeitszeit stattfinden müssen, ist den Teilnehmern Dienstbefreiung in entsprechendem Umfang zu gewähren.	§ 45 Durchführung der Personalversammlung (4) [1]Personalversammlungen nach **§ 46 Abs. 1** und **auf Wunsch der Dienststellenleitung einberufene Personalversammlungen** finden während der Arbeitszeit statt, soweit nicht die dienstlichen Verhältnisse eine andere Regelung erfordern. [2]Die Teilnahme an **diesen Personalversammlungen** hat keine Minderung der Dienstbezüge oder des Arbeitsentgelts zur Folge. [3]Soweit Personalversammlungen **nach Satz 1** aus dienstlichen Gründen außerhalb der Arbeitszeit stattfinden müssen, ist den **Teilnehmerinnen und** Teilnehmern **ein entsprechender Zeitausgleich in Freizeit** zu gewähren.

Erläuterungen für die Praxis

In § 44 Abs. 1 wird nach der Gesetzesbegründung deutlicher als im bisherigen § 45 Abs. 2 zum Ausdruck gebracht, dass die Personalversammlung eine Veranstaltung des Personalrats ist und demnach von diesem einberufen wird und dieser auch deren Tagesordnung festlegt (LT-Drs. 20/9470, S. 58).

§ 44 Abs. 2 und 3 entsprechen inhaltlich dem bisherigen § 45 Abs. 2 und 3.

Keine inhaltlichen Änderungen in Abs. 2.

In § 44 Abs. 3 am Ende wird das Regelungsziel verdeutlicht (LT-Drs. 20/9470, S. 58). Der Hauptzweck der Personalversammlung ist die Erstattung des Tätigkeitsberichts durch den Personalrat.

§ 45 Abs. 4 entspricht weitgehend dem bisherigen § 46 Abs. 1. Die Regelungen werden allerdings deutlicher auf Personalversammlungen beschränkt, in denen ein Tätigkeitsbericht erstattet worden ist oder die auf Wunsch der Dienststellenleitung einberufen worden sind (LT-Drs. 20/9470, S. 58). Wie bei § 37 wird in Satz 3 der Begriff der Dienstbefreiung durch den zutreffenderen Begriff des Zeitausgleichs in Freizeit ersetzt.

HPVG alte Fassung	HPVG neue Fassung (ab 6.4.2023)
§ 46 (2) ¹Den Beschäftigten werden die notwendigen Fahrkosten für die Reise von der Beschäftigungsstelle zum Versammlungsort und zurück nach den Vorschriften über die Reisekostenvergütung der Beamten erstattet. ²Dies gilt nicht für Beamte im Vorbereitungsdienst, die an zentralen Ausbildungslehrgängen teilnehmen.	§ 45 Durchführung der Personalversammlung (5) ¹**Fahrtkosten, die durch die Teilnahme an Personalversammlungen nach Abs. 4 entstehen, werden in entsprechender Anwendung** der Vorschriften über die Reisekostenvergütung der Beamtinnen und Beamten erstattet. ²Dies gilt nicht für **Beamtinnen und** Beamte im Vorbereitungsdienst **sowie für Auszubildende,** die an zentralen Ausbildungslehrgängen teilnehmen.
§ 46 (3) ¹Andere Personalversammlungen finden außerhalb der Arbeitszeit statt. ²Hiervon kann im Einvernehmen mit dem Leiter der Dienststelle abgewichen werden.	§ 45 Durchführung der Personalversammlung (6) ¹Andere Personalversammlungen finden außerhalb der Arbeitszeit statt. ²Hiervon kann im Einvernehmen mit **der Dienststellenleitung** abgewichen werden.
§ 47 ¹Die Personalversammlung kann dem Personalrat Anträge unterbreiten und zu seinen Beschlüssen Stellung nehmen. (…)	§ 46 Angelegenheiten der Personalversammlung (3) Die Personalversammlung kann dem Personalrat Anträge unterbreiten und zu seinen Beschlüssen Stellung nehmen.
§ 47 (…) ²Sie darf alle Angelegenheiten behandeln, die die Dienststelle oder ihre Beschäftigten betreffen, insbesondere die aktuelle Entwicklung von Tarif-, Besoldungs- und Sozialangelegenheiten sowie Fragen der Gleichstellung von Frau und Mann. ³§ 60 Abs. 3 und § 61 Abs. 1 Satz 2 gelten für die Personalversammlung entsprechend.	§ 46 Angelegenheiten der Personalversammlung (2) ¹Die Personalversammlung kann alle Angelegenheiten behandeln, die die Dienststelle oder ihre Beschäftigten **unmittelbar** betreffen, insbesondere die aktuelle Entwicklung von Tarif-, Besoldungs- und Sozialangelegenheiten sowie Fragen der **tatsächlichen** Gleichstellung von **Frauen und Männern, der Teilhabe von Menschen mit Behinderungen und der Vereinbarkeit von Familie, Pflege und Beruf.** ²§ 2 Abs. 2 und 5 gilt für die Personalversammlung entsprechend.
Bisher keine Regelung.	§ 46 Angelegenheiten der Personalversammlung (4) **Der Personalrat unterrichtet die Beschäftigten über die Behandlung der Anträge und den Fortgang der in der Personalversammlung behandelten Angelegenheiten.**

Erläuterungen für die Praxis

§ 45 Abs. 5 übernimmt die Regelung des bisherigen § 46 Abs. 2 mit der Ergänzung von Satz 2 um die entsprechenden Auszubildenden (LT-Drs. 20/9470, S. 58).

§ 45 Abs. 6 entspricht dem bisherigen § 46 Abs. 3.

Der bisherige § 47 wird in zwei Absätze aufgeteilt.

§ 46 Abs. 3 entspricht dem bisherigen § 47 Satz 1.

§ 46 Abs. 2 führt den bisherigen § 47 Satz 2 in sprachlich aktualisierter Form fort. Durch das Einfügen des Wortes unmittelbar wird klargestellt, dass es nicht um allgemeine politische Themen gehen kann. Die nicht abschließende Aufzählung der Themen wird zur Erläuterung ergänzt um weitere wichtige Beispiele (LT-Drs. 20/9470, S. 58).

Die neue Regelung in § 46 Abs. 4 verpflichtet den Personalrat, die Beschäftigten über den Fortgang der behandelten Themen zu informieren (LT-Drs. 20/9470, S. 58).
Diese Pflicht zur Information bezieht sich nicht bloß auf die nächste Personalversammlung. Der Personalrat hat vielmehr auch zwischen den Personalversammlungen, insbesondere über die Behandlung der Anträge der Personalversammlung, zu informieren. Das kann beispielsweise auch elektronisch per E-Mail erfolgen (vgl. § 34 Abs. 2) oder herkömmlich durch Aushang am Schwarzen Brett.

HPVG alte Fassung	HPVG neue Fassung (ab 6. 4. 2023)
§ 48 An allen Personalversammlungen können Beauftragte der in der Dienststelle vertretenen Gewerkschaften teilnehmen.	**§ 45 Teilnahmeberechtigte** (2) [1]An allen Personalversammlungen können Beauftragte der in der Dienststelle vertretenen Gewerkschaften teilnehmen. [2]**Sie haben Rederecht.** [3]**Der Personalrat hat die Gewerkschaften rechtzeitig über die Einberufung der Personalversammlung zu informieren.**
§ 49 [1]Der Leiter der Dienststelle ist berechtigt, an den Personalversammlungen teilzunehmen, in denen der Tätigkeitsbericht erstattet wird und die auf seinen Wunsch einberufen sind. [2]Er ist von dem Zeitpunkt der Personalversammlung rechtzeitig zu verständigen. § 31 Abs. 4 Satz 3 gilt entsprechend.	**§ 45 Teilnahmeberechtigte** (3) [1]**Die Dienststellenleitung** ist berechtigt, an den Personalversammlungen teilzunehmen, in denen ein Tätigkeitsbericht erstattet wird oder die auf **ihren** Wunsch einberufen worden sind. [2]**Sie** ist über die Einberufung der Personalversammlung rechtzeitig zu informieren. [3]**§ 29** Abs. 4 Satz 3 gilt entsprechend.
§ 50 (1) Für den Geschäftsbereich mehrstufiger Verwaltungen und Gerichte werden bei den Behörden der Mittelstufe Bezirkspersonalräte, bei den obersten Dienstbehörden Hauptpersonalräte gebildet (Stufenvertretungen).	**§ 47 Bildung von Stufenvertretungen** Für den Geschäftsbereich mehrstufiger Verwaltungen und Gerichte werden bei den Behörden der Mittelstufe Bezirkspersonalräte, bei den obersten Dienstbehörden Hauptpersonalräte gebildet (Stufenvertretungen).
§ 50 (2) [1]Die Mitglieder des Bezirkspersonalrats werden von den zum Geschäftsbereich der Behörde der Mittelstufe, die Mitglieder des Hauptpersonalrats von den zum Geschäftsbereich der obersten Dienstbehörde gehörigen Beschäftigten gewählt. [2]Soweit bei unteren Landesbehörden die Personalangelegenheiten der Beschäftigten zum Geschäftsbereich verschiedener Mittelbehörden gehören, sind diese Beschäftigten für den Bezirkspersonalrat bei der jeweils zuständigen Mittelbehörde wahlberechtigt. [3]Soweit bei Behörden der Mittelstufe die Personalangelegenheiten der Beschäftigten zum Geschäftsbereich verschiedener oberster Landesbehörden gehören, sind diese Beschäftigten für den Hauptpersonalrat bei der jeweils zuständigen obersten Landesbehörde wahlberechtigt.	**§ 48 Wahl und Zusammensetzung** (1)[1]Die Mitglieder des Bezirkspersonalrats werden von den zum Geschäftsbereich der Behörde der Mittelstufe, die Mitglieder des Hauptpersonalrats von den zum Geschäftsbereich der obersten Dienstbehörde **gehörenden** Beschäftigten gewählt. [2]Soweit bei unteren Landesbehörden die Personalangelegenheiten der Beschäftigten zum Geschäftsbereich verschiedener Mittelbehörden gehören, sind diese Beschäftigten für den Bezirkspersonalrat bei der jeweils zuständigen Mittelbehörde wahlberechtigt. [3]Soweit bei Behörden der Mittelstufe die Personalangelegenheiten der Beschäftigten zum Geschäftsbereich verschiedener oberster Landesbehörden gehören, sind diese Beschäftigten für den Hauptpersonalrat bei der jeweils zuständigen obersten Landesbehörde wahlberechtigt.

Erläuterungen für die Praxis

§ 45 Abs. 2 Satz 1 entspricht nach der Gesetzesbegründung dem bisherigen § 48. Die Regelung wird ergänzt um ein Rederecht für Beauftragte der in der Dienststelle vertretenen Gewerkschaften sowie die Verpflichtung, diese rechtzeitig über die Einberufung der Personalversammlung zu informieren. Damit wird die Gleichbehandlung aller in der Dienststelle vertretenen Gewerkschaften sichergestellt (LT-Drs. 20/9470, S. 58). Damit der Personalrat die in der Dienststelle vertretenen Gewerkschaften über die Personalversammlung informieren kann, hat die jeweilige Gewerkschaft dem Personalrat die hierfür erforderlichen Kontaktdaten zu übermitteln.

§ 45 Abs. 3 führt inhaltlich die Regelung des bisherigen § 49 fort.

Die Grundregelung zur Bildung von Stufenvertretungen, die bisher in § 50 Abs. 1 enthalten war, wird nach der Gesetzesbegründung als eigenständiger Paragraf an dieser Stelle fortgeführt (LT-Drs. 20/9470, S. 58).

§ 48 entspricht nach der Gesetzesbegründung inhaltlich dem bisherigen § 50 Abs. 2 bis 6 mit redaktionellen und sprachlichen Anpassungen (LT-Drs. 20/9470, S. 58).

HPVG alte Fassung	HPVG neue Fassung (ab 6. 4. 2023)

§ 50
(3) ¹Die Stufenvertretungen bestehen bei in der Regel
bis zu 1000 Wahlberechtigten im Geschäftsbereich aus 7 Mitgliedern,
  1001 bis   3000 Wahlberechtigten im Geschäftsbereich aus 9 Mitgliedern,
  3001 bis   5000 Wahlberechtigten im Geschäftsbereich aus 11 Mitgliedern,
  5001 bis   7000 Wahlberechtigten im Geschäftsbereich aus 13 Mitgliedern,
  7001 bis 10 000 Wahlberechtigten im Geschäftsbereich aus 15 Mitgliedern,
10 001 und mehr Wahlberechtigten im Geschäftsbereich aus 17 Mitgliedern.
²Für den Hauptpersonalrat beim Hessischen Minister für Wissenschaft und Kunst gilt § 12 Abs. 3 entsprechend.
	§ 48 Wahl und Zusammensetzung
	(2) ¹Die Stufenvertretungen bestehen bei in der Regel
	1. bis zu 1000 Wahlberechtigten im Geschäftsbereich aus sieben Mitgliedern,
	2. 1001 bis 3000 Wahlberechtigten im Geschäftsbereich aus neun Mitgliedern,
	3. 3001 bis 5000 Wahlberechtigten im Geschäftsbereich aus elf Mitgliedern,
	4. 5001 bis 7000 Wahlberechtigten im Geschäftsbereich aus 13 Mitgliedern,
	5. 7001 bis 10 000 Wahlberechtigten im Geschäftsbereich aus 15 Mitgliedern,
	6. 10 001 und mehr Wahlberechtigten im Geschäftsbereich aus 17 Mitgliedern.
	²Für den Hauptpersonalrat beim Hessischen Ministerium für Wissenschaft und Kunst gilt § 12 Abs. 1 entsprechend.

§ 50 (4) ¹Die §§ 9 bis 11, § 13 Abs. 1 und 2, §§ 14 bis 18 und 20 bis 22 gelten entsprechend. ²Eine Personalversammlung zur Bestellung des Bezirks- oder Hauptwahlvorstandes findet nicht statt. ³An ihrer Stelle übt der Leiter der Dienststelle, bei der die Stufenvertretung zu errichten ist, im Benehmen mit den in der Dienststelle vertretenen Gewerkschaften die Befugnisse zur Bestellung des Wahlvorstandes nach § 17 Abs. 2, §§ 18 und 20 aus.	§ 48 Wahl und Zusammensetzung (3) ¹Die §§ 10 und 11, § 13 Abs. 1 und 2, die §§ 14 bis 16 Abs. 2 sowie die §§ 17 bis § 20 Abs. 1 gelten entsprechend. ²Eine Personalversammlung zur Bestellung des Bezirks- oder Hauptwahlvorstandes findet nicht statt. ³An ihrer Stelle übt die Leitung der Dienststelle, bei der die Stufenvertretung zu errichten ist, im Benehmen mit den in der Dienststelle vertretenen Gewerkschaften die Befugnisse zur Bestellung des Wahlvorstandes nach § 16 Abs. 2 und § 17 Abs. 1 aus.
§ 50 (5) ¹Die Wahl der Stufenvertretungen soll möglichst gleichzeitig mit der der Personalräte erfolgen. ²In diesem Falle führen die bei den Dienststellen bestehenden Wahlvorstände die Wahl der Stufenvertretungen im Auftrag des Bezirks- oder Hauptwahlvorstandes durch. ³Andernfalls bestellen auf sein Ersuchen die Personalräte oder, wenn solche nicht bestehen, die Leiter der Dienststellen im Benehmen mit den in der Dienststelle vertretenen Gewerkschaften die örtlichen Wahlvorstände für die Wahl der Stufenvertretungen.	§ 48 Wahl und Zusammensetzung (4) ¹Die Wahl der Stufenvertretungen soll möglichst gleichzeitig mit der der Personalräte erfolgen. ²In diesem Falle führen die bei den Dienststellen bestehenden Wahlvorstände die Wahl der Stufenvertretungen im Auftrag des Bezirks- oder Hauptwahlvorstandes durch. ³Andernfalls bestellen auf sein Ersuchen die Personalräte oder, wenn solche nicht bestehen, die Dienststellenleitungen im Benehmen mit den in der Dienststelle vertretenen Gewerkschaften die örtlichen Wahlvorstände für die Wahl der Stufenvertretungen.

Erläuterungen für die Praxis
Unverändert.
Keine inhaltlichen Änderungen.
Keine inhaltlichen Änderungen.

HPVG alte Fassung	HPVG neue Fassung (ab 6. 4. 2023)
§ 50 (6) In den Stufenvertretungen erhält jede Gruppe mindestens einen Vertreter. § 13 Abs. 4 gilt entsprechend.	§ 48 **Wahl und Zusammensetzung** (5) ¹In den Stufenvertretungen erhält jede Gruppe mindestens **eine Vertreterin oder einen Vertreter.** ²**Besteht die Stufenvertretung aus mehr als neun Mitgliedern, erhält jede Gruppe mindestens zwei Vertreterinnen oder Vertreter.** ³**Satz 2 gilt nicht für den Hauptpersonalrat beim Hessischen Ministerium für Wissenschaft und Kunst.** ⁴§ 13 Abs. 4 gilt entsprechend.
§ 51 (1) Für die Amtszeit und die Geschäftsführung der Stufenvertretungen gelten die §§ 23 bis 36, §§ 38 und 39, § 40 Abs. 1 bis 3, §§ 42 und 43 entsprechend.	§ 49 **Amtszeit, Geschäftsführung, Rechtsstellung, Datenschutz** (1) ¹Für die Amtszeit und die Geschäftsführung der Stufenvertretungen gelten die **§§ 20 bis 34 Abs. 2 sowie die §§ 35 bis 38 Abs. 1** entsprechend. ²**§ 28 Abs. 1** gilt mit der Maßgabe, **dass** die Mitglieder der Stufenvertretung spätestens zwei Wochen nach dem Wahltag einzuberufen sind.
§ 51 (2) In Stufenvertretungen sind von ihrer dienstlichen Tätigkeit auf Antrag freizustellen ab 7 Mitgliedern ein Mitglied mit der Hälfte der regelmäßigen wöchentlichen Arbeitszeit, ab 9 Mitgliedern ein Mitglied ganz und ab 13 Mitgliedern zwei Mitglieder.	§ 49 **Amtszeit, Geschäftsführung, Rechtsstellung, Datenschutz** (3) In Stufenvertretungen sind von ihrer dienstlichen Tätigkeit auf Antrag freizustellen 1. ab 7 Mitgliedern ein Mitglied mit der Hälfte der regelmäßigen wöchentlichen Arbeitszeit, 2. ab 9 Mitgliedern ein Mitglied ganz und 3. ab 13 Mitgliedern zwei Mitglieder.
§ 51 (3) § 31 Abs. 1 gilt mit der Maßgabe, daß die Mitglieder der Stufenvertretung spätestens zwei Wochen nach dem Wahltag einzuberufen sind.	§ 49 **Amtszeit, Geschäftsführung, Rechtsstellung, Datenschutz** (1) ¹Für die Amtszeit und die Geschäftsführung der Stufenvertretungen gelten die **§§ 20 bis 34 Abs. 2 sowie die §§ 35 bis 38 Abs. 1** entsprechend. ²**§ 28 Abs. 1** gilt mit der Maßgabe, **dass** die Mitglieder der Stufenvertretung spätestens zwei Wochen nach dem Wahltag einzuberufen sind.

Erläuterungen für die Praxis

In § 48 Abs. 5 wird nach der Gesetzesbegründung mit Satz 2 eine Regelung zur Stärkung des Gruppenprinzips in der Stufenvertretung ergänzt (LT-Drs. 20/9470, S. 58).

Diese Stärkung des Gruppenprinzips gilt gemäß Satz 3 ausdrücklich nicht für den Hauptpersonalrat beim Hessischen Ministerium für Wissenschaft und Kunst. Mit dieser durch den Innenausschuss vorgenommenen Änderung soll der Besonderheit des Hauptpersonalrats beim Hessischen Ministerium für Wissenschaft und Kunst (HPR HMWK) Rechnung getragen werden, der als einziger HPR des Landes aus vier Gruppen besteht und bei dem die bisherige Regelung, die zukünftig nur noch für kleine Stufenvertretungen gilt – mindestens ein Sitz je Gruppe – die Größenverhältnisse im HPR gut abbildet (LT-Drs. 20/10698, S. 9). Die neue Regelung in Satz 2, wonach bei Stufenvertretungen mit mehr als neun Mitgliedern jede Gruppe mindestens zwei Sitze erhält, und die das Gruppenprinzip stärken soll, verfehlt beim HPR HMWK ihren Zweck. Für den HPR HMWK soll deshalb weiterhin Satz 1 gelten. Danach erhält jede Gruppe lediglich mindestens eine Vertreterin oder einen Vertreter.

§ 49 Abs. 1 fasst die bisher in § 51 Abs. 1 und 3 enthaltenen Regelungen über Amtszeit und Geschäftsführung der Stufenvertretungen zusammen (LT-Drs. 20/9470, S. 59). Inhaltliche Änderungen sind damit nicht verbunden.
Die Verweisung in § 49 Abs. 1 schließt auch die Möglichkeit zur Einrichtung von Sprechstunden während der Arbeitszeit nach § 34 Abs. 1 ein. Den Gesetzgebungsmaterialien ist nicht zu entnehmen, dass mit der Neufassung von der bisherigen Nichtgeltung der Regelung über die Sprechstunden (§ 51 Abs. 1 a.F. i.V.m. § 41 a.F.) für Stufenvertretungen abgewichen werden soll. Die jetzige Verweisung in § 49 Abs. 1 fasst lediglich die bisher in § 51 Abs. 1 enthaltene Regelung über die Geschäftsführung zusammen (LT-Drs. 20/9470, S. 59). Insofern handelt es sich bei der jetzt fehlenden Herausnahme der Regelungen über die Sprechstunden um ein Redaktionsversehen. Stufenvertretungen haben weiterhin nicht die Möglichkeit, Sprechstunden einzurichten.

§ 49 Abs. 3 entspricht der bisher in § 51 Abs. 2 enthaltenen besonderen Freistellungsregelung für Stufenvertretungen in redaktionell überarbeiteter Form (LT-Drs. 20/9470, S. 59).

§ 49 Abs. 1 fasst die bisher in § 51 Abs. 1 und 3 enthaltenen Regelungen über Amtszeit und Geschäftsführung der Stufenvertretungen zusammen (LT-Drs. 20/9470, S. 59). Inhaltliche Änderungen sind damit nicht verbunden.

HPVG alte Fassung	HPVG neue Fassung (ab 6. 4. 2023)
§ 52 (1) ¹Neben den einzelnen Personalräten wird in den Fällen des § 7 Abs. 3 ein Gesamtpersonalrat errichtet. ²Das gleiche gilt in Gemeinden, Gemeindeverbänden und sonstigen Körperschaften des öffentlichen Rechts mit einstufigem Verwaltungsaufbau auch in den Fällen des § 7 Abs. 1 und des § 86 Abs. 1 Nr. 1.	§ 50 Bildung eines Gesamtpersonalrats (1) ¹In den Fällen des **§ 5 Abs. 3** wird neben den einzelnen Personalräten ein Gesamtpersonalrat **gebildet**. ²Das gleiche gilt in Gemeinden, Gemeindeverbänden und sonstigen Körperschaften des öffentlichen Rechts mit einstufigem Verwaltungsaufbau auch in den Fällen des **§ 5 Abs. 1** und des **§ 86 Abs. 1.**
§ 52 (2) In Gemeinden, Gemeindeverbänden und sonstigen Körperschaften, Anstalten und Stiftungen des öffentlichen Rechts tritt an die Stelle der Stufenvertretung der Gesamtpersonalrat.	§ 50 Bildung eines Gesamtpersonalrats (2) In Gemeinden, Gemeindeverbänden und sonstigen Körperschaften, Anstalten und Stiftungen des öffentlichen Rechts tritt an die Stelle der Stufenvertretung der Gesamtpersonalrat.
§ 53 Für die Wahl, die Amtszeit und die Geschäftsführung des Gesamtpersonalrats gelten § 12, § 50 Abs. 2, 4 bis 6 und § 51 Abs. 1 und 3, für Gesamtpersonalräte nach § 52 Abs. 2 auch § 51 Abs. 2 entsprechend.	§ 51 Anzuwendende Vorschriften Für den Gesamtpersonalrat gelten die §§ 9 und 12, § 48 Abs. 1, 3 bis 5 und § 49 Abs. 1, 2 und 4, für Gesamtpersonalräte nach § 50 Abs. 2 gilt auch § 49 Abs. 3 entsprechend.
§ 54 (1) ¹Beschäftigte, die das achtzehnte Lebensjahr noch nicht vollendet haben oder als Beamtenanwärter oder Auszubildende für einen Beruf ausgebildet werden, wählen in Dienststellen mit mindestens fünf Jugendlichen oder in einer Berufsausbildung befindlichen Beschäftigten eine Jugend- und Auszubildendenvertretung. (…)	§ 52 Bildung von Jugend- und Auszubildendenvertretungen In Dienststellen, **bei denen Personalvertretungen gebildet sind** und denen in der Regel mindestens fünf Beschäftigte angehören, die das 18. Lebensjahr noch nicht vollendet haben oder die sich in einer **beruflichen Ausbildung** befinden, werden Jugend- und Auszubildendenvertretungen gebildet.
	§ 53 Wahlberechtigung und Wählbarkeit (1) ¹Wahlberechtigt sind die Beschäftigten, die am Wahltag das 18. Lebensjahr noch nicht vollendet haben oder sich in einer **beruflichen Ausbildung** befinden. ²**§ 10 Abs. 1 Satz 1 Nr. 1 und 2 sowie Abs. 2 bis 4** gilt entsprechend.

Erläuterungen für die Praxis

§ 50 Abs. 1 entspricht nach der Gesetzesbegründung dem bisherigen § 52 Abs. 1 in redaktionell angepasster Form (LT-Drs. 20/9470, S. 59). Inhaltliche Änderungen sind damit nicht verbunden.

§ 50 Abs. 2 entspricht nach der Gesetzesbegründung dem bisherigen § 52 Abs. 2 (LT-Drs. 20/9470, S. 59). Änderungen sind damit nicht verbunden.

§ 51 entspricht nach der Gesetzesbegründung dem bisherigen § 53 unter Anpassung der Verweisungen (LT-Drs. 20/9470, S. 59). Inhaltliche Änderung sind damit nicht verbunden.

Die Regelungen zur Jugend- und Auszubildendenvertretung werden nach der Gesetzesbegründung zur verbesserten Übersichtlichkeit neu gegliedert (LT-Drs. 20/9470, S. 59).

Die grundsätzliche Regelung zur Bildung von Jugend- und Auszubildendenvertretungen, die bisher in § 54 Abs. 1 Satz 1 zusammen mit der Wahlberechtigung geregelt war, wird in einem eigenständigen Paragrafen getroffen und klarer formuliert. Dabei wird der Zusammenhang der Jugend- und Auszubildendenvertretung mit dem Personalrat deutlich hervorgehoben. In Dienststellen, in denen kein Personalrat besteht, ist auch keine Jugend- und Auszubildendenvertretung zu wählen (LT-Drs. 20/9470, S. 59).
Die sprachliche Anpassung von »Berufsausbildung« hin zu »beruflichen Ausbildung« hat keine Änderung des bisherigen Anwendungsbereichs zur Folge.

§ 53 Abs. 1 übernimmt nach der Gesetzesbegründung inhaltlich die Regelung des bisherigen § 54 Abs. 1 Satz 1 zur Wahlberechtigung (LT-Drs. 20/9470, S. 59). Der Regelungsinhalt wird sprachlich klarer gefasst. Hinsichtlich der allgemeinen Voraussetzungen für die Wahlberechtigung wird in bestimmtem Umfang auf die entsprechende Anwendung des § 10 verwiesen. Mit der Erstreckung der Verweisung auch auf § 10 Abs. 3 wird ein Gleichklang zwischen aktivem und passivem Wahlrecht von Beschäftigten erreicht, die sich in einer beruflichen Ausbildung befinden. Diese sind zukünftig nur in ihrer Stammbehörde wahlberechtigt und wählbar.

HPVG alte Fassung	HPVG neue Fassung (ab 6. 4. 2023)
§ 54 (1) (…) ²Diese besteht in Dienststellen mit 5 bis 10 der vorgenannten Beschäftigten aus einem Jugend- und Auszubildendenvertreter, 11 bis 50 der vorgenannten Beschäftigten aus drei Jugend- und Auszubildendenvertretern und mehr als 50 der vorgenannten Beschäftigten aus fünf Jugend- und Auszubildendenvertretern. (…)	§ 54 Größe und Zusammensetzung (1) Die Jugend- und Auszubildendenvertretung besteht in Dienststellen mit **in der Regel** 1. 5 bis 10 der **in § 52 genannten Beschäftigten** aus einem Mitglied, 2. 11 bis 50 der vorgenannten Beschäftigten aus drei Mitgliedern, 3. 51 bis **200** der vorgenannten Beschäftigtenaus fünf Mitgliedern und 4. **mehr als 200 der vorgenannten Beschäftigtenaus sieben Mitgliedern.**
§ 54 (1) (…) ³Als Jugend- und Auszubildendenvertreter können Beschäftigte vom vollendeten sechzehnten bis zum vollendeten sechsundzwanzigsten Lebensjahr sowie in einer Berufsausbildung befindliche Beschäftigte gewählt werden. (…)	§ 53 Wahlberechtigung und Wählbarkeit (2) ¹Wählbar sind die Beschäftigten, die am Wahltag das 26. Lebensjahr noch nicht vollendet haben oder sich in einer beruflichen Ausbildung befinden. ²**§ 11 Abs. 1 Satz 1 Nr. 2, Satz 2 sowie Abs. 2 und 3 gilt entsprechend.**
§ 54 (1) (…) ⁴Dabei sind Männer und Frauen entsprechend ihrem Anteil an den Wahlberechtigten zu berücksichtigen. ⁵Insofern findet § 13 Abs. 1 und 2 sinngemäß Anwendung.	§ 54 Größe und Zusammensetzung (2) ¹**Frauen und Männer** sind entsprechend ihrem Anteil an den Wahlberechtigten zu berücksichtigen. ²Insofern findet § 13 Abs. 1 und 2 **entsprechende** Anwendung.
Bisher keine Regelung	§ 54 Größe und Zusammensetzung (3) **Die Jugend- und Auszubildendenvertretung soll sich aus Vertreterinnen und Vertretern der verschiedenen Beschäftigungsarten der in § 52 genannten Beschäftigten zusammensetzen.**
§ 54 (2) ¹Der Personalrat bestimmt den Wahlvorstand und seinen Vorsitzenden. ²§ 10, § 13 Abs. 5, § 16 Abs. 1, 3 bis 6, § 17 Abs. 1 Satz 2 und 3, §§ 21 und 22 gelten entsprechend.	§ 55 Wahl, Amtszeit, Vorsitz (1) ¹Der Personalrat bestimmt **im Einvernehmen mit der Jugend- und Auszubildendenvertretung** den Wahlvorstand und seinen **Vorsitz.** ²**§ 15 Abs. 1, 3 bis 6, § 16 Abs. 1 Satz 1 bis 3 sowie die §§ 18, 19 und 21 Abs. 3 Satz 1** gelten **für die Wahl der Jugend- und Auszubildendenvertretung** entsprechend.
Bisher keine Regelung.	§ 55 Wahl, Amtszeit, Vorsitz (2) ¹**Der Wahlvorstand kann bestimmen, dass die Wahl in Dienststellen mit höchstens 20 in der Regel Beschäftigten im Sinne von § 52 in einer Wahlversammlung stattfindet.**

Erläuterungen für die Praxis

In § 54 Abs. 1 wird nach der Gesetzesbegründung die Regelung über die Größe der Jugend- und Auszubildendenvertretung des bisherigen § 54 Abs. 1 Satz 2 übernommen und fortentwickelt (LT-Drs. 20/9470, S. 59).

Durch Einfügen von »in der Regel« Beschäftigten wird ein Gleichklang mit den Regelungen zu den Personalratswahlen hergestellt. Des Weiteren wird eine zusätzliche Stufe eingefügt. Hat eine Dienststelle mehr als 200 Beschäftigte im Sinne von § 52, besteht die Jugend- und Auszubildendenvertretung zukünftig aus sieben Mitgliedern. Damit erfolgt eine Anpassung an die vergleichbaren Regelungen anderer Bundesländer.

§ 53 Abs. 2 führt nach der Gesetzesbegründung die bisher in § 54 Abs. 1 Satz 3 enthaltene Regelung zur Wählbarkeit fort und entwickelt sie weiter. An einem Mindestalter für die Wählbarkeit wird dabei nicht mehr festgehalten, um den Charakter als Jugendvertretung zu stärken. Dadurch wird zugleich der Kreis möglicher Wahlbewerberinnen und Wahlbewerber erweitert. Hinsichtlich der allgemeinen Voraussetzungen für die Wählbarkeit wird in bestimmtem Umfang auf die entsprechende Anwendung des § 11 verwiesen.

§ 54 Abs. 2 entspricht nach der Gesetzesbegründung dem bisherigen § 54 Abs. 1 Satz 4 und 5 (LT-Drs. 20/9470, S. 59).

In § 54 Abs. 3 wird nach der Gesetzesbegründung zum leichteren Verständnis an Stelle einer Verweisung eine § 13 Abs. 5 entsprechende Regelung ausdrücklich auch für die Jugend- und Auszubildendenvertretung getroffen (LT-Drs. 20/9470, S. 59). Diese Soll-Vorschrift zielt nicht auf die Gruppenzugehörigkeit ab, sondern auf die Berufsgruppen und Tätigkeitsbereiche, in denen sich die Jugendlichen oder Auszubildenden befinden.

Die im bisherigen § 54 Abs. 2 bis 4 zu Wahl und Amtszeit der Jugend- und Auszubildendenvertretung enthaltenen Regelungen werden in § 55 Abs. 1, 3 und 4 fortgeführt (LT-Drs. 20/9470, S. 59).

In § 55 Abs. 1 wird ergänzt, dass die Bestimmung des Wahlvorstands im Einvernehmen mit der Jugend- und Auszubildendenvertretung erfolgt. Die Verweisungen werden aktualisiert (LT-Drs. 20/9470, S. 59). Das Einvernehmen zur Wahlvorstandsbestellung kann hergestellt werden durch einen Personalratsbeschluss, an dem die Jugend- und Auszubildendenvertretung beteiligt ist und mit »Ja« stimmt oder die Jugend- und Auszubildendenvertretung später einen Personalratsbeschluss zur Wahlvorstandsbestellung genehmigt.

In Abs. 2 wird nach der Gesetzesbegründung für die Wahl der Jugend- und Auszubildendenvertretung ein vereinfachtes Wahlverfahren zugelassen, sofern in der Dienststelle in der Regel höchstens 20 Beschäftigte im Sinne von § 52 tätig sind. Die Wahl kann dann in einer Wahlversammlung nach den Maßgaben der Sätze 2 bis 4 stattfinden LT-Drs. 20/9470, S. 60).

HPVG alte Fassung	HPVG neue Fassung (ab 6. 4. 2023)
	²Er hat dazu spätestens vier Wochen vor Ablauf der Amtszeit einzuberufen. ³Gewählt wird in geheimer Wahl nach den Grundsätzen der Mehrheitswahl. ⁴Die oder der Vorsitzende des Wahlvorstands leitet die Wahlversammlung, führt die Wahl durch und fertigt über das Ergebnis ein Protokoll.
§ 54 (3) ¹Die Amtszeit der Jugend- und Auszubildendenvertretung beträgt zwei Jahre. ²Im übrigen gelten die Vorschriften der §§ 23 bis 28 mit Ausnahme des § 24 Abs. 1 Nr. 1 sinngemäß. ³Ein Mitglied der Jugend- und Auszubildendenvertretung, das im Laufe der Amtszeit das sechsundzwanzigste Lebensjahr vollendet oder seine Berufsausbildung abschließt, bleibt bis zum Ende der Amtszeit Mitglied der Jugend- und Auszubildendenvertretung.	§ 55 Wahl, Amtszeit, Vorsitz (3) ¹Die Amtszeit der Jugend- und Auszubildendenvertretung beträgt zwei Jahre. ²Im Übrigen gelten die Vorschriften der §§ **20 bis 26** mit Ausnahme des § 21 Abs. 1 Nr. 1 **entsprechend**. ³Ein Mitglied der Jugend- und Auszubildendenvertretung, das im Laufe der Amtszeit das 26. Lebensjahr vollendet oder seine Berufsausbildung abschließt, bleibt bis zum Ende der Amtszeit Mitglied der Jugend- und Auszubildendenvertretung.
§ 54 (4) Besteht die Jugend- und Auszubildendenvertretung aus drei oder mehr Mitgliedern, so wählt sie mit einfacher Mehrheit aus ihrer Mitte einen Vorsitzenden und einen oder mehrere Stellvertreter.	§ 55 Wahl, Amtszeit, Vorsitz (4) Besteht die Jugend- und Auszubildendenvertretung aus drei oder mehr Mitgliedern, so wählt sie mit einfacher Mehrheit aus ihrer Mitte **eine Vorsitzende oder** einen Vorsitzenden und **eine Stellvertreterin oder** einen Stellvertreter oder mehrere **Stellvertreterinnen und Stellvertreter.**
§ 55 (1) Die Jugend- und Auszubildendenvertretung hat folgende allgemeine Aufgaben: 1. Maßnahmen, die den in § 54 Abs. 1 Satz 1 genannten Beschäftigten dienen, insbesondere in Fragen der Berufsbildung, beim Personalrat zu beantragen, 2. Maßnahmen, die der Gleichberechtigung von männlichen und weiblichen Jugendlichen und Auszubildenden dienen, zu beantragen, 3. darüber zu wachen, daß die zugunsten der in § 54 Abs. 1 Satz 1 genannten Beschäftigten geltenden Gesetze, Verordnungen, Unfallverhütungsvorschriften, Tarifverträge, Dienstvereinbarungen und Verwaltungsanordnungen durchgeführt werden,	§ 56 Aufgaben (1) Die Jugend- und Auszubildendenvertretung hat folgende allgemeine Aufgaben: 1. Maßnahmen, die den in § 52 genannten Beschäftigten dienen, insbesondere in Fragen der Berufsbildung, beim Personalrat zu beantragen, 2. Maßnahmen, die der Gleichberechtigung von **weiblichen und männlichen** Jugendlichen und Auszubildenden dienen, zu beantragen, 3. darüber zu wachen, **dass** die zugunsten der in § 52 genannten Beschäftigten geltenden Gesetze, Verordnungen, Unfallverhütungsvorschriften, Tarifverträge, Dienstvereinbarungen und Verwaltungsanordnungen durchgeführt werden,

Erläuterungen für die Praxis
Vereinfachte Wahlverfahren sind aus dem Betriebsverfassungsrecht bekannt (in kleinen Betrieben nach § 14a BetrVG für den Betriebsrat oder bei der Wahl zur Jugend- und Auszubildendenvertretung, wenn höchstens 100 Jugendliche oder Auszubildende beschäftigt sind, nach § 63 Abs. 3 BetrVG). Abs. 2 verpflichtet allerdings nicht zur vereinfachten Wahl, sondern räumt lediglich dem Wahlvorstand das Ermessen ein, die Wahl in einer Wahlversammlung durchzuführen. Konkrete Regeln zur Durchführung der Wahl enthält Abs. 2 – abgesehen von der Vorgabe zur geheimen Wahl und zur Mehrheitswahl – nicht. Diese müssen in einer Wahlordnung nach § 108 erlassen werden
§ 55 Abs. 3 entspricht nach der Gesetzesbegründung dem bisherigen § 54 Abs. 3, der sprachlich und redaktionell überarbeitet wurde. Inhaltliche Änderungen sind damit nicht verbunden.
§ 55 Abs. 4 entspricht nach der Gesetzesbegründung dem bisherigen § 54 Abs. 4, der sprachlich und redaktionell überarbeitet wurde. Inhaltliche Änderungen sind damit nicht verbunden.
§ 56 entspricht nach der Gesetzesbegründung inhaltlich dem bisherigen § 55. Die Verweisungen werden an die neue Paragrafenfolge des Gesetzes angepasst (LT-Drs. 20/9470, S. 60).

HPVG alte Fassung	HPVG neue Fassung (ab 6. 4. 2023)
4. Anregungen und Beschwerden von in § 54 Abs. 1 Satz 1 genannten Beschäftigten, insbesondere in Fragen der Berufsbildung, entgegenzunehmen und, falls sie berechtigt erscheinen, beim Personalrat auf eine Erledigung hinzuwirken; die Jugend- und Auszubildendenvertretung hat die betroffenen Beschäftigten über den Stand und das Ergebnis der Verhandlungen zu informieren.	4. Anregungen und Beschwerden von in § 52 genannten Beschäftigten, insbesondere in Fragen der Berufsbildung, entgegenzunehmen und, falls sie berechtigt erscheinen, beim Personalrat auf eine Erledigung hinzuwirken; die Jugend- und Auszubildendenvertretung hat die betroffenen Beschäftigten über den Stand und das Ergebnis der Verhandlungen zu informieren.
§ 55 (2) Die Zusammenarbeit der Jugend- und Auszubildendenvertretung mit dem Personalrat bestimmt sich nach § 31 Abs. 3 und 5 sowie § 36.	**§ 56 Aufgaben** (2) Die Zusammenarbeit der Jugend- und Auszubildendenvertretung mit dem Personalrat bestimmt sich nach den **§ 28 Abs. 4, § 29 Abs. 5** sowie **§ 31.**
§ 55 (3) ¹Zur Durchführung ihrer Aufgaben ist die Jugend- und Auszubildendenvertretung durch den Personalrat rechtzeitig und umfassend zu unterrichten. ²Die Jugend- und Auszubildendenvertretung kann verlangen, daß ihr der Personalrat die zur Durchführung ihrer Aufgaben erforderlichen Unterlagen zur Verfügung stellt.	**§ 56 Aufgaben** (3) ¹Zur Durchführung ihrer Aufgaben ist die Jugend- und Auszubildendenvertretung durch den Personalrat rechtzeitig und umfassend zu unterrichten. ²Die Jugend- und Auszubildendenvertretung kann verlangen, **dass** ihr der Personalrat die zur Durchführung ihrer Aufgaben erforderlichen Unterlagen zur Verfügung stellt.
§ 55 (4) Der Personalrat hat die Jugend- und Auszubildendenvertretung zu den Besprechungen zwischen Dienststellenleiter und Personalrat nach § 60 Abs. 4 beizuziehen, wenn Angelegenheiten behandelt werden, die besonders die in § 54 Abs. 1 Satz 1 genannten Beschäftigten betreffen.	**§ 56 Aufgaben** (4) Der Personalrat hat die Jugend- und Auszubildendenvertretung zu den **Monatsgesprächen** nach **§ 62 Abs. 1** beizuziehen, wenn Angelegenheiten behandelt werden, die die in § 52 genannten Beschäftigten besonders betreffen.
§ 55 (5) ¹Die Jugend- und Auszubildendenvertretung kann nach Verständigung des Personalrats Sitzungen abhalten; § 31 Abs. 1 und 2 gilt sinngemäß. ²An den Sitzungen der Jugend- und Auszubildendenvertretung kann ein vom Personalrat beauftragtes Personalratsmitglied teilnehmen.	**§ 56 Aufgaben** (5) ¹Die Jugend- und Auszubildendenvertretung kann nach Verständigung des Personalrats Sitzungen abhalten; **§ 28 Abs. 1 bis 3, § 29 Abs. 1 bis 3 und 6, § 30 Abs. 1 bis 4 sowie die §§ 32 und 33 gelten entsprechend.** ²An den Sitzungen der Jugend- und Auszubildendenvertretung kann ein vom Personalrat beauftragtes Personalratsmitglied teilnehmen.

Erläuterungen für die Praxis
Keine inhaltlichen Änderungen.
Keine inhaltlichen Änderungen.
Keine inhaltlichen Änderungen.
In § 56 Abs. 5 Satz 1 werden weitere Vorschriften zur Geschäftsführung in die Aufzählung der entsprechend anzuwendenden Vorschriften aufgenommen. Die Verwendung von »entsprechend« statt »sinngemäß« dient der Angleichung an die an anderer Stelle verwendete Wortwahl; sie hat keine inhaltlichen Auswirkungen (LT-Drs. 20/9470, S. 60).

HPVG alte Fassung	HPVG neue Fassung (ab 6.4.2023)
§ 56 [1]Für die Jugend- und Auszubildendenvertretung gelten § 40 Abs. 1 bis 3, §§ 41 bis 43 und 61 Abs. 1 Satz 2 sinngemäß, § 42 Abs. 3 mit der Maßgabe, daß Reisekosten nur gezahlt werden, wenn der Personalrat die Reise beschlossen hat. [2]§ 64 Abs. 2 gilt entsprechend mit der Maßgabe, daß die Versetzung und die Abordnung von Mitgliedern der Jugend- und Auszubildendenvertretung, der Wahlvorstände und von Wahlbewerbern der Zustimmung des Personalrats bedürfen.	§ 57 Anzuwendende Vorschriften [1]Für die Jugend- und Auszubildendenvertretung gelten die §§ 34 bis 38 Abs. 1 sowie die §§ 39 und 42 entsprechend, § 35 Abs. 3 mit der Maßgabe, dass Reisekosten nur gezahlt werden, wenn der Personalrat die Reise beschlossen hat. [2]§ 40 gilt entsprechend mit der Maßgabe, dass die außerordentliche Kündigung, die Versetzung, die Zuweisung und die Abordnung von Mitgliedern der Jugend- und Auszubildendenvertretung, der Wahlvorstände und von Wahlbewerberinnen und Wahlbewerbern der Zustimmung des Personalrats bedürfen. [3]§ 41 gilt entsprechend; in dem Verfahren vor dem Verwaltungsgericht nach § 41 Abs. 4 ist bei einem Mitglied der Jugend- und Auszubildendenvertretung auch diese Beteiligte.
§ 57 [1]In Dienststellen, in denen eine Jugend- und Auszubildendenvertretung besteht, hat diese mindestens einmal in jedem Kalenderjahr eine Jugend- und Auszubildendenversammlung einzuberufen und in der Versammlung einen Tätigkeitsbericht zu erstatten. [2]Auf Antrag eines Viertels der in § 54 Abs. 1 Satz 1 genannten Beschäftigten der Dienststelle ist die Jugend- und Auszubildendenvertretung verpflichtet, eine Jugend- und Auszubildendenversammlung einzuberufen. [3]Die Jugend- und Auszubildendenversammlung soll möglichst unmittelbar vor oder nach einer ordentlichen Personalversammlung stattfinden. [4]Sie wird vom Vorsitzenden der Jugend- und Auszubildendenvertretung geleitet. [5]Der Personalratsvorsitzende oder ein beauftragtes Mitglied des Personalrats nimmt an der Jugend- und Auszubildendenversammlung teil. [6]§ 44 Abs. 1 Satz 3 und Abs. 2 sowie §§ 46 bis 49 gelten entsprechend.	§ 58 Jugend- und Auszubildendenversammlung [1]Die Jugend- und Auszubildendenvertretung soll mindestens einmal in jedem Kalenderjahr eine Jugend- und Auszubildendenversammlung einberufen. [2]Auf Antrag eines Viertels der in § 52 genannten Beschäftigten der Dienststelle ist die Jugend- und Auszubildendenvertretung verpflichtet, eine Jugend- und Auszubildendenversammlung einzuberufen. [3]Die Jugend- und Auszubildendenversammlung soll möglichst unmittelbar vor oder nach einer ordentlichen Personalversammlung stattfinden. [4]Sie wird von der oder dem Vorsitzenden der Jugend- und Auszubildendenvertretung geleitet. [5]Die oder der Personalratsvorsitzende oder ein beauftragtes Mitglied des Personalrats nimmt an der Jugend- und Auszubildendenversammlung teil. [6]§ 43 Abs. 2 sowie die §§ 45 und 46 gelten entsprechend.

Erläuterungen für die Praxis

§ 57 übernimmt nach der Gesetzesbegründung den bisherigen § 56 unter Anpassung der Verweisungen an die geänderte Paragrafenfolge (LT-Drs. 20/9470, S. 60).

Die entsprechend anzuwendenden Vorschriften werden ergänzt um die Regelung zum Datenschutz (§ 42) und zum besonderen Schutz der Auszubildenden (§ 41). Letztere wird erforderlich, da sich die Regelung des § 41 nur noch auf den Personalrat bezieht. Hier wird ein Halbsatz angefügt, der klarstellt, dass in einem solchen Fall neben dem Personalrat auch die Jugend- und Auszubildendenvertretung Beteiligte in einem Verwaltungsstreitverfahren ist. Bei der Verweisung auf § 40 ist der Vollständigkeit halber auch die außerordentliche Kündigung zu nennen sowie die Erweiterung um die Zuweisung (LT-Drs. 20/9470, S. 60)

§ 58 entspricht nach der Gesetzesbegründung weitgehend dem bisherigen § 57 (LT-Drs. 20/9470, S. 60).

Satz 1 wird als Sollregelung formuliert. Dies entspricht den Regelungen zur Personalversammlung, auf die im Übrigen auch hinsichtlich des zu erstattenden Tätigkeitsberichtes verwiesen wird (LT-Drs. 20/9470, S. 60).

Auch wenn die Jugend- und Auszubildendenvertretung wegen der Soll-Vorgabe nicht mehr verpflichtet ist, mindestens einmal in jedem Kalenderjahr eine Jugend- und Auszubildendenversammlung einzuberufen, darf sie nur in seltenen Ausnahmefällen darauf verzichten, wenn es hierfür wichtige Gründe gibt, beispielsweise Kontaktbeschränkungen wegen einer Pandemie, die eine Jugend- und Auszubildendenversammlung verbieten.

Die Verweisungen werden nach der Gesetzesbegründung an die neue Paragrafenfolge angepasst (LT-Drs. 20/9470, S. 60).

HPVG alte Fassung	HPVG neue Fassung (ab 6.4.2023)
§ 58 (1) ¹Für den Geschäftsbereich mehrstufiger Verwaltungen werden, soweit Stufenvertretungen bestehen, bei den Behörden der Mittelstufe Bezirksjugend- und -auszubildendenvertretungen und bei den obersten Dienstbehörden Hauptjugend- und -auszubildendenvertretungen gebildet. ²Für die Jugend- und Auszubildendenstufenvertretungen gelten § 50 Abs. 2 und 5 sowie §§ 54 bis 56 mit Ausnahme der Regelung über die Einrichtung von Sprechstunden entsprechend. ³Erfolgt die Wahl der Jugend- und Auszubildendenstufenvertretung gleichzeitig mit den nach § 50 Abs. 4 in Verbindung mit § 15 regelmäßig durchzuführenden Wahlen der Stufenvertretung, so gilt § 50 Abs. 5 mit der Maßgabe, daß die danach gebildeten Wahlvorstände auch die Aufgaben der Wahlvorstände für die Wahl der Jugend- und Auszubildendenstufenvertretung wahrnehmen. ⁴In den übrigen Fällen gilt § 50 Abs. 5 mit der Maßgabe, daß im Falle des § 50 Abs. 5 Satz 3 die Aufgaben des örtlichen Wahlvorstandes dem Bezirks- oder Hauptwahlvorstand obliegen. ⁵Soweit danach in Dienststellen kein Wahlvorstand bestellt wird, kann der Bezirks- oder Hauptwahlvorstand die Stimmabgabe in diesen Dienststellen durchführen oder die briefliche Stimmabgabe anordnen.	**§ 59 Jugend- und Auszubildendenstufenvertretung und Gesamtjugend- und -auszubildendenvertretung** (1) ¹Für den Geschäftsbereich mehrstufiger Verwaltungen werden, soweit Stufenvertretungen bestehen, bei den Behörden der Mittelstufe Bezirksjugend- und -auszubildendenvertretungen und bei den obersten Dienstbehörden Hauptjugend- und -auszubildendenvertretungen gebildet. ²Für die Jugend- und Auszubildendenstufenvertretungen gelten **§ 48 Abs. 1 und 4 sowie die §§ 52 bis 57** mit Ausnahme der Regelung über die Einrichtung von Sprechstunden entsprechend. (2) ¹Erfolgt die Wahl der Jugend- und Auszubildendenstufenvertretung gleichzeitig mit den nach **§ 48 Abs. 3** in Verbindung mit **§ 20 Abs. 1** regelmäßig durchzuführenden Wahlen der Stufenvertretung, so gilt **§ 48 Abs. 4** mit der Maßgabe, **dass** die danach gebildeten Wahlvorstände auch die Aufgaben der Wahlvorstände für die Wahl der Jugend- und Auszubildendenstufenvertretung wahrnehmen. ²In den übrigen Fällen gilt **§ 48 Abs. 4** mit der Maßgabe, **dass** im Falle des **§ 48 Abs. 4** Satz 3 die Aufgaben des örtlichen Wahlvorstandes dem Bezirks- oder Hauptwahlvorstand obliegen. ³Soweit danach in Dienststellen kein Wahlvorstand bestellt wird, kann der Bezirks- oder Hauptwahlvorstand die Stimmabgabe in diesen Dienststellen durchführen oder die briefliche Stimmabgabe anordnen.
§ 58 (2) ¹In den in § 52 Abs. 1 bezeichneten Fällen wird neben den einzelnen Jugend- und Auszubildendenvertretungen eine Gesamtjugend- und -auszubildendenvertretung gebildet. ²Abs. 1 Satz 2 gilt entsprechend.	**§ 59 Jugend- und Auszubildendenstufenvertretung und Gesamtjugend- und -auszubildendenvertretung** (3) ¹In den in **§ 50 Abs. 1** bezeichneten Fällen wird neben den einzelnen Jugend- und Auszubildendenvertretungen eine Gesamtjugend- und -auszubildendenvertretung gebildet. ²Abs. 1 Satz 2 gilt entsprechend.
§ 59 *Nicht besetzt.*	

Erläuterungen für die Praxis

§ 59 übernimmt nach der Gesetzesbegründung den bisherigen § 58 unter Anpassung der Verweisungen an die geänderte Paragrafenfolge (LT-Drs. 20/9470, S. 60).

Zur besseren Übersichtlichkeit wird der bisherige § 58 Abs. 1 in zwei Absätze aufgeteilt.

§ 59 Abs. 3 übernimmt nach der Gesetzesbegründung den bisherigen § 58 Abs. 2 unter Anpassung der Verweisungen an die geänderte Paragrafenfolge.

Lücke ist durch die Neunummerierung geschlossen.

HPVG alte Fassung	HPVG neue Fassung (ab 6. 4. 2023)
§ 60 (1) Dienststelle und Personalrat arbeiten vertrauensvoll und im Zusammenwirken mit den in den Dienststellen vertretenen Gewerkschaften und Arbeitgebervereinigungen zur Erfüllung der dienstlichen Aufgaben und zum Wohle der Beschäftigten zusammen.	**§ 2 Grundsätze der Zusammenarbeit** (1) Dienststelle und Personal**vertretung** arbeiten **unter Beachtung der Gesetze und Tarifverträge** vertrauensvoll zum Wohl der Beschäftigten und zur Erfüllung der der Dienststelle obliegenden Aufgaben zusammen.
	§ 3 Stellung der Gewerkschaften und Arbeitgebervereinigungen (1) Dienststelle und Personalvertretung arbeiten auch mit den in der Dienststelle vertretenen Gewerkschaften und Arbeitgebervereinigungen zum Wohl der Beschäftigten und zur Erfüllung der der Dienststelle obliegenden Aufgaben vertrauensvoll zusammen.
§ 60 (2) [1]Der Personalrat hat das Recht, die Gewerkschaften bei der Erfüllung ihrer Aufgaben in der Dienststelle zu unterstützen. [2]Die Mitglieder der Personalvertretungen und die nach § 54 gewählten Vertreter können in der Dienststelle als Gewerkschaftsmitglieder im Rahmen ihrer Aufgaben tätig werden.	**§ 3 Stellung der Gewerkschaften und Arbeitgebervereinigungen** (4) [1]Die **Personalvertretung** hat das Recht, die Gewerkschaften bei der Erfüllung ihrer Aufgaben in der Dienststelle zu unterstützen. [2]**Beschäftigte, die Aufgaben nach diesem Gesetz wahrnehmen, werden dadurch in der Betätigung für ihre Gewerkschaft in der Dienststelle nicht beschränkt.**
§ 60 (3) [1]Dienststelle und Personalrat haben alles zu unterlassen, was geeignet ist, die Arbeit und den Frieden in der Dienststelle zu gefährden, insbesondere dürfen Dienststelle und Personalrat keine Maßnahmen des Arbeitskampfes	**§ 2 Grundsätze der Zusammenarbeit** (2) [1]Dienststelle und Personal**vertretung** haben alles zu unterlassen, was geeignet ist, die Arbeit und den Frieden in der Dienststelle zu gefährden.

Erläuterungen für die Praxis

Nach der Gesetzesbegründung wird die bewährte Untergliederung des Sechsten Teils (bisher Sechster Abschnitt) des Gesetzes in Allgemeines, Verfahrensvorschriften und beteiligungspflichtige Maßnahmen beibehalten. Die einzelnen Abschnitte werden aber z. T. neu benannt, inhaltlich nach Sachzusammenhang neu geordnet und besser gegliedert (LT-Drs. 20/9470, S. 60).

§ 2 fasst nach der Gesetzesbegründung die grundsätzlichen Regelungen zur Zusammenarbeit zwischen Dienststelle und Personalvertretung zusammen und stellt sie übersichtlicher dar. Die Zusammenarbeit mit den Gewerkschaften und Arbeitgeberverbänden ist in einer eigenen Vorschrift (§ 3) geregelt. Die Verwendung des Begriffs Personalvertretung anstelle von Personalrat stellt klar, dass diese allgemeinen Regelungen für alle Personalvertretungen – Personalrat, Bezirkspersonalrat, Hauptpersonalrat und Gesamtpersonalrat – gelten (LT-Drs. 20/9470, S. 51).

In Abs. 1 wird die grundsätzliche Regelung zur Zusammenarbeit zwischen Dienststelle und Personalvertretung getroffen. Die Modifikationen gegenüber der bisherigen Regelung in § 60 Abs. 1 (zunächst Nennungen des Wohls der Beschäftigten und danach die Bezugnahme auf die der Dienststelle obliegenden Aufgaben) ändern das Gebot der vertrauensvollen Zusammenarbeit nicht. Beide Ziele stehen wie bisher gleichberechtigt nebeneinander.

Nach der Gesetzesbegründung wird die Regelung zur Zusammenarbeit nunmehr ergänzt um die Klarstellung, dass dabei die Gesetze und Tarifverträge zu beachten sind (LT-Drs. 20/9470, S. 51). Bestehende gesetzliche und tarifvertragliche Regelungen sind von der Dienststelle und der Personalvertretung bei der vertrauensvollen Zusammenarbeit zu beachten.

§ 3 Abs. 1 übernimmt die bisher in § 60 Abs. 1 mitgeregelte Zusammenarbeit der Dienststelle und der Personalvertretung mit den Gewerkschaften und Arbeitgebervereinigungen.

§ 3 Abs. 4 gibt inhaltlich die Bestimmung des bisherigen § 60 Abs. 2 wieder. Durch die Neufassung des Satz 2 wird nach der Gesetzesbegründung die Regelung auf alle Beschäftigten erstreckt, die Aufgaben nach dem HPVG wahrnehmen (LT-Drs. 20/9470, S. 66). Das sind vor allem die Mitglieder und Ersatzmitglieder der Personalvertretungen (PR, BPR, HPR und GPR sowie JAV, BJAV, HJAV und GJAV). Sie müssen Mitglied der Gewerkschaft sein, für die sie sich stark machen.

Nach der Gesetzesbegründung enthält § 2 Abs. 2 die Regelung des bisherigen § 60 Abs. 3 in redaktionell leicht veränderter Form (LT-Drs. 20/9470, S. 51). Inhaltliche Veränderungen sind damit nicht verbunden.

HPVG alte Fassung	HPVG neue Fassung (ab 6. 4. 2023)
gegeneinander durchführen. ²Arbeitskämpfe tariffähiger Parteien werden hierdurch nicht berührt.	Insbesondere dürfen **sie** keine Maßnahmen des Arbeitskampfes gegeneinander durchführen. ²Die Zulässigkeit von Arbeitskämpfen tariffähiger Parteien wird hierdurch nicht berührt.
Bisher keine Regelung.	**§ 2 Grundsätze der Zusammenarbeit** **(3) Außenstehende Stellen dürfen erst angerufen werden, wenn eine Einigung in der Dienststelle nicht erzielt worden ist.**
	§ 62 Monatsgespräch
§ 60 (4) ¹Der Leiter der Dienststelle und der Personalrat sollen mindestens einmal im Monat zu gemeinschaftlichen Besprechungen zusammentreten. ²In diesen Besprechungen hat der Dienststellenleiter beabsichtigte Maßnahmen, die der Beteiligung unterliegen, rechtzeitig und eingehend mit dem Personalrat zu erörtern. ³In ihnen sollen auch die Frage der Gleichstellung von Männern und Frauen, die Gestaltung des Dienstbetriebs, Maßnahmen der Wirtschaftlichkeitsüberprüfung, Maßnahmen der Rationalisierung, Vergabe oder Privatisierung von Arbeiten oder Aufgaben, die bisher durch die Beschäftigten der Dienststelle wahrgenommen werden, behandelt werden, insbesondere alle Vorgänge, die die Beschäftigten wesentlich berühren. (…)	**§ 62 Monatsgespräch** (1) ¹**Die Dienststellenleitung** und der Personalrat sollen mindestens einmal im Monat zu einer gemeinschaftlichen Besprechung zusammentreten (**Monatsgespräch**). ²In **den Monatsgesprächen** hat **die Dienststellenleitung** beabsichtigte Maßnahmen, die der Beteiligung unterliegen, rechtzeitig und eingehend mit dem Personalrat zu erörtern. ³In den Monatsgesprächen soll auch die Gestaltung des Dienstbetriebs behandelt werden, insbesondere alle Vorgänge, die die Beschäftigten wesentlich berühren. ⁴**Die Dienststellenleitung soll den Personalrat in den Monatsgesprächen möglichst frühzeitig über beabsichtigte Maßnahmen zur Verwaltungsmodernisierung und zur Digitalisierung sowie über beabsichtigte Organisationsentscheidungen, die beteiligungspflichtige Maßnahmen zur Folge haben, unterrichten.**
§ 60 (4) (…) ⁴Der Leiter der Dienststelle und der Personalrat haben über strittige Fragen mit dem ernsten Willen zur Einigung zu verhandeln und Vorschläge für die Beilegung von Meinungsverschiedenheiten zu machen. (…)	**§ 62 Monatsgespräch** (2) **Die Dienststellenleitung** und der Personalrat haben über strittige Fragen mit dem ernsten Willen zur Einigung zu verhandeln und Vorschläge für die Beilegung von Meinungsverschiedenheiten zu machen.

Erläuterungen für die Praxis

Der neue Abs. 3 übernimmt zur Klarstellung die Bestimmung des § 2 Abs. 3 BPersVG (LT-Drs. 20/9470, S. 51). Außenstehende Stellen in diesem Sinne sind nur solche Einrichtungen, die nach dem HPVG die Kompetenz haben, Streitigkeiten zwischen Dienststelle und Personalvertretung beizulegen, insbesondere die übergeordneten Dienststellen, die bei diesen gebildeten Stufenvertretungen, die Einigungsstellen oder die Gerichte. Die Unterstützung der für den Arbeitsschutz zuständigen Stellen durch den Personalrat ist diesem als allgemeine Aufgabe nach § 60 Abs. 2 zugeschrieben.

Aufgrund ihrer Bedeutung werden die Regelungen zum Monatsgespräch (bisher in § 60 Abs. 4 und 5) in einen eigenen Paragrafen übernommen und der bereits bisher in der Praxis gebräuchliche Begriff des »Monatsgesprächs« als Legaldefinition ausdrücklich aufgenommen. Zur besseren Übersichtlichkeit wird die Regelung in mehrere Absätze aufgeteilt, die neu geordnet werden (LT-Drs. 20/9470, S. 61).

Der Regelungstext in Abs. 1 Satz 3 (bisher § 60 Abs. 4 Satz 3) wird nach der Gesetzesbegründung gestrafft im Hinblick darauf, dass die allgemeinen Aufgaben des Personalrats bereits in § 60 aufgelistet sind und die Beteiligungsangelegenheiten im Einzelnen sich in den §§ 74 ff. finden. Sie alle können Gegenstand des Monatsgesprächs sein. Es ist deshalb nicht sinnvoll, einzelne davon hier noch einmal aufzuführen (LT-Drs. 20/9470, S. 61).

Stattdessen wird der Absatz um einen neuen Satz 4 ergänzt, der eine frühzeitige Information des Personalrats über beabsichtigte Maßnahmen zur Verwaltungsmodernisierung, Digitalisierung und Umorganisationen, die beteiligungspflichtige Maßnahmen zur Folge haben, vorsieht. Damit wird den vielfach vorgetragenen Forderungen nach frühzeitiger Information der Personalvertretungen bereits im Vorfeld von anstehenden umfassenden Veränderungen, die Auswirkungen auf die Beschäftigten haben, in vertretbarer Weise Rechnung getragen (LT-Drs. 20/9470, S. 61).

Abs. 2 entspricht dem bisherigen § 60 Abs. 4 Satz 4 (LT-Drs. 20/9470, S. 61).

HPVG alte Fassung	HPVG neue Fassung (ab 6. 4. 2023)
§ 60 (4) (…) [5]An diesen Besprechungen können Beauftragte der im Personalrat der Dienststelle vertretenen Gewerkschaften sowie Vertreter des jeweiligen Arbeitgeberverbandes oder kommunalen Spitzenverbandes teilnehmen. (…)	§ 62 Monatsgespräch (5) [1]An **den Monatsgesprächen** können Beauftragte der im Personalrat der Dienststelle vertretenen Gewerkschaften sowie **Vertreterinnen und** Vertreter des jeweiligen Arbeitgeberverbandes oder kommunalen Spitzenverbandes teilnehmen. (…)
§ 60 (4) (…) [6]Der Leiter der Dienststelle und der Personalrat sind berechtigt, sachkundige Mitarbeiter oder Sachverständige zu den Besprechungen hinzuzuziehen.	§ 62 Monatsgespräch (3) **Die Dienststellenleitung** und der Personalrat sind berechtigt, sachkundige **Mitarbeiterinnen und** Mitarbeiter oder Sachverständige zu den **Monatsgesprächen** hinzuzuziehen.
§ 60 (5) [1]Abs. 4 Satz 5 gilt nicht, soweit Gegenstände behandelt werden, die die Mitteilung oder Erörterung schutzwürdiger personenbezogener Daten (§ 33 Satz 3) einschließen, es sei denn, der Betroffene stimmt zu, oder soweit Anordnungen behandelt werden, durch die die Alarmbereitschaft oder der Einsatz der Vollzugspolizei geregelt werden.	§ 62 Monatsgespräch (5) (…) [2]Dies gilt nicht, soweit Gegenstände behandelt werden, die die Mitteilung oder Erörterung schutzwürdiger personenbezogener Daten nach § 29 Abs. 7 Satz 3 einschließen, es sei denn, der Betroffene stimmt zu, oder soweit Anordnungen behandelt werden, durch die die Alarmbereitschaft oder der Einsatz der Vollzugspolizei geregelt werden.
§ 60 (5) (…) [2]An den Besprechungen nach Abs. 4 nehmen der Vertreter der Jugend- und Auszubildendenvertretung und die Schwerbehindertenvertretung teil.	§ 62 Monatsgespräch (4) An **den Monatsgesprächen** nimmt die Schwerbehindertenvertretung teil sowie **nach Maßgabe des § 56 Abs. 4 ein Mitglied** der Jugend- und Auszubildendenvertretung, **das von dieser benannt wird.**
§ 61 (1) [1]Dienststelle und Personalrat haben darüber zu wachen, dass alle in der Dienststelle tätigen Personen nach Recht und Billigkeit behandelt werden, insbesondere, dass jede Benachteiligung von Personen aus Gründen ihrer Rasse oder wegen ihrer ethnischen Herkunft, ihrer Abstammung oder sonstigen Herkunft, ihrer Nationalität, ihrer Religion oder Weltanschauung, ihrer Behinderung, ihres Alters, ihrer politischen oder gewerkschaftlichen Betätigung oder Einstellung, ihres Geschlechts oder wegen ihrer sexuellen Identität unterbleibt. (…)	§ 2 Grundsätze der Zusammenarbeit (4) Dienststelle und Personal**vertretung** haben darüber zu wachen, dass alle **Angehörigen** der Dienststelle nach Recht und Billigkeit behandelt werden, insbesondere, dass jede Benachteiligung von Personen wegen ihrer ethnischen Herkunft, ihrer Abstammung oder sonstigen Herkunft, ihrer Nationalität, ihrer Religion oder Weltanschauung, ihrer Behinderung, ihres Alters, ihrer politischen oder gewerkschaftlichen Betätigung oder Einstellung **oder wegen** ihres Geschlechts oder ihrer sexuellen Identität unterbleibt.

Erläuterungen für die Praxis

§ 62 Abs. 5 enthält nach der Gesetzesbegründung eine Regelung über die weiteren Teilnahmeberechtigten an den Monatsgesprächen, die bisher in § 60 Abs. 4 Satz 5 enthalten war.

§ 62 Abs. 3 enthält nach der Gesetzesbegründung eine Regelung über die weiteren Teilnahmeberechtigten an den Monatsgesprächen, die bisher in § 60 Abs. 4 Satz 6 enthalten war.

In § 62 Abs. 5 Satz 2 wird die Regelung des bisherigen § 60 Abs. 5 Satz 1 in den sachlich richtigen Zusammenhang gestellt (LT-Drs. 20/9470, S. 60). Danach ist die Teilnahme von Gewerkschaftsbeauftragten und Vertreterinnen und Vertretern des jeweiligen Arbeitgeberverbandes oder kommunalen Spitzenverbandes ausgeschlossen bei der Mitteilung oder Erörterung von personenbezogenen Daten oder beim Behandeln von Anordnungen zur Alarmbereitschaft oder zum Einsatz der Vollzugspolizei.

§ 62 Abs. 4 enthält nach der Gesetzesbegründung die Regelung über die Teilnahme der Schwerbehindertenvertretung und Jugend- und Auszubildendenvertretung an den Monatsgesprächen, die bisher in § 60 Abs. 5 Satz 2 enthalten war.

Hinsichtlich der Jugend- und Auszubildendenvertretung erfolgt in Abs. 4 ein Verweis auf § 56 Abs. 4, da ihr Teilnahmerecht gegenüber dem Personalrat besteht, nicht gegenüber der Dienststelle (LT-Drs. 20/9470, S. 61). Der Personalrat hat die Jugend- und Auszubildendenvertretung zu den Monatsgesprächen beizuziehen, wenn Angelegenheiten behandelt werden, die Jugendliche oder Auszubildende besonders betreffen.

Nach der Gesetzesbegründung enthält § 2 Abs. 4 die sprachlich überarbeitete Regelung des bisherigen § 61 Abs. 1 Satz 1. Die Formulierung »aus Gründen ihrer Rasse« ist nicht mehr zeitgemäß. Sie wird deshalb nicht fortgeführt. Der Regelungszweck wird bereits von der Formulierung »wegen ihrer ethnischen Herkunft« erfasst (LT-Drs. 20/9470, S. 51).

HPVG alte Fassung	HPVG neue Fassung (ab 6.4.2023)
§ 61 (1) (…) [2]Der Leiter der Dienststelle und die Personalvertretung haben bei der Wahrnehmung ihrer Aufgaben nach diesem Gesetz jede parteipolitische Betätigung in der Dienststelle zu unterlassen; die Behandlung von Tarif-, Besoldungs- und Sozialangelegenheiten wird hierdurch nicht berührt.	§ 2 Grundsätze der Zusammenarbeit (5) **Die Dienststellenleitung** und die Personalvertretung haben bei der Wahrnehmung ihrer Aufgaben nach diesem Gesetz jede parteipolitische Betätigung in der Dienststelle zu unterlassen; die Behandlung von Tarif-, Besoldungs- und Sozialangelegenheiten wird dadurch nicht berührt.
§ 61 (2) Der Personalrat hat sich für die Wahrung der Vereinigungsfreiheit der Beschäftigten einzusetzen.	§ 3 Stellung der Gewerkschaften und Arbeitgebervereinigungen (5) Die **Personalvertretung** hat sich für die Wahrung der Vereinigungsfreiheit der Beschäftigten einzusetzen.
§ 62 (1) [1]Der Personalrat hat folgende allgemeine Aufgaben:	§ 60 Allgemeine Aufgaben (1) [1]Der Personalrat hat folgende allgemeine Aufgaben:
1. Maßnahmen, die der Dienststelle und ihren Angehörigen dienen, zu beantragen,	1. Maßnahmen, die der Dienststelle und ihren Angehörigen dienen, zu beantragen,
2. darüber zu wachen, daß die zugunsten der Beschäftigten geltenden Gesetze, Verordnungen, Tarifverträge, Dienstvereinbarungen und Verwaltungsanordnungen durchgeführt werden,	2. darüber zu wachen, **dass** die zugunsten der Beschäftigten geltenden Gesetze, Verordnungen, Tarifverträge, Dienstvereinbarungen und Verwaltungsanordnungen durchgeführt werden,
3. Anregungen und Beschwerden von Beschäftigten entgegenzunehmen und, falls sie berechtigt erscheinen, durch Verhandlung mit dem Leiter der Dienststelle auf ihre Erledigung hinzuwirken,	3. Anregungen und Beschwerden von Beschäftigten entgegenzunehmen und, falls sie berechtigt erscheinen, durch Verhandlung mit **der Dienststellenleitung** auf ihre Erledigung hinzuwirken,
4. die Eingliederung und berufliche Entwicklung schwerbehinderter Beschäftigter und sonstiger schutzbedürftiger, insbesondere älterer Personen zu fördern, 5. Maßnahmen zur beruflichen Förderung schwerbehinderter Beschäftigter zu beantragen,	4. die **Teilhabe** und berufliche Entwicklung schwerbehinderter Beschäftigter und sonstiger **besonders** schutzbedürftiger, insbesondere älterer Personen zu fördern sowie Maßnahmen zur beruflichen Förderung schwerbehinderter Beschäftigter zu beantragen,

Erläuterungen für die Praxis

Nach der Gesetzesbegründung entspricht Abs. 5 dem bisherigen § 61 Abs. 1 Satz 2 in sprachlich überarbeiteter Form (LT-Drs. 20/9470, S. 65). Inhaltliche Änderung sind damit nicht verbunden.

§ 3 Abs. 5 entspricht dem bisherigen § 61 Abs. 2 (LT-Drs. 20/9470, S. 51). Die sprachliche Änderung zu »Personalvertretung« hat keine inhaltlichen Änderungen zur Folge. Auch bisher durften sich die Stufenvertretungen für die Wahrung der Vereinigungsfreiheit der Beschäftigten einsetzen (vgl. § 83 Abs. 5 a. F. i. V. m. § 61 Abs. 2 a. F.).

Abs. 1 übernimmt nach der Gesetzesbegründung die Regelung des bisherigen § 62 Abs. 1 zu den allgemeinen Aufgaben des Personalrats in sprachlich modernisierter Form (LT-Drs. 20/9470, S. 60).

Neu aufgenommen werden die Aufgaben Förderung der Vereinbarkeit von Familie, Pflege und Beruf (in Nr. 6) sowie Anregung von Maßnahmen, die dem Umweltschutz in der Dienststelle dienen (Nr. 9). Dabei handelt es sich um herausragende gesamtgesellschaftliche Ziele, zu deren Verwirklichung in der Dienststelle der Personalrat einen wichtigen Beitrag leisten kann (LT-Drs. 20/9470, S. 60).

Unverändert.

Keine inhaltlichen Änderungen.

Keine inhaltlichen Änderungen.

Keine inhaltlichen Änderungen.

HPVG alte Fassung	HPVG neue Fassung (ab 6.4.2023)
6. Maßnahmen zu beantragen, die der Gleichstellung und Förderung von Frauen dienen,	5. **die Durchsetzung der tatsächlichen Gleichstellung von Frauen und Männern zu fördern,**
Bisher keine Regelung.	6. **die Vereinbarkeit von Familie, Pflege und Beruf zu fördern,**
7. die Eingliederung ausländischer Beschäftigter in die Dienststelle und das Verständnis zwischen ihnen und den deutschen Beschäftigten zu fördern,	7. die Eingliederung ausländischer Beschäftigter in die Dienststelle und das Verständnis zwischen ihnen und den deutschen Beschäftigten zu fördern,
8. mit der Jugend- und Auszubildendenvertretung zur Förderung der Belange der in § 54 Abs. 1 Satz 1 genannten Beschäftigten eng zusammenzuarbeiten.	8. mit der Jugend- und Auszubildendenvertretung zur Förderung der Belange der in **§ 52** genannten Beschäftigten eng zusammenzuarbeiten,
Bisher keine Regelung.	9. **Maßnahmen, die dem Umweltschutz in der Dienststelle dienen, anzuregen.**
§ 62 (1) (…) ²Entsprechende Anträge des Personalrats sind eingehend zwischen Dienststellenleiter und Personalrat zu erörtern und in angemessener Frist zu beantworten.	**§ 60 Allgemeine Aufgaben** (1) (…) ²Entsprechende Anträge des Personalrats sind eingehend zwischen **Dienststellenleitung** und Personalrat zu erörtern und in angemessener Frist zu beantworten.
§ 62 (2) ¹Der Personalrat ist zur Durchführung seiner Aufgaben rechtzeitig und umfassend zu unterrichten. ²Ihm sind die hierfür erforderlichen Unterlagen zu übermitteln. ³Dazu gehören in Personalangelegenheiten Bewerbungsunterlagen aller Bewerber. ⁴Personalakten dürfen nur mit Einwilligung des Beschäftigten und nur von den von ihm bestimmten Mitgliedern des Personalrats eingesehen werden. ⁵Dienstliche	**§ 61 Informations- und Teilnahmerechte** (1) ¹Der Personalrat ist zur Durchführung seiner Aufgaben rechtzeitig und umfassend zu unterrichten. ²Ihm sind die hierfür erforderlichen Unterlagen zu übermitteln. ³Dazu gehören in Personalangelegenheiten Bewerbungsunterlagen aller Bewerber. ⁴Personalakten dürfen nur mit Einwilligung **der oder** des Beschäftigten und nur von den von **ihr oder** ihm bestimmten Mitgliedern des Personalrats eingesehen

Erläuterungen für die Praxis

Nach der geänderten Nr. 5 wird es dem Personalrat zur allgemeinen Aufgabe gemacht, in allen Fragen der Durchsetzung der tatsächlichen Gleichstellung von Frauen und – jetzt auch – Männern gegenüber der Dienststellenleitung tätig zu werden.

Die nunmehr textlich fehlende Möglichkeit, entsprechende Maßnahmen zu beantragen, reduziert die Rechte des Personalrats nicht. Solche Anträge kann er nun auf das allgemeine Antragsrecht nach § 60 Abs. 1 Nr. 1 stützen.

Mit der neuen Nr. 6 wird es dem Personalrat zur allgemeinen Aufgabe gemacht, sich gegenüber der Dienststellenleitung dafür einzusetzen, die Berufstätigkeit der Beschäftigten mit deren Bedürfnissen im Hinblick auf Kinderbetreuung und die Betreuung pflegebedürftiger Angehöriger in Einklang zu bringen. Der Personalrat soll bereits im Vorfeld von mitbestimmungspflichtigen Maßnahmen, etwa zur Arbeitszeit nach § 78 Abs. 1 Nr. 1, Vorschläge mit der Dienststellenleitung erörtern, beispielsweise im Monatsgespräch nach § 62.

Unverändert.

Keine inhaltlichen Änderungen.

Die neue Nr. 9 macht es dem Personalrat zur allgemeinen Aufgabe, Maßnahmen des betrieblichen Umweltschutzes anzuregen. Denkbar sind Vorschläge zur CO_2-Reduzierung oder zur Vermeidung von Abfällen, insbesondere von Plastikabfällen, in der Dienststelle. Dabei kann der Personalrat auch von ihm selbst oder den Beschäftigten für erforderlich gehaltene Maßnahmen, die dem Umweltschutz in der Dienststelle dienen, bei der Dienststellenleitung beantragen. Solche Anträge sind dann gemäß § 60 Abs. 1 Satz 2 zu erörtern und in angemessener Frist zu beantworten.

§ 60 Abs. 1 Satz 2 entspricht dem bisherigen § 62 Abs. 1 Satz 2. Mit der sprachlichen Anpassung sind keine inhaltlichen Änderungen verbunden.

Der Inhalt des bisherigen § 62 Abs. 2 wird nach der Gesetzesbegründung zur besseren Übersichtlichkeit in § 61 auf zwei Absätze aufgeteilt (LT-Drs. 20/9470, S. 60).

Abs. 1 entspricht inhaltlich dem bisherigen § 62 Abs. 2 Satz 1 bis 5.

Der fehlende Verweis auf Bewerberinnen ist ein Redaktionsversehen.

HPVG alte Fassung	HPVG neue Fassung (ab 6. 4. 2023)
Beurteilungen sind auf Verlangen des Beschäftigten dem Personalrat offen zu legen. (…)	werden. [5]Dienstliche Beurteilungen sind auf Verlangen **der oder** des Beschäftigten dem Personalrat zur Kenntnis zu bringen.
§ 62 (2) (…) [6]Vor Einführung, Anwendung, Änderung oder Erweiterung eines automatisierten Verfahrens zur Verarbeitung personenbezogener Daten der Beschäftigten (§ 81 Abs. 1 Satz 1) hat die Dienststelle dem Personalrat das Verzeichnis von Verarbeitungstätigkeiten nach Art. 30 der Verordnung (EU) Nr. 2016/679 des Europäischen Parlaments und des Rates vom 27. April 2016 zum Schutz natürlicher Personen bei der Verarbeitung personenbezogener Daten, zum freien Datenverkehr und zur Aufhebung der Richtlinie 95/46/EG (Datenschutz-Grundverordnung) (ABl. EU Nr. L 119 S. 1, Nr. L 314 S. 72, 2018 Nr. L 127 S. 2) oder nach § 65 des Hessischen Datenschutz- und Informationsfreiheitsgesetzes vom 3. Mai 2018 (GVBl. S. 82), zuletzt geändert durch Gesetz vom 15. November 2021 (GVBl. S. 718), mit dem Hinweis zu übermitteln, dass er eine Stellungnahme des Hessischen Datenschutzbeauftragten fordern kann. [7]Macht der Personalrat von dieser Möglichkeit Gebrauch, beginnt die von ihm einzuhaltende Frist erst mit der Vorlage der von der Dienststellenleitung einzuholenden Stellungnahme.	**§ 61 Informations- und Teilnahmerechte** (2) [1]Vor Einführung, Anwendung, Änderung oder Erweiterung eines automatisierten Verfahrens zur Verarbeitung personenbezogener Daten der Beschäftigten nach **§ 78 Abs. 2 Satz 1 Nr. 7** hat die Dienststelle dem Personalrat das Verzeichnis von Verarbeitungstätigkeiten nach Art. 30 der Verordnung (EU) Nr. 2016/679 des Europäischen Parlaments und des Rates vom 27. April 2016 zum Schutz natürlicher Personen bei der Verarbeitung personenbezogener Daten, zum freien Datenverkehr und zur Aufhebung der Richtlinie 95/46/EG (Datenschutz-Grundverordnung) (ABl. EU Nr. L 119 S. 1, Nr. L 314 S. 72, 2018 Nr. L 127 S. 2, 2021 Nr. L 74 S. 35) oder nach § 65 des Hessischen Datenschutz- und Informationsfreiheitsgesetzes mit dem Hinweis zu übermitteln, dass **der Personalrat bei begründeten Zweifeln an der datenschutzrechtlichen Zulässigkeit** eine Stellungnahme **der oder** des Hessischen Datenschutzbeauftragten fordern kann. [2]Macht der Personalrat von dieser Möglichkeit Gebrauch, beginnt die von ihm einzuhaltende Frist erst mit der Vorlage der von der Dienststellenleitung einzuholenden Stellungnahme.
§ 62 (3) [1]Bei Prüfungen, die eine Dienststelle von den Beschäftigten ihres Bereichs abnimmt, wird eines der Mitglieder der Prüfungskommission vom Personalrat benannt; dieses muß zumindest die gleiche oder eine entsprechende Qualifikation besitzen, wie sie durch die Prüfung festgestellt werden soll. [2]Bei Auswahlverfahren, Aufnahmetests oder Auswahlen, denen sich Bewerber für eine Einstellung oder eine Ausbildung zu unterziehen haben, und bei Auswahlverfahren zur Besetzung eines Amtes mit Funktionsbezeichnung entsendet der Personalrat, der mitzubestimmen hat, einen Vertreter in das Gremium. [3]Diese Regelung findet keine Anwendung bei Prüfungen, Aufnahme-	**§ 61 Informations- und Teilnahmerechte** (3) [1]Bei Prüfungen, die eine Dienststelle von den Beschäftigten ihres Bereichs abnimmt, wird eines der Mitglieder der Prüfungskommission vom Personalrat benannt; dieses **muss** zumindest die gleiche oder eine entsprechende Qualifikation besitzen, wie sie durch die Prüfung festgestellt werden soll. [2]Bei Auswahlverfahren, Aufnahmetests oder Auswahlen, denen sich Bewerber für eine Einstellung oder eine Ausbildung zu unterziehen haben, und bei Auswahlverfahren zur Besetzung eines Amtes mit Funktionsbezeichnung entsendet der Personalrat, der mitzubestimmen hat, **eine Vertreterin oder** einen Vertreter in das Gremium. [3]Diese Regelung findet keine Anwendung bei

Erläuterungen für die Praxis

In § 61 Abs. 2 werden die Inhalte des bisherigen § 62 Abs. 2 Satz 6 und 7 fortgeführt. Dabei wird das Recht, eine Stellungnahme des Hessischen Datenschutzbeauftragten anzufordern, konkretisiert auf Fälle begründeter datenschutzrechtlicher Zweifel (LT-Drs. 20/9470, S. 60). Diese Konkretisierung wurde auf Anregung des Hessischen Datenschutzbeauftragten aufgenommen, um die Anzahl der Anfragen im Hinblick auf die beschränkten personellen Ressourcen der Behörde zu reduzieren.

Die Möglichkeiten des Personalrats, im Hinblick auf den Datenschutz bei der Verarbeitung von personenbezogenen Daten der Beschäftigten die Stellungnahme des Hessischen Datenschutzbeauftragten einzuholen, werden dadurch erheblich reduziert. Der Personalrat ist nun gehalten, begründete Zweifel an der datenschutzrechtlichen Zulässigkeit gegenüber der Dienststellenleitung darzulegen. Dabei hat er seine Bedenken zu benennen und diese zu begründen – eine zusätzliche Erschwernis im Bereich der ohnehin schon komplexen Thematik des Datenschutzes. Sinnvoll ist es, diese Bedenken schriftlich bzw. in Textform vorzubringen. Die Dienststellenleitung hat die Stellungnahme des Hessischen Datenschutzbeauftragten anzufordern, wenn der Personalrat seine Bedenken begründet hat. Der Dienstleitung steht es nicht zu, die Zweifel und deren Begründung zu überprüfen. Im Hinblick auf die anspruchsvolle Thematik des Datenschutzes reicht es aus, wenn die vorgetragenen Zweifel an der datenschutzrechtlichen Zulässigkeit nicht völlig fernliegend sind und somit möglicherweise zu Recht bestehen. Ob die angedachte Maßnahme tatsächlich datenschutzrechtlich bedenklich ist, hat der Hessische Datenschutzbeauftragte zu prüfen und hierzu in seiner Stellungnahme auszuführen.

Abs. 3 entspricht inhaltlich dem bisherigen § 62 Abs. 3 (LT-Drs. 20/9470, S. 60).

Der fehlende Verweis auf Bewerberinnen ist ein Redaktionsversehen.

HPVG alte Fassung	HPVG neue Fassung (ab 6. 4. 2023)
tests und Auswahlen, die durch Rechtsvorschriften geregelt sind, sowie in den Fällen des § 79 Nr. 1 und Nr. 2 Buchst. a.	Prüfungen, Aufnahmetests und Auswahlen, die durch Rechtsvorschriften geregelt sind, sowie in den Fällen des **§ 76 Abs. 2 und 3 Nr. 1.**

§ 63 (1) Der Personalrat hat mitzuwirken, wenn eine Dienststelle Verwaltungsanordnungen für die innerdienstlichen sozialen und personellen Angelegenheiten der Beschäftigten ihres Geschäftsbereichs erlassen will, sofern nicht nach § 95 des Hessischen Beamtengesetzes die Spitzenorganisationen der zuständigen Gewerkschaften zu beteiligen sind.	**§ 79 Verwaltungsanordnungen** (1) Der Personalrat **wirkt mit**, wenn eine Dienststelle Verwaltungsanordnungen für die innerdienstlichen sozialen und personellen Angelegenheiten der Beschäftigten ihres Geschäftsbereichs erlassen will, sofern nicht nach § 95 des Hessischen Beamtengesetzes die Spitzenorganisationen der zuständigen Gewerkschaften zu beteiligen sind.
(2) Soweit beabsichtigte Verwaltungsanordnungen über den Geschäftsbereich einer Mittelbehörde oder einer obersten Dienstbehörde hinausgehen, sind die Stufenvertretungen der bei der Vorbereitung beteiligten Dienstbehörden entsprechend Abs. 1 zu beteiligen.	(2) Soweit beabsichtigte Verwaltungsanordnungen über den Geschäftsbereich einer Mittelbehörde oder einer obersten Dienstbehörde hinausgehen, sind die Stufenvertretungen der bei der Vorbereitung beteiligten Dienstbehörden entsprechend Abs. 1 zu beteiligen.

§ 64 (1) Personen, die Aufgaben oder Befugnisse nach diesem Gesetz wahrnehmen, dürfen darin nicht behindert und wegen ihrer Tätigkeit nicht benachteiligt oder begünstigt werden; dies gilt auch für ihre berufliche Entwicklung.	**§ 7 Behinderungs-, Benachteiligungs- und Begünstigungsverbot, Unfallfürsorge** (1) Personen, die Aufgaben oder Befugnisse nach diesem Gesetz wahrnehmen, dürfen darin nicht behindert und wegen ihrer Tätigkeit nicht benachteiligt oder begünstigt werden; dies gilt auch für ihre berufliche Entwicklung.

§ 64 (2) ¹Mitglieder des Personalrats, der Wahlvorstände sowie Wahlbewerber dürfen gegen ihren Willen nur versetzt oder abgeordnet werden, wenn dies aus wichtigen dienstlichen Gründen auch unter Berücksichtigung der Mitgliedschaft im Personalrat unvermeidbar ist und der Personalrat zustimmt; dies gilt nicht für einen Dienststellenwechsel zum Zwecke der Ausbildung sowie bei Auflösung einer Behörde oder bei einer auf Rechtsvorschrift beruhenden wesentlichen Änderung des Aufbaus oder der Verschmelzung einer Behörde mit einer anderen. ²Als Versetzung im Sinne des Satz 1 gilt auch die mit einem Wechsel des Dienstortes verbundene Umsetzung in derselben Dienststelle.	**§ 40 Schutz vor Kündigung, Versetzung, Abordnung und Zuweisung** (2) ¹Mitglieder des Personalrats dürfen gegen ihren Willen nur versetzt, **zugewiesen**, abgeordnet **oder im Wege der Personalgestellung einem Dritten zugewiesen werden**, wenn dies aus wichtigen dienstlichen Gründen auch unter Berücksichtigung der Mitgliedschaft im Personalrat unvermeidbar ist und der Personalrat zustimmt; dies gilt nicht für einen Dienststellenwechsel zum Zwecke der Ausbildung **oder im Anschluss daran** sowie bei Auflösung einer Behörde oder bei einer auf Rechtsvorschrift beruhenden wesentlichen Änderung des Aufbaus oder der Verschmelzung einer Behörde mit einer anderen. ²Als Versetzung im Sinne

Erläuterungen für die Praxis
§ 79 entspricht nach der Gesetzesbegründung inhaltlich dem bisherigen § 63 (LT-Drs. 20/9470, S. 65).
Unverändert.
§ 7 fasst nach der Gesetzesbegründung die Regelungen der bisherigen § 64 Abs. 1 in Abs. 1 und § 67 in Abs. 2 weiter vorne im neuen Gesetzestext zusammen, da es sich um grundsätzliche Bestimmungen handelt (LT-Drs. 20/9470, S. 52).
Die bisher in § 66 Abs. 1 und § 64 Abs. 2 enthaltenen Bestimmungen werden nach der Gesetzesbegründung aus systematischen Gründen in § 40 zusammengefasst (LT-Drs. 20/9470, S. 57). Abs. 2 übernimmt nach der Gesetzesbegründung den Regelungsinhalt des bisherigen § 64 Abs. 2 und entwickelt diesen weiter, indem auch die Zuweisung sowie die Personalgestellung in den Schutzbereich aufgenommen werden, die in ihren Auswirkungen einer Versetzung oder Abordnung gleichkommen (LT-Drs. 20/9470, S. 57). Im 2. Halbsatz wird die Weiterverwendung nach Abschluss der Ausbildung ausdrücklich ausgenommen. Hier ist aus personalwirtschaftlichen Gründen größere Flexibilität erforderlich, da die Ausbildungsstelle nicht unbedingt die spätere Beschäftigungsstelle ist. Der Schutzbereich der Regelung würde andernfalls überdehnt und könnte sich eher kontraproduktiv auf die Bereitschaft auswirken, Ausbildungsmöglichkeiten anzubieten.

HPVG alte Fassung	HPVG neue Fassung (ab 6.4.2023)
	des Satz 1 gilt auch die mit einem Wechsel des Dienstortes verbundene Umsetzung in derselben Dienststelle.
	§ 40 Schutz vor Kündigung, Versetzung, Abordnung und Zuweisung (3) **Für Mitglieder des Wahlvorstands sowie für Wahlbewerberinnen und Wahlbewerber gelten die Abs. 1 und 2 entsprechend.**
§ 65 (1) Beabsichtigt der Arbeitgeber, einen in einem Berufsausbildungsverhältnis nach dem Berufsbildungsgesetz, dem Krankenpflegegesetz oder dem Hebammengesetz stehenden Beschäftigten (Auszubildenden), der Mitglied des Personalrats oder einer Jugend- und Auszubildendenvertretung ist, nach erfolgreicher Beendigung des Berufsausbildungsverhältnisses nicht in ein Arbeitsverhältnis auf unbestimmte Zeit zu übernehmen, so hat er dies drei Monate vor Beendigung des Berufsausbildungsverhältnisses dem Auszubildenden schriftlich mitzuteilen.	**§ 41 Besonderer Schutz der Auszubildenden** (1) Beabsichtigt der Arbeitgeber, **eine Beschäftigte** oder einen Beschäftigten, **die oder der** in einem Berufsausbildungsverhältnis nach dem Berufsbildungsgesetz **in der Fassung der Bekanntmachung vom 4. Mai 2020 (BGBl. I S. 920), geändert durch Gesetz vom 22. Juli 2022 (BGBl. I S. 1174), dem** Krankenpflegegesetz **vom 16. Juli 2003 (BGBl. I S. 1442), zuletzt geändert durch Gesetz vom 15. August 2019 (BGBl. I S. 1307), dem Pflegeberufegesetz vom 17. Juli 2017 (BGBl. I S. 2581), zuletzt geändert durch Gesetz vom 11. Juli 2021 (BGBl. I S. 2754), oder dem** Hebammengesetz **vom 22. November 2019 (BGBl. I S. 1759), geändert durch Gesetz vom 24. Februar 2021 (BGBl. I S. 274), steht und die oder der** Mitglied des Personalrats ist, nach erfolgreicher Beendigung des Berufsausbildungsverhältnisses nicht in ein Arbeitsverhältnis auf unbestimmte Zeit zu übernehmen, so hat er dies drei Monate vor Beendigung des Berufsausbildungsverhältnisses **der oder dem** Auszubildenden schriftlich mitzuteilen.
§ 65 (2) Verlangt ein in Abs. 1 genannter Auszubildender innerhalb der letzten drei Monate vor Beendigung des Berufsausbildungsverhältnisses schriftlich vom Arbeitgeber seine Weiterbeschäftigung, so gilt zwischen dem Auszubildenden und dem Arbeitgeber im Anschluß an das erfolgreiche Berufsausbildungsverhältnis ein Arbeitsverhältnis auf unbestimmte Zeit als begründet.	**§ 41 Besonderer Schutz der Auszubildenden** (2) Verlangt **eine Auszubildende oder** ein Auszubildender **im Sinne des Abs. 1, die oder der Mitglied des Personalrats ist**, innerhalb der letzten drei Monate vor Beendigung des Berufsausbildungsverhältnisses schriftlich **die** Weiterbeschäftigung, so gilt im **Anschluss** an das erfolgreiche Berufsausbildungsverhältnis ein Arbeitsverhältnis auf unbestimmte Zeit als begründet.

Erläuterungen für die Praxis

Mit § 40 Abs. 3 werden die Regelungen des § 64 Abs. 2 wie bisher auf Mitglieder des Wahlvorstands und Wahlbewerberinnen und Wahlbewerber erstreckt. Zur besseren Auffindbarkeit wird dies in einem eigenständigen Absatz zusammengefasst (LT-Drs. 20/9470, S. 57).

§ 41 entspricht nach der Gesetzesbegründung inhaltlich weitgehend dem bisherigen § 65. Die Regelung wird sprachlich modernisiert (LT-Drs. 20/9470, S. 57).

Die Erstreckung des besonderen Schutzes für Auszubildende, die Mitglieder der Jugend- und Auszubildendenvertretung sind, erfolgt über eine Verweisung in § 57.

In § 41 Abs. 1 wird das Pflegeberufegesetz ergänzt, welches ebenfalls entsprechende Berufsausbildungsverhältnisse regelt (LT-Drs. 20/9470, S. 57). Das Pflegeberufegesetz fasst seit 1.1.2020 die bisherigen Ausbildungen im Altenpflegegesetz und im Krankenpflegegesetz zusammen.

Abgesehen von der bloßen Bezugnahme auf Personalratsmitglieder, keine inhaltliche Änderung.

HPVG alte Fassung	HPVG neue Fassung (ab 6. 4. 2023)
§ 65 (3) Die Abs. 1 und 2 gelten auch, wenn das Berufsausbildungsverhältnis vor Ablauf eines Jahres nach Beendigung der Amtszeit der Personalvertretung oder der Jugend- und Auszubildendenvertretung erfolgreich endet.	§ 41 **Besonderer Schutz der Auszubildenden** (3) Die Abs. 1 und 2 gelten auch, wenn das Berufsausbildungsverhältnis vor Ablauf eines Jahres nach Beendigung der Amtszeit **des Personalrats** erfolgreich endet.
§ 65 (4) ¹Der Arbeitgeber kann spätestens bis zum Ablauf von zwei Wochen nach Beendigung des Berufsausbildungsverhältnisses beim Verwaltungsgericht beantragen, 1. festzustellen, daß ein Arbeitsverhältnis nach Abs. 2 oder 3 nicht begründet wird, oder 2. das bereits nach Abs. 2 oder 3 begründete Arbeitsverhältnis aufzulösen, wenn Tatsachen vorliegen, auf Grund derer dem Arbeitgeber unter Berücksichtigung aller Umstände die Weiterbeschäftigung nicht zugemutet werden kann. ²In dem Verfahren vor dem Verwaltungsgericht ist die Personalvertretung, bei einem Mitglied der Jugend- und Auszubildendenvertretung auch diese beteiligt.	§ 41 **Besonderer Schutz der Auszubildenden** (4) Wenn Tatsachen vorliegen, auf Grund derer dem Arbeitgeber unter Berücksichtigung aller Umstände die Weiterbeschäftigung nicht zugemutet werden kann, so kann er spätestens bis zum Ablauf von zwei Wochen nach Beendigung des Berufsausbildungsverhältnisses beim Verwaltungsgericht beantragen, 1. festzustellen, **dass** ein Arbeitsverhältnis nach den Abs. 2 oder 3 nicht begründet wird, oder 2. das bereits nach den Abs. 2 oder 3 begründete Arbeitsverhältnis aufzulösen. In dem Verfahren vor dem Verwaltungsgericht ist der Personalrat Beteiligter.
§ 65 (5) Die Abs. 2 bis 4 sind unabhängig davon anzuwenden, ob der Arbeitgeber seiner Mitteilungspflicht nach Abs. 1 nachgekommen ist.	§ 41 **Besonderer Schutz der Auszubildenden** (5) Die Abs. 2 bis 4 sind unabhängig davon anzuwenden, ob der Arbeitgeber seiner Mitteilungspflicht nach Abs. 1 nachgekommen ist.
§ 66 (1) ¹Die außerordentliche Kündigung von Mitgliedern der Personalvertretungen, der Jugend- und Auszubildendenvertretungen, der Wahlvorstände sowie von Wahlbewerbern, die in einem Arbeitsverhältnis stehen, bedarf der Zustimmung der zuständigen Personalvertretung. ²Verweigert die zuständige Personalvertretung ihre Zustimmung oder äußert sie sich nicht innerhalb von drei Arbeitstagen nach Eingang des Antrags, so kann das Verwaltungsgericht sie auf Antrag des Dienststellenleiters ersetzen, wenn die außerordentliche Kündigung unter Berücksichtigung aller Umstände gerechtfertigt ist. ³In dem Verfahren vor dem Verwaltungsgericht ist der betroffene Arbeitnehmer Beteiligter.	§ 40 **Schutz vor Kündigung, Versetzung, Abordnung und Zuweisung** (1) ¹Die außerordentliche Kündigung von Mitgliedern **des Personalrats**, die in einem Arbeitsverhältnis stehen, bedarf der Zustimmung **des Personalrats**. ²Verweigert **der Personalrat seine** Zustimmung oder äußert er sich nicht innerhalb von drei Arbeitstagen nach Eingang des Antrags, so kann das Verwaltungsgericht sie auf Antrag **der Dienststellenleitung** ersetzen, wenn die außerordentliche Kündigung unter Berücksichtigung aller Umstände gerechtfertigt ist. ³In dem Verfahren vor dem Verwaltungsgericht ist **die betroffene Person Beteiligte.**

Erläuterungen für die Praxis

Abgesehen von der bloßen Bezugnahme auf Personalratsmitglieder, keine inhaltliche Änderung.

Abgesehen von der bloßen Bezugnahme auf Personalratsmitglieder, keine inhaltliche Änderung.

Abgesehen von der bloßen Bezugnahme auf Personalratsmitglieder, keine inhaltliche Änderung.

Die bisher in § 66 Abs. 1 und § 64 Abs. 2 enthaltenen Bestimmungen werden nach der Gesetzesbegründung aus systematischen Gründen in § 40 zusammengefasst (LT-Drs. 20/9470, S. 57).

§ 40 Abs. 1 entspricht inhaltlich dem bisherigen § 66 Abs. 1 in sprachlich überarbeiteter Form (LT-Drs. 20/9470, S. 57). Der Schutz vor Kündigungen wird in Abs. 1 ausdrücklich nur den Mitgliedern des Personalrats eingeräumt. Den bisher ebenfalls einbezogenen Mitgliedern von Personalvertretungen, von Jugend- und Auszubildendenvertretungen, der Wahlvorstände sowie den Wahlbewerbern wird hierdurch der durch § 15 Abs. 2 und 3 KSchG vorgegebene Kündigungsschutz nicht entzogen. Durch gesetzliche Verweise gilt der Kündigungsschutz auch bei diesen Personengruppen:

§ 40 gilt nach § 49 Abs. 2 entsprechend für Mitglieder der Stufenvertretungen und ist nach § 51 i. V. m. § 49 Abs. 2 entsprechend auf Mitglieder der Gesamtpersonalräte anzuwenden.

§ 40 gilt nach § 57 Satz 2 entsprechend mit der Maßgabe, dass die außerordentliche Kündigung, die Versetzung, die Zuweisung und die Abordnung von Mitgliedern der Jugend- und Auszubildendenvertretung, der Wahlvorstände und von Wahlbewerberinnen und Wahlbewerbern der Zustimmung des Personalrats bedürfen.

HPVG alte Fassung	HPVG neue Fassung (ab 6.4.2023)
§ 66 (2) Eine durch den Arbeitgeber ausgesprochene Kündigung des Arbeitsverhältnisses eines Beschäftigten ist unwirksam, wenn die Personalvertretung nicht beteiligt worden ist.	**§ 75 Personelle Einzelmaßnahmen** (5) Eine Kündigung ist unwirksam, wenn der **Personalrat** nicht beteiligt worden ist.
§ 67 Erleidet ein Beamter anläßlich der Wahrnehmung von Rechten oder Erfüllung von Pflichten nach dem Personalvertretungsrecht einen Unfall, der im Sinne der beamtenrechtlichen Unfallfürsorgevorschriften ein Dienstunfall wäre, so finden diese Vorschriften entsprechende Anwendung.	**§ 7 Behinderungs-, Benachteiligungs- und Begünstigungsverbot, Unfallfürsorge** (2) Erleidet **eine Beamtin oder** ein Beamter bei der Wahrnehmung von Rechten oder der Erfüllung von Pflichten nach diesem Gesetz einen Unfall, der im Sinne der beamtenrechtlichen Unfallfürsorgevorschriften ein Dienstunfall wäre, so **sind diese Vorschriften entsprechend anzuwenden.**
§ 68 (1) ¹Die Mitglieder und Ersatzmitglieder des Personalrats haben auch nach dem Ausscheiden aus dem Personalrat oder aus der Dienststelle über dienstliche Angelegenheiten oder Tatsachen, die ihnen auf Grund ihrer Zugehörigkeit zum Personalrat bekanntgeworden sind, Stillschweigen zu bewahren. ²Diese Schweigepflicht besteht nicht gegenüber den übrigen Mitgliedern des Personalrats. ³Sie entfällt ferner gegenüber der vorgesetzten Dienststelle und der bei ihr gebildeten Stufenvertretung, wenn diese im Rahmen ihrer Zuständigkeit beteiligt sind. ⁴Gleiches gilt im Verhältnis zum Gesamtpersonalrat. (…) (3) Die Schweigepflicht besteht auch für andere Personen hinsichtlich der Tatsachen oder Angelegenheiten, die ihnen bei der Wahrnehmung von Aufgaben oder Befugnissen nach dem Personalvertretungsrecht bekanntgeworden sind.	**§ 8 Schweigepflicht** (1) ¹**Personen, die Aufgaben oder Befugnisse nach diesem Gesetz wahrnehmen oder wahrgenommen haben**, haben über die ihnen dabei bekannt gewordenen Angelegenheiten und Tatsachen Stillschweigen zu bewahren. ²**Abgesehen von den Fällen des § 61 Abs. 1 Satz 4 und § 87 Abs. 2 Satz 2** gilt die Schweigepflicht nicht 1. für Mitglieder der Personalvertretung und der Jugend- und Auszubildendenvertretung gegenüber den übrigen Mitgliedern der Vertretung, 2. für die in Satz 1 genannten Personen gegenüber der zuständigen Personalvertretung, 3. gegenüber der vorgesetzten Dienststelle, der bei ihr gebildeten Stufenvertretung und gegenüber dem Gesamtpersonalrat, wenn diese im Rahmen ihrer Zuständigkeit beteiligt sind, sowie 4. **für die Anrufung der Einigungsstelle.**

Erläuterungen für die Praxis

Für Mitglieder des Wahlvorstands sowie für Wahlbewerberinnen und Wahlbewerber gelten nach § 40 Abs. 3 die Abs. 1 und 2 entsprechend.

§ 75 Abs. 5 übernimmt die Regelung des bisherigen § 66 Abs. 2 und stellt sie in den sachlichen Zusammenhang mit den Beteiligungsrechten bei Kündigung in Abs. 2 und 4 (LT-Drs. 20/9470, S. 64). Mit der sprachlichen Anpassung ist eine inhaltliche Änderung nicht verbunden.

§ 7 fasst nach der Gesetzesbegründung die Regelungen des bisherigen § 64 Abs. 1 und des bisherigen § 67 an dieser Stelle zusammen, da es sich um grundsätzliche Bestimmungen handelt (LT-Drs. 20/9470, S. 52).

Die bisherige Regelung zur Schweigepflicht in § 68 wird nach der Gesetzesbegründung wegen ihrer grundsätzlichen Bedeutung zu den allgemeinen Vorschriften an den Anfang des Gesetzes gestellt (LT-Drs. 20/9470, S. 52).

Die bisherigen § 68 Abs. 1 und 3 werden in § 8 Abs. 1 zusammengezogen, besser gegliedert und sprachlich neu gefasst (LT-Drs. 20/9470, S. 52).

Als zusätzlicher Ausnahmefall wird in Ziffer 4 die Anrufung der Einigungsstelle ausdrücklich aufgenommen. Damit dürfen die Beisitzerinnen und Beisitzer der Personalvertretung in der Einigungsstelle die ihnen in der streitigen Angelegenheit bekannt gewordenen Angelegenheiten und Tatsachen einbringen. Das ist ausdrücklich kein Verstoß gegen die Schweigepflicht. Die Ausnahme von der Schweigepflicht gilt allerdings nur für die den Streitgegenstand in der Einigungsstelle betreffende Angelegenheiten.

HPVG alte Fassung	HPVG neue Fassung (ab 6.4.2023)
§ 68 (2) Die Schweigepflicht besteht nicht für Angelegenheiten oder Tatsachen, die offenkundig sind oder ihrer Bedeutung nach keiner Geheimhaltung bedürfen.	§ 8 Schweigepflicht (2) Die Schweigepflicht besteht nicht **in Bezug auf** Angelegenheiten oder Tatsachen, die offenkundig sind oder ihrer Bedeutung nach keiner Geheimhaltung bedürfen.
§ 69 (1) ¹Soweit eine Maßnahme der Mitbestimmung des Personalrats unterliegt, bedarf sie nach rechtzeitiger und eingehender Erörterung nach § 60 Abs. 4 seiner vorherigen Zustimmung. ²Auf die Erörterung kann im beiderseitigen Einvernehmen verzichtet werden.	§ 66 Verfahren zwischen Dienststelle und Personalrat (1) ¹Soweit eine Maßnahme der Mitbestimmung des Personalrats unterliegt, bedarf sie nach rechtzeitiger und eingehender Erörterung nach § 62 Abs. 1 seiner vorherigen Zustimmung. ²Auf die Erörterung kann im beiderseitigen Einvernehmen verzichtet werden.
§ 69 (2) ¹Der Leiter der Dienststelle unterrichtet den Personalrat von der beabsichtigten Maßnahme und beantragt seine Zustimmung. ²Der Beschluß des Personalrats ist dem Leiter der Dienststelle innerhalb von zwei Wochen nach Antragstellung mitzuteilen. ³In dringenden Fällen kann der Leiter der Dienststelle diese Frist auf eine Woche abkürzen. ⁴Die Maßnahme gilt als gebilligt, wenn nicht der Personalrat innerhalb der genannten Frist die Zustimmung schriftlich begründet verweigert.	§ 66 Verfahren zwischen Dienststelle und Personalrat (2) ¹**Die Dienststellenleitung** unterrichtet den Personalrat von der beabsichtigten Maßnahme und beantragt seine Zustimmung. ²Der **Beschluss** des Personalrats ist **der Dienststellenleitung** innerhalb von zwei Wochen nach Antragstellung mitzuteilen. ³In dringenden Fällen kann **die Dienststellenleitung** diese Frist auf eine Woche abkürzen. ⁴Die Maßnahme gilt als gebilligt, wenn nicht der Personalrat innerhalb der genannten Frist die Zustimmung **unter Angabe der Gründe** schriftlich oder **elektronisch** verweigert.
§ 69 (3) ¹Der Personalrat kann in sozialen und personellen Angelegenheiten, die seiner Mitbestimmung unterliegen, Maßnahmen beantragen, die der Gesamtheit der Beschäftigten der Dienststelle dienen. ²Der Personalrat hat seine Anträge dem Leiter der Dienststelle schriftlich zu unterbreiten; sie sind zu begründen und nach § 60 Abs. 4 zu erörtern. ³Der Leiter der Dienststelle hat dem Personalrat eine Entscheidung innerhalb von vier Wochen nach Abschluß der Erörterung schriftlich mitzuteilen. ⁴Kann der Leiter der Dienststelle aus zureichendem Grund die Frist nicht einhalten, so ist dem Personalrat innerhalb dieser Frist ein	§ 67 Initiativrecht des Personalrats (1) ¹Der Personalrat kann in Angelegenheiten, die seiner Mitbestimmung unterliegen, Maßnahmen beantragen, die den Beschäftigten der Dienststelle **insgesamt oder Gruppen von ihnen** dienen. ²Der Personalrat hat seine Anträge **der Dienststellenleitung** schriftlich **oder elektronisch** zu unterbreiten **und zu begründen**; sie sind nach § 62 Abs. 1 zu erörtern. (2) ¹**Die Dienststellenleitung soll** über den Antrag nach Abs. 1 innerhalb von vier Wochen nach **Abschluss** der Erörterung entscheiden. ²Kann **die Dienststellenleitung** die Frist nicht einhalten, so ist dem Personalrat innerhalb dieser Frist ein Zwischenbescheid zu erteilen;

Erläuterungen für die Praxis

§ 8 Abs. 2 ist sprachlich angepasst, inhaltlich aber unverändert.

§ 66 entspricht nach der Gesetzesbegründung weitgehend dem bisherigen § 69 Abs. 1 und 2 (LT-Drs. 20/9470, S. 61).

In Abs. 2 Satz 4 wird neben der Schriftform auch die elektronische Kommunikation zugelassen. (LT-Drs. 20/9470, S. 61). Der Personalrat darf seine Zustimmungsverweigerung nunmehr auch elektronisch, in der Regel per E-Mail, an die Dienststellenleitung übermitteln.

Die sprachliche Anpassung bei der Zustimmungsverweigerung von »begründet« zu »unter Angabe der Gründe« hat keine inhaltlichen Änderungen zur Folge. Der Personalrat hat bei Zustimmungsverweigerungen weiterhin die Frist- und Formvorgaben zu beachten sowie die Gründe hierfür anzugeben. Macht er das nicht, gilt – wie bisher – die Zustimmungsfiktion.

Die im bisherigen § 69 Abs. 3 enthaltene Regelung zum Initiativrecht des Personalrats wird nach der Gesetzesbegründung in einen eigenen Paragrafen (§ 67) überführt und in zwei Absätze aufgeteilt. Dabei wird ausdrücklich die elektronische Kommunikation zwischen Personalrat und Dienststelle ermöglicht (LT-Drs. 20/9470, S. 62).

Abs. 1 übernimmt den bisherigen § 69 Abs. 3 Satz 1 und 2. Es wird klargestellt, dass das Initiativrecht in allen Angelegenheiten besteht, die der Mitbestimmung unterliegen und die Beschäftigten der Dienststelle insgesamt oder Teile von diesen betreffen, nicht jedoch bezüglich konkreter Einzelmaßnahmen (LT-Drs. 20/9470, S. 62). Die bisherige Beschränkung des Initiativrechts auf Maßnahmen, die der Gesamtheit der Beschäftigten der Dienststelle dienen, hatte ebenfalls bereits die Möglichkeit, Einzelmaßnahmen zu initiieren, ausgeschlossen. Insofern stellt die neue Regelung gegenüber der bisherigen lediglich klar, dass Initiativen auch für Gruppen von Beschäftigten zulässig sind. Dabei sind nicht die Gruppen im Sinne von § 4 Abs. 2 gemeint, sondern eine Mehrzahl von Beschäftigten, die gleiche Interessen haben, etwa die Beschäftigten einer Abteilung oder einer Berufsgruppe.

HPVG alte Fassung	HPVG neue Fassung (ab 6. 4. 2023)
Zwischenbescheid zu erteilen; die endgültige Entscheidung ist innerhalb weiterer vier Wochen zu treffen. ⁵Soweit der Dienststellenleiter eine alleinige Entscheidungsbefugnis besitzt, gilt die Maßnahme als gebilligt, wenn er nicht innerhalb der genannten Frist die Zustimmung schriftlich verweigert.	die endgültige Entscheidung ist innerhalb weiterer vier Wochen zu treffen. ³Soweit **die Dienststellenleitung** eine alleinige Entscheidungsbefugnis besitzt, gilt die Maßnahme als gebilligt, wenn die Dienststelle nicht innerhalb der genannten Frist die Zustimmung schriftlich **oder elektronisch** verweigert.
§ 70 (1) ¹Kommt nach § 69 zwischen dem Leiter einer nachgeordneten Dienststelle und dem Personalrat eine Einigung nicht zustande, so kann der Leiter der Dienststelle oder der Personalrat die Angelegenheit innerhalb von zwei Wochen auf dem Dienstweg der übergeordneten Dienststelle, bei der eine Stufenvertretung besteht, vorlegen. ²Die übergeordnete Dienststelle hat innerhalb von zwei Wochen die Stufenvertretung mit der Angelegenheit zu befassen.	**§ 68 Stufenverfahren** (1) ¹Kommt nach **§ 66 oder § 67** zwischen **der Leitung** einer nachgeordneten Dienststelle und dem Personalrat eine Einigung nicht zustande, so kann **die Dienststellenleitung** oder der Personalrat die Angelegenheit innerhalb von zwei Wochen auf dem Dienstweg der übergeordneten Dienststelle, bei der eine Stufenvertretung besteht, vorlegen. ²Die übergeordnete Dienststelle hat innerhalb von zwei Wochen die Stufenvertretung mit der Angelegenheit zu befassen.
§ 70 (2) ¹Ist die übergeordnete Dienststelle eine Behörde der Mittelstufe und kommt zwischen ihr und dem Bezirkspersonalrat eine Einigung nicht zustande, so kann ihr Dienststellenleiter oder der Bezirkspersonalrat die Angelegenheit innerhalb von zwei Wochen der obersten Dienstbehörde vorlegen. ²Die oberste Dienstbehörde hat innerhalb von zwei Wochen den Hauptpersonalrat mit der Angelegenheit zu befassen. ³Kommt zwischen der obersten Dienstbehörde und dem Hauptpersonalrat eine Einigung nicht zustande, so kann der Leiter der obersten Dienstbehörde oder der Hauptpersonalrat innerhalb von zwei Wochen die Einigungsstelle anrufen.	**§ 68 Stufenverfahren** (2) ¹Ist die übergeordnete Dienststelle eine Behörde der Mittelstufe und kommt zwischen ihr und dem Bezirkspersonalrat eine Einigung nicht zustande, so kann **ihre Dienststellenleitung** oder der Bezirkspersonalrat die Angelegenheit innerhalb von zwei Wochen der obersten Dienstbehörde vorlegen. ²Die oberste Dienstbehörde hat innerhalb von zwei Wochen den Hauptpersonalrat mit der Angelegenheit zu befassen. ³Kommt zwischen der obersten Dienstbehörde und dem Hauptpersonalrat eine Einigung nicht zustande, so kann **die Leitung** der obersten Dienstbehörde oder der Hauptpersonalrat innerhalb von zwei Wochen die Einigungsstelle anrufen.

Erläuterungen für die Praxis

Seinen Initiativantrag kann der Personalrat nunmehr auch elektronisch, in der Regel per E-Mail, an die Dienststellenleitung übermitteln.

Abs. 2 führt die weiteren Sätze des bisherigen § 69 Abs. 3 fort. Satz 1 wird sprachlich neu gefasst. Da auch die bisherige Regelung nicht zwingend war, wird sie als Soll-Vorschrift formuliert (LT-Drs. 20/9470, S. 62).

Auch wenn die Dienststellenleitung über den Initiativantrag des Personalrates innerhalb von vier Wochen lediglich entscheiden »soll«, sind Abweichungen hiervon nur ausnahmsweise im Fall des Abs. 2 Satz 2 zulässig. Zudem schützt die Billigungsfiktion des Abs. 2 Satz 3 den Personalrat vor einer Verschleppung der Entscheidung über seinen Antrag.

Die Zustimmungsverweigerung kann die Dienststellenleitung nunmehr auch elektronisch, in der Regel per E-Mail, an den Personalrat übermitteln.

§ 68 entspricht nach der Gesetzesbegründung inhaltlich dem bisherigen § 70 Abs. 1 bis 5 und Abs. 7. Die Regelungen wurden sprachlich und redaktionell angepasst (LT-Drs. 20/9470, S. 62).

Eine inhaltliche Änderung ist mit den sprachlichen und redaktionellen Anpassungen nicht verbunden.

Keine inhaltliche Änderung.

HPVG alte Fassung	HPVG neue Fassung (ab 6. 4. 2023)
§ 70 (3) Ist die übergeordnete Dienststelle eine oberste Dienstbehörde und kommt zwischen ihr und dem Hauptpersonalrat eine Einigung nicht zustande, so kann der Leiter der obersten Dienstbehörde oder der Hauptpersonalrat innerhalb von zwei Wochen die Einigungsstelle anrufen.	§ 68 Stufenverfahren (3) Ist die übergeordnete Dienststelle eine oberste Dienstbehörde und kommt zwischen ihr und dem Hauptpersonalrat eine Einigung nicht zustande, so kann **die Leitung** der obersten Dienstbehörde oder der Hauptpersonalrat innerhalb von zwei Wochen die Einigungsstelle anrufen.
§ 70 (4) ¹Kommt nach § 69 zwischen dem Leiter einer Dienststelle, die oberste Dienstbehörde ist, und dem Personalrat eine Einigung nicht zustande, so kann der Leiter der obersten Dienstbehörde oder der Personalrat innerhalb von zwei Wochen den Hauptpersonalrat mit der Angelegenheit befassen. ²Kommt eine Einigung nicht zustande, so kann der Leiter der obersten Dienstbehörde oder der Hauptpersonalrat innerhalb von zwei Wochen die Einigungsstelle anrufen. ³Besteht kein Hauptpersonalrat, so tritt an seine Stelle der Personalrat.	§ 68 Stufenverfahren (4) ¹Kommt nach **§ 66 oder § 67** zwischen **der Leitung** einer Dienststelle, die oberste Dienstbehörde ist, und dem Personalrat eine Einigung nicht zustande, so kann **die Leitung** der obersten Dienstbehörde oder der Personalrat innerhalb von zwei Wochen den Hauptpersonalrat mit der Angelegenheit befassen. ²Kommt eine Einigung nicht zustande, so kann **die Leitung** der obersten Dienstbehörde oder der Hauptpersonalrat innerhalb von zwei Wochen die Einigungsstelle anrufen. ³Besteht kein Hauptpersonalrat, so tritt an seine Stelle der Personalrat.
§ 70 (5) Kommt nach § 69 bei Gemeinden, Gemeindeverbänden oder sonstigen Körperschaften, Anstalten und Stiftungen des öffentlichen Rechts mit einstufigem Verwaltungsaufbau zwischen dem Leiter der Dienststelle und dem Personalrat eine Einigung nicht zustande, so kann der Leiter der Dienststelle oder der Personalrat innerhalb von zwei Wochen die Einigungsstelle anrufen.	§ 68 Stufenverfahren (5) Kommt nach **§ 66 oder § 67** bei Gemeinden, Gemeindeverbänden oder sonstigen Körperschaften, Anstalten und Stiftungen des öffentlichen Rechts mit einstufigem Verwaltungsaufbau zwischen **der Dienststellenleitung** und dem Personalrat eine Einigung nicht zustande, so kann **die Dienststellenleitung** oder der Personalrat innerhalb von zwei Wochen die Einigungsstelle anrufen.
§ 70 (6) Abs. 1 bis 5 gelten nicht, soweit eine Angelegenheit nicht der Mitbestimmung des Personalrats unterliegt.	Entfallen.
§ 70 (7) Die in Abs. 1 bis 5 genannten Fristen können im beiderseitigen Einvernehmen der jeweiligen Dienststelle und Personalvertretung verkürzt oder verlängert werden.	§ 68 Stufenverfahren (6) Die in den Abs. 1 bis 5 genannten Fristen können im beiderseitigen Einvernehmen der jeweiligen **Dienststellenleitung** und Personalvertretung verkürzt oder verlängert werden.

Erläuterungen für die Praxis
Keine inhaltliche Änderung.
Keine inhaltliche Änderung.
Keine inhaltliche Änderung.
Die entfallene Regelung des bisherigen § 70 Abs. 6, wonach die Regelungen zum Stufenverfahren nicht gelten, soweit die streitige Angelegenheit nicht der Mitbestimmung unterliegt, ist an dieser Stelle entbehrlich. Das Stufenverfahren wird nunmehr systematisch unter »Verfahren bei Mitbestimmung« geregelt.
Keine inhaltliche Änderung.

HPVG alte Fassung	HPVG neue Fassung (ab 6. 4. 2023)
§ 71 (1) [1]Die Einigungsstelle wird bei der obersten Dienstbehörde gebildet. [2]Sie besteht aus je drei Beisitzern, die von der obersten Dienstbehörde, bei Kollegialorganen durch Beschluss mit einfacher Mehrheit, und der zur Anrufung der Einigungsstelle berechtigten Personalvertretung innerhalb von zwei Wochen nach der Anrufung bestellt werden, und aus einem unparteiischen Vorsitzenden, auf dessen Person sich beide Seiten einigen. (…)	**§ 69 Bildung der Einigungsstelle** (1) [1]Die Einigungsstelle wird bei der obersten Dienstbehörde gebildet. [2]Sie besteht aus **sechs Beisitzerinnen** und Beisitzern, die **jeweils zur Hälfte** von der obersten Dienstbehörde und der zur Anrufung der Einigungsstelle berechtigten Personalvertretung innerhalb von zwei Wochen nach der Anrufung bestellt werden, und aus **einer oder** einem unparteiischen Vorsitzenden, auf **die oder** den sich beide Seiten einigen. [2]**Ist die oberste Dienstbehörde ein Kollegialorgan, erfolgt die Bestellung durch Beschluss mit einfacher Mehrheit.**
§ 71 (1) (…) [3]Der Einigungsstelle sollen grundsätzlich Männer und Frauen angehören. (…)	Entfällt.
§ 71 (1) (…) [4]Kommt eine Einigung über die Person des Vorsitzenden innerhalb von zwei Wochen nach der Anrufung nicht zustande, so bestellt ihn der Vorsitzende der Landespersonalkommission. [5]Der Vorsitzende der Einigungsstelle hat innerhalb von zwei Wochen nach seiner Bestellung zur ersten Sitzung der Einigungsstelle einzuladen; lädt er nicht ein, so ist ein neuer Vorsitzender durch den Vorsitzenden der Landespersonalkommission unverzüglich zu bestellen.	**§ 69 Bildung der Einigungsstelle** (2) [1]Kommt eine Einigung über die Person **der oder** des Vorsitzenden innerhalb von zwei Wochen nach der Anrufung nicht zustande, so **wird sie oder er von der oder dem Vorsitzenden** der Landespersonalkommission bestellt. [2]**Die oder** der Vorsitzende der Einigungsstelle hat innerhalb von zwei Wochen nach der Bestellung zur ersten Sitzung der Einigungsstelle einzuladen; lädt **sie oder** er nicht ein, so ist durch **die Vorsitzende oder** den Vorsitzenden der Landespersonalkommission unverzüglich **eine neue Vorsitzende oder** ein neuer Vorsitzender zu bestellen.
§ 71 (2) [1]Die oberste Dienstbehörde kann eine ständige Einigungsstelle einrichten. [2]In diesem Fall werden der Vorsitzende sowie ein Stellvertreter für die Dauer der regelmäßigen Amtszeit der Personalräte bestellt. [3]Der Vorsitzende oder sein Stellvertreter laden innerhalb von zwei Wochen nach der Anrufung der Einigungsstelle zur ersten Sitzung ein. [4]Im Übrigen gilt Abs. 1.	**§ 69 Bildung der Einigungsstelle** (3) [1]Die oberste Dienstbehörde kann eine ständige Einigungsstelle einrichten. [2]In diesem Fall werden **die oder** der Vorsitzende sowie **eine Stellvertreterin oder** ein Stellvertreter für die Dauer der regelmäßigen Amtszeit der Personalräte bestellt. [3]**Die Abs. 1 und 2 gelten mit der Maßgabe, dass zur ersten Sitzung innerhalb von zwei Wochen seit der Anrufung der Einigungsstelle einzuladen ist.**
	§ 70 Verfahren der Einigungsstelle

Erläuterungen für die Praxis
Die Bestimmungen zur Einigungsstelle, die im bisherigen § 71 enthalten sind, werden nach der Gesetzesbegründung zur besseren Übersichtlichkeit in drei Paragrafen (§§ 69 bis 71) aufgeteilt (LT-Drs. 20/9470, S. 62). § 69 enthält die Regelungen zur Bildung der Einigungsstelle in sprachlich überarbeiteter Form. Abs. 1 entspricht inhaltlich dem bisherigen § 71 Abs. 1 Satz 1 und 2. Satz 2 wird dabei in zwei Sätze aufgeteilt, um die Verständlichkeit zu erleichtern.
Der bisherige Satz 3 in § 71 Abs. 1 wird an dieser Stelle nicht fortgeführt, da insoweit § 13 des Hessischen Gleichberechtigungsgesetzes einschlägig ist (LT-Drs. 20/9470, S. 62).
§ 69 Abs. 2 übernimmt die Sätze 4 und 5 des bisherigen § 71 Abs. 1 (LT-Drs. 20/9470, S. 62).
§ 69 Abs. 3 entspricht inhaltlich dem bisherigen § 71 Abs. 2 (LT-Drs. 20/9470, S. 62).
§ 70 fasst nach der Gesetzesbegründung die Regelungen zum Verfahren der Einigungsstelle in übersichtlicher Form zusammen, die im bisherigen § 71 Abs. 3 und Abs. 4 Satz 1 enthalten sind (LT-Drs. 20/9470, S. 62). Inhaltliche Änderungen sind damit nicht verbunden.

Synopse des bisherigen und neuen Rechts mit Erläuterungen

HPVG alte Fassung	HPVG neue Fassung (ab 6. 4. 2023)
§ 71 (3) [1]Die Einigungsstelle entscheidet nach mündlicher Verhandlung, die nicht öffentlich ist, durch Beschluss. (…) [4]Die Einigungsstelle kann den Anträgen der Beteiligten auch teilweise entsprechen. (…) [6]Er muss sich im Rahmen der geltenden Rechtsvorschriften, insbesondere des Haushaltsgesetzes, halten. (…)	§ 70 Verfahren der Einigungsstelle (1) [1]Die Einigungsstelle entscheidet nach mündlicher Verhandlung, die nicht öffentlich ist, durch Beschluss. [2]**Sie** kann den Anträgen der Beteiligten auch teilweise entsprechen. [3]Der Beschluss muss sich im Rahmen der geltenden Rechtsvorschriften, insbesondere des Haushaltsgesetzes, halten.
§ 71 (3) (…) [2]Die Entscheidung erfolgt in der ersten Sitzung der Einigungsstelle, spätestens aber einen Monat danach. [3]Die Frist kann im Einvernehmen der Mitglieder der Einigungsstelle verkürzt oder verlängert werden. (…)	§ 70 Verfahren der Einigungsstelle (2) [1]Die Entscheidung erfolgt in der ersten Sitzung der Einigungsstelle, spätestens aber einen Monat danach. [2]Die Frist kann im Einvernehmen der Mitglieder der Einigungsstelle verkürzt oder verlängert werden.
§ 71 (3) (…) [5]Der Beschluss wird mit Stimmenmehrheit gefasst. (…). [7]Bestellt eine Seite innerhalb der in Abs. 1 Satz 2 genannten Frist keine Beisitzer oder bleiben Beisitzer trotz rechtzeitiger Einladung der Sitzung fern, so entscheiden der Vorsitzende und die erschienenen Beisitzer allein.	§ 70 Verfahren der Einigungsstelle (3) [1]Der Beschluss wird mit Stimmenmehrheit gefasst. [2]Bestellt eine Seite innerhalb der in § 69 Abs. 1 Satz 2 genannten Frist keine **Beisitzerinnen und** Beisitzer oder bleiben **Beisitzerinnen oder** Beisitzer trotz rechtzeitiger Einladung der Sitzung fern, so entscheiden **die oder** der Vorsitzende und die erschienenen **Beisitzerinnen und** Beisitzer allein.
§ 71 (4) [1]Der Beschluß ist zu begründen, vom Vorsitzenden der Einigungsstelle zu unterzeichnen und den Beteiligten unverzüglich zuzustellen. (…)	§ 70 Verfahren der Einigungsstelle (4) Der **Beschluss** ist zu begründen, von **der oder** dem Vorsitzenden der Einigungsstelle zu unterzeichnen und den Beteiligten unverzüglich zuzustellen.
	§ 71 Umfang der Bindungswirkung und Durchführung der Beschlüsse der Einigungsstelle
§ 71 (4) (…) [2]In den Fällen der § 74 Abs. 1 Nr. 2, 3, 8, 9 und 17 und § 77 hat der Beschluss den Charakter einer Empfehlung an die oberste Dienstbehörde; in den übrigen Fällen bindet er die Beteiligten, soweit er eine Entscheidung im Sinne des Abs. 3 enthält. (…)	§ 71 Umfang der Bindungswirkung und Durchführung der Beschlüsse der Einigungsstelle (1) [1]In den Fällen des § 75 **Abs. 1 und 2 sowie der §§ 77 und 78 Abs. 1** hat der Beschluss der Einigungsstelle den Charakter einer Empfehlung an die oberste Dienstbehörde; **sofern die oberste Dienstbehörde der Empfehlung nicht folgt, hat sie dies zu begründen.** [2]In den übrigen Fällen bindet **der Beschluss der Einigungsstelle** die Beteiligten, soweit er eine Entscheidung im Sinne des § 70 **Abs. 1** enthält.

Erläuterungen für die Praxis
§ 70 Abs. 1 entspricht dem bisherigen § 71 Abs. 3 Satz 1, 4 und 6.
§ 70 Abs. 2 entspricht dem bisherigen § 71 Abs. 3 Satz 2 und 3.
§ 70 Abs. 3 entspricht dem bisherigen § 71 Abs. 3 Satz 5 und 7.
§ 70 Abs. 4 entspricht dem bisherigen § 71 Abs. 4 Satz 1.
Die Regelungen zur Bindungswirkung der Beschlüsse der Einigungsstelle und deren Durchführung werden nach der Gesetzesbegründung in § 71 zusammengefasst (LT-Drs. 20/9470, S. 62).
§ 71 Abs. 1 übernimmt die Regelung des bisherigen § 71 Abs. 4 Satz 2 unter Anpassung an die neue Struktur der Beteiligungstatbestände (LT-Drs. 20/9470, S. 62).
§ 75 Abs. 1 regelt die Mitbestimmung in Personalangelegenheiten der Beamtinnen und Beamten und § 75 Abs. 2 die der Arbeitnehmerinnen und Arbeitnehmer, bei denen die Einigungsstelle nur eine Empfehlung ausspricht.
§ 77 regelt allgemeine Personalangelegenheiten, bei denen die Einigungsstelle ebenfalls nur eine Empfehlung ausspricht.
§ 78 Abs. 1 regelt die Mitbestimmung in organisatorischen und wirtschaftlichen Angelegenheiten, bei denen die Einigungsstelle nur eine Empfehlung ausspricht.

HPVG alte Fassung	HPVG neue Fassung (ab 6. 4. 2023)
§ 71 (4) (…) ³Beschlüsse der Einigungsstelle führt der Dienststellenleiter durch, es sei denn, daß im Einzelfall etwas anderes bestimmt ist.	**§ 71 Umfang der Bindungswirkung und Durchführung der Beschlüsse der Einigungsstelle** (3) ¹Beschlüsse der Einigungsstelle führt **die Dienststelle** durch, es sei denn, dass im Einzelfall etwas anderes bestimmt ist. (…)
§ 71 (5) ¹Abweichend von Abs. 4 kann in der Landesverwaltung die oberste Dienstbehörde, wenn sie sich einem bindenden Beschluss der Einigungsstelle nicht anschließt, innerhalb eines Monats nach Zustellung des Beschlusses der Einigungsstelle die Entscheidung der Landesregierung, für Beschäftigte des Landtags die Entscheidung des Präsidenten des Landtags im Benehmen mit dem Präsidium des Landtags und für Beschäftigte des Rechnungshofes die Entscheidung des Präsidenten des Rechnungshofs im Benehmen mit dem Präsidium des Landtags beantragen, wenn die Entscheidung im Einzelfall wegen ihrer Auswirkungen auf das Gemeinwohl wesentlicher Bestandteil der Regierungsgewalt ist. ²Diese Entscheidung ist endgültig. ³Bei Gemeinden, Gemeindeverbänden und sonstigen Körperschaften, Anstalten und Stiftungen des öffentlichen Rechts kann in den Fällen des Satz 1 die oberste Dienstbehörde, wenn sie sich nicht dem Beschluß der Einigungsstelle anschließt, diesen aufheben und endgültig entscheiden.	**§ 71 Umfang der Bindungswirkung und Durchführung der Beschlüsse der Einigungsstelle** (2) ¹Abweichend von **Abs. 1** Satz 2 kann in der Landesverwaltung die oberste Dienstbehörde, wenn sie sich einem bindenden Beschluss der Einigungsstelle nicht anschließt, innerhalb eines Monats nach Zustellung des Beschlusses der Einigungsstelle die Entscheidung der Landesregierung, für Beschäftigte des Landtags die Entscheidung der Präsidentin oder des Präsidenten des Landtags im Benehmen mit dem Präsidium des Landtags und für Beschäftigte des Rechnungshofes die Entscheidung der Präsidentin oder des Präsidenten des Rechnungshofs im Benehmen mit dem Präsidium des Landtags beantragen, wenn die Entscheidung im Einzelfall wegen ihrer Auswirkungen auf das Gemeinwohl wesentlicher Bestandteil der Regierungsgewalt ist. ²Diese Entscheidung ist endgültig. ³Bei Gemeinden, Gemeindeverbänden und sonstigen Körperschaften, Anstalten und Stiftungen des öffentlichen Rechts kann in den Fällen des Satz 1 die oberste Dienstbehörde, wenn sie sich nicht dem Beschluss der Einigungsstelle anschließt, diesen aufheben und endgültig entscheiden.

Erläuterungen für die Praxis

Der Beschluss der Einigungsstelle nach Abs. 1 Satz 2 wirkt bindend nur in den Fällen der Mitbestimmung bei sozialen Angelegenheiten nach § 74 Abs. 1

Der Innenausschuss empfahl ausdrücklich eine Begründungspflicht, sofern die oberste Dienstbehörde der Empfehlung der Einigungsstelle nicht folgt (LT-Drs. 20/10698, S. 9). Damit wird dem Vorbringen von Hauptpersonalräten in der Anhörung am 2.2.2023 Rechnung getragen (Stenografischer Bericht der öffentlichen Anhörung am 2.2.2023, S. 24), dass es nicht in allen Geschäftsbereichen üblich sei, ein Abweichen von der Empfehlung der Einigungsstelle gegenüber dem HPR zu begründen – was aber durchaus sinnvoll ist, um die Ablehnung der Empfehlung nachvollziehen zu können. Diese Begründungspflicht gilt auch für oberste Dienstbehörden bei Gemeinden, Gemeindeverbänden oder sonstigen Körperschaften, Anstalten und Stiftungen des öffentlichen Rechts mit einstufigem Verwaltungsaufbau.

In § 71 Abs. 3 werden die Regelungen der bisherigen § 71 Abs. 4 Satz 3 (jetzt § 71 Abs. 3 Satz 1) und Abs. 6 (jetzt § 71 Abs. 3 Satz 2) zusammengeführt (LT-Drs. 20/9470, S. 62). Eine inhaltliche Änderung ist damit nicht verbunden.

§ 71 Abs. 2 entspricht dem bisherigen § 71 Abs. 5, der wie bisher das Evokationsrecht zur Aufhebung eines bindenden Beschlusses vorsieht, wenn der Einigungsstellenbeschluss im Einzelfall wegen der Auswirkungen auf das Gemeinwohl als wesentlicher Bestandteil der Regierungsgewalt diese beeinträchtigt (LT-Drs. 20/9470, S. 62).

HPVG alte Fassung	HPVG neue Fassung (ab 6.4.2023)
§ 71 (6) ¹Sofern die Dienststelle sich weigert, einen endgültigen Beschluß der Einigungsstelle zu vollziehen, kann der Personalrat Klage beim Verwaltungsgericht erheben. ²Das Verwaltungsgericht trifft eine die Dienststelle zum Vollzug verpflichtende Entscheidung.	§ 71 **Umfang der Bindungswirkung und Durchführung der Beschlüsse der Einigungsstelle** (3) (…) ²**Weigert sich die Dienststelle**, einen endgültigen **Beschluss** der Einigungsstelle zu vollziehen, kann der Personalrat Klage beim Verwaltungsgericht erheben. ³Das Verwaltungsgericht trifft eine die Dienststelle zum Vollzug verpflichtende Entscheidung.
§ 71 (7) ¹§ 40 Abs. 1, § 42, § 64 Abs. 1 und § 68 gelten entsprechend. ²Dem Vorsitzenden kann eine Entschädigung für Zeitaufwand gewährt werden.	§ 69 **Bildung der Einigungsstelle** (4) ¹Die **§§ 35 und 37 Abs. 1 sowie § 42** gelten entsprechend. ²**Der oder** dem Vorsitzenden kann eine Entschädigung für Zeitaufwand gewährt werden.
§ 72 (1) Soweit der Personalrat an Entscheidungen mitwirkt, hat der Leiter der Dienststelle die beabsichtigte Maßnahme mit dem Ziel einer Verständigung rechtzeitig und eingehend mit ihm zu erörtern.	§ 72 **Mitwirkung** (1) Soweit der Personalrat an Entscheidungen mitwirkt, hat **die Dienststellenleitung** die beabsichtigte Maßnahme mit dem Ziel einer Verständigung rechtzeitig und eingehend mit ihm zu erörtern.
§ 72 (2) ¹Äußert sich der Personalrat nicht innerhalb von zwei Wochen oder hält er bei Erörterung seine Einwendungen oder Vorschläge nicht aufrecht, so gilt die beabsichtigte Maßnahme als gebilligt. ²Erhebt der Personalrat Einwendungen, so hat er dem Leiter der Dienststelle die Gründe mitzuteilen.	§ 72 **Mitwirkung** (2) ¹Äußert sich der Personalrat nicht innerhalb von zwei Wochen oder hält er bei Erörterung seine Einwendungen oder Vorschläge nicht aufrecht, so gilt die beabsichtigte Maßnahme als gebilligt. ²Erhebt der Personalrat Einwendungen, so hat er **der Dienststellenleitung** die Gründe mitzuteilen.
§ 72 (3) Entspricht die Dienststelle den Einwendungen des Personalrats nicht oder nicht in vollem Umfang, so teilt sie dem Personalrat ihre Entscheidung unter Angabe der Gründe innerhalb eines Monats schriftlich mit.	§ 72 **Mitwirkung** (3) Entspricht die Dienststelle den Einwendungen des Personalrats nicht oder nicht in vollem Umfang, so teilt sie dem Personalrat ihre Entscheidung unter Angabe der Gründe innerhalb eines Monats schriftlich **oder elektronisch** mit.

Erläuterungen für die Praxis

In Abs. 3 werden die Regelungen der bisherigen § 71 Abs. 4 Satz 3 (jetzt § 71 Abs. 3 Satz 1) und Abs. 6 (jetzt § 71 Abs. 3 Satz 2 und 3) zusammengeführt (LT-Drs. 20/9470, S. 62). Eine inhaltliche Änderung ist damit nicht verbunden.

§ 69 Abs. 4 entspricht unter Anpassung der Verweisungen weitgehend dem bisherigen § 71 Abs. 7 (LT-Drs. 20/9470, S. 62). Ein Verweis auf Vorschriften des Ersten Teils (§§ 7 und 8) ist nicht erforderlich, da diese für alle Personen gelten, die Aufgaben nach dem HPVG wahrnehmen. Stattdessen wird die Regelung zum Datenschutz neu in die Verweisungen aufgenommen.

Das Behinderungs-, Benachteiligungs- und Begünstigungsverbot nach § 7 und die Schweigepflicht nach § 8 gelten auch für die Beisitzerinnen und Beisitzer der Einigungsstelle sowie deren Vorsitzende oder Vorsitzenden.

§ 72 zum Verfahren bei der Mitwirkung entspricht nach der Gesetzesbegründung weitgehend dem bisherigen § 72. Zwischen Dienststelle und Personalrat wird neben der schriftlichen nun auch die elektronische Kommunikation ausdrücklich zugelassen (Abs. 3 und 4) (LT-Drs. 20/9470, S. 62).

Keine inhaltlichen Änderungen.

Ihre Ablehnungsbegründung nach Abs. 3 kann die Dienststelle nunmehr auch elektronisch, in der Regel per E-Mail, an den Personalrat mitteilen.

HPVG alte Fassung	HPVG neue Fassung (ab 6. 4. 2023)
§ 72 (4) [1]Beantragt der Personalrat eine Maßnahme, die seiner Mitwirkung unterliegt, so hat er sie dem Leiter der Dienststelle schriftlich vorzuschlagen. [2]Dieser hat dem Personalrat innerhalb angemessener Frist eine Entscheidung schriftlich mitzuteilen; eine Ablehnung ist zu begründen.	§ 72 **Mitwirkung** (4) [1]Beantragt der Personalrat eine Maßnahme, die seiner Mitwirkung unterliegt, so hat er sie **der Dienststellenleitung** schriftlich **oder elektronisch** vorzuschlagen. [2]**Diese** hat dem Personalrat innerhalb angemessener Frist eine Entscheidung schriftlich **oder elektronisch** mitzuteilen; eine Ablehnung ist zu begründen.
§ 72 (5) [1]Kommt zwischen dem Leiter einer nachgeordneten Dienststelle und dem Personalrat eine Einigung nicht zustande, so kann der Leiter der Dienststelle oder der Personalrat die Angelegenheit innerhalb von zwei Wochen auf dem Dienstweg der übergeordneten Dienststelle, bei der eine Stufenvertretung besteht, vorlegen. [2]Die übergeordnete Dienststelle hat innerhalb von zwei Wochen die Stufenvertretung mit der Angelegenheit zu befassen. [3]Ist die übergeordnete Dienststelle eine Behörde der Mittelstufe und kommt zwischen ihr und dem Bezirkspersonalrat innerhalb von vier Wochen eine Einigung nicht zustande, so entscheidet der Leiter der obersten Dienstbehörde nach Verhandlung mit dem Hauptpersonalrat endgültig. [4]Ist die übergeordnete Dienststelle eine oberste Dienstbehörde, so entscheidet ihr Leiter nach Verhandlung mit dem Hauptpersonalrat endgültig.	§ 72 **Mitwirkung** (5) [1]Kommt zwischen **der Leitung** einer nachgeordneten Dienststelle und dem Personalrat eine Einigung nicht zustande, so kann **die Dienststellenleitung** oder der Personalrat die Angelegenheit innerhalb von zwei Wochen auf dem Dienstweg der übergeordneten Dienststelle, bei der eine Stufenvertretung besteht, vorlegen. [2]Die übergeordnete Dienststelle hat innerhalb von zwei Wochen die Stufenvertretung mit der Angelegenheit zu befassen. [3]Ist die übergeordnete Dienststelle eine Behörde der Mittelstufe und kommt zwischen ihr und dem Bezirkspersonalrat innerhalb von vier Wochen eine Einigung nicht zustande, so entscheidet **die Leitung** der obersten Dienstbehörde nach Verhandlung mit dem Hauptpersonalrat endgültig. [4]Ist die übergeordnete Dienststelle eine oberste Dienstbehörde, so entscheidet ihre Leitung nach Verhandlung mit dem Hauptpersonalrat endgültig.
§ 72 (6) [1]Der Personalrat einer Gemeinde, eines Gemeindeverbandes oder einer sonstigen Körperschaft, Anstalt oder Stiftung des öffentlichen Rechts mit einstufigem Verwaltungsaufbau kann innerhalb von zwei Wochen nach Zugang der Mitteilung (Abs. 3) die Entscheidung der obersten Dienstbehörde beantragen. [2]Abs. 4 Satz 2 gilt entsprechend.	§ 72 **Mitwirkung** (6) [1]Der Personalrat einer Gemeinde, eines Gemeindeverbandes oder einer sonstigen Körperschaft, Anstalt oder Stiftung des öffentlichen Rechts mit einstufigem Verwaltungsaufbau kann innerhalb von zwei Wochen nach Zugang der Mitteilung (Abs. 3) die Entscheidung der obersten Dienstbehörde beantragen. [2]Abs. 4 Satz 2 gilt entsprechend.

Erläuterungen für die Praxis

Seinen Antrag in einer Mitwirkungsangelegenheit nach Abs. 4 kann der Personalrat nunmehr auch elektronisch, in der Regel per E-Mail, an die Dienststellenleitung übermitteln.

Keine inhaltlichen Änderungen.

Keine inhaltlichen Änderungen.

HPVG alte Fassung	HPVG neue Fassung (ab 6.4.2023)
Bisher nicht geregelt.	§ 64 Durchführung der Entscheidungen, vorläufige Regelungen (1) Entscheidungen, an denen der Personalrat beteiligt war, führt die Dienststelle durch, es sei denn, dass im Einzelfall etwas anderes vereinbart ist.
Bisher nicht geregelt.	(2) Der Personalrat darf nicht durch einseitige Handlungen in den Dienstbetrieb eingreifen.
§ 73 [1]Der Leiter der zur Entscheidung befugten Dienststelle kann bei Maßnahmen, die der Natur der Sache nach keinen Aufschub dulden, bis zur endgültigen Entscheidung vorläufige Regelungen treffen. [2]Er hat dem Personalrat die vorläufige Regelung mitzuteilen und zu begründen und unverzüglich das Verfahren nach den §§ 69 bis 72 einzuleiten oder fortzusetzen.	§ 64 Durchführung der Entscheidungen, vorläufige Regelungen (3) [1]Die Leitung der zur Entscheidung befugten Dienststelle kann bei Maßnahmen, die der Natur der Sache nach keinen Aufschub dulden, bis zur endgültigen Entscheidung vorläufige Regelungen treffen. [2]Sie hat dem Personalrat die vorläufige Regelung mitzuteilen und zu begründen und unverzüglich das Verfahren nach den §§ 66 bis 73 einzuleiten oder fortzusetzen.
Bisher nicht geregelt.	§ 73 Anhörung [1]Soweit der Personalrat anzuhören ist, ist ihm die beabsichtigte Maßnahme rechtzeitig bekanntzugeben und ausreichend Gelegenheit zur Äußerung innerhalb angemessener Frist zu geben. [2]§ 75 Abs. 4 Satz 3 bleibt unberührt.

Erläuterungen für die Praxis

In § 64 Abs. 1 und 2 werden nach der Gesetzesbegründung zur Klarstellung die Regelungen des § 64 des Bundespersonalvertretungsgesetzes übernommen.

Der Abs. 1 stellt klar, dass grundsätzlich die Dienststelle Entscheidungen zu beteiligungspflichtigen Maßnahmen nach der (ordnungsgemäßen) Beteiligung des Personalrats durchführt. Beispiel: Der Personalrat stimmt der Einstellung von Frau A zu. Deren Einstellung, etwa den Vertragsschluss, nimmt die Dienststelle vor.

Im Einzelfall können die Dienststellenleitung und der Personalrat (als Gremium) etwas anderes – einvernehmlich – vereinbaren, beispielsweise dass der Personalrat die Entscheidung durchführt.

§ 64 Abs. 2 stellt klar, dass der Personalrat nicht ohne Einverständnis der Dienststellenleitung in den Dienstbetrieb eingreifen darf. So darf der Personalrat den Beschäftigten beispielsweise keine Weisungen erteilen, wie oder zu welcher Zeit sie ihre Arbeitsleistung zu erbringen haben.

§ 64 Abs. 3 entspricht dem bisherigen § 73 unter Anpassung an die geänderte Paragrafenfolge (LT-Drs. 20/9470, S. 60). Eine inhaltliche Änderung ist damit nicht verbunden.

Mit § 73 wird nach der Gesetzesbegründung eine ausdrückliche Regelung zum Verfahren bei der Anhörung eingefügt, die bisher im HPVG so deutlich nicht enthalten war (LT-Drs. 20/9470, S. 62).

Bei anhörungspflichtigen Maßnahmen nach § 75 Abs. 4 und § 78 Abs. 3 hat die Dienststellenleitung die beabsichtigte Maßnahme rechtzeitig bekanntzugeben und dem Personalrat Gelegenheit zur Äußerung einzuräumen., Das kann mündlich im Rahmen des Monatsgesprächs nach § 62 oder durch schriftliche oder textliche Stellungnahme erfolgen. Rechtzeitig ist die Bekanntgabe nur dann, wenn der Personalrat mit seiner Äußerung noch die Gestaltung der angedachten Maßnahme beeinflussen kann.

Welche Fristsetzung angemessen ist, ist nach der Gesetzesbegründung eine Frage des Einzelfalls, die von der Bedeutung und dem Umfang der Auswirkungen der beabsichtigten Maßnahme abhängt und die deshalb, außer in den Fällen des § 75 Abs. 4, grundsätzlich der Dienststelle überlassen bleibt (LT-Drs. 20/9470, S. 62).

Die Anhörungsfrist darf jedenfalls nicht so kurz bemessen sein, dass der Personalrat sich nicht mehr äußern kann – insbesondere die Möglichkeit der Erörterung der Anhörungsmaßnahme im Monatsgespräch muss gegeben sein.

HPVG alte Fassung	HPVG neue Fassung (ab 6.4.2023)
§ 74 (1) Der Personalrat hat, soweit nicht eine Regelung durch Gesetz oder Tarif erfolgt, gegebenenfalls durch Abschluß von Dienstvereinbarungen, in sozialen Angelegenheiten mitzubestimmen über	**§ 74 Beteiligungspflichtige Maßnahmen** (1) Der Personalrat **bestimmt** in sozialen Angelegenheiten, gegebenenfalls durch **Abschluss** von Dienstvereinbarungen **und soweit eine gesetzliche oder tarifliche Regelung nicht besteht**, mit über
1. Gewährung von Unterstützungen und entsprechenden sozialen Zuwendungen,	**§ 74 Beteiligungspflichtige Maßnahmen** (1) (...) 1. Gewährung von Unterstützungen und entsprechenden sozialen Zuwendungen,
2. Maßnahmen zur Hebung der Arbeitsleistung und zur Erleichterung des Arbeitsablaufs,	**§ 78 Organisatorische und wirtschaftliche Angelegenheiten** (1) (...) 4. Maßnahmen zur Hebung der Arbeitsleistung und zur Erleichterung des Arbeitsablaufs,
3. Bestellung und Abberufung von Frauen- und Gleichstellungsbeauftragten, Datenschutzbeauftragten, Fachkräften für Arbeitssicherheit, Sicherheitsbeauftragten, Vertrauens- und Betriebsärzten,	**§ 78 Organisatorische und wirtschaftliche Angelegenheiten** (1) (...) 6. Bestellung und Abberufung von Frauen- und Gleichstellungsbeauftragten, Datenschutzbeauftragten, Fachkräften für Arbeitssicherheit, Sicherheitsbeauftragten, **Vertrauens- und Betriebsärztinnen** und Vertrauens- und Betriebsärzten.
4. Zuweisung und Kündigung von Wohnungen, über die die Dienststelle verfügt, und allgemeine Festsetzung der Nutzungsbedingungen,	**§ 74 Beteiligungspflichtige Maßnahmen** (1) (...) 2. Zuweisung und Kündigung von Wohnungen, über die die Dienststelle verfügt, und allgemeine Festsetzung der Nutzungsbedingungen,

Erläuterungen für die Praxis

Die Dienststellenleitung hat in jedem Fall der Anhörung eine angemessene Äußerungsfrist festzulegen und dem Personalrat mitzuteilen. Äußert sich der Personalrat nicht innerhalb der gesetzten Frist, darf die Dienststellenleitung die beabsichtigte Maßnahme durchführen.

Im neuen § 74 werden nach der Gesetzesbegründung alle Beteiligungstatbestände in sozialen Angelegenheiten und die damit zusammenhängenden Regelungen zusammengefasst (LT-Drs. 20/9470, S. 63).

Abs. 1 enthält die Mitbestimmungstatbestände in sozialen Angelegenheiten. Der Einleitungssatz des Abs. 1 wird nach der Gesetzesbegründung im Interesse einheitlicher Formulierungen ohne inhaltliche Änderung neu gefasst. Angelegenheiten des bisherigen § 74 Abs. 1, die ihren Schwerpunkt im personellen oder organisatorischen Bereich haben (die bisherigen Nr. 2, 3, 8, 9, 16 und 17), werden in § 78 (Organisatorische und wirtschaftliche Angelegenheiten) verschoben. Damit enthält der gesamte Abs. 1 nur noch Tatbestände, die *»im Schwerpunkt die Beschäftigten in ihrem Beschäftigungsverhältnis betreffen, typischerweise aber nicht oder nur unerheblich die Wahrnehmung von Amtsaufgaben gegenüber dem Bürger berühren«.* Diese Formulierung folgt der Rechtsprechung des Bundesverfassungsgerichts (BVerfG, Beschluss vom 24.5.1995 – 2 BvF 1/92) und die verbliebenen Tatbestände können somit insgesamt der uneingeschränkten Mitbestimmung unterworfen werden (LT-Drs. 20/9470, S. 63).

§ 74 Abs. 1 Nr. 1 entspricht dem bisherigen § 74 Abs. 1 Nr. 1 (LT-Drs. 20/9470, S. 63).

Der bisherige Mitbestimmungstatbestand des § 74 Abs. 1 Nr. 2 findet sich jetzt in § 78 Abs. 1 Nr. 4.

Der bisherige Mitbestimmungstatbestand des § 74 Abs. 1 Nr. 3 findet sich jetzt in § 78 Abs. 1 Nr. 6.

§ 74 Abs. 1 Nr. 2 entspricht dem bisherigen § 74 Abs. 1 Nr. 4 (LT-Drs. 20/9470, S. 63).

HPVG alte Fassung	HPVG neue Fassung (ab 6. 4. 2023)
5. Zuweisung von Dienst- und Pachtland und Festsetzung der Nutzungsbedingungen,	§ 74 Beteiligungspflichtige Maßnahmen (1) (…) 3. Zuweisung von Dienst- und Pachtland und Festsetzung der Nutzungsbedingungen,
6. Maßnahmen zur Verhütung von Dienst- und Arbeitsunfällen und sonstigen Gesundheitsschädigungen,	§ 74 Beteiligungspflichtige Maßnahmen (1) (…) 4. Maßnahmen zur Verhütung von Dienst- und Arbeitsunfällen und sonstigen Gesundheitsschädigungen,
Bisher nicht geregelt.	§ 74 Beteiligungspflichtige Maßnahmen (1) (…) 5. Grundsätze des behördlichen oder betrieblichen Gesundheits- und Eingliederungsmanagements,
7. Regelungen der Ordnung und des Verhaltens der Beschäftigten in der Dienststelle,	§ 74 Beteiligungspflichtige Maßnahmen (1) (…) 6. Regelungen der Ordnung und des Verhaltens der Beschäftigten in der Dienststelle,
8. allgemeine Grundsätze der Berufsausbildung und Fortbildung der Beschäftigten,	§ 77 Allgemeine Personalangelegenheiten (1) (…) 5. allgemeine Grundsätze der Berufsausbildung und Fortbildung der Beschäftigten.
9. Beginn und Ende der täglichen Arbeitszeit und der Pausen sowie die Verteilung der Arbeitszeit auf die einzelnen Wochentage,	§ 78 Organisatorische und wirtschaftliche Angelegenheiten (1) (…) 1. Beginn und Ende der täglichen Arbeitszeit und der Pausen sowie die Verteilung der Arbeitszeit auf die einzelnen Wochentage,
10. Zeit, Ort und Art der Auszahlung der Dienstbezüge und Arbeitsentgelte,	§ 74 Beteiligungspflichtige Maßnahmen (1) (…) 7. Zeit, Ort und Art der Auszahlung der Dienstbezüge und Arbeitsentgelte,
11. Aufstellung des Urlaubsplans,	§ 74 Beteiligungspflichtige Maßnahmen (1) (…) 8. Aufstellung allgemeiner Urlaubsgrundsätze und des Urlaubsplans,

Erläuterungen für die Praxis
§ 74 Abs. 1 Nr. 3 entspricht dem bisherigen § 74 Abs. 1 Nr. 5 (LT-Drs. 20/9470, S. 63).
§ 74 Abs. 1 Nr. 4 entspricht dem bisherigen § 74 Abs. 1 Nr. 6 (LT-Drs. 20/9470, S. 63).
Neu aufgenommen wird nach der Gesetzesbegründung in § 74 Abs. 1 Nr. 5 ein ausdrückliches Mitbestimmungsrecht des Personalrats über Grundsätze des behördlichen oder betrieblichen Gesundheits- und Eingliederungsmanagements. Dieses ergänzt das bestehende Beteiligungsrecht bei individuellen Maßnahmen nach § 167 Abs. 2 SGB IX (LT-Drs. 20/9470, S. 63).
§ 74 Abs. 1 Nr. 6 entspricht dem bisherigen § 74 Abs. 1 Nr. 7 (LT-Drs. 20/9470, S. 63).
Der bisherige Mitbestimmungstatbestand des § 74 Abs. 1 Nr. 8 findet sich jetzt in § 77 Abs. 1 Nr. 5. Hier werden die allgemeinen Grundsätze der Berufsausbildung und Fortbildung der Beschäftigten, die bisher bei den sozialen Angelegenheiten in § 74 Abs. 1 Nr. 8 normiert waren, verortet (LT-Drs. 20/9470, S. 64).   Der bisherige Mitbestimmungstatbestand des § 74 Abs. 1 Nr. 9 findet sich jetzt in § 78 Abs. 1 Nr. 1.
§ 74 Abs. 1 Nr. 7 entspricht dem bisherigen § 74 Abs. 1 Nr. 10 (LT-Drs. 20/9470, S. 63).
§ 74 Abs. 1 Nr. 8 entspricht dem bisherigen § 74 Abs. 1 Nr. 11 (LT-Drs. 20/9470, S. 63).   Die durch den Innenausschuss vorgenommene Ergänzung des Mitbestimmungstatbestands in § 74 Abs. 1 Nr. 8 um die Aufstellung allgemeiner Urlaubsgrundsätze hat klarstellenden Charakter (LT-Drs. 20/10698, S. 9). Schon bislang unterlag nach Ansicht der Rechtsprechung die Aufstellung allgemeiner Urlaubsgrundsätze – also abstrakt-genereller Regelungen, nach denen bei der (konkreten) Urlaubsplanung zu verfahren ist – als Grundlage für die Aufstellung des Urlaubsplans der Mitbestimmung (vgl. BVerwG vom 21.9.2022 – 5 P 17.21 –, mit dem das BVerwG seine bisherige restriktive Rechtsprechung änderte).

HPVG alte Fassung	HPVG neue Fassung (ab 6.4.2023)
12. Errichtung, Verwaltung und Auflösung von Sozialeinrichtungen ohne Rücksicht auf ihre Rechtsform,	§ 74 **Beteiligungspflichtige Maßnahmen** (1) (…) 9. Errichtung, Verwaltung und Auflösung von Sozialeinrichtungen ohne Rücksicht auf ihre Rechtsform,
13. Fragen der Lohngestaltung innerhalb der einzelnen Dienststelle, insbesondere die Aufstellung von Entlohnungsgrundsätzen, die Einführung und Anwendung von neuen Entlohnungsmethoden und deren Änderung sowie die Festsetzung der Akkord- und Prämiensätze und vergleichbarer leistungsbezogener Entgelte, einschließlich der Geldfaktoren,	§ 74 **Beteiligungspflichtige Maßnahmen** (1) (…) 10. Fragen der Lohngestaltung innerhalb der einzelnen Dienststelle, insbesondere die Aufstellung von Entlohnungsgrundsätzen, die Einführung und Anwendung von neuen Entlohnungsmethoden und deren Änderung sowie die Festsetzung der Akkord- und Prämiensätze und vergleichbarer leistungsbezogener Entgelte, einschließlich der Geldfaktoren,
14. Grundsätze über die Bewertung von anerkannten Vorschlägen im Rahmen des betrieblichen Vorschlagswesens,	§ 74 **Beteiligungspflichtige Maßnahmen** (1) (…) 11. Grundsätze über die Bewertung von anerkannten Vorschlägen im Rahmen des betrieblichen Vorschlagswesens,
15. Aufstellung von Sozialplänen einschließlich Plänen für Umschulungen zum Ausgleich oder zur Milderung von wirtschaftlichen Nachteilen, die dem Beschäftigten infolge von Rationalisierungsmaßnahmen und Betriebsänderungen entstehen, Gestaltung der Arbeitsplätze,	§ 74 **Beteiligungspflichtige Maßnahmen** (1) (…) 12. Aufstellung von Sozialplänen einschließlich Plänen für Umschulungen zum Ausgleich oder zur Milderung von wirtschaftlichen Nachteilen, die **den** Beschäftigten infolge von Rationalisierungsmaßnahmen und Betriebsänderungen entstehen,
16. Gestaltung der Arbeitsplätze.	§ 74 **Beteiligungspflichtige Maßnahmen** (1) (…) 13. Gestaltung der Arbeitsplätze
17. Einführung, Anwendung, wesentliche Änderung oder Erweiterung von technischen Einrichtungen, die dazu geeignet sind, das Verhalten oder die Leistung der Beschäftigten zu überwachen.	§ 78 **Organisatorische und wirtschaftliche Angelegenheiten** (1) (…) 5. Einführung, Anwendung, wesentliche Änderung oder Erweiterung von technischen Einrichtungen, die dazu geeignet sind, das Verhalten oder die Leistung der Beschäftigten zu überwachen,

Erläuterungen für die Praxis
§ 74 Abs. 1 Nr. 9 entspricht dem bisherigen § 74 Abs. 1 Nr. 12 (LT-Drs. 20/9470, S. 63).
§ 74 Abs. 1 Nr. 10 entspricht dem bisherigen § 74 Abs. 1 Nr. 13 (LT-Drs. 20/9470, S. 63).
§ 74 Abs. 1 Nr. 11 entspricht dem bisherigen § 74 Abs. 1 Nr. 14 (LT-Drs. 20/9470, S. 63).
§ 74 Abs. 1 Nr. 12 entspricht dem bisherigen § 74 Abs. 1 Nr. 15 (LT-Drs. 20/9470, S. 63).
Der Mitbestimmungstatbestand bei Gestaltung der Arbeitsplätze wird nach der Empfehlung des Innenausschusses wieder den sozialen Angelegenheiten zugeordnet und unterliegt damit wieder der vollen Mitbestimmung (LT-Drs. 20/10698, S. 9). Nach dem Gesetzesentwurf der Landesregierung sollte die Mitbestimmung bei der Gestaltung der Arbeitsplätze der Mitbestimmung bei organisatorischen Angelegenheiten nach § 78 Abs. 1 zugeordnet werden (LT-Drs. 20/9470, S. 64). Damit wäre die Mitbestimmung bei der Gestaltung der Arbeitsplätze nur noch eingeschränkt, weil die Einigungsstelle nur noch eine Empfehlung ausgesprochen hätte, möglich gewesen.
Der bisherige Mitbestimmungstatbestand des § 74 Abs. 1 Nr. 17 findet sich jetzt in § 78 Abs. 1 Nr. 5.

HPVG alte Fassung	HPVG neue Fassung (ab 6. 4. 2023)
§ 74 (2) In den Fällen des Abs. 1 Nr. 1 ist auf Verlangen des Antragstellers nur der Vorsitzende zu beteiligen.	§ 74 **Beteiligungspflichtige Maßnahmen** (3) [1]In den Fällen des Abs. 1 Nr. 1 ist auf Verlangen **der Antragstellerin oder** des Antragstellers nur **die oder** der Vorsitzende zu beteiligen. (…)
§ 74 (3) Muß für Gruppen von Beschäftigten die tägliche Arbeitszeit nach Erfordernissen, die die Dienststelle nicht voraussehen kann, unregelmäßig und kurzfristig festgesetzt werden, beschränkt sich die Mitbestimmung auf die Grundsätze über die Aufstellung der Dienstpläne.	§ 78 **Organisatorische und wirtschaftliche Angelegenheiten** (1) (…) [2]**Muss** für Gruppen von Beschäftigten die tägliche Arbeitszeit nach Erfordernissen, die die Dienststelle nicht voraussehen kann, unregelmäßig und kurzfristig festgesetzt werden, beschränkt sich die Mitbestimmung auf die Grundsätze über die Aufstellung der Dienstpläne.
§ 75 (1) [1]Der Leiter der Dienststelle hat dem Personalrat nach Abschluß jedes Kalendervierteljahres einen Überblick über die Unterstützungen und entsprechenden sozialen Zuwendungen zu geben. [2]Dabei sind die Anträge den Leistungen gegenüberzustellen. Auskunft über die von den Antragstellern angeführten Gründe wird hierbei nicht erteilt.	§ 74 **Beteiligungspflichtige Maßnahmen** (3) (…) [2]**Die Dienststellenleitung** hat dem Personalrat nach **Abschluss** jedes Kalendervierteljahres einen Überblick über die Unterstützungen und entsprechenden sozialen Zuwendungen zu geben. [3]Dabei sind die Anträge den Leistungen gegenüberzustellen. [4]Auskunft über die von **der Antragstellerin oder** dem Antragsteller angeführten Gründe wird hierbei nicht erteilt.
§ 75 (2) [1]Der Personalrat wirkt auf Antrag des Beschäftigten mit, bevor Ersatzansprüche gegen ihn geltend gemacht werden. [2]Anträge und Berichten der Dienststelle ist in solchen Fällen die Stellungnahme des Personalrats beizufügen.	§ 74 **Beteiligungspflichtige Maßnahmen** (2) Der Personalrat wirkt auf Antrag **von** Beschäftigten mit, bevor Ersatzansprüche gegen sie geltend gemacht werden. **Anträgen** und Berichten der Dienststelle ist in solchen Fällen die Stellungnahme des Personalrats beizufügen.
§ 76 (1) Der Personalrat hat auf die Verhütung von Unfall- und Gesundheitsgefahren zu achten, die für den Arbeitsschutz zuständigen Stellen durch Anregung, Beratung und Auskunft zu unterstützen und sich für die Durchführung des Arbeitsschutzes einzusetzen.	§ 60 **Allgemeine Aufgaben** (2) Der Personalrat hat auf die Verhütung von Unfall- und Gesundheitsgefahren zu achten, die für den Arbeitsschutz zuständigen Stellen durch Anregung, Beratung und Auskunft zu unterstützen und sich für die Durchführung des Arbeitsschutzes einzusetzen.

Erläuterungen für die Praxis

§ 74 Abs. 3 fasst nach der Gesetzesbegründung die Regelungen der bisherigen § 74 Abs. 2 (in § 74 Abs. 3 Satz 1) und § 75 Abs. 1 zusammen, die sich auf die Regelung des Abs. 1 Nr. 1 beziehen und in engem Sachzusammenhang stehen (LT-Drs. 20/9470, S. 63). Eine inhaltliche Änderung ist durch die Zusammenfassung und die sprachliche Anpassung nicht erfolgt.

§ 78 Abs. 1 Satz 2 entspricht dem bisherigen § 74 Abs. 3. Dieser bezieht sich auf Satz 1 Nr. 1 und wird deshalb in unmittelbare Nähe gerückt.

§ 74 Abs. 3 fasst nach der Gesetzesbegründung die Regelungen der bisherigen § 74 Abs. 2 und § 75 Abs. 1 (in § 74 Abs. 3 Satz 2 bis 4) zusammen, die sich auf die Regelung des Abs. 1 Nr. 1 beziehen und in engem Sachzusammenhang stehen (LT-Drs. 20/9470, S. 63). Eine inhaltliche Änderung ist durch die Zusammenfassung und die sprachliche Anpassung nicht erfolgt.

§ 74 Abs. 2 entspricht nach der Gesetzesbegründung dem bisherigen § 75 Abs. 2, der aus Gründen der Übersichtlichkeit an dieser Stelle integriert wird (LT-Drs. 20/9470, S. 63). Eine inhaltliche Änderung des bisherigen Mitwirkungsrechts ist damit nicht verbunden.

Die bisher in § 76 Abs. 1 enthaltene Regelung zum Arbeitsschutz gehört ebenfalls zu den allgemeinen Aufgaben des Personalrats und wird deshalb nach § 60 Abs. 2 verschoben (LT-Drs. 20/9470, S. 60). Eine inhaltliche Änderung ist damit nicht verbunden.

HPVG alte Fassung	HPVG neue Fassung (ab 6.4.2023)
§ 76 (2) Der Personalrat ist zuzuziehen bei Einführung und Prüfung von Arbeitsschutzeinrichtungen und bei Unfalluntersuchungen, die von der Dienststelle oder der in Abs. 1 genannten Stellen vorgenommen werden.	**§ 61 Informations- und Teilnahmerechte** (4) Bei Einführung und Prüfung von Arbeitsschutzeinrichtungen und bei Unfalluntersuchungen, die von der Dienststelle oder **den für den Arbeitsschutz zuständigen** Stellen vorgenommen werden, ist der Personalrat zuzuziehen.
§ 77 (1) Der Personalrat bestimmt mit 1. in Personalangelegenheiten der Beamten bei	**§ 75 Personelle Einzelmaßnahmen** (1) Der Personalrat bestimmt in Personalangelegenheiten der **Beamtinnen und** Beamten mit bei
a) Einstellung,	1. Einstellung,
b) Beförderung, Verleihung eines anderen Amtes mit anderer Amtsbezeichnung beim Wechsel der Laufbahngruppe, Laufbahnwechsel,	2. Beförderung, Verleihung eines anderen Amtes mit anderer Amtsbezeichnung beim Wechsel der Laufbahngruppe, Laufbahnwechsel,
c) Übertragung einer höher oder niedriger zu bewertenden Tätigkeit,	3. Übertragung einer höher oder niedriger zu bewertenden Tätigkeit,
d) Versetzung zu einer anderen Dienststelle, Umsetzung innerhalb der Dienststelle für eine Dauer von mehr als sechs Monaten, wenn sie mit einem Wechsel des Dienstortes verbunden ist,	4. Versetzung zu einer anderen Dienststelle, 5. Umsetzung innerhalb der Dienststelle für eine Dauer von mehr als sechs Monaten, wenn sie mit einem Wechsel des Dienstortes verbunden ist,
e) Abordnung zu einer anderen Dienststelle für eine Dauer von mehr als sechs Monaten,	6. Abordnung oder Zuweisung für eine Dauer von mehr als sechs Monaten,
f) Zuweisung für eine Dauer von mehr als sechs Monaten,	
g) Anordnungen, welche die Freiheit in der Wahl der Wohnung beschränken,	8. Anordnungen, welche die Freiheit in der Wahl der Wohnung beschränken,
h) Entlassung, sofern sie nicht kraft Gesetzes oder auf eigenen Antrag erfolgt,	10. Entlassung, sofern sie nicht kraft Gesetzes oder auf eigenen Antrag erfolgt.

Erläuterungen für die Praxis

§ 61 Abs. 4 übernimmt die Regelung des bisherigen § 76 Abs. 2 (LT-Drs. 20/9470, S. 60).

Im neuen § 75 werden nach der Gesetzesbegründung alle Beteiligungstatbestände zu personellen Einzelmaßnahmen und die damit zusammenhängenden Regelungen zusammengefasst und übersichtlich gegliedert. Dies soll den Anwenderinnen und Anwendern ein schnelles Auffinden der entsprechenden Tatbestände ermöglichen (LT-Drs. 20/9470, S. 63).

§ 75 Abs. 1 enthält die Mitbestimmungstatbestände in Personalangelegenheiten der Beamtinnen und Beamten. Er entspricht nach der Gesetzesbegründung inhaltlich weitgehend dem bisherigen § 77 Abs. 1 Nr. 1 (LT-Drs. 20/9470, S. 63).

Die Reihenfolge der Tatbestände wird leicht verändert und z. T. werden die einzelnen Tatbestände übersichtlicher dargestellt. Inhaltliche Änderungen sind damit nicht verbunden.

Unverändert.

Unverändert.

Unverändert.

Abgesehen von der Aufteilung in zwei Ziffern unverändert.

Abgesehen von der Zusammenführung in einer Ziffer unverändert.

Unverändert.

Unverändert.

Synopse des bisherigen und neuen Rechts mit Erläuterungen

HPVG alte Fassung	HPVG neue Fassung (ab 6.4.2023)
i) Ablehnung eines Antrags auf Teilzeitbeschäftigung nach §§ 62 oder 63 des Hessischen Beamtengesetzes oder Beurlaubung nach §§ 64 oder 65 des Hessischen Beamtengesetzes,	7. Ablehnung eines Antrags auf Teilzeitbeschäftigung oder Beurlaubung nach den §§ 62 **bis** 65 des Hessischen Beamtengesetzes,
j) Hinausschieben des Eintritts in den Ruhestand über die Altersgrenze hinaus,	9. Entlassung, sofern sie nicht kraft Gesetzes oder auf eigenen Antrag erfolgt.
2. in Personalangelegenheiten der Arbeitnehmer bei	(2) Der Personalrat bestimmt in Personalangelegenheiten der **Arbeitnehmerinnen und** Arbeitnehmer mit bei
a) Einstellung,	1. Einstellung,
b) Übertragung einer höher oder niedriger zu bewertenden Tätigkeit, Höher- oder Rückgruppierung, Eingruppierung,	2. Eingruppierung, Höher- oder Rückgruppierung **einschließlich der hiermit verbundenen Stufenzuordnung, es sei denn, diese ist in das Ermessen des Arbeitgebers gestellt, ohne dass allgemeine Grundsätze zur Ermessensausübung erlassen wurden,**
	3. Übertragung einer höher oder niedriger zu bewertenden Tätigkeit,

Erläuterungen für die Praxis
§ 75 Abs. 1 Nr. 7 wird auf die Bestimmungen über die Familienpflegezeit und Pflegezeit erstreckt (LT-Drs. 20/9470, S. 63).
Unverändert.
Abs. 2 enthält nach der Gesetzesbegründung die entsprechenden Mitbestimmungstatbestände in Personalangelegenheiten der Arbeitnehmerinnen und Arbeitnehmer in angepasster Reihenfolge (LT-Drs. 20/9470, S. 63).
Unverändert.
In Nr. 2 wird nach der Gesetzesbegründung mit der Aufnahme der Stufenzuordnung die Rechtsprechung des Bundesverwaltungsgerichts nachvollzogen. Danach erfordern Sinn und Zweck der Regelung zur Mitbestimmung bei Eingruppierung grundsätzlich auch die Einbeziehung von Stufenzuordnungen, jedoch nicht, wenn diese im Ermessen des Arbeitgebers liegen. Dabei ist zu beachten, dass es sich bei der Eingruppierung um einen Akt strikter Rechtsanwendung handelt. Die Mitbestimmung des Personalrats bei der Eingruppierung ist kein Mitgestaltungs-, sondern ein Mitbeurteilungsrecht. Sie soll sicherstellen, dass die Rechtsanwendung möglichst zutreffend erfolgt. Die Personalvertretung soll in die Lage versetzt werden, mitprüfend darauf zu achten, dass die beabsichtigte Eingruppierung mit dem anzuwendenden Tarifvertragsrecht im Einklang steht. Im Interesse der betroffenen Beschäftigten soll verhindert werden, dass durch eine unsachliche Beurteilung im Rahmen bestehender Auslegungsspielräume einzelne Beschäftigte bevorzugt, andere dagegen benachteiligt werden. Auf diese Weise dient die Mitbestimmung bei der Eingruppierung der einheitlichen und gleichmäßigen Anwendung der Eingruppierungsvorschriften in gleichen und vergleichbaren Fällen und damit der Lohngerechtigkeit und Transparenz der Entgeltpraxis in der Dienststelle (vgl. BVerwG vom 07. 3. 2011 – 6 P 15.10 –, vom 13. 10. 2009 – 6 P 15.08 – und vom 27. 8. 2008 – 6 P 11.07 –). Regelungen, die dem Arbeitgeber Ermessen einräumen, können allein betrachtet nicht Gegenstand der Mitbeurteilung bei der Rechtsanwendung sein, als welche sich die Mitbestimmung des Personalrats bei der Eingruppierung darstellt. Wenn allerdings das Ermessen durch tarifrechtliche Grundsätze gebunden ist, kann hinsichtlich deren gleichmäßiger Anwendung eine Mitbeurteilung durch den Personalrat erfolgen (LT-Drs. 20/9470, S. 63). Die hierzu in Ziffer 2 ursprünglich vorgesehene Gesetzesfassung (*»einschließlich der hiermit verbundenen Stufenzuordnung, sofern diese nicht in das Ermessen des Arbeitgebers gestellt ist und keine allgemeinen Grundsätze zur Ermessensausübung erlassen wurden«*) hat der Innenausschuss zur Verdeutlichung des Regelungsinhaltes neu formuliert (LT-Drs. 20/10698, S. 9). Mit der jetzigen Fassung sind insoweit keine inhaltlichen Änderungen verbunden. Nr. 3 regelt die Mitbestimmung bei der Übertragung einer höher oder niedriger zu bewertenden Tätigkeit, die aus § 77 Abs. 1 Nr. 2b) a. F. unverändert genommen wurde.

HPVG alte Fassung	HPVG neue Fassung (ab 6.4.2023)
c) Versetzung zu einer anderen Dienststelle, Umsetzung innerhalb der Dienststelle für die Dauer von mehr als sechs Monaten, wenn sie mit einem Wechsel des Dienstortes verbunden ist,	4. Versetzung zu einer anderen Dienststelle **oder Personalgestellung,** 5. Umsetzung innerhalb der Dienststelle für **eine** Dauer von mehr als sechs Monaten, wenn sie mit einem Wechsel des Dienstortes verbunden ist,
d) Abordnung zu einer anderen Dienststelle für eine Dauer von mehr als sechs Monaten,	6. Abordnung oder Zuweisung für eine Dauer von mehr als sechs Monaten,
e) Zuweisung für eine Dauer von mehr als sechs Monaten,	
f) Ablehnung eines Antrags auf Teilzeitbeschäftigung oder Beurlaubung nach § 14 Abs. 2 des Hessischen Gleichberechtigungsgesetzes und in den Fällen, in denen Beamten nach §§ 62 oder 63 des Hessischen Beamtengesetzes Teilzeitbeschäftigung oder nach §§ 64 oder 65 des Hessischen Beamtengesetzes Urlaub bewilligt werden kann,	7. Ablehnung eines Antrags auf Teilzeitbeschäftigung oder Beurlaubung nach § 14 Abs. 2 des Hessischen Gleichberechtigungsgesetzes vom 20. Dezember 2015 (GVBl. S. 637), zuletzt geändert durch Gesetz vom 14. Dezember 2021 (GVBl. S. 931), und in den Fällen, in denen **Beamtinnen und** Beamten nach den §§ 62 **bis** 65 des Hessischen Beamtengesetzes Teilzeitbeschäftigung oder Urlaub bewilligt werden kann,
g) Weiterbeschäftigung über die Altersgrenze hinaus,	9. Weiterbeschäftigung über die Altersgrenze hinaus,
h) Anordnungen, welche die Freiheit in der Wahl der Wohnung beschränken,	8. Anordnungen, welche die Freiheit in der Wahl der Wohnung beschränken
i) ordentlicher Kündigung außerhalb der Probezeit.	10. ordentlicher Kündigung außerhalb der Probezeit.
§ 77 (2) Der Personalrat hat, soweit eine gesetzliche oder tarifliche Regelung nicht besteht, gegebenenfalls durch Abschluß von Dienstvereinbarungen mitzubestimmen über 1. Inhalt von Personalfragebogen, 2. Grundsätze des Verfahrens bei Stellenausschreibungen, 3. Beurteilungsrichtlinien, 4. Erlaß von Richtlinien über die personelle Auswahl bei Einstellungen, Versetzungen, Beförderungen, Umgruppierungen und Kündigungen.	**§ 77 Allgemeine Personalangelegenheiten** (1) Der Personalrat **bestimmt,** gegebenenfalls durch **Abschluss** von Dienstvereinbarungen und soweit eine gesetzliche oder tarifliche Regelung nicht besteht, mit über 4. Inhalt von Personalfragebogen, 2. Grundsätze des Verfahrens bei Stellenausschreibungen, 3. Beurteilungsrichtlinien, 4. **Erlass** von Richtlinien über die personelle Auswahl bei Einstellungen, Versetzungen, Beförderungen, Umgruppierungen und Kündigungen, …

Erläuterungen für die Praxis

Neu aufgenommen ist die Mitbestimmung bei Personalgestellung von Arbeitnehmerinnen und Arbeitnehmern. Personalgestellung meint das Erbringen der arbeitsvertraglich geschuldeten Arbeitsleistung bei einem Dritten, zu dem die Aufgaben der Beschäftigten verlagert wurden, beispielsweise bei Privatisierung (vgl. etwa § 4 Abs. 3 TVöD).

Abgesehen von der Aufteilung in zwei Ziffern unverändert.

Abgesehen von der Zusammenführung in einer Ziffer unverändert.

§ 75 Abs. 2 Nr. 7 erstreckt sich nun auch auf die Bestimmungen über die Familienpflegezeit und Pflegezeit.

Unverändert.

Unverändert.

Unverändert.

Die allgemeinen Personalangelegenheiten (bisher § 77 Abs. 2 und 3) werden nach der Gesetzesbegründung in § 77 zusammengefasst, der sprachlich angepasst wird (LT-Drs. 20/9470, S. 64).

§ 77 Abs. 1 entspricht weitgehend dem bisherigen § 77 Abs. 2 (LT-Drs. 20/9470, S. 64). Mit den sprachlichen Anpassungen sind keine inhaltlichen Änderungen verbunden.

HPVG alte Fassung	HPVG neue Fassung (ab 6.4.2023)
§ 77 (3) Der Personalrat hat bei der Erstellung von Frauenförder- und Gleichstellungsplänen nach § 5 des Hessischen Gleichberechtigungsgesetzes mitzubestimmen.	§ 77 **Allgemeine Personalangelegenheiten** (2) Der Personalrat hat bei der Erstellung von Frauenförder- und Gleichstellungsplänen nach § 5 des Hessischen Gleichberechtigungsgesetzes mitzubestimmen.
§ 77 (4) Der Personalrat kann die Zustimmung zu einer Maßnahme nach Abs. 1 nur verweigern, wenn 1. die Maßnahme gegen ein Gesetz, eine Verordnung, eine Bestimmung in einem Tarifvertrag, eine gerichtliche Entscheidung oder eine Verwaltungsanordnung oder gegen eine Richtlinie im Sinne des Abs. 2 Nr. 4 verstößt oder 2. die durch Tatsachen begründete Besorgnis besteht, dass durch die Maßnahme der betroffene Beschäftigte oder andere Beschäftigte benachteiligt werden, ohne dass dies aus dienstlichen oder persönlichen Gründen gerechtfertigt ist, oder 3. die durch Tatsachen begründete Besorgnis besteht, dass der Beschäftigte oder Bewerber den Frieden in der Dienststelle durch unsoziales oder gesetzwidriges Verhalten stören werde.	§ 75 **Personelle Einzelmaßnahmen** (6) Der Personalrat kann die Zustimmung zu einer Maßnahme nach den Abs. 1 **und 2** nur verweigern, wenn 1. die Maßnahme gegen ein Gesetz, eine Verordnung, eine Bestimmung in einem Tarifvertrag, eine gerichtliche Entscheidung oder eine Verwaltungsanordnung oder gegen eine Richtlinie im Sinne des **§ 77 Abs. 1 Nr. 4** verstößt oder 2. die durch Tatsachen begründete Besorgnis besteht, dass durch die Maßnahme **die oder** der betroffene Beschäftigte oder andere Beschäftigte benachteiligt werden, ohne dass dies aus dienstlichen oder persönlichen Gründen gerechtfertigt ist, oder 3. die durch Tatsachen begründete Besorgnis besteht, dass **die oder** der Beschäftigte oder **die Bewerberin oder der** Bewerber den Frieden in der Dienststelle durch unsoziales oder gesetzwidriges Verhalten stören werde.
§ 77 (5) Von der Mitbestimmung ausgenommen sind Umsetzungen sowie Abordnungen und Versetzungen im Bereich eines Dienstherrn, die in Vollziehung eines Reform- oder Umstrukturierungskonzepts erfolgen, das mindestens Rahmenbedingungen für den notwendigen personellen Vollzug enthält und an dem die nach § 83 zuständigen Personalräte mitgewirkt haben.	§ 76 **Ausnahmen von der Beteiligung an personellen Einzelmaßrahmen** (1) Von der Mitbestimmung **nach § 75** ausgenommen sind Umsetzungen sowie Abordnungen und Versetzungen im Bereich eines Dienstherrn, die in Vollziehung eines Reform- oder Umstrukturierungskonzepts erfolgen, das mindestens Rahmenbedingungen für den notwendigen personellen Vollzug enthält und an dem die nach § 63 zuständigen Personal**vertretungen** mitgewirkt haben.
§ 78 (1) Der Personalrat wirkt mit bei 1. Versagung oder Widerruf der Genehmigung einer Nebentätigkeit, 2. vorzeitiger Versetzung in den Ruhestand, sofern der Beschäftigte es beantragt.	§ 75 **Personelle Einzelmaßnahmen** (3) Der Personalrat wirkt mit bei 1. Versagung oder Widerruf der Genehmigung einer Nebentätigkeit, 2. vorzeitiger Versetzung in den Ruhestand **und Feststellung der begrenzten Dienstfähigkeit**, sofern **die oder** der Beschäftigte es beantragt.

Erläuterungen für die Praxis

§ 77 Abs. 2 entspricht dem bisherigen § 77 Abs. 3 (LT-Drs. 20/9470, S. 64).

§ 75 Abs. 6 entspricht dem bisherigen § 77 Abs. 4 (LT-Drs. 20/9470, S. 64). Inhaltliche Änderungen sind damit nicht verbunden.

Im neuen § 76 werden nach der Gesetzesbegründung die Ausnahmen von § 75, die bisher in § 77 Abs. 5 und § 79 geregelt waren, in unmittelbarem Anschluss daran zusammengefasst (LT-Drs. 20/9470, S. 64).

§ 76 Abs. 1 entspricht dem bisherigen § 77 Abs. 5 (LT-Drs. 20/9470, S. 64). Mit den angepassten Verweisen und der Erstreckung auf die Personalvertretungen sind keine inhaltlichen Änderungen verbunden.

§ 75 Abs. 3 enthält nach der Gesetzesbegründung die Mitwirkungstatbestände bei personellen Einzelmaßnahmen und entspricht dem bisherigen § 78 Abs. 1 mit der Ergänzung der Feststellung der begrenzten Dienstfähigkeit. Damit wird Rechtsklarheit bezüglich einer vom Bundesverwaltungsgericht (Beschluss vom 27.3.2018 – 5 P 3.17) festgestellten und durch analoge Anwendung geschlossenen Gesetzeslücke hinsichtlich der Feststellung der begrenzten Dienstfähigkeit geschaffen (LT-Drs. 20/9470, S. 63f.).

HPVG alte Fassung	HPVG neue Fassung (ab 6. 4. 2023)
§ 78 (2) [1]Vor fristlosen Entlassungen, außerordentlichen Kündigungen und vor Kündigungen während der Probezeit ist der Personalrat anzuhören. [2]Der Dienststellenleiter hat die beabsichtigte Maßnahme zu begründen. [3]Hat der Personalrat Bedenken, so hat er sie unter Angabe der Gründe dem Dienststellenleiter unverzüglich spätestens innerhalb von drei Arbeitstagen schriftlich mitzuteilen.	**§ 75 Personelle Einzelmaßnahmen** (4) [1]Vor fristlosen Entlassungen, außerordentlichen Kündigungen und vor Kündigungen während der Probezeit ist der Personalrat anzuhören. [2]**Die Dienststellenleitung** hat die beabsichtigte Maßnahme zu begründen. [3]Hat der Personalrat Bedenken, so hat er sie unter Angabe der Gründe **der Dienststellenleitung** unverzüglich spätestens innerhalb von drei Arbeitstagen schriftlich **oder elektronisch** mitzuteilen.
§ 79 §§ 77 und 78 gelten 1. nicht für	**§ 76 Ausnahmen von der Beteiligung an personellen Einzelmaßnahmen** (2) § 75 gilt nicht für
a) Beamte auf Probe oder auf Lebenszeit der in § 30 Abs. 1 und 2 des Beamtenstatusgesetzes bezeichneten Art und vergleichbare Arbeitnehmer einschließlich der Referenten bei der Landeszentrale für politische Bildung,	1. **Beamtinnen und** Beamte auf Probe oder auf Lebenszeit der in § 30 Abs. 1 und 2 des Beamtenstatusgesetzes vom 17. Juni 2008 (BGBl. I S. 1010), zuletzt geändert durch Gesetz vom 28. Juni 2021 (BGBl. I S. 2250), bezeichneten Art und vergleichbare **Arbeitnehmerinnen und** Arbeitnehmer einschließlich der **Referentinnen und** Referenten bei der Hessischen Landeszentrale für politische Bildung,
b) den Präsidenten, den Vizepräsidenten und die Mitglieder des Rechnungshofs sowie den Datenschutzbeauftragten,	2. **die Präsidentin oder** den Präsidenten, **die Vizepräsidentin oder** den Vizepräsidenten und die Mitglieder des Hessischen Rechnungshofs,
	3. **die Hessische Datenschutzbeauftragte oder** den Hessischen Datenschutzbeauftragten,
c) Beamte und Beamtenstellen der Besoldungsgruppe A 16 und höher und Arbeitnehmer in entsprechenden Stellen, Ämter nach § 4 des Hessischen Beamtengesetzes, auch wenn sie im Beamtenverhältnis auf Lebenszeit oder im Arbeitnehmerverhältnis übertragen werden, sonstige Dienststellenleiter, Amtsleiter und den Amtsleitern vergleichbare Funktionsstellen sowie Leiter von allgemein bildenden und beruflichen Schulen und von Schulen für Erwachsene,	4. **Beamtinnen und** Beamte **sowie** Beamtenstellen der Besoldungsgruppe A 16 und höher und **Arbeitnehmerinnen und** Arbeitnehmer in entsprechenden Stellen,
	5. Ämter nach § 4 des Hessischen Beamtengesetzes, auch wenn sie im Beamtenverhältnis auf Lebenszeit oder im Arbeitnehmerverhältnis übertragen werden, sonstige Dienststellen**leitungen**, Amtslei**tungen** und den Amtslei**tungen** vergleichbare Funktionsstellen sowie **Leiterinnen und** Leiter von allgemein bildenden und beruflichen Schulen und von Schulen für Erwachsene,

Erläuterungen für die Praxis
§ 75 Abs. 4 entspricht dem bisherigen § 78 Abs. 2 (LT-Drs. 20/9470, S. 64). Der Personalrat hat jetzt die Möglichkeit, seine Bedenken auch elektronisch, in der Regel durch E-Mail, der Dienststellenleitung mitzuteilen.
§ 76 Abs. 2 entspricht in sprachlich und redaktionell überarbeiteter Form dem bisherigen § 79 Nr. 1 (LT-Drs. 20/9470, S. 64). Inhaltliche Änderung sind damit nicht verbunden.
Abgesehen von der Aufteilung in zwei Ziffern unverändert.
Abgesehen von der Aufteilung in zwei Ziffern unverändert.
Keine inhaltlichen Änderungen.

HPVG alte Fassung	HPVG neue Fassung (ab 6. 4. 2023)
a) leitende Ärzte an Krankenhäusern, Sanatorien und Heilanstalten,	6. **leitende Ärztinnen und** leitende Ärzte an Krankenhäusern, Sanatorien und Heilanstalten,
b) Verwaltungsdirektoren an Universitätskliniken,	7. **die Mitglieder des Klinikumsvorstands** des Universitätsklinikums Frankfurt.
§ 79 §§ 77 und 78 gelten 2. a) für Beamte auf Zeit nur, wenn sie es beantragen,	**§ 76 Ausnahmen von der Beteiligung an personellen Einzelmaßnahmen** (3) § 75 gilt eingeschränkt für 1. **Beamtinnen und** Beamte auf Zeit nur, wenn sie es beantragen,
b) für die ständigen Vertreter der Leiter von Dienststellen in Verwaltungen mit mehrstufigem Aufbau, soweit sie nicht unter Nr. 1 fallen, mit der Maßgabe, dass die nächste Stufenvertretung beteiligt wird; die Stufenvertretung gibt dem Personalrat Gelegenheit zur Äußerung, die Frist nach § 69 Abs. 2 Satz 2 verlängert sich um eine Woche,	2. die **ständigen Vertreterinnen** und ständigen Vertreter der **Dienststellenleitung** in Verwaltungen mit mehrstufigem Aufbau, soweit sie nicht unter **Abs. 2** fallen, mit der Maßgabe, dass die nächste Stufenvertretung beteiligt wird; die Stufenvertretung gibt dem Personalrat Gelegenheit zur Äußerung, die Frist nach **§ 66** Abs. 2 Satz 2 verlängert sich um eine Woche,
c) für die ständigen Vertreter der Leiter von allgemein bildenden und beruflichen Schulen sowie von Schulen für Erwachsene mit der Maßgabe, dass der Gesamtpersonalrat beim Staatlichen Schulamt beteiligt wird.	3. die **ständigen Vertreterinnen und** ständigen Vertreter der **Leitungen** von allgemein bildenden und beruflichen Schulen sowie von Schulen für Erwachsene mit der Maßgabe, dass der Gesamtpersonalrat beim Staatlichen Schulamt beteiligt wird.
§ 80 §§ 77 und 78 gelten entsprechend für Richter und Staatsanwälte, die an eine Verwaltung oder an einen Betrieb nach § 1 abgeordnet sind.	**§ 75 Personelle Einzelmaßnahmen** (7) Die Abs. 1 bis 6 gelten entsprechend für **Richterinnen und** Richter, **Staatsanwältinnen und** Staatsanwälte, die an eine Verwaltung oder an einen Betrieb nach § 1 **Abs. 1** abgeordnet sind.
§ 81 (1) ¹Der Personalrat hat mitzuwirken bei Einführung der Neuen Verwaltungssteuerung (NVS) und entsprechender neuer Steuerungsverfahren einschließlich der damit zusammenhängenden technischen Verfahren, bei Einführung grundlegend neuer Arbeitsmethoden, Aufstellung von allgemeinen Grundsätzen für die Bemessung des Personalbedarfs, allgemeine Festlegungen von Verfahren und Methoden von Wirtschaftlichkeits-	**§ 78 Organisatorische und wirtschaftliche Angelegenheiten** (2) ¹Der Personalrat wirkt mit bei 1. der Einführung von der Neuen Verwaltungssteuerung (NVS) entsprechenden neuen Steuerungsverfahren einschließlich der damit zusammenhängenden technischen Verfahren, 2. der Einführung grundlegend neuer Arbeitsmethoden, **insbesondere für Verfahren der Verwaltungsdigitalisierung**,

Erläuterungen für die Praxis

Keine inhaltlichen Änderungen.

Keine inhaltlichen Änderungen.

§ 76 Abs. 3 entspricht in sprachlich und redaktionell überarbeiteter Form dem bisherigen § 79 Nr. 2 (LT-Drs. 20/9470, S. 64). Inhaltliche Änderung sind damit nicht verbunden.

Keine inhaltlichen Änderungen.

Keine inhaltlichen Änderungen.

§ 75 Abs. 7 führt die Regelung des bisherigen § 80 an dieser Stelle im Sachzusammenhang fort (LT-Drs. 20/9470, S. 64). Eine inhaltliche Änderung ist damit nicht verbunden.

§ 78 Abs. 2 fasst nach der Gesetzesbegründung die Mitwirkungstatbestände des bisherigen § 81 Abs. 1 und 2 zusammen und gliedert diese übersichtlich durch Unterteilung in einzelne Nummern (LT-Drs. 20/9470, S. 64). Satz 1 Nr. 1 bis 7 übernimmt die Tatbestände des bisherigen § 81 Abs. 1.

Durch die Ergänzung in Nr. 2 wird nach der Gesetzesbegründung klargestellt, dass es sich bei der Einführung von Fachverfahren zur Verwaltungsdigitalisierung immer (nur) um einen Mitwirkungstatbestand handelt. Dadurch wird Rechtssicherheit für alle Beteiligten geschaffen (LT-Drs. 20/9470, S. 64).

HPVG alte Fassung	HPVG neue Fassung (ab 6.4.2023)
und Organisationsprüfungen, Einführung von technischen Rationalisierungsmaßnahmen, die den Wegfall von Planstellen oder Stellen zur Folge haben, Vergabe oder Privatisierung von Arbeiten oder Aufgaben, die bisher durch die Beschäftigten der Dienststelle wahrgenommen werden, sowie bei Einführung, Anwendung, Änderung oder Erweiterung automatisierter Verfahren zur Verarbeitung personenbezogener Daten der Beschäftigten. (…)	3. der Aufstellung von allgemeinen Grundsätzen für die Bemessung des Personalbedarfs, 4. allgemeinen Festlegungen von Verfahren und Methoden von Wirtschaftlichkeits- und Organisationsprüfungen, 5. der Einführung von technischen Rationalisierungsmaßnahmen, die den Wegfall von Planstellen oder Stellen zur Folge haben, 6. der Vergabe oder Privatisierung von Arbeiten oder Aufgaben, die bisher durch die Beschäftigten der Dienststelle wahrgenommen werden, 7. der Einführung, Anwendung, Änderung oder Erweiterung automatisierter Verfahren zur Verarbeitung personenbezogener Daten der Beschäftigten, (…)
§ 81 (1) (…) ²Satz 1 gilt nicht bei probe- oder versuchsweiser Einführung neuer Techniken und Verfahren.	**§ 78 Organisatorische und wirtschaftliche Angelegenheiten** (2) (…) ²Satz 1 gilt nicht bei probe- oder versuchsweiser Einführung neuer Techniken und Verfahren für die Dauer des Probe- oder Pilotbetriebs.
§ 81 (2) Der Personalrat hat mitzuwirken bei der Errichtung, Auflösung, Einschränkung, Verlegung oder Zusammenlegung von Dienststellen oder wesentlicher Teile von ihnen, sowie bei Grundsätzen der Arbeitsplatz- und Dienstpostenbewertung, Installation betrieblicher und Anschluß an öffentliche Informations- und Kommunikationsnetze.	**§ 78 Organisatorische und wirtschaftliche Angelegenheiten** (2) ¹Der Personalrat wirkt mit bei 1. der Festlegung von Grundsätzen der Arbeitsplatz- und Dienstpostenbewertung, 2. der Installation betrieblicher und dem **Anschluss** an öffentliche Informations- und Kommunikationsnetze, 3. der Errichtung, Auflösung, Einschränkung, Verlegung oder Zusammenlegung von Dienststellen oder wesentlicher Teile von ihnen.
§ 81 (3) ¹Vor der Weiterleitung von Stellenanforderungen zum Haushaltsvoranschlag ist der Personalrat anzuhören. ²Gibt der Personalrat einer nachgeordneten Dienststelle zu den Stellenanforderungen eine Stellungnahme ab, so ist diese mit den Stellenanforderungen der übergeordneten Dienststelle vorzulegen. ³Das gilt entsprechend für die Personalplanung.	**§ 78 Organisatorische und wirtschaftliche Angelegenheiten** (3) ¹Der Personalrat ist anzuhören 1. vor der Weiterleitung von Stellenanforderungen zum Haushaltsvoranschlag, 2. vor Neu-, Um- und Erweiterungsbauten von Diensträumen. ²Gibt der Personalrat einer nachgeordneten Dienststelle zu den Stellenanforderungen eine Stellungnahme ab, so ist diese mit den Stellen-

Erläuterungen für die Praxis

Mit der Qualifizierung der Einführung solcher Verfahren als Mitwirkungstatbestand werden die Möglichkeiten des Personalrats, die damit einhergehenden Interessen der Beschäftigten, etwa im Hinblick auf den Datenschutz oder Leistungs- und Verhaltenskontrollen, im Vergleich zu einem Mitbestimmungsrecht in diesen Angelegenheiten erheblich eingeschränkt. Solch eine Einschränkung ist verfassungsrechtlich nicht geboten. Die Einführung von Verfahren der Verwaltungsdigitalisierung hätte auch als Mitbestimmungstatbestand ausgestaltet werden können, soweit die Letztentscheidung nicht der demokratisch legitimierten Stelle entzogen wird (vgl. BVerwG vom 21.9.2022 – 5 P 17.21).

§ 78 Abs. 2 Satz 2 entspricht dem bisherigen § 81 Abs. 1 Satz 2.
Am Ausschluss der Mitwirkung bei probe- oder versuchsweiser Einführung neuer Techniken und Verfahren – bisher § 81 Abs. 1 Satz 2 – wird festgehalten. Mit der Ergänzung in Abs. 2 Satz 2 wird allerdings klargestellt, dass vor Übergang in den Dauerbetrieb die Beteiligung des Personalrats zu erfolgen hat (LT-Drs. 20/10698, S. 8).

§ 78 Abs. 1 Satz 1 Nr. 8 bis 10 enthalten die Tatbestände des bisherigen § 81 Abs. 2.

§ 78 Abs. 3 fasst nach der Gesetzesbegründung die Anhörungstatbestände des bisherigen § 81 Abs. 3 und 4 zusammen, die ebenfalls neu gegliedert werden (LT-Drs. 20/9470, S. 65). Inhaltliche Änderungen sind damit nicht verbunden.

HPVG alte Fassung	HPVG neue Fassung (ab 6.4.2023)
(4) Abs. 3 gilt entsprechend für Neu-, Um- und Erweiterungsbauten von Diensträumen.	anforderungen der übergeordneten Dienststelle vorzulegen. ³Dies gilt entsprechend für die Personalplanung.
§ 81 (5) Bei Maßnahmen, die unter Abs. 1 bis 4 fallen, tritt ein gleichzeitig vorliegendes Mitbestimmungsrecht zurück.	**§ 78 Organisatorische und wirtschaftliche Angelegenheiten** (4) Bei Maßnahmen, die unter die **Abs. 2 und 3** fallen, tritt ein gleichzeitig vorliegendes Mitbestimmungsrecht zurück.
§ 82 (1) ¹In Betrieben, Körperschaften, Anstalten und Stiftungen des öffentlichen Rechts mit mehr als zehn Beschäftigten, die überwiegend wirtschaftliche Aufgaben erfüllen und für die ein Verwaltungsrat oder eine entsprechende Einrichtung besteht, müssen dem Verwaltungsrat oder der entsprechenden Einrichtung auch Vertreter der Beschäftigten angehören. ²Die Zahl der Vertreter der Beschäftigten beträgt ein Drittel der Mitgliederzahl, die für den Verwaltungsrat oder die entsprechende Einrichtung nach den gesetzlichen Vorschriften oder der Satzung vorgesehen ist.	**§ 80 Beschäftigtenvertretung im Verwaltungsrat** (1) ¹In Betrieben, Körperschaften, Anstalten und Stiftungen des öffentlichen Rechts mit mehr als zehn Beschäftigten, die überwiegend wirtschaftliche Aufgaben erfüllen und für die ein Verwaltungsrat oder eine entsprechende Einrichtung besteht, müssen dem Verwaltungsrat oder der entsprechenden Einrichtung auch **Vertreterinnen und** Vertreter der Beschäftigten angehören. ²Die Zahl der **Vertreterinnen und** Vertreter der Beschäftigten beträgt ein Drittel der Mitgliederzahl, die für den Verwaltungsrat oder die entsprechende Einrichtung nach den gesetzlichen Vorschriften oder der Satzung vorgesehen ist.
§ 82 (2) Die Vertreter der Beschäftigten im Verwaltungsrat oder der entsprechenden Einrichtung haben die gleichen Rechte und Pflichten wie die sonstigen Mitglieder.	**§ 80 Beschäftigtenvertretung im Verwaltungsrat** (2) Die **Vertreterinnen und** Vertreter der Beschäftigten im Verwaltungsrat oder der entsprechenden Einrichtung haben die gleichen Rechte und Pflichten wie die sonstigen Mitglieder.

Erläuterungen für die Praxis

Abs. 4 entspricht dem bisherigen § 81 Abs. 5. An dieser Regelung, die den verfassungsrechtlichen Vorgaben zur demokratischen Legitimation staatlichen Handelns Rechnung trägt und insofern vom Hessischen Staatsgerichtshof nicht beanstandet wurde, wird nach der Gesetzesbegründung festgehalten (LT-Drs. 20/9470, S. 65).

Diese fortdauernde Einschränkung der Mitbestimmung haben insbesondere die Gewerkschaften im Gesetzgebungsverfahren und in der Anhörung am 2.2.2023 im Innenausschuss heftig kritisiert und die Streichung des § 78 Abs. 4 vorgeschlagen. Die Einschränkung ist verfassungsrechtlich nicht (mehr) geboten. Das Mitbestimmungsrecht müsste lediglich so ausgestaltet sein, dass die Letztentscheidung (in organisatorischen Angelegenheiten) nicht der demokratisch legitimierten Stelle entzogen wird (vgl. BVerwG vom 21.9.2022 – 5 P 17.21). Das ist in § 71 Abs. 1 im Hinblick auf den Umfang der Bindungswirkung der Einigungsstellenbeschlüsse sowie durch das Evokationsrecht nach § 71 Abs. 2 bereits ausreichend berücksichtigt.

§ 80 entspricht nach der Gesetzesbegründung inhaltlich weitgehend dem bisherigen § 82 in sprachlich überarbeiteter Form. Überholte Teile der bisherigen Bestimmung entfallen im Zuge der Rechtsbereinigung (LT-Drs. 20/9470, S. 65).

Eine inhaltliche Änderung ist damit nicht verbunden.

Keine inhaltlichen Änderungen.

HPVG alte Fassung	HPVG neue Fassung (ab 6.4.2023)
§ 80 (3) ¹Die Vertreter der Beschäftigten im Verwaltungsrat oder der entsprechenden Einrichtung werden von den nach § 9 wahlberechtigten Beschäftigten gewählt. ²Die im Betrieb, der Körperschaft, Anstalt oder Stiftung vertretenen Gewerkschaften und Berufsverbände können Wahlvorschläge machen und dabei auch Personen benennen, die nicht Beschäftigte sind. ³Die Wahlvorschläge müssen Männer und Frauen entsprechend ihrem Anteil an den wahlberechtigten Beschäftigten berücksichtigen. ⁴Die Wahlvorschläge werden in einer Liste zusammengefaßt. Gewählt wird nach den Grundsätzen der Mehrheitswahl. ⁵Der Minister des Innern bestimmt durch Rechtsverordnung das Nähere über die Wahl und die Wählbarkeit; Briefwahl ist zulässig.	§ 80 **Beschäftigtenvertretung im Verwaltungsrat** (3) ¹Die Vertreterinnen und Vertreter der Beschäftigten im Verwaltungsrat oder der entsprechenden Einrichtung werden von den nach § 10 wahlberechtigten Beschäftigten gewählt. ²Die im Betrieb, der Körperschaft, Anstalt oder Stiftung vertretenen Gewerkschaften und Berufsverbände können Wahlvorschläge machen und dabei auch Personen benennen, die nicht Beschäftigte sind. ³Die Wahlvorschläge müssen **Frauen und Männer** entsprechend ihrem Anteil an den wahlberechtigten Beschäftigten berücksichtigen. ⁴Die Wahlvorschläge werden in einer Liste **zusammengefasst.** ⁵Gewählt wird nach den Grundsätzen der Mehrheitswahl. ⁶Briefwahl ist zulässig. ⁷**Die für das Recht des öffentlichen Dienstes zuständige Ministerin oder der hierfür zuständige Minister** bestimmt durch Rechtsverordnung das Nähere über die Wahl und die Wählbarkeit.
§ 80 (4) ¹Abs. 1 bis 3 gelten nicht für Eigenbetriebe nach dem Eigenbetriebsgesetz, die Brandversicherungsanstalten sowie die kommunalen Versorgungskassen und Zusatzversorgungskassen; soweit nach § 67 Abs. 1 in der bis zum 31. Dezember 1979 geltenden Fassung Mitglieder des Personalrats in den Verwaltungsrat oder die entsprechende Einrichtung entsandt worden sind, verbleibt es bei der bisherigen Regelung. ²Durch Rechtsvorschrift zugelassene Abweichungen von Abs. 1 Satz 2 und Abs. 3 bedürfen der Zustimmung des für das Dienstrecht zuständigen Ministeriums.	§ 80 **Beschäftigtenvertretung im Verwaltungsrat** (4) ¹Die Abs. 1 bis 3 gelten nicht für Eigenbetriebe nach dem Eigenbetriebsgesetz in der Fassung vom 9. Juni 1989 (GVBl. I S. 154), zuletzt geändert durch Gesetz vom 14. Juli 2016 (GVBl. S. 121), sowie die kommunalen Versorgungskassen und Zusatzversorgungskassen. ²Durch Rechtsvorschrift zugelassene Abweichungen von Abs. 1 Satz 2 und Abs. 3 bedürfen der Zustimmung des für das Recht des öffentlichen Dienstes zuständigen Ministeriums.
	§ 63 Zuständige Personalvertretung

Erläuterungen für die Praxis

Keine inhaltlichen Änderungen.

In § 80 Abs. 4 werden nach der Gesetzesbegründung die Brandversicherungsanstalten nicht mehr aufgeführt, da es diese in Hessen nicht mehr gibt. Die durch Zeitablauf überholte Übergangs-regelung im bisherigen Satz 1 Halbsatz 2 wird ebenfalls nicht fortgeführt (LT-Drs. 20/9470, S. 65). Eine inhaltliche Änderung ist damit nicht verbunden.

Die bisher in § 83 enthaltene Bestimmung wird nach der Gesetzesbegründung aufgrund des Sachzusammenhangs in § 63 fortgeführt, neu sortiert und auf ihren eigentlichen Regelungsgehalt, nämlich welche Personalvertretung zu beteiligen ist, beschränkt (LT-Drs. 20/9470, S. 61).

HPVG alte Fassung	HPVG neue Fassung (ab 6. 4. 2023)
§ 83 (1) (…) ³Bei Versetzungen und Abordnungen sind der Personalrat der abgebenden und der Personalrat der aufnehmenden Dienststelle zu beteiligen.	§ 63 **Zuständige Personalvertretung** (1) ¹In Angelegenheiten; in denen die Dienststelle **zur Entscheidung** befugt ist, beteiligt die **Dienststellenleitung** den bei der Dienststelle bestehenden Personalrat. ²Bei Versetzungen und Abordnungen sind der Personalrat der abgebenden und der Personalrat der aufnehmenden Dienststelle zu beteiligen.
§ 83 (1) ¹In Angelegenheiten, in denen die Dienststelle nicht zur Entscheidung befugt ist, beteiligt der Leiter der Dienststelle, der der Beschäftigte angehört oder bei der er eingestellt werden soll, den bei dieser Dienststelle bestehenden Personalrat. ²Der Leiter der zur Entscheidung befugten Dienststelle kann die Beteiligung allgemein oder im Einzelfall an Stelle des in Satz 1 genannten Dienststellenleiters durchführen. …	§ 63 **Zuständige Personalvertretung** (2) ¹In Angelegenheiten, in denen die Dienststelle nicht zur Entscheidung befugt ist, beteiligt **gleichwohl die Leitung** der Dienststelle, der **die oder** der Beschäftigte angehört oder bei der **sie oder** er eingestellt werden soll, den bei dieser Dienststelle bestehenden Personalrat. ²**Die Leitung** der zur Entscheidung befugten Dienststelle kann die Beteiligung allgemein oder im Einzelfall an Stelle **der** in Satz 1 genannten **Dienststellenleitung** durchführen.
§ 83 (2) ¹Bei Maßnahmen, die für die Beschäftigten mehrerer Dienststellen von allgemeiner Bedeutung sind, ist die bei der für die Entscheidung zuständigen Dienststelle gebildete Stufenvertretung an Stelle der Personalräte zu beteiligen. ²Maßnahmen, die für die verschiedenen Geschäftsbereichen angehörenden Beschäftigten einer unteren Landesbehörde von allgemeiner Bedeutung sind, nimmt der Bezirkspersonalrat der zuständigen Mittelbehörde die Aufgaben der Stufenvertretung wahr; er unterrichtet die Bezirkspersonalräte beteiligter Mittelbehörden und gibt ihnen Gelegenheit zur Äußerung.	§ 63 **Zuständige Personalvertretung** (3) ¹Bei Maßnahmen, die für die Beschäftigten mehrerer Dienststellen von allgemeiner Bedeutung sind, ist die bei der für die Entscheidung zuständigen Dienststelle gebildete Stufenvertretung an Stelle der Personalräte zu beteiligen. ²Bei Maßnahmen, die für die verschiedenen Geschäftsbereichen angehörenden Beschäftigten einer unteren Landesbehörde von allgemeiner Bedeutung sind, nimmt der Bezirkspersonalrat der zuständigen Mittelbehörde die Aufgaben der Stufenvertretung wahr; er unterrichtet die Bezirkspersonalräte beteiligter Mittelbehörden und gibt ihnen Gelegenheit zur Äußerung.
§ 83 (3) ¹Bei Maßnahmen, die für die Beschäftigten mehrerer Geschäftsbereiche von allgemeiner Bedeutung sind oder über die die Landesregierung entscheidet, nimmt der Hauptpersonalrat bei der zuständigen obersten Landesbehörde die Aufgaben der Stufenvertretung wahr. ²Er unterrichtet die Hauptpersonalräte bei den beteiligten obersten Landesbehörden und gibt ihnen Gelegenheit zur Äußerung.	§ 63 **Zuständige Personalvertretung** (4) ¹Bei Maßnahmen, die für die Beschäftigten mehrerer Geschäftsbereiche von allgemeiner Bedeutung sind oder über die die Landesregierung entscheidet, nimmt der Hauptpersonalrat bei der zuständigen obersten Landesbehörde die Aufgaben der Stufenvertretung wahr. ²Er unterrichtet die Hauptpersonalräte bei den beteiligten obersten Landesbehörden und gibt ihnen Gelegenheit zur Äußerung.

Erläuterungen für die Praxis

In § 63 Abs. 1 Satz 1 wird nach der Gesetzesbegründung zunächst der Regelfall ausdrücklich normiert, in welchem die Dienststellenleitung zur Entscheidung über die Maßnahme befugt ist. Eine solche Regelung fehlte bisher, wodurch das Verständnis der Vorschrift erschwert wurde. Satz 2 entspricht dem bisherigen Abs. 1 Satz 3. Er wird an die systematisch richtige Stelle verschoben (LT-Drs. 20/9470, S. 61).

Abs. 2 entspricht nach der Gesetzesbegründung dem bisherigen § 83 Abs. 1 Satz 1 und 2 und betrifft Fälle, in denen die Entscheidungsbefugnis für eine Maßnahme nicht bei der Leitung der Dienststelle liegt, der die oder der betroffene Beschäftigte angehört. Hier bleibt es bei dem Grundsatz, dass auch in diesem Fall die Beteiligung des örtlichen Personalrats durch die Dienststellenleitung der Beschäftigungsbehörde erfolgt, es sei denn, die zur Entscheidung befugte Dienststellenleitung zieht die Beteiligung an sich. Auch in letzterem Fall ist der örtliche Personalrat der Dienststelle zu beteiligen, der die oder der von der Maßnahme betroffene Beschäftigte angehört (LT-Drs. 20/9470, S. 61).

§ 63 Abs. 3 entspricht dem bisherigen § 83 Abs. 2 (LT-Drs. 20/9470, S. 61).

§ 63 Abs. 4 entspricht dem bisherigen § 83 Abs. 3 (LT-Drs. 20/9470, S. 61).

HPVG alte Fassung	HPVG neue Fassung (ab 6. 4. 2023)
§ 83 (4) Die Abs. 1 und 2 gelten entsprechend für die Verteilung der Zuständigkeit zwischen Personalrat und Gesamtpersonalrat.	§ 63 Zuständige Personalvertretung (5) Die Abs. 2 und 3 gelten entsprechend für die Verteilung der Zuständigkeit zwischen Personalrat und Gesamtpersonalrat.
§ 83 (5) ¹Für die Befugnisse und Pflichten der Stufenvertretung und des Gesamtpersonalrats gelten die Vorschriften des Sechsten Abschnitts entsprechend. (…)	§ 49 Amtszeit, Geschäftsführung, Rechtsstellung, Datenschutz (4) Für die Aufgaben, Befugnisse und Pflichten der Stufenvertretungen gelten die Vorschriften **des Sechsten Teils** entsprechend.
§ 83 (5) (…) ²Für die Rechte und Pflichten ihrer Mitglieder gelten die §§ 64 bis 68.	§ 49 Amtszeit, Geschäftsführung, Rechtsstellung, Datenschutz (2) Für die Rechtsstellung der Mitglieder der Stufenvertretungen und den Datenschutz gelten die §§ 37 bis 42 mit Ausnahme des § 38 Abs. 2 entsprechend.
§ 83 (6) ¹Im Falle der Einführung, Anwendung, wesentlichen Änderung oder Erweiterung von technischen Einrichtungen, die dazu geeignet sind, das Verhalten oder die Leistung der Beschäftigten zu überwachen (§ 74 Abs. 1 Nr. 17) sowie der automatisierten Verarbeitung personenbezogener Daten der Beschäftigten (§ 81 Abs. 1 Satz 1) ist der Personalrat der Dienststelle zu beteiligen, der die Beschäftigten angehören, deren personenbezogene Daten verarbeitet werden. ²Abs. 2 und 3 bleiben unberührt.	§ 63 Zuständige Personalvertretung (6)¹ Im Falle der Einführung, Anwendung, wesentlichen Änderung oder Erweiterung von technischen Einrichtungen, die dazu geeignet sind, das Verhalten oder die Leistung der Beschäftigten zu überwachen nach **§ 78 Abs. 1 Satz 1 Nr. 6** sowie der automatisierten Verarbeitung personenbezogener Daten der Beschäftigten nach **§ 78 Abs. 2 Satz 1 Nr. 7** ist der Personalrat der Dienststelle zu beteiligen, der die Beschäftigten angehören, deren personenbezogene Daten verarbeitet werden. ²Die **Abs. 3 bis 5** bleiben unberührt.
§ 84 Für die nachstehenden Zweige des öffentlichen Dienstes und für den Hessischen Rundfunk gelten die Vorschriften des Ersten Teiles insoweit sinngemäß, als im Folgenden nichts anderes bestimmt ist.	§ 81 Grundsatz Für die nachstehenden Zweige des öffentlichen Dienstes und für den Hessischen Rundfunk gilt dieses Gesetz, soweit im **Folgenden** nichts anderes bestimmt ist.
§ 85 *Nicht besetzt.*	

Erläuterungen für die Praxis

§ 63 Abs. 5 entspricht dem bisherigen § 83 Abs. 4 (LT-Drs. 20/9470, S. 61).

In Abs. 4 wird die bisher in § 83 Abs. 5 Satz 1 enthaltene Verweisung hinsichtlich der Befugnisse und Pflichten in sprachlich und redaktionell angepasster Form übernommen (LT-Drs. 20/9470, S. 59). Inhaltliche Änderungen sind damit nicht verbunden.

In § 49 Abs. 2 wird nach der Gesetzesbegründung die bisher in § 83 Abs. 5 Satz 2 enthaltene Bestimmung aufgrund ihres Regelungszusammenhangs verortet, sprachlich und redaktionell angepasst und ausdrücklich auf die Bestimmungen zum Datenschutz erweitert (LT-Drs. 20/9470, S. 59). § 38 Abs. 2 wird angesichts der eigenständigen Freistellungsregelung für Stufenvertretungen in Abs. 3 aus der Verweisung herausgenommen.

Der bisherige Verweis u. a. auf das Behinderungs-, Benachteiligungs- und Begünstigungsverbot (bisher § 64), die Unfallfürsorge (bisher § 67) oder die Schweigepflicht (bisher § 68) ist durch die Neuregelungen in §§ 7, 8, die auch für Mitglieder in Stufenvertretungen und Gesamtpersonalräten gelten, entbehrlich.

§ 63 Abs. 6 entspricht weitgehend dem bisherigen § 83 Abs. 6. Der Satz 2 wird zur Klarstellung auch auf Abs. 5 erstreckt (LT-Drs. 20/9470, S. 61).

Bei dem Verweis auf § 78 Abs. 1 Satz 1 Nr. 6 handelt es sich um ein Redaktionsversehen. Die Mitbestimmung über Einführung, Anwendung, wesentlichen Änderung oder Erweiterung von technischen Einrichtungen, die dazu geeignet sind, das Verhalten oder die Leistung der Beschäftigten zu überwachen, ist nämlich in § 78 Abs. 1 Satz 1 Nr. 5 geregelt und nicht wie ursprünglich vorgesehen in § 78 Abs. 1 Satz 1 Nr. 6.

Die Grundsatzregelung, die bisher in § 84 normiert war, wird nach der Gesetzesbegründung klarer gefasst. (LT-Drs. 20/9470, S. 65).

Die Bezugnahme auf das »gesamte« HPVG stellt klar, dass für die nachfolgenden einzelnen Zweige des öffentlichen Dienstes und des Hessischen Rundfunks auch die Regelungen zu den gerichtlichen Entscheidungen sowie die Übergangs- und Schlussvorschriften gelten.

Lücke ist durch die Neunummerierung geschlossen.

HPVG alte Fassung	HPVG neue Fassung (ab 6. 4. 2023)
§ 86 (1) Es werden Personalräte gebildet bei 1. den kommunalen Berufsfeuerwehren, 2. dem Hessischen Landeskriminalamt, 3. dem Hessischen Bereitschaftspolizeipräsidium, 4. den Polizeipräsidien, 5. dem Hessischen Polizeipräsidium für Technik.	§ 82 Personalräte bei den Polizeibehörden (1) Es werden Personalräte gebildet bei 1. dem Hessischen Landeskriminalamt, 2. dem Hessischen Bereitschaftspolizeipräsidium, 3. den Polizeipräsidien **sowie** 4. dem Hessischen Polizeipräsidium für Technik.
§ 86 (2) ¹Die in Abs. 1 genannten Dienststellen gelten als Dienststellen im Sinne dieses Gesetzes. ²In den Fällen des Abs. 1 Nr. 1 kann sich der Dienststellenleiter auch durch den leitenden Beamten dieser Dienststelle vertreten lassen.	§ 82 Personalräte bei den Polizeibehörden (2) Die in Abs. 1 genannten Dienststellen gelten als Dienststellen im Sinne dieses Gesetzes.
§ 86 (3) § 7 Abs. 3 gilt nicht im Bereich der Polizei.	§ 82 Personalräte bei den Polizeibehörden (3) § 5 Abs. 3 gilt nicht im Bereich der Polizei.
§ 86 (1) Es werden Personalräte gebildet bei 1. den kommunalen Berufsfeuerwehren, …	§ 86 Berufsfeuerwehr (1) Die kommunalen Berufsfeuerwehren gelten als Dienststellen im Sinne dieses Gesetzes.
§ 86 (2) ¹Die in Abs. 1 genannten Dienststellen gelten als Dienststellen im Sinne dieses Gesetzes. ²In den Fällen des Abs. 1 Nr. 1 kann sich der Dienststellenleiter auch durch den leitenden Beamten dieser Dienststelle vertreten lassen.	§ 86 Berufsfeuerwehr (2) Die Dienststellenleitung kann sich auch durch **die leitende Beamtin oder** den leitenden Beamten der Dienststelle vertreten lassen.
§ 87 ¹Die Beschäftigten aller in § 86 genannten staatlichen Dienststellen sowie die Beschäftigten der Hessischen Hochschule für öffentliches Management und Sicherheit, die auf vom Landespolizeipräsidium zugewiesenen Stellenkontingenten geführt werden, und die Anwärter für den Polizeivollzugsdienst wählen den Hauptpersonalrat der Polizei beim Minister des Innern und für Sport. ²Im Hauptpersonalrat der Polizei beim Hessischen Ministerium des Innern und für Sport sind ab 17 Mitgliedern	§ 83 Hauptpersonalrat der Polizei (1) Die Beschäftigten **der** in § 82 Abs. 1 genannten Polizeidienststellen sowie die Beschäftigten der Hessischen Hochschule für öffentliches Management und Sicherheit, die auf vom Landespolizeipräsidium zugewiesenen Stellenkontingenten geführt werden, und die **Anwärterinnen und** Anwärter für den Polizeivollzugsdienst wählen **als eigene Stufenvertretung** den Hauptpersonalrat der Polizei, der beim **Hessischen Ministerium** des Innern und für Sport **gebildet wird**.

Erläuterungen für die Praxis

Die Regelungen zu Polizei und Feuerwehr werden in zwei getrennte Abschnitte aufgeteilt, um ein leichteres Auffinden zu ermöglichen (LT-Drs. 20/9470, S. 65).

§ 82 entspricht nach der Gesetzesbegründung weitgehend dem bisherigen § 86, beschränkt sich aber auf den Polizeibereich. Die Sonderregelungen zur Berufsfeuerwehr finden sich jetzt im Zweiten Abschnitt in § 86 (LT-Drs. 20/9470, S. 65).

Keine inhaltlichen Änderungen. Die Vertretungsmöglichkeit nach der bisherigen Regelung in § 86 Abs. 2 Satz 2 bezieht sich auf die kommunalen Berufsfeuerwehren und findet sich nun in § 86 Abs. 2.

Keine inhaltlichen Änderungen.

Die bisher gemeinsam mit den Regelungen zur Polizei getroffenen Bestimmungen zur Berufsfeuerwehr (bisher § 86 Abs. 1 Nr. 1 und Abs. 2 Satz 1 und 2) werden in § 86 als eigene Regelung fortgeführt (LT-Drs. 20/9470, S. 65).

Die sprachliche Anpassung der bisherigen Formulierung »es werden Personalräte bei den kommunalen Berufsfeuerwehren gebildet« hin zu der Formulierung »die kommunalen Berufsfeuerwehren gelten als Dienststellen im Sinne dieses Gesetzes« hat keine inhaltliche Änderung zur Folge. Bei den kommunalen Berufsfeuerwehren, die nach § 86 Abs. 1 als Dienststellen gelten, werden nach § 9 Abs. 1 Personalräte gebildet.

Keine inhaltlichen Änderungen.

§ 83 entspricht nach der Gesetzesbegründung inhaltlich dem bisherigen § 87 in sprachlich überarbeiteter Form. Die Formulierungen zur Bildung eines besonderen Hauptpersonalrats im Siebten Teil werden vereinheitlicht (vgl. hierzu §§ 88, 93). Der Regelungstext wird zur besseren Übersichtlichkeit in zwei Absätze aufgeteilt (LT-Drs. 20/9470, S. 65).

HPVG alte Fassung	HPVG neue Fassung (ab 6.4.2023)
drei Mitglieder von ihrer dienstlichen Tätigkeit auf Antrag freizustellen.	(2) Im Hauptpersonalrat der Polizei sind ab 17 Mitgliedern drei Mitglieder von ihrer dienstlichen Tätigkeit auf Antrag freizustellen.

§ 88 (1) ¹Die Polizeipraktikanten wählen Vertrauensleute. ²Ihre Interessen werden von dem für die Ausbildungsdienststelle zuständigen örtlichen Personalrat wahrgenommen. ³Für die Zusammenarbeit der Vertrauensleute mit dem Personalrat gilt § 37 Abs. 2 entsprechend.	§ 84 Interessenvertretung der Polizeipraktikantinnen und Polizeipraktikanten (1) ¹Die **Polizeipraktikantinnen und** Polizeipraktikanten wählen Vertrauensleute. ²Ihre Interessen werden von dem für die Ausbildungsdienststelle zuständigen örtlichen Personalrat wahrgenommen. ³**Die Vertrauensleute haben das Recht, an Sitzungen des Personalrats mit beratender Stimme teilzunehmen, wenn Angelegenheiten behandelt werden, die auch die Polizeipraktikantinnen und Polizeipraktikanten betreffen.**
(2) Das Nähere über die Wahl der Vertrauensleute bestimmt der Minister des Innern.	(2) Das Nähere über die Wahl der Vertrauensleute bestimmt das **für das Recht des öffentlichen Dienstes zuständige Ministerium.**

§ 89 (1) ¹Anordnungen, durch die die Alarmbereitschaft und der Einsatz der Vollzugspolizei geregelt werden, unterliegen nicht der Beteiligung des Personalrats, soweit nachstehend nichts anderes bestimmt ist. ²§ 60 bleibt unberührt.	§ 85 Sonderregelungen (1) ¹Anordnungen, durch die die Alarmbereitschaft und der Einsatz der Vollzugspolizei geregelt werden, unterliegen nicht der Beteiligung des Personalrats, soweit nachstehend nichts anderes bestimmt ist. ²§ 62 bleibt unberührt.
§ 89 (2) Beabsichtigte Maßnahmen in sozialen Angelegenheiten im Rahmen vollzugspolizeilicher Einsätze sind dem Personalrat rechtzeitig mitzuteilen und mit ihm zu beraten, es sei denn, daß Sofortentscheidungen zur Aufrechterhaltung der öffentlichen Sicherheit und Ordnung notwendig sind.	§ 85 Sonderregelungen (2) Beabsichtigte Maßnahmen in sozialen Angelegenheiten im Rahmen vollzugspolizeilicher Einsätze sind dem Personalrat rechtzeitig mitzuteilen und mit ihm zu beraten, es sei denn, **es sind** Sofortentscheidungen zur Aufrechterhaltung der öffentlichen Sicherheit und Ordnung notwendig.
§ 89 (3) ¹Grundsätzliche Bestimmungen über Maßnahmen in sozialen Angelegenheiten, die für die Beschäftigten mehrerer Dienststellen aufgestellt werden, sind mit der bei der für die Entscheidung zuständigen Dienststelle gebildeten Stufenvertretung anstelle der Personalräte zu beraten. ²Ist bei der für die Entscheidung zuständigen Dienststelle eine	§ 85 Sonderregelungen (3) ¹Grundsätzliche Bestimmungen über Maßnahmen in sozialen Angelegenheiten, die für die Beschäftigten mehrerer Dienststellen aufgestellt werden, sind mit der bei der für die Entscheidung zuständigen Dienststelle gebildeten Stufenvertretung anstelle der Personalräte zu beraten. ²Ist bei der für die Entscheidung zuständigen Dienststelle eine

Erläuterungen für die Praxis

§ 84 entspricht inhaltlich dem bisherigen § 88 in sprachlich überarbeiteter Form (LT-Drs. 20/9470, S. 65).

An Stelle der Verweisung in § 84 Abs. 1 Satz 3 auf § 37 Abs. 2, der nicht fortgeführt wird, wird der Inhalt der für entsprechend anwendbar erklärten Regelung ausdrücklich genannt. Daraus ergibt sich keine inhaltliche Änderung (LT-Drs. 20/9470, S. 65). Damit die Vertrauensleute ihr Teilnahmerecht wahrnehmen können, hat die oder der Vorsitzende des Personalrats – wie bisher – die Vertrauensleute zu den Sitzungen einzuladen, bei denen Angelegenheiten behandelt werden, die auch die Polizeipraktikantinnen und Polizeipraktikanten betreffen.

Die sprachliche Anpassung in § 84 Abs. 2 hat keine inhaltlichen Änderungen zur Folge.

§ 85 entspricht nach der Gesetzesbegründung dem bisherigen § 89 mit redaktionellen und sprachlichen Anpassungen (LT-Drs. 20/9470, S. 65).

Inhaltliche Änderungen sind damit nicht verbunden.

Keine inhaltlichen Änderungen.

Keine inhaltlichen Änderungen.

HPVG alte Fassung	HPVG neue Fassung (ab 6.4.2023)
Stufenvertretung nicht gebildet, so tritt an die Stelle der Stufenvertretung die bei ihr gebildete Personalvertretung.	Stufenvertretung nicht gebildet, so tritt an die Stelle der Stufenvertretung die bei ihr gebildete Personalvertretung.
§ 90 (1) Beim Landesbetrieb Hessen-Forst ist Stufenvertretung in den Fällen a) der Nichteinigung zwischen dem Leiter einer Dienststelle und dem Personalrat, b) des § 79 Nr. 2 Buchst. b der Gesamtpersonalrat.	§ 90 **Landesbetrieb Hessen-Forst** (1) Beim Landesbetrieb Hessen-Forst ist Stufenvertretung in den Fällen 1. der Nichteinigung zwischen **der Leitung** einer Dienststelle und dem Personalrat, 2. des **§ 76 Abs. 3 Nr. 2** der Gesamtpersonalrat.
(2) ¹Im Übrigen bleibt die Zuständigkeit des Hauptpersonalrats unberührt. ²Dieser ist abweichend von Abs. 1 Buchst. a Stufenvertretung im Falle der Nichteinigung zwischen dem Leiter des Landesbetriebes und dem Personalrat der Landesbetriebsleitung.	(2) ¹Im Übrigen bleibt die Zuständigkeit des Hauptpersonalrats unberührt. ²Dieser ist abweichend von Abs. 1 **Nr. 1** Stufenvertretung im Falle der Nichteinigung zwischen der Dienststellenleitung und dem Personalrat des Landesbetriebs Hessen-Forst.
(3) Für den Gesamtpersonalrat beim Landesbetrieb Hessen-Forst gilt § 51 Abs. 2 entsprechend.	(3) Für den Gesamtpersonalrat beim Landesbetrieb Hessen-Forst gilt **§ 49 Abs. 3** entsprechend.
§ 91 (1) ¹Die Lehrer, Erzieher, Sozialpädagogen, in Erziehung und Unterricht tätigen Personen sowie die sonstigen in der Schule Beschäftigten des Landes wählen eigene Personalvertretungen. ²Wahlberechtigt sind alle Beschäftigten, die mit mindestens vier Wochenstunden beschäftigt sind. ³Wählbar sind alle Wahlberechtigten, die mindestens mit der Hälfte der wöchentlichen Pflichtstunden ihrer Lehrergruppe oder der Hälfte der wöchentlichen Arbeitszeit beschäftigt sind.	§ 91 **Personalräte im Schulbereich** (1) ¹Die **Lehrkräfte, Erzieherinnen und** Erzieher, **Sozialpädagoginnen und** Sozialpädagogen, in Erziehung und Unterricht tätigen Personen sowie die sonstigen in der Schule Beschäftigten des Landes wählen eigene Personalvertretungen. ²Wahlberechtigt sind alle Beschäftigten **nach Satz 1**, die mit mindestens vier Wochenstunden beschäftigt sind. ³Wählbar sind alle Wahlberechtigten, die mindestens mit der Hälfte der **nach der Pflichtstundenverordnung vom 19. Mai 2017 (ABl. S. 191) in der jeweils geltenden Fassung für sie maßgeblichen wöchentlichen Pflichtstunden** oder der Hälfte der wöchentlichen Arbeitszeit beschäftigt sind.
§ 91 (2) Dienststellen im Sinne dieses Gesetzes sind alle allgemein bildenden und beruflichen Schulen sowie die Schulen für Erwachsene und die Studienseminare.	§ 91 **Personalräte im Schulbereich** (2) Dienststellen im Sinne dieses Gesetzes sind alle allgemein bildenden und beruflichen Schulen sowie die Schulen für Erwachsene und die Studienseminare.

Erläuterungen für die Praxis

§ 90 entspricht nach der Gesetzesbegründung dem bisherigen § 90 in redaktionell angepasster Form (LT-Drs. 20/9470, S. 66).

Inhaltliche Änderungen sind damit nicht verbunden.

§ 91 fasst die Regelungen der bisherigen § 91 Abs. 1 und 2 und § 94 zu den besonderen Personalräten an Schulen unter Anpassung der Verweisungen an die geänderte Paragrafenfolge zusammen (LT-Drs. 20/9470, S. 66).

Inhaltliche Änderungen sind damit nicht verbunden.

Die Regelung in Abs. 1 Satz 3 wird durch Verweis auf die Pflichtstundenverordnung klarer gefasst (LT-Drs. 20/9470, S. 66).

Unverändert.

HPVG alte Fassung	HPVG neue Fassung (ab 6. 4. 2023)
§ 91 (3) [1]Neben den bei den allgemein bildenden und beruflichen Schulen sowie den Schulen für Erwachsene gewählten Personalräten sind bei den Staatlichen Schulämtern für die in Abs. 1 genannten Beschäftigten Gesamtpersonalräte zu bilden. [2]Für die Wahl, die Amtszeit und die Geschäftsführung des Gesamtpersonalrats gelten § 12, § 50 Abs. 2, 4 und 5 und § 51 entsprechend.	**§ 92 Gesamtpersonalräte Schule** (1) [1]Neben den bei den allgemein bildenden und beruflichen Schulen sowie den Schulen für Erwachsene gewählten Personalräten sind bei den Staatlichen Schulämtern für die in **§ 91 Abs. 1 Satz 1** genannten Beschäftigten Gesamtpersonalräte zu bilden. [2]Für die Wahl, die Amtszeit und die Geschäftsführung des Gesamtpersonalrats gelten die **§§ 9, 12, 48 Abs. 1, 3 und 4 und § 49** entsprechend.
§ 91 (4) [1]Bei Maßnahmen, die für die in Abs. 1 genannten Beschäftigten mehrerer Dienststellen von allgemeiner Bedeutung sind, ist der Gesamtpersonalrat zu beteiligen. [2]Bei Abordnungen und Versetzungen innerhalb des Dienstbezirks eines Staatlichen Schulamts bestimmt der Gesamtpersonalrat anstelle des Personalrats der abgegebenen und des Personalrats der aufnehmenden Dienststelle mit. [3]Nicht der Mitbestimmung unterliegen Abordnungen innerhalb eines Landkreises oder einer kreisfreien Stadt sowie zwischen Dienststellen eines Landkreises und einer kreisfreien Stadt, für die dasselbe staatliche Schulamt zuständig ist, 1. bis zur Dauer eines Schuljahres, 2. mit weniger als der Hälfte der Pflichtstunden bis zur Dauer von zwei Schuljahren.	**§ 92 Gesamtpersonalräte Schule** (2) [1]Bei Maßnahmen, die für die in **§ 91 Abs. 1 Satz 1** genannten Beschäftigten mehrerer Dienststellen von allgemeiner Bedeutung sind, ist der Gesamtpersonalrat zu beteiligen. [2]Bei Abordnungen und Versetzungen innerhalb des Dienstbezirks eines Staatlichen Schulamts bestimmt der Gesamtpersonalrat anstelle des Personalrats der **abgebenden** und des Personalrats der aufnehmenden Dienststelle mit. [3]Nicht der Mitbestimmung unterliegen Abordnungen innerhalb eines Landkreises oder einer kreisfreien Stadt sowie zwischen Dienststellen eines Landkreises und einer kreisfreien Stadt, für die dasselbe staatliche Schulamt zuständig ist, 1. bis zur Dauer eines Schuljahres, 2. mit weniger als der Hälfte der Pflichtstunden bis zur Dauer von zwei Schuljahren.
§ 91 (5) [1]Bei Maßnahmen, die für die in Abs. 1 genannten Beschäftigten der Dienstbezirke mehrerer Staatlicher Schulämter von allgemeiner Bedeutung sind, ist der bei der für die Entscheidung zuständigen Dienststelle gebildete Gesamtpersonalrat zu beteiligen. [2]Er unterrichtet die Gesamtpersonalräte bei den beteiligten Staatlichen Schulämtern und gibt ihnen Gelegenheit zur Äußerung.	**§ 92 Gesamtpersonalräte Schule** (3) [1]Bei Maßnahmen, die für die in **§ 91 Abs. 1 Satz 1** genannten Beschäftigten der Dienstbezirke mehrerer Staatlicher Schulämter von allgemeiner Bedeutung sind, ist der bei der für die Entscheidung zuständigen Dienststelle gebildete Gesamtpersonalrat zu beteiligen. [2]Er unterrichtet die Gesamtpersonalräte bei den beteiligten Staatlichen Schulämtern und gibt ihnen Gelegenheit zur Äußerung.
§ 91 (6) [1]Bei schulorganisatorischen Maßnahmen nach § 146 des Schulgesetzes gilt § 81 Abs. 2 mit der Maßgabe, daß das Staatliche Schulamt das Mitwirkungsverfahren durchführt. [2]Sind mehrere Dienststellen betroffen, so wird das	**§ 95 Sonderregelungen für die Personalvertretungen im Schulbereich** (6) [1]Bei schulorganisatorischen Maßnahmen nach § 146 des **Hessischen** Schulgesetzes **in der Fassung vom 1. August 2017 (GVBl. S. 150), zuletzt geändert durch Gesetz vom 7. Dezem-**

Erläuterungen für die Praxis

§ 92 enthält nach der Gesetzesbegründung die Regelungen zur Bildung von Gesamtpersonalräten im Schulbereich und entspricht dem bisherigen § 91 Abs. 3 bis 5 mit redaktionellen Anpassungen (LT-Drs. 20/9470, S. 66).

Inhaltliche Änderungen sind damit nicht verbunden.

Keine inhaltlichen Änderungen.

Keine inhaltlichen Änderungen.

§ 95 Abs. 6 entspricht inhaltlich dem bisherigen § 91 Abs. 6, der besser in den Regelungszusammenhang des § 95 passt. Die Vorschrift wird an die neue Paragrafenfolge des Gesetzes angepasst (LT-Drs. 20/9470, S. 66).

HPVG alte Fassung	HPVG neue Fassung (ab 6.4.2023)
Verfahren nach § 83 Abs. 2 vom Kultusministerium durchgeführt.	ber 2022 (GVBl. S. 734), gilt § 78 Abs. 2 Satz 1 Nr. 10 mit der Maßgabe, dass das Staatliche Schulamt das Mitwirkungsverfahren durchführt. ²Sind mehrere Dienststellen betroffen, so wird das Verfahren nach § 63 Abs. 3 vom Kultusministerium durchgeführt.
§ 91 (7) Auf die Erstellung von Stundenplänen findet § 74 Abs. 1 Nr. 9 keine Anwendung.	**§ 95 Sonderregelungen für die Personalvertretungen im Schulbereich** (5) Auf die Erstellung von Stundenplänen findet **§ 78 Abs. 1 Satz 1 Nr. 1** keine Anwendung.
§ 92 (1) ¹Als Stufenvertretung (§ 50) wird der Hauptpersonalrat der Lehrer beim Kultusminister gebildet. ²§ 12 Abs. 3 gilt entsprechend. (2) ¹Die den Privatschulen vom Land zur Verfügung gestellten oder an sie beurlaubten Lehrkräfte sind für die bei den Staatlichen Schulämtern gebildeten Gesamtpersonalräte und den beim Kultusminister gebildeten Hauptpersonalrat der Lehrer wahlberechtigt und wählbar. ²§ 91 Abs. 1 Satz 2 und 3 gilt entsprechend.	**§ 93 Hauptpersonalrat Schule** (1) ¹Als **eigene** Stufenvertretung wird der Hauptpersonalrat **Schule** beim **Hessischen Kultusministerium** gebildet. ²§ 12 Abs. 1 gilt entsprechend. (2) ¹Die den **Schulen in freier Trägerschaft** vom Land zur Verfügung gestellten oder an sie beurlaubten Lehrkräfte sind für die bei den jeweiligen Staatlichen Schulämtern gebildeten Gesamtpersonalräte und den Hauptpersonalrat Schule wahlberechtigt und wählbar. ²§ 91 Abs. 1 Satz 2 und 3 gilt entsprechend.
§ 93 (1) ¹Die Sitzungen der Personalvertretungen und die Personalversammlungen der Lehrer finden außerhalb der Unterrichtszeit statt, soweit nicht zwingende dienstliche Gründe eine andere Regelung erfordern. ²Dies gilt nicht für die Sitzungen der Gesamtpersonalräte und des Hauptpersonalrats.	**§ 95 Sonderregelungen für die Personalvertretungen im Schulbereich** (1) ¹Die Sitzungen der Personalvertretungen und die Personalversammlungen **im Schulbereich** finden außerhalb der Unterrichtszeit statt, soweit nicht zwingende dienstliche Gründe eine andere Regelung erfordern. ²Dies gilt nicht für die Sitzungen der Gesamtpersonalräte und des Hauptpersonalrats.
§ 93 (2) In den Fällen des § 40 Abs. 2 Satz 2 und Abs. 3 Satz 1 und 2 ermäßigt der zuständige Fachminister die Pflichtstundenzahl in angemessener Weise durch Rechtsverordnung.	**§ 95 Sonderregelungen für die Personalvertretungen im Schulbereich** (2) ¹In den Fällen des **§ 37 Abs. 2 Satz 2 und § 38 Abs. 1** Satz 1 und 2 ermäßigt **die Hessische Kultusministerin oder der Hessische Kultusminister** die Pflichtstundenzahl in angemessener Weise durch Rechtsverordnung.

Erläuterungen für die Praxis

§ 95 Abs. 5 entspricht inhaltlich der Regelung des bisherigen § 91 Abs. 7, die besser in den Regelungszusammenhang des § 95 passt. Die Norm wird an die neue Paragrafenfolge des Gesetzes angepasst (LT-Drs. 20/9470, S. 66).

§ 93 entspricht nach der Gesetzesbegründung inhaltlich dem bisherigen § 92. Berücksichtigt wird die neue Bezeichnung des Hauptpersonalrats im Schulbereich, die das gesamte pädagogische Personal an Schulen einbezieht (LT-Drs. 20/9470, S. 66). Gemeint sind alle Beschäftigten nach § 91 Abs. 1 Satz 1.

Inhaltliche Änderungen sind damit nicht verbunden.

Mit der Bezeichnung der Schulen in freier Trägerschaft in Abs. 2 ist gegenüber der bisherigen Bezeichnung der Privatschulen keine inhaltliche Änderung verbunden. Vielmehr wird dadurch nun lediglich die offizielle Bezeichnung für Privatschulen in Abs. 2 benannt.

In § 95 werden nach der Gesetzesbegründung alle Regelungen zusammengeführt, die die Personalratsarbeit und Beteiligung der Personalvertretung im Schulbereich betreffen (LT-Drs. 20/9470, S. 66).

§ 95 Abs. 1 entspricht inhaltlich dem bisherigen § 93 Abs. 1 in redaktionell überarbeiteter Form (LT-Drs. 20/9470, S. 66).

§ 95 Abs. 2 entspricht inhaltlich dem bisherigen § 93 Abs. 2 in redaktionell überarbeiteter Form (LT-Drs. 20/9470, S. 66).

HPVG alte Fassung	HPVG neue Fassung (ab 6. 4. 2023)
§ 93 (3) ¹Die Sitzungen und Sprechstunden werden, soweit staatseigene Räume nicht zur Verfügung gestellt werden können, in den Räumen einer Schule durchgeführt. ²Jeder Schulträger ist verpflichtet, die erforderlichen Räume, Einrichtungsgegenstände und den Geschäftsbedarf zur Verfügung zu stellen. ³Notwendige Kosten für Heizung, Beleuchtung und Reinigung sowie für die Zurverfügungstellung des Geschäftsbedarfs werden nicht erstattet	§ 95 Sonderregelungen für die Personalvertretungen im Schulbereich (4) ¹Die Sitzungen und Sprechstunden werden, soweit landeseigene Räume nicht zur Verfügung gestellt werden können, in den Räumen einer Schule durchgeführt. ²Jeder Schulträger ist verpflichtet, die erforderlichen Räume, Einrichtungsgegenstände und den Geschäftsbedarf zur Verfügung zu stellen. ³Notwendige Kosten für Heizung, Beleuchtung und Reinigung sowie für die Zurverfügungstellung des Geschäftsbedarfs werden nicht erstattet.
§ 93 (4) Die durch die Tätigkeit des Personalrats entstehenden Kosten einschließlich der Kosten für Rechtsstreitigkeiten der Schulpersonalräte in Personalvertretungsangelegenheiten trägt das Land.	§ 95 Sonderregelungen für die Personalvertretungen im Schulbereich (3) Die durch die Tätigkeit des Personalrats entstehenden Kosten einschließlich der Kosten für Rechtsstreitigkeiten der Schulpersonalräte in Personalvertretungsangelegenheiten mit Ausnahme der in Abs. 4 genannten trägt das Land.
§ 94 Bei der Beteiligung des Personalrats einer allgemein bildenden oder beruflichen Schule oder einer Schule für Erwachsene steht das Selbsteintrittsrecht nach § 83 Abs. 1 Satz 2 neben dem Leiter der zur Entscheidung befugten Dienststelle auch dem Leiter des Staatlichen Schulamts zu.	§ 91 Personalräte im Schulbereich (3) Bei der Beteiligung des Personalrats einer allgemein bildenden oder beruflichen Schule oder einer Schule für Erwachsene steht das Selbsteintrittsrecht nach § 63 Abs. 2 Satz 2 neben der Leitung der zur Entscheidung befugten Dienststelle auch der Leitung des Staatlichen Schulamts zu.
§ 95 *Nicht besetzt.*	
§ 96 Das durch die Schulordnungen, Konferenzordnungen oder Dienstanweisungen den Lehrerkollegien eingeräumte Recht auf Mitwirkung bei der Gestaltung innerschulischer Angelegenheiten bleibt unberührt.	§ 96 Innerschulische Angelegenheiten Das den Konferenzen der Lehrkräfte oder der Schulkonferenz durch das Hessische Schulgesetz sowie durch die zu seiner Ausführung ergangenen Rechts- und Verwaltungsvorschriften eingeräumte Recht auf Mitwirkung bei der Gestaltung innerschulischer Angelegenheiten bleibt unberührt.

Erläuterungen für die Praxis

§ 95 Abs. 4 entspricht inhaltlich dem bisherigen § 93 Abs. 3 (LT-Drs. 20/9470, S. 66).

§ 95 Abs. 3 entspricht inhaltlich dem bisherigen § 93 Abs. 4 (LT-Drs. 20/9470, S. 66).

Die Kosten für das Zurverfügungstellen von Räumen, Einrichtungsgegenständen und den Geschäftsbedarf trägt nicht das Land, sondern – wie schon bisher und jetzt ausdrücklich geregelt – der Schulträger.

§ 91 Abs. 3 übernimmt die Regelungen des bisherigen § 94 zu den besonderen Personalräten an Schulen unter Anpassung der Verweisungen an die geänderte Paragrafenfolge (LT-Drs. 20/9470, S. 66).

Inhaltliche Änderungen sind damit nicht verbunden.

Lücke ist durch die Neunummerierung geschlossen.

§ 96 übernimmt nach der Gesetzesbegründung den bisherigen § 96 mit redaktionellen Anpassungen. (LT-Drs. 20/9470, S. 66).

Inhaltliche Änderungen sind damit nicht verbunden.

HPVG alte Fassung	HPVG neue Fassung (ab 6. 4. 2023)
§ 97 (1) Dieses Gesetz findet keine Anwendung auf Professoren, Hochschuldozenten und Juniorprofessoren an einer Hochschule des Landes.	§ 97 Hochschulen des Landes (1) Dieses Gesetz findet keine Anwendung auf **Professorinnen und** Professoren, **Hochschuldozentinnen und** Hochschuldozenten sowie **Juniorprofessorinnen und** Juniorprofessoren an Hochschulen des Landes.
§ 97 (2) ¹Für die wissenschaftlichen Mitglieder einer Hochschule gilt § 3 Abs. 2 nicht. ²Sie bilden neben den in § 3 Abs. 2 genannten Gruppen eine weitere Gruppe.	§ 97 Hochschulen des Landes (2) Für die wissenschaftlichen Mitglieder einer Hochschule des Landes gilt § 4 Abs. 2 nicht. Sie bilden neben den in § 4 Abs. 2 genannten Gruppen eine weitere Gruppe.
§ 97 (3) Bei der Einstellung befristet oder auf Zeit zu beschäftigender wissenschaftlicher Mitglieder findet eine Mitbestimmung des Personalrats nach § 77 Abs. 1 Nr. 1a und Nr. 2a nicht statt.	§ 97 Hochschulen des Landes (4) Bei der Einstellung befristet oder auf Zeit zu beschäftigender wissenschaftlicher Mitglieder findet eine Mitbestimmung des Personalrats nach § 75 Abs. 1 Nr. 1 und Abs. 2 **Nr. 1 nur statt, wenn die Beschäftigten dies beantragen.**
§ 97 (4) ¹In Dienststellen mit mehr als zwei Gruppen besteht ein Personalrat, für den nach § 12 Abs. 3 drei Mitglieder vorgesehen sind, aus vier Mitgliedern, wenn eine Gruppe mindestens ebenso viele Beschäftigte zählt wie die beiden anderen Gruppen zusammen. ²Das vierte Mitglied steht der stärksten Gruppe zu. ³Für Angelegenheiten, die lediglich die Angehörigen zweier Gruppen betreffen, gilt § 35 Abs. 2 entsprechend.	§ 97 Hochschulen des Landes (3) ¹In Dienststellen mit mehr als zwei Gruppen besteht ein Personalrat, für den nach § 12 Abs. 1 drei Mitglieder vorgesehen sind, aus vier Mitgliedern, wenn eine Gruppe mindestens ebenso viele Beschäftigte zählt wie die beiden anderen Gruppen zusammen. ²Das vierte Mitglied steht der stärksten Gruppe zu. ³Für Angelegenheiten, die lediglich die Angehörigen zweier Gruppen betreffen, gilt **§ 30 Abs. 5 Satz 2 und 3** entsprechend.
Bisher nicht geregelt.	§ 97 Hochschulen des Landes (7) ¹An den Hochschulen des Landes wird ein Hilfskräfterat gewählt, der an Hochschulen mit bis zu 1000 studentischen Hilfskräften aus drei Mitgliedern, an Hochschulen mit über 1000 studentischen Hilfskräften aus sieben Mitgliedern besteht. ²Ein Mitglied des Hilfskräferats kann an den Sitzungen des Personalrats, zu denen es wie ein Personalratsmitglied zu laden ist, mit Rederecht, in allen Angelegenheiten, die die studentischen Hilfskräfte betreffen, mit Antrags- und Stimmrecht teilnehmen. ³Besteht der Hilfs-

Erläuterungen für die Praxis

§ 97 Abs. 1 entspricht dem bisherigen § 97 Abs. 1 in sprachlich überarbeiteter Form. Eine inhaltliche Änderung ist damit nicht verbunden.

§ 97 Abs. 2 entspricht dem bisherigen § 97 Abs. 2 mit redaktionellen Anpassungen. Inhaltliche Änderungen sind damit nicht verbunden.

§ 97 Abs. 4 fasst nach der Gesetzesbegründung der Landesregierung die Regelungen der bisherigen § 100 Abs. 1 und § 97 Abs. 3 zusammen, die in sachlichem Zusammenhang stehen (LT-Drs. 20/9470, S. 67). Sie werden an die neue Paragrafenfolge des Gesetzes angepasst

Im Hinblick auf die Ziele des Hochschulpakts und auf den Kodex für gute Arbeit wird § 97 Abs. 4 auf Empfehlung des Innenausschusses neu gefasst (LT-Drs. 20/10698, S. 10). Der Ausschluss der Mitbestimmung bei der Einstellung befristet oder auf Zeit zu beschäftigender wissenschaftlicher Mitglieder wird aufgegeben. Eine Mitbestimmung des Personalrats bei der Einstellung dieses Personenkreises findet nach der neuen Regelung allerdings nur statt, wenn die betroffenen Personen es beantragen.

§ 97 Abs. 3 übernimmt die Regelung des bisherigen § 97 Abs. 4 in redaktionell angepasster Form. Das hat keine inhaltlichen Änderungen zur Folge.

An der Regelung, dass studentische Hilfskräfte nicht als Beschäftigte im Sinne des HPVG gelten (§ 4 Abs. 5 Nr. 3) wird trotz der Kritik in der Anhörung im Innenausschuss am 2.2.2023 (vgl. Stenografischer Bericht zur öffentlichen Anhörung am 2.2.2023, S. 49 ff.) nach der Empfehlung des Innenausschusses festgehalten (LT-Drs. 20/10698, S. 10). Sie beruht zum einen auf der durch die Rechtsprechung bestätigten Annahme, dass bei diesen Beschäftigten die Eigenschaft als Studierende überwiegt und sie als solche durch die Hochschulgremien ausreichend vertreten werden (BVerwG vom 18.3.1981 – 6 P 17.79). Zum anderen könnten sie aufgrund der kurzen Beschäftigungszeit nicht für die gesamte Amtszeit des Personalrats von diesem repräsentativ vertreten werden. Um gleichwohl den veränderten Verhältnissen im Hochschulbereich (viele studentische Hilfskräfte arbeiten langfristig an den Hochschulen und sind insoweit in die Abläufe eingegliedert) und dem Schutzbedürfnis der studentischen Hilfskräfte auch im Hinblick auf ihre Beschäftigung Rechnung zu tragen, wird in Abs. 7 neu ein Hilfskräferat als eigenständige Interessenvertretung für diesen Personenkreis eingeführt. Dieser besteht aus drei bzw. sieben

HPVG alte Fassung	HPVG neue Fassung (ab 6.4.2023)
	kräfterat aus sieben Mitgliedern, gilt Satz 2 für zwei Mitglieder. [4]Wahlberechtigt sind alle Personen, die am Wahltag als studentische Hilfskraft an der Hochschule beschäftigt sind. [5]Wählbar sind alle Personen, die zum Zeitpunkt der Einreichung des Wahlvorschlags als studentische Hilfskraft an der Hochschule beschäftigt sind. [6]Nach Beendigung der Tätigkeit als studentische Hilfskraft bleibt die Mitgliedschaft im Hilfskräfterat für die restliche Amtszeit bestehen, solange das Mitglied Angehörige oder Angehöriger der Hochschule ist; für diese Mitglieder gilt Satz 2 und 3 nicht. [7]Das Nähere über die Wahl des Hilfskräferats regeln die Wahlordnungen der Hochschulen.

Erläuterungen für die Praxis

Mitgliedern – je nach Anzahl der beschäftigten studentischen Hilfskräfte – von denen ein bis zwei ein Teilnahme- und Rederecht im Personalrat haben. Bei Angelegenheiten, die die studentischen Hilfskräfte betreffen, haben diese Mitglieder zudem ein Antrags- und Stimmrecht. In Abs. 7 werden die Grundregelungen für diesen Hilfskräfterat getroffen. Das Nähere – wie zum Beispiel den Wahlzeitpunkt und die Dauer der Amtszeit – regeln die Hochschulen durch Wahlordnungen (LT-Drs. 20/10698, S. 10).

Auch wenn mit dem Hilfskräfterat nach Abs. 7 für studentische Hilfskräfte, die nicht als Beschäftigte im Sinne des § 4 Abs. 1 gelten, eine eigenständige Interessenvertretung im Sinne des HPVG geschaffen wurde, sind die dortigen Regelungen sehr rudimentär. Lediglich deren Größe, das Teilnahme-, Rede-, Antrags- und Stimmrecht an Personalratssitzungen, die Wahlberechtigung und die Wählbarkeit sind gesetzlich vorgegeben. Bereits die näheren Regelungen über die Wahl sind der Wahlordnung, die die jeweilige Hochschule zu erlassen hat, vorbehalten.

Aus dem Willen des Gesetzgebers, einen Hilfskräfterat für studentische Hilfskräfte zu etablieren, ergibt sich, dass die jeweilige Hochschule verpflichtet ist, zeitnah die Wahlordnung für die Wahl des Hilfskräfterats zu erlassen. Erst dann kann der Hilfskräfterat – wie es Abs. 7 vorsieht – gewählt werden.

Die Wahlordnung ist nicht als Verwaltungsordnung nach § 79 mitwirkungspflichtig. Diese betrifft keine innerdienstlichen sozialen und personellen Angelegenheiten der Beschäftigten. Die studentischen Hilfskräfte sind nach § 4 Abs. 5 Nr. 3 ausdrücklich keine Beschäftigten. In der Wahlordnung sind neben dem – in den Gesetzgebungsmaterialien beispielhaft genannten – Wahlzeitpunkt und der Dauer der Amtszeit insbesondere die Wahlgrundsätze, die Bestellung eines Wahlvorstandes, die Aufgaben des Wahlvorstandes und generell die Durchführung der Wahl (etwa Wahlausschreiben, Wahlvorschläge, Stimmabgabe, Stimmauszählung) zu regeln. Da es sich bei dem Hilfskräferat ebenfalls um eine Interessenvertretung nach dem HPVG handelt, bietet sich an, die für Personalratswahl im HPVG bzw. der Wahlordnung erlassenen Vorgaben im Hinblick auf die Wahl des Hilfskräferates modifiziert zu übernehmen.

Aufgabe des Hilfskräterates ist es, die besonderen Interessen der studentischen Hilfskräfte zu vertreten. Dafür sollen Mitglieder des Hilfskräferats an der Personalratssitzung teilnehmen, um dort deren Interessen einzubringen. Daraus ist zu schließen, dass der Hilfskräferat nicht selbst gegenüber der Dienststelle handelt, sondern über den Personalrat. Dieser hat sich für die Anliegen der studentischen Hilfskräfte einzusetzen.

Völlig unklar ist, welche Rechte und Pflichten die Mitglieder des Hilfskräferates haben, oder wie sich deren Willensbildung gestaltet. Hierzu hat der Gesetzgeber keine Regelungen vorgesehen. Den Gesetzgebungsmaterialien ist allerdings nicht zu entnehmen, dass der Gesetzgeber auf solche Regelungen bewusst verzichtet hat. Es liegt nach der Auffassung der Autoren vielmehr eine planwidrige Regelungslücke vor. Bei dem Hilfskräferat handelt es sich um eine Sonderinteressenvertretung. Diese ist vergleichbar mit einer Jugend- und Auszubildendenvertretung. Deshalb sind die Regelungen zu den Rechten und Pflichten von JAV-Mitgliedern, zu deren Meinungsbildung und zu deren Geschäftsführung entsprechend anzuwenden. Das gilt beispielsweise für

- das Behinderungs-, Benachteiligungs- und Begünstigungsverbot
- die Schweigepflicht

HPVG alte Fassung	HPVG neue Fassung (ab 6. 4. 2023)
§ 98 (1) ¹Die in einem Universitätsklinikum in der Rechtsform einer Anstalt des öffentlichen Rechts tätigen Bediensteten der Universität und diejenigen Bediensteten der Universität, deren Personalangelegenheiten dem Universitätsklinikum übertragen sind, gelten im Sinne dieses Gesetzes als Beschäftigte des Universitätsklinikums. ²Für ein Universitätsklinikum in privater Rechtsform gelten die Abs. 2 bis 5.	§ 98 Universitätskliniken (1) ¹Die in einem Universitätsklinikum in der Rechtsform einer Anstalt des öffentlichen Rechts tätigen Bediensteten der Universität und diejenigen Bediensteten der Universität, deren Personalangelegenheiten dem Universitätsklinikum übertragen sind, gelten im Sinne dieses Gesetzes als Beschäftigte des Universitätsklinikums. ²Für ein Universitätsklinikum in privater Rechtsform gelten die Abs. 2 bis 5.
§ 98 (2) Bei einem Universitätsklinikum in privater Rechtsform ist der Betriebsrat für das dort tätige wissenschaftliche Personal im Angestelltenverhältnis entsprechend den betriebsverfassungsrechtlichen Vorschriften zuständig.	§ 98 Universitätskliniken (2) Bei einem Universitätsklinikum in privater Rechtsform ist der Betriebsrat für das dort tätige wissenschaftliche Personal im **Arbeitnehmer**verhältnis entsprechend den betriebsverfassungsrechtlichen Vorschriften zuständig.
§ 98 (3) ¹Soweit die Zuständigkeit des Betriebsrates nach den betriebsverfassungsrechtlichen Vorschriften nicht gegeben ist, ist für das von der Universität dem Universitätsklinikum in privater Rechtsform gestellte oder zugewiesene wissenschaftliche und nicht wissenschaftliche Personal im Landesdienst eine eigenständige Personalvertretung bei der Universität zu wählen. ²Der Betriebsrat kann an den Sitzungen der Personalvertretung teilnehmen.	§ 98 Universitätskliniken (3) ¹Soweit die Zuständigkeit des Betriebsrates nach den betriebsverfassungsrechtlichen Vorschriften nicht gegeben ist, ist für das von der Universität dem Universitätsklinikum in privater Rechtsform gestellte oder zugewiesene wissenschaftliche und nicht wissenschaftliche Personal im Landesdienst eine eigenständige Personalvertretung bei der Universität zu wählen. ²Der Betriebsrat kann an den Sitzungen der Personalvertretung teilnehmen.
§ 98 (4) ¹Die Universität ist zugleich oberste Dienstbehörde im Sinne dieses Gesetzes; sie kann das Universitätsklinikum in privater Rechtsform mit der Wahrnehmung ihrer Befugnisse nach § 8 beauftragen. ²Dies gilt nicht für Maßnahmen nach § 25a Abs. 5 Satz 6 des Gesetzes für die hessischen Universitätskliniken.	§ 98 Universitätskliniken (4) ¹Die Universität ist zugleich oberste Dienstbehörde im Sinne dieses Gesetzes; sie kann das Universitätsklinikum in privater Rechtsform mit der Wahrnehmung ihrer Befugnisse nach § 6 beauftragen. ²Dies gilt nicht für Maßnahmen nach § 25a Abs. 5 Satz 6 des Gesetzes für die hessischen Universitätskliniken **vom 26. Juni 2000 (GVBl. I S. 344), zuletzt geändert durch Gesetz vom 14. Dezember 2021 (GVBl. S. 931).**

Erläuterungen für die Praxis

- die Dienstbefreiung ohne Minderung des Arbeitsentgelts zum Wahrnehmen erforderlicher Aufgaben des Gremiums
- das Abhalten von Sitzungen und die Beschlussfassung
- die Kostenübernahme durch die Dienststelle

Die oder der Personalratsvorsitzende hat die Mitglieder des Hilfskräfterats zu den Personalratssitzungen rechtzeitig und unter Mitteilung der Tagesordnung zu laden (Abs. 7 i.V.m. § 28 Abs. 2 Satz 3).

§ 98 entspricht nach der Gesetzesbegründung weitgehend dem bisherigen § 98 Abs. 1 bis 5 mit redaktionellen Anpassungen (LT-Drs. 20/9470, S. 67).

Inhaltliche Änderungen sind damit nicht verbunden.

Keine inhaltlichen Änderungen.

Unverändert.

Keine inhaltlichen Änderungen.

HPVG alte Fassung	HPVG neue Fassung (ab 6. 4. 2023)
§ 98 (5) ¹In Angelegenheiten, die der Mitbestimmung der Personalvertretung unterliegen, gilt § 71 mit der Maßgabe, dass die oder der Vorsitzende der Einigungsstelle bei Nichteinigung beider Seiten von der oder dem Vorsitzenden der Landespersonalkommission bestellt wird und sie oder er sich bei der Beschlussfassung zunächst der Stimme zu enthalten hat. ²Kommt eine Stimmenmehrheit nicht zu Stande, so nimmt die oder der Vorsitzende nach weiterer Beratung an der erneuten Beschlussfassung teil.	§ 98 Universitätskliniken (5) ¹In Angelegenheiten, die der Mitbestimmung der Personalvertretung unterliegen, gilt § **69** mit der Maßgabe, dass die oder der Vorsitzende der Einigungsstelle bei Nichteinigung beider Seiten von der oder dem Vorsitzenden der Landespersonalkommission bestellt wird und sie oder er sich bei der Beschlussfassung zunächst der Stimme zu enthalten hat. ²Kommt eine Stimmenmehrheit nicht zustande, so nimmt die oder der Vorsitzende **der Einigungsstelle** nach weiterer Beratung an der erneuten Beschlussfassung teil.
§ 98 (6) Bei der Umwandlung eines Universitätsklinikums von einer Anstalt des öffentlichen Rechts in eine Kapitalgesellschaft nach Maßgabe des § 5 des Gesetzes über die Errichtung des Universitätsklinikums Gießen und Marburg vom 16. Juni 2005 (GVBl. I S. 432) üben die zum Stichtag des Formwechsels amtierenden Mitglieder der Personalräte in Marburg und Gießen bis zur Konstituierung von Betriebsräten, längstens jedoch für die Dauer von sechs Monaten ab dem Formwechsel, die Rechte und Pflichten eines Betriebsrats nach dem Betriebsverfassungsgesetz in der Fassung vom 25. September 2001 (BGBl. I S. 2518), zuletzt geändert durch Gesetz vom 18. Mai 2004 (BGBl. I S. 974), im Sinne eines Übergangsmandates aus. Die Geschäfte des Gesamtbetriebsrates werden im Wege eines Übergangsmandates bis zur Dauer von sechs Monaten von den Mitgliedern der Personalräte wahrgenommen. Vorstehendes gilt entsprechend für die Jugend- und Ausbildungsvertretung, die Schwerbehindertenvertretung und weitere Interessenvertretungen der Mitarbeiter. Bei der Anstalt des öffentlichen Rechts Universitätsklinikum Gießen und Marburg anwendbare Dienstvereinbarungen und Regelungsabreden, einschließlich etwaiger Gesamtdienstvereinbarungen, gelten nach dem Formwechsel als Betriebsvereinbarungen im Sinne des § 77 Abs. 2 des Betriebsverfassungsgesetzes und als Regelungsabreden fort, bis sie	Entfällt.

Erläuterungen für die Praxis
Keine inhaltlichen Änderungen.

Der bisherige § 98 Abs. 6 hat sich durch Zeitablauf erledigt und entfällt im Wege der Rechtsbereinigung (LT-Drs. 20/9470, S. 67).

HPVG alte Fassung	HPVG neue Fassung (ab 6. 4. 2023)
durch die Betriebsparteien anerkannt, geändert oder aufgehoben werden.	
§ 99 Die Technischen Betriebseinheiten der Hochschulen des Landes gelten nicht als Betriebe im Sinne dieses Gesetzes.	**§ 97 Hochschulen des Landes** (6) Die Technischen Betriebseinheiten der Hochschulen des Landes gelten nicht als Betriebe im Sinne dieses Gesetzes.
§ 100 (1) § 69 Abs. 3 gilt nicht für die Einstellung der wissenschaftlichen Mitglieder der Hochschulen.	**§ 97 Hochschulen des Landes** (4) [1] Bei der Einstellung befristet oder auf Zeit zu beschäftigender wissenschaftlicher Mitglieder findet eine Mitbestimmung des Personalrats nach **§ 75 Abs. 1 Nr. 1 und Abs. 2 Nr. 1 nur statt, wenn die Beschäftigten dies beantragen.**
§ 100 (2) § 74 Abs. 1 Nr. 9 gilt mit der Maßgabe, daß für die Durchführung der Lehrveranstaltungen allein die Fachbereiche zuständig sind.	**§ 97 Hochschulen des Landes** (5) **§ 78 Abs. 1 Satz 1 Nr. 1** gilt an den Hochschulen des Landes mit der Maßgabe, **dass** für die Durchführung der Lehrveranstaltungen allein die Fachbereiche zuständig sind.
§ 101 [1]Für die Professoren am Deutschen Institut für Internationale Pädagogische Forschung und an der Staatlichen Hochschule für Bildende Künste – Städelschule – in Frankfurt am Main entfällt die Mitbestimmung und Mitwirkung des Personalrats in Personalangelegenheiten. [2]Auf Antrag des betroffenen Beschäftigten hat der Personalrat in dessen Angelegenheiten mitzuwirken.	**§ 99 DIPF / Leibniz-Institut für Bildungsforschung und Bildungsinformation** [1]Für die **Professorinnen und** Professoren am DIPF / Leibniz-Institut für Bildungsforschung und Bildungsinformation entfällt die Mitbestimmung und Mitwirkung des Personalrats in Personalangelegenheiten. [2]Auf Antrag der oder des betroffenen Beschäftigten hat der Personalrat mitzuwirken.
§ 101a (1) Die Hessische Hochschule für öffentliches Management und Sicherheit ist eine Dienststelle im Sinne dieses Gesetzes.	**§ 100 Hessische Hochschule für öffentliches Management und Sicherheit** (1) Die Hessische Hochschule für öffentliches Management und Sicherheit ist eine Dienststelle im Sinne dieses Gesetzes.

Erläuterungen für die Praxis
§ 97 Abs. 6 übernimmt die Regelung des bisherigen § 99. Das hat keine inhaltlichen Änderungen zur Folge.
§ 97 Abs. 4 fasst nach der Gesetzesbegründung die Regelungen der bisherigen § 100 Abs. 1 und § 97 Abs. 3 zusammen, die in sachlichem Zusammenhang stehen (LT-Drs. 20/9470, S. 67). Sie werden an die neue Paragrafenfolge des Gesetzes angepasst Im Hinblick auf die Ziele des Hochschulpakts und auf den Kodex für gute Arbeit wird § 97 Abs. 4 demgegenüber auf Empfehlung des Innenausschusses neu gefasst (LT-Drs.20/10698, S. 10). Am bisherigen Ausschluss des Mitbestimmungsrechts hinsichtlich der Einstellung wissenschaftlicher Mitglieder der Hochschulen wird nicht mehr festgehalten. § 97 Abs. 5 entspricht inhaltlich dem bisherigen § 100 Abs. 2 in leicht angepasster Form. Damit sind keine inhaltlichen Änderungen verbunden.
§ 99 entspricht nach der Gesetzesbegründung hinsichtlich des DIPF/Leibniz-Institut für Bildungsforschung und Bildungsinformation (vor 2019 Deutsches Institut für Internationale Pädagogische Forschung) inhaltlich dem bisherigen § 101 (LT-Drs. 20/9470, S. 67). Für die Staatliche Hochschule für Bildende Künste – Städelschule – in Frankfurt am Main ist keine Sonderregelung mehr erforderlich, da sie seit 2019 eine Hochschule des Landes ist, für die § 97 Abs. 1 gilt (LT-Drs. 20/9470, S. 67).
§ 100 entspricht nach der Gesetzesbegründung dem bisherigen § 101a mit redaktioneller Anpassung (LT-Drs. 20/9470, S. 67). Inhaltliche Änderung sind damit nicht verbunden.

HPVG alte Fassung	HPVG neue Fassung (ab 6.4.2023)
§ 101a (2) Die Beschäftigten der Hessischen Hochschule für öffentliches Management und Sicherheit, ausgenommen diejenigen, die auf vom Landespolizeipräsidium zugewiesenen Stellenkontingenten geführt werden, wählen den Hauptpersonalrat nach § 50 Abs. 2 Satz 1.	§ 100 Hessische Hochschule für öffentliches Management und Sicherheit (2) Die Beschäftigten der Hessischen Hochschule für öffentliches Management und Sicherheit, ausgenommen diejenigen, die auf vom Landespolizeipräsidium zugewiesenen Stellenkontingenten geführt werden, wählen den Hauptpersonalrat nach **§ 48 Abs. 1 Satz 1.**
§ 101a (3) Stammbehörde der an der Hessischen Hochschule für öffentliches Management und Sicherheit studierenden Beschäftigten ist die Einstellungsbehörde.	§ 100 Hessische Hochschule für öffentliches Management und Sicherheit (3) Stammbehörde der an der Hessischen Hochschule für öffentliches Management und Sicherheit studierenden Beschäftigten ist die Einstellungsbehörde.
§ 102 (1) Dieses Gesetz findet keine Anwendung auf die Einstellung von hauptamtlichen Lehrkräften an der Hessischen Hochschule für Finanzen und Rechtspflege in Rotenburg a. d. Fulda.	§ 101 Studienzentrum der Finanzverwaltung und Justiz Rotenburg a. d. Fulda (1) Dieses Gesetz findet keine Anwendung auf die Einstellung von hauptamtlichen Lehrkräften an der Hessischen Hochschule für Finanzen und Rechtspflege in Rotenburg a. d. Fulda.
§ 102 (2) Die Hessische Hochschule für Finanzen und Rechtspflege in Rotenburg a. d. Fulda ist eine Dienststelle im Sinne dieses Gesetzes.	§ 101 Studienzentrum der Finanzverwaltung und Justiz Rotenburg a. d. Fulda (2) Dienststellen im Sinne dieses Gesetzes sind **1. der Fachbereich Steuer der Hessischen Hochschule für Finanzen und Rechtspflege in Rotenburg a. d. Fulda zusammen mit der Landesfinanzschule Hessen sowie der Zentralverwaltung des Studienzentrums der Finanzverwaltung und Justiz Rotenburg a. d. Fulda und** **2. der Fachbereich Rechtspflege der Hessischen Hochschule für Finanzen und Rechtspflege in Rotenburg a. d. Fulda zusammen mit der Ausbildungsstätte für den mittleren Justizdienst.**
§ 102 (3) ¹Stammbehörde der an der Hessischen Hochschule für Finanzen und Rechtspflege in Rotenburg a. d. Fulda studierenden Beschäftigten ist die Einstellungsbehörde. ²Die oberste Dienstbehörde kann Abweichendes bestimmen.	§ 101 Studienzentrum der Finanzverwaltung und Justiz Rotenburg a. d. Fulda (3) ¹Stammbehörde der an der Hessischen Hochschule für Finanzen und Rechtspflege in Rotenburg a. d. Fulda studierenden Beschäftigten ist die Einstellungsbehörde. ²Die oberste Dienstbehörde kann Abweichendes bestimmen.

Erläuterungen für die Praxis

Keine inhaltlichen Änderungen.

Unverändert.

Die Änderungen gegenüber dem bisherigen § 102 dienen nach der Gesetzesbegründung dem Ziel, sicherzustellen, dass die Interessen aller im Studienzentrum der Finanzverwaltung und Justiz Rotenburg a. d. Fulda tätigen Beschäftigten angemessen vertreten werden (LT-Drs. 20/9470, S. 67).

§ 101 Abs. 1 entspricht inhaltlich dem bisherigen § 102 Abs. 1.

§ 101 Abs. 2 wird nach der Gesetzesbegründung neu gefasst, um die jeweilige Personalbewirtschaftung durch das Finanzressort einerseits und das Justizressort andererseits bei den zu wählenden Personalvertretungen entsprechend abzubilden. Um zugleich die Anzahl der Personalvertretungen innerhalb des Studienzentrums auf ein Maß zu reduzieren, das in gleicher Weise den Interessen der Beschäftigten Rechnung trägt wie denen der Leitung des Studienzentrums an einer unkomplizierten Beteiligung des jeweils zuständigen Personalrats, sollen der Fachbereich Steuer der Hessischen Hochschule für Finanzen und Rechtspflege in Rotenburg a. d. Fulda zusammen mit der Landesfinanzschule Hessen sowie der Zentralverwaltung einerseits und dem Fachbereich Rechtspflege der Hessischen Hochschule für Finanzen und Rechtspflege in Rotenburg a. d. Fulda zusammen mit der Ausbildungsstätte für den mittlere Justizdienst andererseits, jeweils Dienststellen im Sinne des HPVG sein. Für diese Dienststellen sind dann nach den allgemeinen Bestimmungen des HPVG insgesamt zwei Personalräte zu wählen. Einer der gewählten Personalräte vertritt die Interessen der am Fachbereich Steuer und an der Landesfinanzschule Hessen tätigen hauptamtlichen Lehrkräfte aus dem Finanzressort sowie die Interessen der Beschäftigten der Zentralverwaltung, das andere Gremium die Interessen der am Fachbereich Rechtspflege und an der Ausbildungsstätte für den mittleren Justizdienst tätigen hauptamtlichen Lehrkräfte aus dem Justizressort (LT-Drs. 20/9470, S. 67).

§ 101 Abs. 3 entspricht inhaltlich dem bisherigen § 102 Abs. 3.

HPVG alte Fassung	HPVG neue Fassung (ab 6. 4. 2023)
	§ 101 Studienzentrum der Finanzverwaltung und Justiz Rotenburg a. d. Fulda (4) [1]Übergeordnete Dienststelle im Sinne von § 68 und § 72 Abs. 5 ist im Falle von Abs. 2 Nr. 1 das Hessische Ministerium der Finanzen und im Falle von Abs. 2 Nr. 2 das Oberlandesgericht Frankfurt am Main. [2]Die hauptamtlichen Lehrkräfte des Fachbereichs Rechtspflege der Hessischen Hochschule für Finanzen und Rechtspflege in Rotenburg a. d. Fulda und der Ausbildungsstätte für den mittleren Justizdienst sind, abweichend von § 48 Abs. 2 Satz 1, für die bei dem Oberlandesgericht Frankfurt am Main und bei dem Hessischen Ministerium der Justiz gebildeten Stufenvertretungen wählbar und wahlberechtigt.
	§ 101 Studienzentrum der Finanzverwaltung und Justiz Rotenburg a. d. Fulda (5) [1]Für die Wahl eines Gesamtpersonalrats im Studienzentrum der Finanzverwaltung und Justiz Rotenburg a. d. Fulda gilt § 50 Abs. 1 Satz 1 entsprechend. [2]Wird ein Stufenverfahren nach § 68 Abs. 1 oder § 72 Abs. 5 eingeleitet, weil zwischen der Direktorin oder dem Direktor des Studienzentrums der Finanzverwaltung und Justiz Rotenburg a. d. Fulda und dem Gesamtpersonalrat eine Einigung nicht zustande gekommen ist, gilt § 63 Abs. 4 entsprechend und ist das Hessische Ministerium der Finanzen die zuständige oberste Landesbehörde.
§ 103 [1]Öffentliche Theater und selbständige Orchester sind Dienststellen im Sinne dieses Gesetzes. [2]Sie gelten nicht als Betriebe im Sinne dieses Gesetzes.	§ 102 Dienststellen [1]Öffentliche Theater und selbstständige Orchester sind Dienststellen im Sinne dieses Gesetzes. [2]Sie gelten nicht als Betriebe im Sinne dieses Gesetzes.

Erläuterungen für die Praxis

§ 101 Abs. 4 Satz 1 sieht nach der Gesetzesbegründung vor, dass übergeordnete Dienststelle für die hauptamtlichen Lehrkräfte aus dem Finanzressort ebenso wie für die Beschäftigten der Zentralverwaltung das Hessische Ministerium der Finanzen ist und für die hauptamtlichen Lehrkräfte aus dem Justizressort das Oberlandesgericht Frankfurt am Main (LT-Drs. 20/9470, S. 67). Damit soll eine angemessene Personalvertretung nicht nur auf örtlicher Ebene gewährleistet werden, sondern auch, wenn ein Stufenverfahren im Sinne von § 68 HPVG oder § 72 Abs. 5 HPVG erforderlich wird. Soweit bei diesem keine Einigung zustande kommt und die Angelegenheit gemäß § 68 Abs. 2 HPVG oder § 72 Abs. 5 Satz 3 der obersten Dienstbehörde bzw. deren Leiterin oder Leiter vorgelegt wird, handelt es sich dabei um das Hessische Ministerium der Justiz, ohne dass es hierfür einer besonderen Regelung bedarf.

§ 101 Abs. 4 Satz 2 stellt nach der Gesetzesbegründung klar, dass die am Fachbereich Rechtspflege sowie an der Ausbildungsstätte für den mittleren Justizdienst tätigen hauptamtlichen Lehrkräfte diejenigen Stufenvertretungen, die ihre Interessen wahrnehmen, wählen können und auch für diese wählbar sind (LT-Drs. 20/9470, S. 67). Nach § 48 Abs. 2 HPVG werden die Mitglieder des Bezirkspersonalrats nämlich grundsätzlich von den zum Geschäftsbereich der Behörde der Mittelstufe, die Mitglieder des Hauptpersonalrats von den zum Geschäftsbereich der obersten Dienstbehörde gehörenden Beschäftigten gewählt. Die Hessische Hochschule für Finanzen und Rechtspflege in Rotenburg a. d. Fulda unterliegt aber der Aufsicht durch den Hessischen Minister der Finanzen, wenn auch im Einvernehmen mit dem Hessischen Minister der Justiz. Das Studienzentrum der Finanzverwaltung und Justiz in Rotenburg a. d. Fulda gehört ebenfalls zum Geschäftsbereich des Hessischen Ministeriums der Finanzen (LT-Drs. 20/9470, S. 67 f.).

Um eine Interessenvertretung auch bei Angelegenheiten zu gewährleisten, die nicht nur die Beschäftigten aus dem Finanz- oder Justizressort betreffen, sondern gleichermaßen alle im Studienzentrum Tätigen, bedarf es nach der Gesetzesbegründung über die örtlichen Personalräte hinaus einer gemeinsamen und von allen gemeinsam gewählten Personalvertretungen (LT-Drs. 20/9470, S. 68). Insoweit ist die Situation innerhalb des Studienzentrums mit der in § 5 Abs. 3 Satz 2 HPVG geregelten Situation vergleichbar, bei der Teile einer Dienststelle durch Einzelfallentscheidung zu eigenständigen Dienststellen bestimmt werden. In diesem Fall wird nach § 50 Abs. 1 Satz 1 HPVG ein Gesamtpersonalrat errichtet, was auch für das Studienzentrum gelten soll. Dem trägt nach der Gesetzesbegründung § 101 Abs. 5 Satz 1 Rechnung (LT-Drs. 20/9470, S. 68).

Auch wenn für das Stufenverfahren betreffende Angelegenheiten, für die der Gesamtpersonalrat zuständig ist, das Hessische Ministerium der Finanzen übergeordnete Dienststelle im Sinne von § 68 Abs. 1 HPVG sowie § 72 Abs. 5 und der bei diesem gebildete Hauptpersonalrat zuständige Stufenvertretung ist, ist nach Satz 2 im Interesse der Beschäftigten aus dem Justizressort der Hauptpersonalrat bei dem Hessischen Ministerium der Justiz zumindest in entsprechender Anwendung von § 63 Abs. 4 HPVG zu unterrichten und ihm Gelegenheit zur Stellungnahme zu geben (LT-Drs. 20/9470, S. 68).

Die Regelungen zu Theatern und Orchestern werden nach der Gesetzesbegründung in einem eigenen Abschnitt zusammengefasst (LT-Drs. 20/9470, S. 68).

§ 102 entspricht nach der Gesetzesbegründung dem bisherigen § 103 (LT-Drs. 20/9470, S. 68).

HPVG alte Fassung	HPVG neue Fassung (ab 6. 4. 2023)
§ 104 (1) ¹Für die an den öffentlichen Theatern und Orchestern künstlerisch Beschäftigten, insbesondere die Solisten, die Mitglieder des Singchors, der Tanzgruppe und des Orchesters gilt § 3 Abs. 2 nicht. ²Sie bilden zusammen eine Gruppe.	**§ 103 Sonderregelungen für künstlerisch Beschäftigte** (1) ¹Für die an den öffentlichen Theatern und Orchestern künstlerisch Beschäftigten, insbesondere die **Solistinnen und** Solisten, die Mitglieder des Singchors, der Tanzgruppe und des Orchesters gilt § 4 Abs. 2 nicht. ²Sie bilden zusammen eine Gruppe.
§ 104 (2) § 97 Abs. 4 gilt entsprechend.	**§ 103 Sonderregelungen für künstlerisch Beschäftigte** (2) § 97 **Abs. 3** gilt entsprechend.
§ 104 (3) ¹Für die in Abs. 1 genannten Beschäftigten entfällt die Mitbestimmung und Mitwirkung des Personalrats in Personalangelegenheiten. ²Auf Antrag des betroffenen Beschäftigten hat der Personalrat in dessen Angelegenheiten mitzuwirken.	**§ 103 Sonderregelungen für künstlerisch Beschäftigte** (3) ¹Für die in Abs. 1 genannten Beschäftigten entfällt die Mitbestimmung und Mitwirkung des Personalrats in Personalangelegenheiten. ²Auf Antrag **der oder** des betroffenen Beschäftigten hat der Personalrat mitzuwirken.
§ 105 (1) Soweit nach diesem Gesetz eine Stufenvertretung zuständig ist, tritt an ihre Stelle der Personalrat beim Landesamt für Verfassungsschutz, ist ein Gesamtpersonalrat gebildet, dieser.	**§ 87 Landesamt für Verfassungsschutz Hessen** (1) Für die Beschäftigten des Landesamts für Verfassungsschutz Hessen tritt an die Stelle einer nach diesem Gesetz zuständigen Stufenvertretung der Personalrat beim Landesamt für Verfassungsschutz Hessen; ist ein Gesamtpersonalrat gebildet, tritt dieser an die Stelle der Stufenvertretung.
§ 105 (2) ¹An die Stelle des § 62 Abs. 2 tritt folgende Regelung: Dem Personalrat sind auf Verlangen die zur Durchführung seiner Aufgaben erforderlichen Unterlagen vorzulegen. ²Personalakten dürfen nur mit Zustimmung des Beschäftigten von den von ihm bestimmten Mitgliedern des Personalrats eingesehen werden. ³Bedürfen Unterlagen oder Personalakten ihrem Inhalt oder ihrer Bedeutung nach im öffentlichen Interesse der Geheimhaltung, so entscheidet der Leiter des Landesamtes für Verfassungsschutz darüber, ob sie dem Personalrat vorgelegt werden oder dem Personalrat Einsicht gestattet wird. ⁴Entspricht seine Ent-	**§ 87 Landesamt für Verfassungsschutz Hessen** (2) ¹Abweichend von **§ 61 Abs. 1** sind dem Personalrat auf Verlangen die zur Durchführung seiner Aufgaben erforderlichen Unterlagen vorzulegen. ²Personalakten dürfen nur mit Zustimmung **der oder** des Beschäftigten von den von **ihr oder** ihm bestimmten Mitgliedern des Personalrats eingesehen werden. ³Bedürfen Unterlagen oder Personalakten ihrem Inhalt oder ihrer Bedeutung nach im öffentlichen Interesse der Geheimhaltung, so entscheidet die **Leiterin oder** der Leiter des Landesamtes für Verfassungsschutz Hessen darüber, ob sie dem Personalrat vorgelegt werden oder dem

Erläuterungen für die Praxis

§ 103 entspricht nach der Gesetzesbegründung dem bisherigen § 104 unter Anpassung der Verweisungen an die neue Paragrafenfolge des Gesetzes. (LT-Drs. 20/9470, S. 67).

Die Anpassungen haben keine inhaltliche Änderung zur Folge.

Keine inhaltlichen Änderungen.

Keine inhaltlichen Änderungen.

§ 87 entspricht nach der Gesetzesbegründung dem bisherigen § 105 in sprachlich und redaktionell überarbeiteter Form (LT-Drs. 20/9470, S. 65).

Trotz der sprachlichen Anpassung in Abs. 1 tritt wie bisher der Personalrat beim Landesamt für Verfassungsschutz bzw. der Gesamtpersonalrat an die Stelle der zuständigen Stufenvertretung. Inhaltliche Änderungen sind mit der Umformulierung folglich nicht verbunden.

Keine inhaltlichen Änderungen.

HPVG alte Fassung	HPVG neue Fassung (ab 6. 4. 2023)
scheidung nicht dem Antrag des Personalrats, so kann dieser die endgültige Entscheidung des Ministers des Innern herbeiführen.	Personalrat Einsicht gestattet wird. [4]Entspricht **die** Entscheidung nicht dem Antrag des Personalrats, so kann dieser die endgültige Entscheidung **der für den Verfassungsschutz zuständigen Ministerin oder** des **hierfür zuständigen** Ministers herbeiführen.
§ 105 (3) Die Gewerkschaften üben die ihnen nach diesem Gesetz zustehenden Befugnisse gegenüber der Dienststelle und dem Personalrat durch Beauftragte aus, die Beschäftigte der Dienststelle sind.	**§ 87 Landesamt für Verfassungsschutz Hessen** (3) Die Gewerkschaften üben die ihnen nach diesem Gesetz zustehenden Befugnisse gegenüber der Dienststelle und dem Personalrat durch Beauftragte aus, die Beschäftigte der Dienststelle sind.
§ 106 (1) [1]Dieses Gesetz findet auf den Hessischen Rundfunk Anwendung; ausgenommen hiervon ist die Bestimmung des § 74 Abs. 1 Nr. 3 bezüglich der Bestellung und Abberufung des Datenschutzbeauftragten nach § 28 Abs. 2 Satz 1 des Hessischen Datenschutz- und Informationsfreiheitsgesetzes.	**§ 104 Sonderregelungen** (1) Dieses Gesetz findet auf den Hessischen Rundfunk Anwendung; ausgenommen hiervon ist die Bestimmung des **§ 78 Abs. 1 Satz 1 Nr. 7** bezüglich der Bestellung und Abberufung **der oder** des Datenschutzbeauftragten nach § 28 Abs. 2 Satz 1 des Hessischen Datenschutz- und Informationsfreiheitsgesetzes.
§ 106 (2) Der Hessische Rundfunk gilt einschließlich seiner Studios und Sendeanlagen als Dienststelle im Sinne dieses Gesetzes.	**§ 104 Sonderregelungen** (2) [1]Der Hessische Rundfunk gilt einschließlich seiner Studios und Sendeanlagen als Dienststelle im Sinne dieses Gesetzes. [2]Die Aufgaben der obersten Dienstbehörde werden von einem **Ausschuss** wahrgenommen, der aus dem Verwaltungsrat und **der Intendantin oder** dem Intendanten besteht.
§ 106 (1) (…) [4]Die Aufgaben der obersten Dienstbehörde werden von einem Ausschuß wahrgenommen, der aus dem Verwaltungsrat und dem Intendanten besteht.	
§ 106 (1) (…) [2]Als Beschäftigte im Sinne dieses Gesetzes gelten auch die ständigen freien Mitarbeiter; sie gehören zur Gruppe der Arbeitnehmer. (…)	**§ 104 Sonderregelungen** (3) Als Beschäftigte im Sinne dieses Gesetzes gelten auch die ständigen freien **Mitarbeiterinnen und** Mitarbeiter; sie gehören zur Gruppe der **Arbeitnehmerinnen und** Arbeitnehmer.
§ 106 (1) (…) [3]Für die Beschäftigten mit vorwiegend künstlerischer Tätigkeit und die in der Programmgestaltung verantwortlich Tätigen gilt § 104 Abs. 3 entsprechend. (…)	**§ 104 Sonderregelungen** (4) [1]Für die Beschäftigten mit vorwiegend künstlerischer Tätigkeit und die in der Programmgestaltung verantwortlich Tätigen **entfällt die Mitbestimmung und Mitwirkung des Personalrats in Personalangelegenheiten.** [2]**Auf Antrag der oder des betroffenen Beschäftigten hat der Personalrat mitzuwirken.**

Erläuterungen für die Praxis

Unverändert.

§ 104 übernimmt nach der Gesetzesbegründung die Regelungen des bisherigen § 106, die neu gegliedert werden (LT-Drs. 20/9470, S. 68). Änderungen sind damit nicht verbunden.

§ 104 Abs. 1 entspricht inhaltlich dem bisherigen § 106 Abs. 1 Satz 1.

Der bisherige § 106 Abs. 1 Satz 2 – 4 wird weiterhin in mehrere Absätze aufgegliedert.

§ 104 Abs. 2 fasst die Regelungen des bisherigen § 106 Abs. 2 und § 106 Abs. 1 Satz 4 zusammen, die in sachlichem Zusammenhang stehen. Inhaltliche Änderungen sind damit nicht verbunden.

§ 104 Abs. 3 übernimmt die Regelung des bisherigen § 106 Abs. 2 Satz 2.

In § 104 Abs. 4 wird die Regelung des bisherigen § 106 Abs. 2 Satz 3 fortgeführt.

An Stelle des bisherigen Verweises auf § 104 Abs. 3 (jetzt § 103 Abs. 3) wird die Regelung zum besseren Verständnis ausformuliert (LT-Drs. 20/9470, S. 68).

HPVG alte Fassung	HPVG neue Fassung (ab 6. 4. 2023)
§ 107 [1]Die Interessen der Rechtsreferendare nach diesem Gesetz werden von dem Personalrat der Dienststelle wahrgenommen, bei der sie sich jeweils in Ausbildung befinden. [2]Werden in der Dienststelle in der Regel mindestens fünf Rechtsreferendare ausgebildet, so können sie eine Vertrauensperson wählen; ein Wahlrecht zum Personalrat besitzen die Rechtsreferendare nicht. [3]Für die Zusammenarbeit der Vertrauensperson mit dem Personalrat gilt § 37 Abs. 2 entsprechend. [4]Die §§ 35 bis 40 des Juristenausbildungsgesetzes in der Fassung vom 19. Januar 1994 (GVBl. I S. 74), zuletzt geändert durch Gesetz vom 18. Mai 1998 (GVBl. I S. 190), bleiben unberührt.	**§ 89 Interessenvertretung der Rechtsreferendarinnen und Rechtsreferendare** [1]Die Interessen der **Rechtsreferendarinnen und** Rechtsreferendare nach diesem Gesetz werden von dem Personalrat der Dienststelle wahrgenommen, bei der sie sich jeweils in Ausbildung befinden. [2]Werden in der Dienststelle in der Regel mindestens fünf **Rechtsreferendarinnen und** Rechtsreferendare ausgebildet, so können sie eine Vertrauensperson wählen; ein Wahlrecht zum Personalrat besitzen **sie** nicht. [3]**Die Vertrauensperson hat das Recht, an Sitzungen des Personalrats mit beratender Stimme teilzunehmen, wenn Angelegenheiten behandelt werden, die auch die Rechtsreferendarinnen und Rechtsreferendare betreffen.** [4]Die §§ 39 bis 44 des Juristenausbildungsgesetzes in der Fassung der Bekanntmachung vom **15. März 2004** (GVBl. I S. 158), zuletzt geändert durch Gesetz vom **13. Oktober 2022** (GVBl. S. 489), bleiben unberührt.
§ 108 (1) [1]Die Fachlehreranwärter sind für die Wahl zum Personalrat des berufspädagogischen Fachseminars, die Lehramts- und Studienreferendare für die Wahl zum Personalrat des Studienseminars wahlberechtigt und wählbar. [2]Die §§ 11 und 12 der Verordnung über die Pädagogische Ausbildung und die Zweite Staatsprüfung für die Lehrämter vom 17. Oktober 1990 (GVBl. I S. 567) bleiben unberührt.	**§ 94 Wahlrecht der Lehrkräfte im Vorbereitungsdienst** (1) [1]**Lehrkräfte im Vorbereitungsdienst** sind für die Wahl zum Personalrat **ihres** Studienseminars wahlberechtigt und wählbar. [2]Die §§ 5 **und 6** der Verordnung **zur Durchführung des Hessischen Lehrkräftebildungsgesetzes vom 28. September 2011 (GVBl. I S. 615), zuletzt geändert durch Gesetz vom 13. Mai 2022 (GVBl. S. 286), bleiben unberührt.** (2) [1]Für den Personalrat ihrer Ausbildungsschule, den Gesamtpersonalrat **Schule** beim Staatlichen Schulamt und den Hauptpersonalrat **Schule** sind die **Lehrkräfte im Vorbereitungsdienst** wahlberechtigt. [2]Bei der Ermittlung der Zahl der Wahlberechtigten werden sie nur bei den Studienseminaren berücksichtigt.
§ 108 (2) [1]Für den Personalrat ihrer Ausbildungsschule, den Gesamtpersonalrat der Lehrer beim Staatlichen Schulamt und den Hauptpersonalrat der Lehrer sind die Fachlehreranwärter, Lehramts- und Studienreferendare	**§ 94 Wahlrecht der Lehrkräfte im Vorbereitungsdienst** (2) [1]Für den Personalrat ihrer Ausbildungsschule, den Gesamtpersonalrat **Schule** beim Staatlichen Schulamt und den Hauptpersonalrat **Schule** sind die **Lehrkräfte im Vorbei-**

Erläuterungen für die Praxis

Die Vorschrift entspricht nach der Gesetzesbegründung weitgehend dem bisherigen § 107 in sprachlich und redaktionell angepasster Form (LT-Drs. 20/9470, S. 66).

An Stelle der Verweisung in Satz 3 auf § 37 Abs. 2, der nicht fortgeführt wird, wird der Inhalt der für entsprechend anwendbar erklärten Regelung hier ausdrücklich genannt. Daraus ergibt sich keine inhaltliche Änderung (LT-Drs. 20/9470, S. 66). Damit die Vertrauensperson ihr Teilnahmerecht wahrnehmen kann, hat die oder der Vorsitzende des Personalrats – wie bisher – die Vertrauensperson zu den Sitzungen einzuladen, bei denen Angelegenheiten behandelt werden, die auch die Rechtsreferendarinnen und Rechtsreferendare betreffen.

Der Verweis in Satz 4 auf die unberührt bleibenden Mitwirkungsrechte der Rechtsreferendarinnen und Rechtsreferendare nach dem Juristenausbildungsgesetz wird aktualisiert (LT-Drs. 20/9470, S. 66).

§ 94 übernimmt nach der Gesetzesbegründung die Regelungen des bisherigen § 108 an die systematisch richtige Stelle bei den Sonderregelungen für den Schulbereich. Die Vorschrift wird an die aktuellen Begrifflichkeiten und Regelungen im Lehrkräftebildungsgesetz sowie in den §§ 92 und 93 angepasst (LT-Drs. 20/9470, S. 66).

Inhaltliche Änderungen sind damit nicht verbunden.

Keine inhaltlichen Änderungen.

HPVG alte Fassung	HPVG neue Fassung (ab 6. 4. 2023)
wahlberechtigt. [2]Bei der Ermittlung der Zahl der Wahlberechtigten werden sie nur beim berufspädagogischen Fachseminar und bei den Studienseminaren berücksichtigt.	tungsdienst wahlberechtigt. [2]Bei der Ermittlung der Zahl der Wahlberechtigten werden sie nur bei den Studienseminaren berücksichtigt.
§ 109 Für die Beschäftigten der Justizvollzugsanstalten, der Jugendarrestanstalten und der Aus- und Fortbildungsstätte für Justizvollzugsbedienstete wird als eigene Stufenvertretung ein Hauptpersonalrat beim Minister der Justiz gebildet.	**§ 88 Hauptpersonalrat für den Justizvollzug** Für die Beschäftigten der Justizvollzugsanstalten, der Jugendarrest**einrichtungen** und der Aus- und Fortbildungsstätte für Justizvollzugsbedienstete des Landes Hessen – H.B. Wagnitz-Seminar – wird als eigene Stufenvertretung ein Hauptpersonalrat beim **Hessischen Ministerium** der Justiz gebildet.
§ 110 [1]Die oder der Vorsitzende des Gesamtpersonalrats der Deutschen Rentenversicherung Hessen ist Mitglied in der Arbeitsgruppe Personalvertretung der Deutschen Rentenversicherung nach § 140 Abs. 2 Satz 1 des Sechsten Buches Sozialgesetzbuch in der Fassung vom 19. Februar 2002 (BGBl. I S. 757, 1404, 3384), zuletzt geändert durch Gesetz vom 22. Dezember 2005 (BGBl. I S. 3676). [2]Ist das Mitglied verhindert, wird es in der Arbeitsgruppe Personalvertretung von seiner Stellvertretung nach § 53, § 51 Abs. 1, § 29 Satz 1 vertreten.	**§ 105 Mitglied in der Arbeitsgruppe Personalvertretung der Deutschen Rentenversicherung** [1]Die oder der Vorsitzende des Gesamtpersonalrats der Deutschen Rentenversicherung Hessen ist Mitglied in der Arbeitsgruppe Personalvertretung der Deutschen Rentenversicherung nach § 140 Abs. 2 Satz 1 des Sechsten Buches Sozialgesetzbuch. [2]Ist das Mitglied verhindert, wird es in der Arbeitsgruppe Personalvertretung von seiner Stellvertretung nach **§ 51** in Verbindung mit **§ 49 Abs. 1 Satz 1 und § 27 Abs. 1 Satz 1** vertreten.
§ 111 (1) Die Verwaltungsgerichte entscheiden außer in den Fällen der §§ 22 und 25 über 1. Wahlberechtigung und Wählbarkeit, 2. Wahl und Amtszeit der Personalvertretungen und der in den §§ 54 genannten Vertreter sowie Zusammensetzung der Personalvertretungen und der Einigungsstellen, 3. Zuständigkeit und Geschäftsführung der Personalvertretungen und der Einigungsstellen, 4. Bestehen oder Nichtbestehen von Dienstvereinbarungen.	**§ 106 Gerichtszuständigkeit, anzuwendende Vorschriften** (1) [1]Die Verwaltungsgerichte entscheiden über 1. Wahlberechtigung und Wählbarkeit, 2. Wahl, Amtszeit und Zusammensetzung der Personalvertretungen und der Jugend- und Auszubildendenvertretungen, 3. Zuständigkeit, Geschäftsführung **und Rechtsstellung** der Personalvertretungen und der Jugend- und Auszubildendenvertretungen, 4. Zusammensetzung, Zuständigkeit und Geschäftsführung der Einigungsstelle **sowie Rechtmäßigkeit eines bindenden Beschlusses der Einigungsstelle nach § 71 Abs. 1 sowie**

Erläuterungen für die Praxis

§ 88 entspricht nach der Gesetzesbegründung inhaltlich dem bisherigen § 109 (LT-Drs. 20/9470, S. 66).

Mit den sprachlichen Anpassungen sind keine inhaltlichen Änderungen verbunden.

§ 105 entspricht dem bisherigen § 110 mit redaktionellen Anpassungen (LT-Drs. 20/9470, S. 68). Inhaltliche Änderung sind mit der Anpassung der Verweise nicht verbunden.

§ 106 führt den bisherigen § 111 in überarbeiteter Fassung fort (LT-Drs. 20/9470, S. 68).

Abs. 1 entspricht weitgehend dem bisherigen § 111 Abs. 1. Die Aufzählung in Satz 1 wird übersichtlicher gegliedert und klarstellend um einige Fallgestaltungen ergänzt.

Die Verwaltungsgerichte entscheiden jetzt auch ausdrücklich über die Rechtsstellung der Personalvertretungen, etwa über deren Rechtsfähigkeit und über die Rechtmäßigkeit eines bindenden Beschlusses der Einigungsstelle.

In Satz 2 sind klarstellend alle weiteren Bestimmungen des HPVG aufgeführt, die den Verwaltungsgerichten Zuständigkeiten zuweisen:
Wahlanfechtung, Ausschluss eines Mitglieds, Auflösung des Personalrats, Übernahme von Auszubildenden und Entscheidung über Einigungsstellenbeschlüsse.

HPVG alte Fassung	HPVG neue Fassung (ab 6.4.2023)
	5. Bestehen oder Nichtbestehen von Dienstvereinbarungen. ²Die §§ 19, 23 und 24 Abs. 1, § 41 Abs. 4 und § 71 Abs. 3 bleiben unberührt.
§ 111 (2) Der Personalrat oder eine in der Dienststelle vertretene Gewerkschaft können bei groben Verstößen des Dienststellenleiters gegen seine Verpflichtungen aus diesem Gesetz beim Verwaltungsgericht beantragen, dem Dienststellenleiter zur Sicherung der Rechte nach diesem Gesetz aufzugeben, eine Handlung zu unterlassen, die Vornahme einer Handlung zu dulden oder eine Handlung vorzunehmen.	**§ 106 Gerichtszuständigkeit, anzuwendende Vorschriften** (2) Der Personalrat oder eine in der Dienststelle vertretene Gewerkschaft können bei groben Verstößen **der Dienststellenleitung** gegen **ihre** Verpflichtungen aus diesem Gesetz beim Verwaltungsgericht beantragen, **der Dienststellenleitung** zur Sicherung der Rechte nach diesem Gesetz aufzugeben, eine Handlung zu unterlassen, die Vornahme einer Handlung zu dulden oder eine Handlung vorzunehmen.
§ 111 (3) ¹Die Vorschriften des Arbeitsgerichtsgesetzes über das Beschlussverfahren gelten entsprechend. ²§ 89 Abs. 1 und § 94 Abs. 1 des Arbeitsgerichtsgesetzes gelten mit der Maßgabe, daß an Stelle der dort genannten Personen auch Beamte und Angestellte des öffentlichen Dienstes mit der Befähigung zum Richteramt tätig werden können.	**§ 106 Gerichtszuständigkeit, anzuwendende Vorschriften** (3) ¹Die Vorschriften des Arbeitsgerichtsgesetzes über das Beschlussverfahren gelten entsprechend. ²§ 89 Abs. 1 und § 94 Abs. 1 **jeweils in Verbindung mit § 11 Abs. 4 und 5 des Arbeitsgerichtsgesetzes** gelten mit der Maßgabe, dass an Stelle der dort genannten Personen auch **Beschäftigte** des öffentlichen Dienstes mit der Befähigung zum Richteramt tätig werden können.

§ 112
(1) Für die nach diesem Gesetz zu treffenden Entscheidungen ist
1. beim
  a) Verwaltungsgericht Frankfurt am Main für den eigenen Bezirk und die Bezirke der Verwaltungsgerichte Darmstadt und Wiesbaden,
  b) Verwaltungsgericht Kassel für den eigenen Bezirk und den Bezirk des Verwaltungsgerichts Gießen eine Fachkammer,
2. beim Hessischen Verwaltungsgerichtshof ein Fachsenat
zu bilden.
	§ 107 Bildung von Fachkammern und eines Fachsenats
	(1) Für die nach diesem Gesetz zu treffenden Entscheidungen ist
	1. beim
	  c) Verwaltungsgericht Frankfurt am Main für den eigenen Bezirk und die Bezirke der Verwaltungsgerichte Darmstadt und Wiesbaden,
	  d) Verwaltungsgericht Kassel für den eigenen Bezirk und den Bezirk des Verwaltungsgerichts Gießen
	eine Fachkammer,
	2. beim Hessischen Verwaltungsgerichtshof ein Fachsenat
	zu bilden.

Erläuterungen für die Praxis
Abs. 2 entspricht dem bisherigen § 111 Abs. 2 in sprachlich überarbeiteter Form. Inhaltliche Änderung sind damit nicht verbunden.
Abs. 3 entspricht weitgehend dem bisherigen § 111 Abs. 3. Die Verweisung auf Vorschriften des Arbeitsgerichtsgesetzes wird auf § 11 Abs. 4 und 5 erweitert, da darin der maßgebliche Personenkreis zur zulässigen Prozessvertretung, auf den verwiesen werden soll, genannt wird (LT-Drs. 20/9470, S. 68).
§ 107 entspricht inhaltlich dem bisherigen § 112 in sprachlich überarbeiteter Form (LT-Drs. 20/9470, S. 69). § 107 Abs. 1 entspricht unverändert dem bisherigen § 112 Abs. 1.

HPVG alte Fassung	HPVG neue Fassung (ab 6. 4. 2023)
§ 112 (2) ¹Die Fachkammer besteht aus einem Vorsitzenden und ehrenamtlichen Beisitzern, der Fachsenat aus einem Vorsitzenden, richterlichen und ehrenamtlichen Beisitzern. (…) (3) Die Fachkammer wird tätig in der Besetzung mit einem Vorsitzenden und je zwei nach Abs. 2 Nr. 1 und 2 berufenen Beisitzern.	§ 107 Bildung von Fachkammern und eines Fachsenats (2) Die Fachkammer **entscheidet in der Besetzung** mit **einer oder** einem Vorsitzenden und je zwei **nach Abs. 4 Satz 2 Nr. 1 und 2** berufenen ehrenamtlichen **Richterinnen und Richtern.**
§ 112 (2) ¹Die Fachkammer besteht aus einem Vorsitzenden und ehrenamtlichen Beisitzern, der Fachsenat aus einem Vorsitzenden, richterlichen und ehrenamtlichen Beisitzern. (…) (4) Der Fachsenat wird tätig in der Besetzung mit einem Vorsitzenden, zwei richterlichen und je einem nach Abs. 2 Nr. 1 und 2 berufenen Beisitzer.	§ 107 Bildung von Fachkammern und eines Fachsenats (3) Der Fachsenat **entscheidet in der Besetzung** mit **drei Richterinnen und Richtern** und einer **nach Abs. 4 Satz 2 Nr. 1** berufenen ehrenamtlichen **Richterin oder einem solchen Richter sowie einer nach Abs. 4 Satz 2 Nr. 2 berufenen ehrenamtlichen Richterin oder einem solchen Richter.**
§ 112 (2) (…) ²Die ehrenamtlichen Beisitzer müssen Beschäftigte im Sinne dieses Gesetzes sein. ³Sie werden je zur Hälfte von 1. den unter den Beschäftigten vertretenen Gewerkschaften und 2. den obersten Landesbehörden und den kommunalen Spitzenverbänden vorgeschlagen und vom Minister der Justiz berufen. ⁴Für die Berufung und Stellung der Beisitzer und ihre Heranziehung zu den Sitzungen gelten die Vorschriften des Arbeitsgerichtsgesetzes über ehrenamtliche Richter mit der Maßgabe entsprechend, daß die bisherigen Beisitzer bis zur Neuberufung im Amt bleiben. ⁵Wird während der Amtszeit die Bestellung neuer Beisitzer erforderlich, so werden sie für den Rest der Amtszeit bestellt. ⁶Der Minister der Justiz kann die Befugnisse nach Satz 3 durch Rechtsverordnung auf eine nachgeordnete Behörde übertragen.	§ 107 Bildung von Fachkammern und eines Fachsenats (4) ¹Die ehrenamtlichen **Richterinnen und Richter** müssen Beschäftigte im Sinne dieses Gesetzes sein. ²Sie werden je zur Hälfte von 1. den unter den Beschäftigten vertretenen Gewerkschaften und 2. den obersten Landesbehörden und den kommunalen Spitzenverbänden vorgeschlagen und vom Hessischen Ministerium der Justiz berufen. ³Für die Berufung und Stellung der ehrenamtlichen Richterinnen und Richter und ihre Heranziehung zu den Sitzungen gelten die Vorschriften des Arbeitsgerichtsgesetzes über ehrenamtliche Richterinnen und Richter mit der Maßgabe entsprechend, dass die bisherigen ehrenamtlichen Richterinnen und Richter bis zur Neuberufung im Amt bleiben. ⁴Die Hessische Ministerin oder der Hessische Minister der Justiz kann die Befugnisse nach Satz **2** durch Rechtsverordnung auf eine nachgeordnete Behörde übertragen.

Erläuterungen für die Praxis

§ 107 Abs. 2 entspricht den bisherigen § 112 Abs. 2 Satz 1 und Abs. 3. Mit den sprachlichen Überarbeitungen hinsichtlich der Entscheidung der Fachkammer ist keine inhaltliche Änderung verbunden.

§ 107 Abs. 3 entspricht den bisherigen § 112 Abs. 2 Satz 1 und Abs. 4. Mit den sprachlichen Überarbeitungen hinsichtlich der Entscheidung des Fachsenats ist keine inhaltliche Änderung verbunden.

§ 107 Abs. 4 entspricht mit sprachlichen Anpassungen dem bisherigen § 112 Abs. 2 Sätze 3–6. Inhaltliche Änderung damit nicht verbunden.

HPVG alte Fassung	HPVG neue Fassung (ab 6.4.2023)
§ 113 (1) Durch Tarifvertrag oder durch Dienstvereinbarungen kann das Personalvertretungsrecht nicht abweichend von diesem Gesetz geregelt werden.	§ 1 Geltungsbereich, Ausschluss abweichender Regelungen (3) Durch Tarifvertrag oder Dienstvereinbarung kann das Personalvertretungsrecht nicht abweichend von diesem Gesetz geregelt werden.
§ 113 (2) [1]Dienstvereinbarungen sind zulässig, soweit sie dieses Gesetz ausdrücklich zuläßt. [2]Sie sind nicht zulässig, soweit Arbeitsentgelte und sonstige Arbeitsbedingungen üblicherweise durch Tarifvertrag geregelt werden. [3]Dies gilt nicht, wenn ein Tarifvertrag den Abschluß ergänzender Dienstvereinbarungen ausdrücklich zuläßt.	§ 65 Dienstvereinbarungen (1) [1]Dienstvereinbarungen sind zulässig, soweit sie dieses Gesetz ausdrücklich **zulässt**. [2]Sie sind nicht zulässig, soweit Arbeitsentgelte und sonstige Arbeitsbedingungen üblicherweise durch Tarifvertrag geregelt werden. [3]Dies gilt nicht, wenn ein Tarifvertrag den **Abschluss** ergänzender Dienstvereinbarungen ausdrücklich **zulässt**.
§ 113 (3) Dienstvereinbarungen werden von Dienststelle und Personalrat beschlossen, sind schriftlich niederzulegen, von beiden Seiten zu unterzeichnen und in geeigneter Weise bekanntzumachen.	§ 65 Dienstvereinbarungen (2) Dienstvereinbarungen werden von Dienststelle und Personalrat beschlossen, sind schriftlich niederzulegen; von beiden Seiten zu unterzeichnen und in geeigneter Weise bekanntzumachen.
§ 113 (4) Dienstvereinbarungen, die für einen größeren Bereich gelten, gehen den Dienstvereinbarungen für einen kleineren Bereich vor.	§ 65 Dienstvereinbarungen (3) Dienstvereinbarungen, die für einen größeren Bereich gelten, gehen den Dienstvereinbarungen für einen kleineren Bereich vor.
§ 113 (5) [1]Dienstvereinbarungen können, soweit nichts anderes vereinbart ist, mit einer Frist von drei Monaten gekündigt werden. [2]Nach Kündigung oder Ablauf einer Dienstvereinbarung gelten ihre Regelungen weiter, wenn und soweit dies ausdrücklich vereinbart worden ist.	§ 65 Dienstvereinbarungen (4) [1]Dienstvereinbarungen können, soweit nichts anderes vereinbart ist, mit einer Frist von drei Monaten gekündigt werden. [2]Nach Kündigung oder Ablauf einer Dienstvereinbarung gelten ihre Regelungen weiter, wenn und soweit dies ausdrücklich vereinbart worden ist.
§ 114 [1]Dienstvereinbarungen, die den §§ 1 bis 53 widersprechen, treten mit Inkrafttreten dieses Gesetzes insoweit außer Kraft. [2]Dienstvereinbarungen, die diesem Gesetz widersprechende Regelungen der Zuständigkeit und Befugnisse der Personalvertretungen enthalten, treten insoweit mit Ablauf von drei Monaten nach Inkrafttreten dieses Gesetzes außer Kraft.	Entfallen.

Erläuterungen für die Praxis

Die Regelung des bisherigen § 113 Abs. 1 findet sich jetzt in § 1 Abs. 3, die nach der Gesetzesbegründung aufgrund ihrer besonderen Bedeutung an den Anfang des Gesetzes gestellt wird (LT-Drs. 20/9470, S. 51).

Die bisher in § 113 Abs. 2 bis 5 enthaltenen Bestimmungen zu den Dienstvereinbarungen werden nach der Gesetzesbegründung aufgrund ihres sachlichen Zusammenhangs mit der Mitbestimmung an in § 65 unverändert fortgeführt (LT-Drs. 20/9470, S. 61).

Unverändert.

Unverändert.

Unverändert.

Die Übergangsregelung des § 114 ist mittlerweile obsolet und nicht übernommen worden.

HPVG alte Fassung	HPVG neue Fassung (ab 6. 4. 2023)
§ 115 (1) Zur Regelung der in den §§ 9 bis 21, 50, 52, 53, 54, 87, 92 und 109 bezeichneten Wahlen werden durch Rechtsverordnung der Landesregierung Vorschriften erlassen über 1. die Vorbereitung der Wahl, insbesondere die Aufstellung der Wählerlisten und die Errechnung der Vertreterzahl, 2. die Frist für die Einsichtnahme in die Wählerlisten und die Erhebung von Einsprüchen, 3. die Vorschlagslisten und die Frist für ihre Einreichung, 4. das Wahlausschreiben und die Fristen für seine Bekanntmachung, 5. die Stimmabgabe, 6. der Feststellung des Wahlergebnisses und die Fristen für seine Bekanntmachung, 7. die Aufbewahrung der Wahlakten.	**§ 108 Verordnungsermächtigung** (1) Die Landesregierung wird ermächtigt, zur Durchführung der in diesem Gesetz bezeichneten Wahlen durch Rechtsverordnung Vorschriften zu erlassen über 1. die Vorbereitung der Wahl, insbesondere die Aufstellung der Wählerlisten und die Errechnung der Vertreterzahl, 2. die Frist für die Einsichtnahme in die Wählerlisten und die Erhebung von Einsprüchen, 3. die Vorschlagslisten und die Frist für ihre Einreichung, 4. das Wahlausschreiben und die Fristen für seine Bekanntmachung, 5. die Stimmabgabe, 6. der Feststellung des Wahlergebnisses und die Fristen für seine Bekanntmachung, 7. die Aufbewahrung der Wahlakten.
§ 115 (2) ^{1}Die Wahlordnung muß Regelungen über die Wahl von Männern und Frauen entsprechend ihrem Anteil an den wahlberechtigten Beschäftigten der Dienststelle vorsehen. ^{2}Sie hat Regelungen für den Fall vorzusehen, daß die Wahlvorschläge nicht dem in Satz 1 genannten Anteil von Männern und Frauen entsprechen.	**§ 108** (2) Die **Rechtsverordnung nach Abs. 1** hat Regelungen vorzusehen über die Wahl von **Frauen und Männern** entsprechend ihrem Anteil an den wahlberechtigten Beschäftigten der Dienststelle sowie für den Fall, dass die Wahlvorschläge nicht dem **vorgenannten** Anteil von **Frauen und Männern** entsprechen.
§ 116 Dieses Gesetz gilt nicht für Religionsgemeinschaften und ihre karitativen und erzieherischen Einrichtungen ohne Rücksicht auf ihre Rechtsform; ihnen bleibt die selbständige Ordnung eines Personalvertretungsrechts überlassen.	**§ 1 Geltungsbereich, Ausschluss abweichender Regelungen** (2) Dieses Gesetz gilt nicht für Religionsgemeinschaften und ihre karitativen und erzieherischen Einrichtungen ohne Rücksicht auf ihre Rechtsform; ihnen bleibt die selbständige Ordnung eines Personalvertretungsrechts überlassen.
§ 117 ^{1}Vorschriften in anderen Gesetzen, die den Betriebsräten Befugnisse oder Pflichten übertragen, gelten entsprechend für die nach diesem Gesetz zu errichtenden Personalvertretungen. ^{2}Dies gilt nicht für Vorschriften, welche die Betriebsverfassung oder die Mitbestimmung regeln.	**§ 109 Entsprechende Geltung von Vorschriften** ^{1}Vorschriften in anderen Gesetzen, die den Betriebsräten Befugnisse oder Pflichten übertragen, gelten entsprechend für die nach diesem Gesetz zu errichtenden Personalvertretungen. ^{2}Dies gilt nicht für Vorschriften, welche die Betriebsverfassung oder die Mitbestimmung regeln.

Erläuterungen für die Praxis

Die Verordnungsermächtigung entspricht nach der Gesetzesbegründung inhaltlich dem bisherigen § 115. Sie wurde sprachlich überarbeitet, bleibt inhaltlich aber unverändert (LT-Drs. 20/9470, S. 69).

Die bisherige Wahlordnung zum HPVG vom 8. 4. 1988, zuletzt geändert durch die vierte Verordnung zur Änderung der Wahlordnung zum HPVG am 12. 12. 2019 (GVBl. 2019, S. 436), ist wegen der zahlreichen Änderungen der Wahlrechtsvorschriften zwingend anzupassen.

Die sprachlichen Anpassungen in § 108 Abs. 2 haben keine inhaltliche Änderungen zur Folge.

Nach der Gesetzesbegründung wird die Ausnahme vom Geltungsbereich des bisherigen § 116 aufgrund des sachlichen Zusammenhangs in unveränderter Form in den § 1 Abs. 2 verschoben (LT-Drs. 20/9470, S. 51).

§ 109 übernimmt nach der Gesetzesbegründung den bisherigen § 117. Die Vorschrift soll weiterhin sicherzustellen, dass Regelungen des Bundes, die den Betriebsräten Befugnisse oder Pflichten übertragen, wie z. B. im Bereich des Arbeitsschutzes und der Arbeitssicherheit, auch für die Personalvertretungen im Bereich des Landes zur Anwendung kommen (LT-Drs. 20/9470, S. 69).

HPVG alte Fassung	HPVG neue Fassung (ab 6. 4. 2023)
§ 118 Die diesem Gesetz entgegenstehenden Vorschriften werden aufgehoben.	
§§ 119 bis 121 *Nicht besetzt.*	
	§ 110 Übergangsregelungen für bestehende Personalvertretungen ¹Die am 5. April 2023 bestehenden Personalvertretungen und Jugend- und Auszubildendenvertretungen führen die Geschäfte weiter, bis sich die neu gewählten Personalvertretungen und Jugend- und Auszubildendenvertretungen konstituiert haben, längstens jedoch bis zum 31. Juli 2024. ²§ 20 Abs. 3 bleibt unberührt.
	§ 111 Aufhebung bisherigen Rechts Das Hessische Personalvertretungsgesetz vom 24. März 1988 (GVBl. 1 S. 103), zuletzt geändert durch Gesetz vom 15. 11. 2021 (GVBl I S. 718, 867), wird aufgehoben.
§ 122 Dieses Gesetz tritt am Tag nach der Verkündung in Kraft.	§ 112 Inkrafttreten Dieses Gesetz tritt am Tag nach der Verkündung in Kraft.

Erläuterungen für die Praxis

Nicht mehr übernommen.

Lücken sind durch die Neunummerierung geschlossen.

§ 110 enthält die erforderlichen Übergangsregelungen für die beim Inkrafttreten des Gesetzes im Amt befindlichen Personalvertretungen, um personalratslose Zeiten zu vermeiden (LT-Drs. 20/9470, S. 69).

Die am 5. 4. 2023 bestehenden Personalvertretungen und Jugend- und Auszubildendenvertretungen führen ihre Geschäfte, jetzt auf Grundlage des neuen HPVG, weiter. Maßgebend sind die dort ab Inkrafttreten geregelten Aufgaben und Befugnisse sowie Rechte und Pflichten. Die Fortführung der Geschäfte endet spätestens am 31. 7. 2024 mit den nächsten, regelmäßigen Personalratswahlen im Jahr 2024.

Durch den Verweis auf § 20 Abs. 3 in Satz 2 der Norm gilt die Übergangsregelung hinsichtlich des Stichtags 31. 7. 2024 nicht für Personalvertretungen, deren Amtszeit am 1. 5. 2024 noch nicht ein Jahr betragen hat. Diese bleiben im Amt bis zu den übernächsten regelmäßigen Wahlen im Jahr 2028 (LT-Drs. 20/9470, S. 69).

Zeitgleich mit dem Inkrafttreten des neuen HPVG wird nach der Gesetzesbegründung das bisherige Gesetz aufgehoben (LT-Drs. 20/9470, S. 69).

Für die zu diesem Zeitpunkt bestehenden Personalvertretungen und Jugend- und Auszubildendenvertretungen hat das keine Folgen. Sie führen nach § 110 die Geschäfte bis zur nächsten regelmäßigen Wahl weiter (s. Anmerkung zu § 110).

Das neue Hessische Personalvertretungsgesetz ist am Tag nach der Verkündung in Kraft getreten.

Das neue HPVG ist am 5. 4. 2023 im Gesetz- und Verordnungsblatt verkündet worden (GVBl. S. 183). Deshalb ist es am Folgetag, dem 6. 4. 2023, in Kraft getreten.

3. Schnellübersicht HPVG alt – neu

HPVG a. F.	HPVG n. F.
§ 1	§ 1 Abs. 1 Geltungsbereich
§ 2	§ 3 Abs. 3 Stellung der Gewerkschaften und Arbeitgebervereinigungen
§ 3 Abs. 1	§ 4 Abs. 1 **Beschäftigte**, Gruppen
§ 3 Abs. 2	§ 4 Abs. 2 **Beschäftigte**, Gruppen
§ 3 Abs. 3	§ 4 Abs. 5 **Beschäftigte**, Gruppen
§ 4	§ 4 Abs. 3 **Beschäftigte**, Gruppen
§ 5	§ 4 Abs. 4 **Beschäftigte**, Gruppen
§ 6	–
§ 7	§ 5 Dienststellen
§ 8	§ 6 Vertretung der Dienststelle
§ 9	§ 10 Wahlberechtigung
§ 10	§ 11 Wählbarkeit
§ 11	§ 11 Abs. 1 Satz 2 Wählbarkeit
§ 12 Abs. 1 und 2	§ 9 Abs. 1 **und 2** Bildung von Personalräten
§ 12 Abs. 3	§ 12 Zahl der Personalratsmitglieder
§ 13	§ 13 Vertretung nach Gruppen und Geschlechtern
§ 14	§ 14 Abweichende Gruppeneinteilung
§ 15	§ 20 Abs. 1 Regelmäßiger Wahlzeitraum
§ 16	§ 15 Wahlgrundsätze
§ 17 Abs. 1	§ 16 Abs. 1 Wahlvorstand
§ 17 Abs. 2	§ 16 Abs. 2 Wahlvorstand
§ 18	§ 16 Abs. 2 Wahlvorstand
§ 19	§ 16 Abs. 3 Wahlvorstand
§ 20	§ 17 Aufgaben des Wahlvorstands
§ 21	§ 18 Freiheit der Wahl, Kosten
§ 22 Abs. 1	§ 19 Anfechtung der Wahl
§ 22 Abs. 2	§ 21 Abs. 3 Vorzeitige Neuwahl
§ 23 Abs. 1	§ 20 Abs. 2 Amtszeit
§ 23 Abs. 2	§ 20 Abs. 3 Amtszeit
§ 24 Abs. 1 und 2	§ 21 Abs. 1 **und 2** Vorzeitige Neuwahl
§ 24 Abs. 3 bis 6	§ 22 Folgen von Umstrukturierungen

HPVG a. F.	HPVG n. F.
§ 25 Abs. 1	§ 23 Ausschluss eines Mitglieds, Auflösung des Personalrats
§ 25 Abs. 2	§ 21 Abs. 3 Vorzeitige Neuwahl
§ 26	§ 24 Erlöschen der Mitgliedschaft
§ 27	§ 25 Ruhen der Mitgliedschaft
§ 28	§ 26 Eintritt von Ersatzmitgliedern
§ 29	§ 27 Abs. 1 Vorsitz
§ 30 Abs. 1	§ 27 Abs. 2 Vorsitz
§ 30 Abs. 2	§ 27 Abs. 3 Vorsitz
§ 31 Abs. 1	§ 28 Abs. 1 Anberaumung der Sitzungen
§ 31 Abs. 2	§ 28 Abs. 2 Anberaumung der Sitzungen
§ 31 Abs. 3	§ 28 Abs. 4 Anberaumung der Sitzungen
§ 31 Abs. 4	§ 29 Abs. 4 Durchführung der Sitzungen, Teilnahmeberechtigte
§ 31 Abs. 5	§ 29 Abs. 5 Durchführung der Sitzungen, Teilnahmeberechtigte
§ 32 Abs. 1 Satz 2 und 3	§ 28 Abs. 2 Anberaumung der Sitzungen
§ 32 Abs. 1 Satz 1	§ 29 Abs. 1 und 2 Durchführung der Sitzungen, Teilnahmeberechtigte
§ 32 Abs. 2	§ 29 Abs. 3 Durchführung der Sitzungen, Teilnahmeberechtigte
§ 33	§ 29 Abs. 7 Durchführung der Sitzungen, Teilnahmeberechtigte
§ 34 Abs. 1	§ 30 Abs. 1 Beschlussfassung
§ 34 Abs. 2 Satz 1	§ 30 Abs. 2 Beschlussfassung
§ 34 Abs. 2 Satz 2 und 3	§ 28 Abs. 3 Anberaumung der Sitzungen
§ 34 Abs. 3	§ 30 Abs. 4 Beschlussfassung
§ 34 Abs. 4	§ 30 Abs. 5 Beschlussfassung
§ 35	§ 30 Abs. 5 Beschlussfassung
§ 36	§ 31 Aussetzen von Beschlüssen
§ 37 Abs. 1	§ 29 Abs. 6 Durchführung der Sitzungen, Teilnahmeberechtigte
§ 37 Abs. 2	–
§ 38	§ 32 Protokoll
§ 39	§ 33 Geschäftsordnung
§ 40 Abs. 1	§ 37 Abs. 1 Ehrenamtlichkeit
§ 40 Abs. 2 Satz 1 und 2	§ 37 Abs. 2 Versäumnis von Arbeitszeit
§ 40 Abs. 2 Satz 3	§ 39 Schulungs- und Bildungsmaßnahmen

HPVG a. F.	HPVG n. F.
§ 40 Abs. 3 und 4	§ 38 Freistellung
§ 41	§ 34 Sprechstunden, Mitteilungen an die Beschäftigten
§ 42	§ 35 Kosten
§ 43	§ 36 Verbot der Beitragserhebung
§ 44 Abs. 1 Satz 1	§ 43 Abs. 1 Allgemeines
§ 44 Abs. 1 Satz 2 und 3	§ 45 Abs. 1 Durchführung der Personalversammlung, Teilnahmeberechtigte
§ 44 Abs. 2	§ 43 Abs. 2 Allgemeines
§ 45 Abs. 1	§ 46 Abs. 1 Angelegenheiten der Personalversammlung
§ 45 Abs. 2	§ 44 Abs. 1 und 2 Einberufung der Personalversammlung
§ 45 Abs. 3	§ 44 Abs. 3 Einberufung der Personalversammlung
§ 46 Abs. 1	§ 45 Abs. 4 Durchführung der Personalversammlung, Teilnahmeberechtigte
§ 46 Abs. 2	§ 45 Abs. 5 Durchführung der Personalversammlung, Teilnahmeberechtigte
§ 46 Abs. 3	§ 45 Abs. 6 Durchführung der Personalversammlung, Teilnahmeberechtigte
§ 47	§ 46 Abs. 2 und 3 Angelegenheiten der Personalversammlung
§ 48	§ 45 Abs. 2 Teilnahmeberechtigte
§ 49	§ 45 Abs. 3 Teilnahmeberechtigte
§ 50 Abs. 1	§ 47 Bildung von Stufenvertretungen
§ 50 Abs. 2 bis 6	§ 48 Wahl und Zusammensetzung
§ 51 Abs. 1 und 3	§ 49 Abs. 1 Amtszeit, Geschäftsführung, Rechtsstellung, Datenschutz
§ 51 Abs. 2	§ 49 Abs. 3 Amtszeit, Geschäftsführung, Rechtsstellung, Datenschutz
§ 52	§ 50 Bildung eines Gesamtpersonalrats
§ 53	§ 51 Anzuwendende Vorschriften
§ 54 Abs. 1 Satz 1	§ 52 Bildung von Jugend- und Auszubildendenvertretungen
§ 54 Abs. 1 Satz 1	§ 53 Abs. 1 Wahlberechtigung und Wählbarkeit
§ 54 Abs. 1 Satz 2	§ 54 Abs. 1 Größe und Zusammensetzung
§ 54 Abs. 1 Satz 3	§ 53 Abs. 2 Wahlberechtigung und Wählbarkeit
§ 54 Abs. 1 Satz 4, 5	§ 54 Abs. 2 Größe und Zusammensetzung
§ 54 Abs. 2 bis 4	§ 55 Wahl, Amtszeit, Vorsitz
§ 55	§ 56 Aufgaben
§ 56	§ 57 Anzuwendende Vorschriften

HPVG a. F.	HPVG n. F.
§ 57	§ 58 Jugend- und Auszubildendenversammlung
§ 58	§ 59 Jugend- und Auszubildendenstufenvertretung und Gesamtjugend- und -auszubildendenvertretung
§ 59	–
§ 60 Abs. 1	§ 2 Abs. 1 Grundsätze der Zusammenarbeit § 3 Abs. 1 Stellung der Gewerkschaften und Arbeitgebervereinigungen
§ 60 Abs. 2	§ 3 Abs. 4 Stellung der Gewerkschaften und Arbeitgebervereinigungen
§ 60 Abs. 3	§ 2 Abs. 2 Grundsätze der Zusammenarbeit
§ 60 Abs. 4 und 5	§ 62 Monatsgespräch
§ 61 Abs. 1 Satz 1	§ 2 Abs. 4 Grundsätze der Zusammenarbeit
§ 61 Abs. 1 Satz 2	§ 2 Abs. 5 Grundsätze der Zusammenarbeit
§ 61 Abs. 2	§ 3 Abs. 5 Stellung der Gewerkschaften und Arbeitgebervereinigungen
§ 62 Abs. 1	§ 60 Abs. 1 Allgemeine Aufgaben
§ 62 Abs. 2	§ 61 Abs. 1 Informations- und Teilnahmerechte
§ 62 Abs. 2 Satz 6 und 7	§ 61 Abs. 2 Informations- und Teilnahmerechte
§ 62 Abs. 3	§ 61 Abs. 3 Informations- und Teilnahmerechte
§ 63	§ 79 Verwaltungsanordnungen
§ 64 Abs. 1	§ 7 Abs. 1 Behinderungs-, Benachteiligungs- und Begünstigungsverbot
§ 64 Abs. 2	§ 40 Abs. 2, 3 Schutz vor Versetzung, Abordnung und Zuweisung
§ 65	§ 41 Besonderer Schutz der Auszubildenden in Personalräten § 49 Abs. 2 i. V. m. § 41 Besonderer Schutz der Auszubildenden in Stufenvertretungen §§ 51 Abs. 1, 49 Abs. 2 i. V. m. § 41 Besonderer Schutz der Auszubildenden in Gesamtpersonalräten § 57 i. V. m. § 41 Besonderer Schutz der Auszubildenden in Jugend- und Auszubildendenvertretungen §§ 59 Abs. 1, 57 i. V. m. § 41 Besonderer Schutz der Auszubildenden in Jugend- und Auszubildendenstufenvertretungen §§ 59 Abs. 3, 57 i. V. m. § 41 Besonderer Schutz der Auszubildenden in Gesamtjugend- und -auszubildendenvertretungen
§ 66 Abs. 1	§ 40 Abs. 1, 3 Schutz vor Kündigung, Versetzung, Abordnung und Zuweisung
§ 66 Abs. 2	§ 75 Abs. 5 Personelle Einzelmaßnahmen
§ 67	§ 7 Abs. 2 Unfallfürsorge
§ 68	§ 8 Schweigepflicht
§ 69 Abs. 1 und 2	§ 66 Verfahren zwischen Dienststelle und Personalrat

HPVG a. F.	HPVG n. F.
§ 69 Abs. 3	§ 67 Initiativrecht des Personalrats
§ 70	§ 68 Stufenverfahren
§ 71 Abs. 1	§ 69 Abs. 1 und 2 Bildung der Einigungsstelle
§ 71 Abs. 2	§ 69 Abs. 3 Bildung der Einigungsstelle
§ 71 Abs. 3	§ 70 Abs. 1 bis 3 Verfahren der Einigungsstelle
§ 71 Abs. 4 Satz 1	§ 70 Abs. 4 Verfahren der Einigungsstelle
§ 71 Abs. 4 Satz 2	§ 71 Abs. 1 Umfang der Bindungswirkung und Durchführung der Beschlüsse der Einigungsstelle
§ 71 Abs. 4 Satz 3	§ 71 Abs. 3 Satz 1 Umfang der Bindungswirkung und Durchführung der Beschlüsse der Einigungsstelle
§ 71 Abs. 5	§ 71 Abs. 2 Umfang der Bindungswirkung und Durchführung der Beschlüsse der Einigungsstelle
§ 71 Abs. 6	§ 71 Abs. 3 Satz 2 und 3 Umfang der Bindungswirkung und Durchführung der Beschlüsse der Einigungsstelle
§ 71 Abs. 7	§ 69 Abs. 4 Bildung der Einigungsstelle
§ 72	§ 72 Mitwirkung
§ 73	§ 64 Abs. 3 Vorläufige Regelung
§ 74 Abs. 1	§ 74 Abs. 1 Beteiligungspflichtige Maßnahmen
§ 74 Abs. 1 Nr. 1	§ 74 Abs. 1 Nr. 1
§ 74 Abs. 1 Nr. 2	§ 78 Abs. 1 Nr. 4 Organisatorische und wirtschaftliche Angelegenheiten
§ 74 Abs. 1 Nr. 3	§ 78 Abs. 1 Nr. 6 Organisatorische und wirtschaftliche Angelegenheiten
§ 74 Abs. 1 Nr. 4	§ 74 Abs. 1 Nr. 2
§ 74 Abs. 1 Nr. 5	§ 74 Abs. 1 Nr. 3
§ 74 Abs. 1 Nr. 6	§ 74 Abs. 1 Nr. 4
§ 74 Abs. 1 Nr. 7	§ 74 Abs. 1 Nr. 6
§ 74 Abs. 1 Nr. 8	§ 77 Abs. 1 Nr. 5 Allgemeine Personalangelegenheiten
§ 74 Abs. 1 Nr. 9	§ 78 Abs. 1 Nr. 1 Organisatorische und wirtschaftliche Angelegenheiten
§ 74 Abs. 1 Nr. 10	§ 74 Abs. 1 Nr. 7
§ 74 Abs. 1 Nr. 11	§ 74 Abs. 1 Nr. 8
§ 74 Abs. 1 Nr. 12	§ 74 Abs. 1 Nr. 9
§ 74 Abs. 1 Nr. 13	§ 74 Abs. 1 Nr. 10
§ 74 Abs. 1 Nr. 14	§ 74 Abs. 1 Nr. 11
§ 74 Abs. 1 Nr. 15	§ 74 Abs. 1 Nr. 12
§ 74 Abs. 1 Nr. 16	§ 74 Abs. 1 Nr. 13

HPVG a. F.	HPVG n. F.
§ 74 Abs. 1 Nr. 17	§ 78 Abs. 1 Nr. 5 Organisatorische und wirtschaftliche Angelegenheiten
§ 74 Abs. 2	§ 74 Abs. 3
§ 74 Abs. 3	§ 78 Abs. 1 Satz 2 Organisatorische und wirtschaftliche Angelegenheiten
§ 75 Abs. 1	§ 74 Abs. 3
§ 75 Abs. 2	§ 74 Abs. 2
§ 76 Abs. 1	§ 60 Abs. 2 Allgemeine Aufgaben
§ 76 Abs. 2	§ 61 Abs. 4 Informations- und Teilnahmerechte
§ 77 Abs. 1 Nr. 1	§ 75 Abs. 1 Personelle Einzelmaßnahmen
§ 77 Abs. 1 Nr. 2	§ 75 Abs. 2 Personelle Einzelmaßnahmen
§ 77 Abs. 2	§ 77 Abs. 1 Allgemeine Personalangelegenheiten
§ 77 Abs. 3	§ 77 Abs. 2 Allgemeine Personalangelegenheiten
§ 77 Abs. 4	§ 75 Abs. 6 Personelle Einzelmaßnahmen
§ 77 Abs. 5	§ 76 Abs. 1 Ausnahmen von der Beteiligung an personellen Einzelmaßrahmen
§ 78 Abs. 1	§ 75 Abs. 3 Personelle Einzelmaßnahmen
§ 78 Abs. 2	§ 75 Abs. 4 Personelle Einzelmaßnahmen
§ 79	§ 76 Abs. 2 Ausnahmen von der Beteiligung an personellen Einzelmaßrahmen
§ 80	§ 75 Abs. 7 Personelle Einzelmaßnahmen
§ 81 Abs. 1 und 2	§ 78 Abs. 1 Organisatorische und wirtschaftliche Angelegenheiten
§ 81 Abs. 3 und 4	§ 78 Abs. 3 Organisatorische und wirtschaftliche Angelegenheiten
§ 81 Abs. 5	§ 78 Abs. 4 Organisatorische und wirtschaftliche Angelegenheiten
§ 82	§ 80 Beschäftigtenvertretung im Verwaltungsrat
§ 83	§ 63 Zuständige Personalvertretung
§ 83 Abs. 5 Satz 1	§ 49 Abs. 4 Rechtsstellung
§ 83 Abs. 5 Satz 2	§ 49 Abs. 2 Geschäftsführung
§ 84	§ 81 Grundsatz
§ 85	–
§ 86	§ 82 Personalräte bei den Polizeibehörden
§ 86 Abs. 1 Nr. 1, Abs. 2	§ 86 Berufsfeuerwehr
§ 87	§ 83 Hauptpersonalrat der Polizei
§ 88	§ 84 Interessenvertretung der Polizeipraktikantinnen und Polizeipraktikanten

HPVG a. F.	HPVG n. F.
§ 89	§ 85 Sonderregelungen
§ 90	§ 90 Landesbetrieb Hessen-Forst
§ 91 Abs. 1 und 2	§ 91 Abs. 1 und 2 Personalräte im Schulbereich
§ 91 Abs. 3	§ 92 Abs. 1 Gesamtpersonalräte Schule
§ 91 Abs. 4	§ 92 Abs. 2 Gesamtpersonalräte Schule
§ 91 Abs. 5	§ 92 Abs. 3 Gesamtpersonalräte Schule
§ 91 Abs. 6	§ 95 Abs. 6 Sonderregelungen für die Personalvertretungen im Schulbereich
§ 91 Abs. 7	§ 95 Abs. 5 Sonderregelungen für die Personalvertretungen im Schulbereich
§ 92	§ 93 Hauptpersonalrat Schule
§ 93	§ 95 Sonderregelungen für die Personalvertretungen im Schulbereich
§ 94	§ 91 Abs. 3 Personalräte im Schulbereich
§ 95	–
§ 96	§ 96 Innerschulische Angelegenheiten
§ 97	§ 97 Abs. 1 bis 4 Hochschulen des Landes
§ 98	§ 98 Universitätskliniken
§ 99	§ 97 Abs. 6 Hochschulen des Landes
§ 100 Abs. 1	§ 97 Abs. 4 Hochschulen des Landes
§ 100 Abs. 2	§ 97 Abs. 5 Hochschulen des Landes
§ 101	§ 99 DIPF / Leibniz-Institut für Bildungsforschung und Bildungsinformation
§ 101a	§ 100 Hessische Hochschule für öffentliches Management und Sicherheit
§ 102	§ 101 Studienzentrum der Finanzverwaltung und Justiz Rotenburg a. d. Fulda
§ 103	§ 102 Dienststellen
§ 104	§ 103 Sonderregelungen für künstlerisch Beschäftigte
§ 105	§ 87 Landesamt für Verfassungsschutz Hessen
§ 106	§ 104 Sonderregelungen
§ 107	§ 89 Interessenvertretung der Rechtsreferendarinnen und Rechtsreferendare
§ 108	§ 94 Wahlrecht der Lehrkräfte im Vorbereitungsdienst
§ 109	§ 88 Hauptpersonalrat für den Justizvollzug
§ 110	§ 105 Mitglied in der Arbeitsgruppe Personalvertretung der Deutschen Rentenversicherung

HPVG a. F.	HPVG n. F.
§ 111	§ 106 Gerichtszuständigkeit, anzuwendende Vorschriften
§ 112	§ 107 Bildung von Fachkammern und eines Fachsenats
§ 113 Abs. 1	§ 1 Abs. 3 Ausschluss abweichender Regelungen
§ 113 Abs. 2 bis 5	§ 65 Dienstvereinbarungen
§ 114	–
§ 115	§ 108 Verordnungsermächtigung
§ 116	§ 1 Abs. 2 Geltungsbereich
§ 117	§ 109 Entsprechende Geltung von Vorschriften
§ 118	–
§ 119	–
§ 120	–
§ 121	–
§ 122	§ 112 Inkrafttreten

Teil 3
Übersichten

1. Zugangsrecht der Gewerkschaften (§ 3 Abs. 2 HPVG)

Grundsatz
Den Beauftragten der in der Dienststelle vertretenen Gewerkschaften ist zum Wahrnehmen der im HPVG genannten Aufgaben und Befugnisse nach Unterrichtung der Dienststelle Zugang zu der Dienststelle zu gewähren.

Ausnahmen
Kein Zugangsrecht, wenn
• zwingende dienstliche Gründe,
• zwingende Sicherheitsvorschriften oder
• der Schutz von Dienstgeheimnissen
entgegenstehen.

Aufgaben und Befugnisse der Gewerkschaften nach dem HPVG
• Einreichen von Wahlvorschlägen
  (§ 15 Abs. 3 HPVG)
• Antrag zum Einberufen einer Personalversammlung zur Wahl eines Wahlvorstandes
  (§§ 16 Abs. 2, 17 Abs. 1 HPVG)
• Antrag zum Bestellen eines Wahlvorstandes
  (§ 16 Abs. 3 HPVG)
• Anfechtung der Personalratswahl
  (§ 19 HPVG)
• Antrag auf Ausschluss aus dem Personalrat oder Auflösung des Personalrats
  (§ 23 HPVG)
• beratende Teilnahme an der Personalratssitzung
  (§ 29 Abs. 7 HPVG)
• Hilfe bei der Verständigung nach Aussetzung eines Personalratsbeschlusses
  (§ 31 Abs. 1 HPVG)
• Antragsrecht zum Einberufen einer Personalversammlung
  (§ 44 Abs. 3 HPVG)
• Teilnahme an den Personalversammlungen
  (§ 45 Abs. 2 HPVG)
• Bestellung von Wahlvorständen für die Wahl der Stufenvertretung
  (§ 48 Abs. 3 und 4 HPVG)
• Teilnahme am Monatsgespräch
  (§ 62 Abs. 5 HPVG)
• Antragsrecht bei groben Verstößen der Dienststellenleitung
  (§ 106 Abs. 2 HPVG)

2. Rechtsstellung der Personalratsmitglieder

Behinderungsverbot	• Personen, die Aufgaben oder Befugnisse nach dem HPVG wahrnehmen, dürfen darin nicht behindert werden (§ 7 Abs. 1 HPVG).
Benachteiligungs- und Begünstigungsverbot	• Personen, die Aufgaben oder Befugnisse nach dem HPVG wahrnehmen, dürfen wegen ihrer Tätigkeit nicht benachteiligt oder begünstigt werden; dies gilt auch für ihre berufliche Entwicklung (§ 7 Abs. 1 HPVG).
Unfallschutz	• Erleidet eine Beamtin oder ein Beamter beim Wahrnehmen von Rechten oder dem Erfüllen von Pflichten nach dem HPVG einen Unfall, der im Sinne der beamtenrechtlichen Unfallfürsorgevorschriften ein Dienstunfall wäre, so sind diese Vorschriften entsprechend anzuwenden (§ 7 Abs. 2 HPVG). • Bei Arbeitnehmerinnen und Arbeitnehmern richtet sich der Unfallversicherungsschutz nach dem SGB VII.
Ehrenamt	• Die Mitglieder des Personalrats führen ihr Amt unentgeltlich als Ehrenamt (§ 37 Abs. 1 HPVG)
Versäumnis der Arbeitszeit	• Versäumnis von Arbeitszeit, die zur ordnungsgemäßen Durchführung der Aufgaben des Personalrats erforderlich ist, hat keine Minderung der Dienstbezüge, des Arbeitsentgelts und aller Zulagen zur Folge (§ 37 Abs. 2 Satz 1 HPVG).
Freizeitausgleich	• Werden Personalratsmitglieder für das Erfüllen ihrer Aufgaben über ihre regelmäßige Arbeitszeit hinaus beansprucht, so ist ihnen ein entsprechender Zeitausgleich in Freizeit zu gewähren. (§ 37 Abs. 2 Satz 2 HPVG).
Freistellungen	• Personalratsmitglieder sind auf Antrag des Personalrats von ihrer dienstlichen Tätigkeit freizustellen, wenn und soweit es nach Umfang und Art der Dienststelle zur ordnungsgemäßen Durchführung ihrer Aufgaben erforderlich ist (§ 38 Abs. 1 Satz 1 HPVG). • Bei der Freistellung sind nach der oder dem Vorsitzenden die Gruppen entsprechend ihrer Stärke und die im Personalrat vertretenen Gewerkschaften und freien Listen entsprechend ihrem Stimmenanteil zu berücksichtigen (§ 38 Abs. 1 Satz 2 und 3 HPVG). • Freistellung nach der Freistellungsstaffel ab 300 Beschäftigten (§ 38 Abs. 2 HPVG).
Teilnahme an Schulungs- und Bildungsmaßnahmen	• Personalratsmitgliedern ist für die Teilnahme an Schulungs- und Bildungsveranstaltungen, die der Personalratsarbeit dienen, auf Antrag die erforderliche Dienstbefreiung unter Fortzahlung der Dienstbezüge oder des Arbeitsentgeltes zu gewähren (§ 39 HPVG).

Schutz vor • *Kündigung*	• Die Kündigung von Personalratsmitgliedern ist unzulässig, es sei denn, es liegen Gründe für eine außerordentliche Kündigung vor und der Personalrat hat der Kündigung zugestimmt (vgl. § 15 Abs. 2 KSchG i. V. m. § 40 Abs. 1 HPVG)
Schutz vor • *Versetzung* • *Abordnung* • *Zuweisung* • *Personalgestellung*	• Personalratsmitglieder dürfen gegen ihren Willen nur versetzt, zugewiesen, abgeordnet oder im Wege der Personalgestellung einem Dritten zugewiesen werden, wenn dies aus wichtigen dienstlichen Gründen auch unter Berücksichtigung der Mitgliedschaft im Personalrat unvermeidbar ist und der Personalrat zustimmt (§ 40 Abs. 2 HPVG)
Übernahme nach der Ausbildung	• Nach erfolgreicher Beendigung des Berufsausbildungsverhältnisses sind Personalratsmitglieder, wenn sie das wollen, grundsätzlich in ein unbefristetes Arbeitsverhältnis zu übernehmen (§ 41 HPVG). • Das gilt auch für Mitglieder in Jugend- und Auszubildendenvertretungen (§ 57 i. V. m. § 41 HPVG)

3. Wahl und Amtszeit des Personalrats

Die regelmäßigen **Personalratswahlen** finden alle vier Jahre in der Zeit zwischen dem 1. und dem 31. Mai statt, beginnend mit dem Jahr 2024.

(§ 20 Abs. 1 HPVG)

Hat außerhalb des für die regelmäßigen Personalratswahlen festgelegten Zeitraums eine Personalratswahl stattgefunden, so ist der Personalrat in dem auf diese Wahl folgenden nächsten Zeitraum der regelmäßigen Personalratswahlen neu zu wählen.

(§ 20 Abs. 3 Satz 1 HPVG)

Ausnahme

Der Personalrat ist in dem übernächsten Zeitraum der regelmäßigen Personalratswahlen neu zu wählen, wenn dessen Amtszeit zu Beginn des für die regelmäßigen Personalratswahlen festgelegten Zeitraums (1. Mai) noch nicht ein Jahr betragen hat.

(§ 20 Abs. 3 Satz 2 HPVG)

Die regelmäßige **Amtszeit** des Personalrats beträgt vier Jahre.
Die Amtszeit beginnt am 1. Juni des Jahres, in dem die regelmäßigen Personalratswahlen stattfinden, und endet mit Ablauf von vier Jahren.

(§ 20 Abs. 2 Satz 1 und 2 HPVG)

Ausnahme

Der bisherige Personalrat führt die Geschäfte nach Ablauf seiner Amtszeit weiter, bis sich der neu gewählte Personalrat konstituiert hat, längstens jedoch bis zum Ablauf des 31. Juli.

(§ 20 Abs. 2 Satz 3 HPVG)

4. Aufgaben der oder des Personalratsvorsitzenden

- **Führen der laufenden Geschäfte des Personalrats** (§ 27 Abs. 2 Satz 1 HPVG). Die Geschäftsführungsbefugnis kann die oder der Vorsitzende auf ihre oder seine Stellvertreterinnen und Stellvertreter übertragen (§ 27 Abs. 2 Satz 2 HPVG).
- In einer **Geschäftsordnung**, die der Personalrat mit der Mehrheit der Stimmen seiner Mitglieder beschließt, können sonstige Bestimmungen über die Geschäftsführung getroffen werden (§ 33 HPVG).
- **Vertretung des Personalrats** im Rahmen der gefassten Personalratsbeschlüsse. Bei Angelegenheiten, die nur eine Gruppe betreffen, soll bei der Vertretung ein Mitglied dieser Gruppe beteiligt werden (§ 27 Abs. 3 HPVG).
- **Anberaumen der Personalratssitzungen und Festsetzen der Tagesordnung** (§ 28 Abs. 2 Satz 1 und 2 HPVG).
- **rechtzeitige Ladung der Personalratsmitglieder** (ggf. Ersatzmitglieder) zur Personalratssitzung und **Mitteilung der Tagesordnung** (§ 28 Abs. 2 Satz 3; § 28 Abs. 3 Satz 2 HPVG).
- Ebenso **rechtzeitige Ladung anderer Personen**, die ein Recht auf Teilnahme an der Sitzung haben: Dienststellenleitung (§ 29 Abs. 4 HPVG), Schwerbehindertenvertretung (§ 29 Abs. 6), Jugend- und Auszubildendenvertretung (§ 29 Abs. 5 HPVG), Gewerkschaftsbeauftragte (§ 29 Abs. 7 HPVG), Mitglied/er des Hilfskräfterats (§ 97 Abs. 7 Satz 2 und 3 HPVG), Vertrauensleute der Polizeipraktikant/innen (§ 84 Abs. 1 HPVG) und Vertrauensperson der Rechtsreferendar/innen (§ 89 Satz 3).
- **Festsetzen der Frist für den Widerspruch gegen eine virtuelle Personalratssitzung** (§ 29 Abs. 3 Nr. 2 HPVG).
- **Leiten der Personalratssitzung** (§ 28 Abs. 2 Satz 2 HPVG).
- **Unterzeichnen des Protokolls** über die Personalratssitzung (§ 32 Abs. 1 Satz 2 HPVG).
- **Feststellen der Anwesenheit** bei Video- oder Telefonsitzungen und **Eintragung in die Anwesenheitsliste** (§ 29 Abs. 3 Satz 5 HPVG).
- **Leiten der Personalversammlung** (§ 45 Abs. 1 Satz 2 HPVG).
- **Teilnahme an der Jugend- und Auszubildendenversammlung** (§ 58 Satz 5 HPVG).
- **Mitbestimmung bei der Gewährung von Unterstützungen und entsprechenden Zuwendungen** (§ 74 Abs. 1 Nr. 1 HPVG) auf Verlangen der Antragstellerin oder des Antragstellers (§ 74 Abs. 3 Satz 1 HPVG).

5. Die Personalratssitzung

Zeitpunkt	• Konstituierende Sitzung spätestens eine Woche nach dem Wahltag (§ 28 Abs. 1 HPVG). • Die weiteren Sitzungen beraumt die oder der Personalratsvorsitzende an; dabei sind die dienstlichen Erfordernisse zu berücksichtigen (§ 28 Abs. 2 Satz 1 HPVG). • Personalratssitzungen finden in der Regel während der Arbeitszeit statt (§ 29 Abs. 2 HPVG).
Einberufung	• Die oder der Personalratsvorsitzende setzt die Tagesordnung fest und lädt die Mitglieder des Personalrats, ggf. Ersatzmitglieder und andere Personen, die ein Teilnaherecht haben, rechtzeitig ein und teilt die Tagesordnung mit (§ 28 Abs. 2 Satz 2 – 4 HPVG). • Verhinderte Personalratsmitglieder sowie andere Teilnahmeberechtigte haben ihre Nichtteilnahme unverzüglich unter Angabe von Gründen der/dem Personalratsvorsitzenden mitzuteilen (§ 28 Abs. 3 HPVG).
Tagesordnung	• Die Tagesordnung wird von der oder dem Personalratsvorsitzenden festgesetzt (§ 28 Abs. 2 Satz 2 HPVG). Ausnahme: Bei beantragter Personalratssitzung nach § 28 Abs. 4 HPVG hat die oder der Personalratsvorsitzende den beantragten Gegenstand auf die Tagesordnung zu setzen. • Die Einladung erfolgt unter Mitteilung der Tagesordnung (§ 28 Abs. 2 Satz 3). Dabei sind die Beratungsgegenstände genau zu bezeichnen.
Leitung	• Die oder der Personalratsvorsitzende leitet die Personalratssitzung (§ 28 Abs. 2 Satz 2 HPVG); im Falle der Verhinderung deren oder dessen Stellvertreterin oder Stellvertreter.
Teilnehmende	Die Personalratssitzung ist nicht öffentlich (§ 29 Abs. 1 Satz 1 HPVG), deshalb sind die Teilnahmeberechtigten abschließend aufgezählt: • Mitglieder des Personalrates (§ 28 Abs. 2 Satz 3 HPVG) • ggf. Ersatzmitglieder (§§ 28 Abs. 3 Satz 2; 26 HPVG) • Dienststellenleiterin oder Dienststellenleiter, soweit sie oder er die Sitzung beantragt hat oder auf Einladung (§ 29 Abs. 4 HPVG) • Jugend- und Auszubildendenvertretung (§ 29 Abs. 5 HPVG) • Schwerbehindertenvertretung (§ 29 Abs. 6 HPVG) • Beauftragte der im Personalrat vertretenen Gewerkschaften (§ 29 Abs. 7 HPVG) • Vertreter/innen des Arbeitgeberverbandes bzw. kommunalen Spitzenverbandes i. V. m. Teilnahmerecht der Dienststellenleiterin oder des Dienststellenleiters (§ 29 Abs. 4 Satz 3 HPVG) • sachkundige Mitarbeiter/innen i. V. m. Teilnahmerecht der Dienststellenleiterin oder des Dienststellenleiters (§ 29 Abs. 4 Satz 2 HPVG) • Sachverständige des Personalrats (§ 29 Abs. 4 Satz 4 HPVG)

	• Bürokraft zum Erstellen des Protokolls (§ 29 Abs. 1 Satz 2 HPVG) • [Mitglied/er des Hilfskräfterats (§ 97 Abs. 7 Satz 2 und 3 HPVG)] • [Vertrauensleute der Polizeipraktikant/innen (§ 84 Abs. 1 HPVG)] • [Vertrauensperson der Rechtsreferendar/innen (§ 89 Satz 3)]
Antragsrecht	Eine Personalratssitzung können beantragen (§ 28 Abs. 4 HPVG): • ein Viertel der Personalratsmitglieder • die Mehrheit der Vertreterinnen oder Vertreter einer Gruppe • die Dienststellenleitung • die Schwerbehindertenvertretung in Angelegenheiten, die schwerbehinderte Beschäftigte besonders betreffen • die Mehrheit der Mitglieder der Jugend- und Auszubildendenvertretung in Angelegenheiten, die besonders Jugendliche und Auszubildende betreffen

6. Beschlüsse des Personalrats

Beschlussfassung	Der Personalrat beschließt mit einfacher Stimmenmehrheit der anwesenden Mitglieder (in der Personalratssitzung). Bei Stimmengleichheit ist ein Antrag abgelehnt. Zur Berechnung der Mehrheit zählen Stimmenthaltungen und ungültige Stimmen nicht mit (§ 30 Abs. 1 HPVG). • Mittels Video- oder Telefonkonferenz teilnehmende Personalratsmitglieder gelten als anwesend (§ 29 Abs. 4 Satz 4 HPVG).
Gemeinsamer Beschluss	Grundsätzlich wird über die Angelegenheiten der Beamtinnen und Beamten sowie der Arbeitnehmerinnen und Arbeitnehmer vom Personalrat gemeinsam beraten und beschlossen (§ 30 Abs. 5 Satz 1 HPVG). • Ausnahmsweise beschließen nach gemeinsamer Beratung im Personalrat nur die Vertreterinnen und Vertreter einer Gruppe, wenn die Angelegenheit lediglich die Angehörigen einer Gruppe betrifft (§ 30 Abs. 5 Satz 2 und 3 HPVG); sog. Gruppenbeschluss.
Beschlussfähigkeit	Der Personalrat ist nur beschlussfähig, wenn mindestens die Hälfte seiner Mitglieder anwesend ist, wobei Stellvertretung durch Ersatzmitglieder zulässig ist (§ 30 Abs. 2 HPVG). • Mittels Video- oder Telefonkonferenz teilnehmende Personalratsmitglieder gelten als anwesend (§ 29 Abs. 4 Satz 4 HPVG).
Stimmrecht	• Personalratsmitglieder; bei Verhinderung Ersatzmitglied(er) • Mitglieder der Jugend- und Auszubildendenvertretung, bei Beschlüssen, die Jugendliche und Auszubildende betreffen (§ 29 Abs. 5 Satz 3 HPVG) • Mitglied/er des Hilfskräfterats in Angelegenheiten, die die studentischen Hilfskräfte betreffen (§ 97 Abs. 7 Satz 2 und 3 HPVG).
Befangenheit	• An der Beratung und Beschlussfassung über Angelegenheiten, die die persönlichen Interessen eines Personalratsmitgliedes unmittelbar berühren, nimmt dieses Mitglied nicht teil (§ 30 Abs. 4 HPVG).
Aussetzung von Beschlüssen	Personalratsbeschlüsse können auf Antrag für die Dauer von sechs Arbeitstagen vom Zeitpunkt der Beschlussfassung an ausgesetzt werden (§ 31 HPVG). • Antragsberechtigt sind die Mehrheit der Vertreterinnen und Vertreter einer Gruppe oder der Jugend- und Auszubildendenvertretung, wenn diese einen Beschluss des Personalrats als eine erhebliche Beeinträchtigung wichtiger Interessen der durch sie vertretenen Beschäftigten erachtet. • Antragsberechtigt ist auch die Schwerbehindertenvertretung, wenn diese einen Gremiumsbeschluss als eine erhebliche Beeinträchtigung wichtiger Interessen der durch sie vertretenen Beschäftigten erachtet. • Innerhalb der Aussetzungsfrist soll eine Verständigung versucht werden. Nach Ablauf der Aussetzungsfrist ist neu zu beschließen. Wird der ausgesetzte Beschluss bestätigt, so kann der Aussetzungsantrag nicht wiederholt werden.

Protokoll	Der Wortlaut der Beschlüsse und die Stimmenmehrheit, mit der sie gefasst wurden, sind als Mindestvoraussetzungen in das Protokoll über die Verhandlungen des Personalrats aufzunehmen (§ 32 Abs. 1 HPVG).
	• Dem Protokoll ist eine Anwesenheitsliste beizufügen, in die sich jede Teilnehmerin und jeder Teilnehmer eigenhändig einzutragen hat.
	• Eine Kopie des Protokolls erhalten die Mitglieder des Personalrats sowie die Schwerbehindertenvertretung (§ 32 Abs. 2 HPVG).
	• Einwendungen sind unverzüglich schriftlich oder elektronisch zu erheben (§ 32 Abs. 2 Satz 4 HPVG).

7. Digitalisierung der Personalratsarbeit

Die Sitzungen des Personalrats können ausnahmsweise entweder vollständig oder durch Zuschaltung einzelner Mitglieder oder Teilnahmeberechtigter mittels **Video- oder Telefonkonferenz** stattfinden (§ 29 Abs. 3 HPVG)

Das HPVG erlaubt neben der schriftlichen alternativ auch die **elektronische Kommunikation**
- Einwendungen gegen das Protokoll über die Personalratssitzung
  (§ 32 Abs. 2 HPVG)
- Zustimmungsverweigerungen in Mitbestimmungsangelegenheiten
  (§ 66 Abs. 2 Satz 4 HPVG)
- Unterbreiten von Initiativanträgen durch den Personalrat
  (§ 67 Abs. 1 Satz 2 HPVG)
- Zurückweisen von Initiativanträgen durch die Dienststelle
  (§ 67 Abs. 2 Satz 3 HPVG)
- Mitteilung der Dienststelle, wenn in Mitwirkungsangelegenheiten den Einwendungen des Personalrats nicht oder nicht in vollem Umfang entsprochen wird (§ 72 Abs. 3 HPVG)
- Beantragen von Mitwirkungsmaßnahmen durch den Personalrat
  (§ 72 Abs. 4 Satz 2 HPVG)
- Mitteilung der Entscheidung über beantragte Mitwirkungsmaßnahmen durch die Dienststelle (§ 72 Abs. 4 Satz 1 HPVG)
- Mitteilung von Bedenken des Personalrats gegen fristlose Entlassungen, außerordentliche Kündigungen oder Kündigungen während der Probezeit (§ 75 Abs. 4 HPVG)

Der Personalrat kann für seine Mitteilungen an die Beschäftigten über Angelegenheiten, die sie betreffen, für seine Bekanntmachungen und für seine Aushänge auch die in der Dienststelle üblicherweise genutzten **Informations- und Kommunikationssysteme** nutzen (§ 34 Abs. 2 HPVG).

Die Dienststelle hat die in der Dienststelle üblicherweise genutzte **Informations- und Kommunikationstechnik** in dem zur sachgerechten Wahrnehmung seiner Aufgaben erforderlichen Umfang zur Verfügung zu stellen (§ 35 Abs. 2 HPVG).

8. Virtuelle Sitzungen

Die Sitzungen des Personalrats finden in der Regel als Präsenzsitzung in Anwesenheit seiner Mitglieder vor Ort statt. Ausnahmsweise besteht (für den Personalrat) die Möglichkeit, Sitzungen entweder **vollständig** oder durch **Zuschaltung einzelner Mitglieder oder Teilnahmeberechtigter** mittels Video- oder Telefonkonferenz durchzuführen (§ 29 Abs. 3 HPVG).

Die Voraussetzungen

Es werden Einrichtungen genutzt, die durch die Dienststelle zur dienstlichen Nutzung freigegeben sind. Nein

 JA

Kein Widerspruch von mindestens 25% der Mitglieder des Gremiums gegenüber der/dem Vorsitzendem innerhalb einer von ihr/ihm zu bestimmenden Frist. Nein

Das Durchführen von Sitzungen als Telefon- und Videokonferenz ist nicht zulässig.

 JA

Der Personalrat trifft geeignete Maßnahmen, um sicherzustellen, dass Dritte vom Inhalt der Sitzung keine Kenntnis nehmen können. Nein

 JA

Das Durchführen von Sitzungen als Telefon- und Videokonferenz ist zulässig.

Dabei ist zu beachten

- Eine Aufzeichnung ist unzulässig.
- Fiktion der Anwesenheit der Personalratsmitglieder, die mittels Video- oder Telefonkonferenz an Sitzungen teilnehmen.
- Feststellung der zugeschalteten Personalratsmitglieder durch Vorsitzende/n vor Beginn der Beratung und Eintragung in die Anwesenheitsliste.
- Die Möglichkeit der Teilnahme mittels Video- oder Telefonkonferenz schränkt das Recht zur Präsenzteilnahme an einer vor Ort stattfindenden Sitzung nicht ein.

9. Datenschutz nach § 42 HPVG

Beim Verarbeiten personenbezogener Daten hat der Personalrat die Vorschriften über den Datenschutz einzuhalten, z. B.
- Datenschutz-Grundverordnung
- Hessisches Datenschutz- und Informationsfreiheitsgesetz

Die Dienststelle ist die für die Verarbeitung Verantwortliche im Sinne der datenschutzrechtlichen Vorschriften, soweit der Personalrat zur Erfüllung der in seiner Zuständigkeit liegenden Aufgaben personenbezogene Daten verarbeitet.

Die Dienststelle und der Personalrat unterstützen sich gegenseitig bei der Einhaltung der datenschutzrechtlichen Vorschriften.

Die oder der Datenschutzbeauftragte ist gegenüber der Dienststelle zur Verschwiegenheit verpflichtet über Informationen, die Rückschlüsse auf den Meinungsbildungsprozess des Personalrats zulassen.

Die oder der Datenschutzbeauftragte ist gegenüber der Dienststelle zur Verschwiegenheit verpflichtet über die Identität von betroffenen Personen, die ihr oder ihm in der Eigenschaft als Datenschutzbeauftragte/r Tatsachen anvertraut hat.

10. Allgemeine Aufgaben des Personalrats

Maßnahmen bei der Dienststelle beantragen	• ... die der Dienststelle und ihren Angehörigen dienen (§ 60 Abs. 1 Nr. 1 HPVG) • ... zur beruflichen Förderung von schwerbehinderten Beschäftigten (§ 60 Abs. 1 Nr. 4 HPVG) • ... die dem Umweltschutz in der Dienststelle dienen (§ 60 Abs. 1 Nr. 9 HPVG)
Fördern	• ... der Teilhabe und beruflichen Entwicklung schwerbehinderter Beschäftigter und sonstiger besonders schutzbedürftiger, insbesondere älterer Personen (§ 60 Abs. 1 Nr. 4 HPVG) • ... der Durchsetzung der tatsächlichen Gleichstellung von Frauen und Männern (§ 60 Abs. 1 Nr. 5 HPVG) • ... der Vereinbarkeit von Familie, Pflege und Beruf (§ 60 Abs. 1 Nr. 6 HPVG) • ... der Eingliederung ausländischer Beschäftigter und des Verständnisses zwischen ihnen und den deutschen Beschäftigten (§ 60 Abs. 1 Nr. 7 HPVG) • ... der Belange von Jugendlichen und Auszubildenden (§ 60 Abs. 1 Nr. 8 HPVG)
Überwachen	• ... der Behandlung aller in der Dienststelle Tätigen nach Recht und Billigkeit, insbesondere dass jede Ungleichbehandlung unterbleibt (§ 2 Abs. 4 HPVG) • ... der Durchführung von zugunsten der Beschäftigten geltenden Vorschriften (§ 60 Abs. 1 Nr. 2 HPVG)
Entgegennahme	• ... von Anregungen und Beschwerden von Beschäftigten und ggf. bei der Dienststellenleitung auf eine Erledigung hinzuwirken (§ 60 Abs. 1 Nr. 3 HPVG)
Teilnahme	• ... bei verwaltungsinternen Prüfungen (§ 61 Abs. 3 Satz 1) • ... bei Auswahlverfahren und Aufnahmetests (§ 61 Abs. 3 Satz 2) • ... an Unfalluntersuchungen (§ 61 Abs. 4 HPVG)
Einsatz	• ... für das Verhüten von Unfall- und Gesundheitsgefahren und das Durchführen des Arbeitsschutzes (§ 60 Abs. 2 HPVG) • ... für das Wahren der Vereinigungsfreiheit (§ 3 Abs. 5 HPVG)
Unterstützen	• ... der für den Arbeitsschutz zuständigen Stellen durch Anregung, Beratung und Auskunft (§ 60 Abs. 2 HPVG)
Einsicht	• ... in Personalakten mit Zustimmung der betroffenen Beschäftigten und in Beurteilungen auf deren Verlangen (§ 61 Abs. 1 Satz 4 und 5 HPVG)
Zusammenarbeit	• ... mit der Jugend- und Auszubildendenvertretung (§ 60 Abs. 1 Nr. 8 HPVG) • ... mit der Schwerbehindertenvertretung (§ 182 Abs. 1 SGB IX)

11. Antragsrechte des Personalrats

Allgemeines Antragsrecht	Antragsrecht in Mitwirkungsangelegenheiten	Initiativrecht in Mitbestimmungsangelegenheiten
§ 60 Abs. 1 HPVG	§ 72 Abs. 4 HPVG	§ 67 HPVG
Keine verfahrensmäßige Ausgestaltung; bei Nichteinigung ist das Stufenverfahren nicht vorgesehen	Verfahrensmäßige Ausgestaltung; bei Nichteinigung ist das Stufenverfahren vorgesehen	Verfahrensmäßige Ausgestaltung; bei Nichteinigung ist das Stufen- ggf. das Einigungsstellenverfahren vorgesehen
• in allen Angelegenheiten, die der Dienststelle und ihren Angehörigen dienen (§ 60 Abs. 1 Nr. 1 HPVG), konkretisiert in Angelegenheiten • zur beruflichen Förderung von schwerbehinderten Beschäftigten (§ 60 Abs. 1 Nr. 4 HPVG) • die dem Umweltschutz in der Dienststelle dienen (§ 60 Abs. 1 Nr. 9 HPVG)	• in allen Mitwirkungsangelegenheiten	• in allen Mitbestimmungsangelegenheiten, die den Beschäftigten der Dienststelle insgesamt oder Gruppen von ihnen dienen
• Keine Form vorgeschrieben; auch mündlich, etwa im Monatsgespräch, möglich • Pflicht zur Erörterung • Antwort der Dienststellenleitung in angemessener Frist	• schriftlicher oder elektronischer Antrag • Erörterung im Rahmen des Monatsgesprächs nach § 62 HPVG • Dienststellenleitung muss die Entscheidung innerhalb angemessener Frist schriftlich oder elektronisch mitteilen • Ablehnung ist zu begründen • endgültige Entscheidung durch Leitung der obersten Dienstbehörde nach Stufenverfahren (§ 72 Abs. 5 HPVG) oder • endgültige Entscheidung der obersten Dienstbehörde ohne Stufenverfahren bei einstufigem Verwaltungsaufbau (§ 72 Abs. 6 HPVG)	• schriftlicher oder elektronischer Antrag • Begründung des Antrags • zwingende Erörterung • Dienststellenleitung soll innerhalb von vier Wochen nach Abschluss der Erörterung entscheiden (ggf. Verlängerung der Frist um weitere vier Wochen) • Billigungsfiktion bei Fristversäumnis, soweit die Dienststellenleitung allein entscheidungsbefugt ist • bei Nichteinigung ggf. Stufen- und Einigungsstellenverfahren nach §§ 68 ff. HPVG

12. Monatsgespräch nach § 62 HPVG

Die Dienststellenleitung und der Personalrat sollen mindestens einmal im Monat zu einer gemeinschaftlichen Besprechung zusammentreten (Monatsgespräch).

Die Dienststellenleitung und der Personalrat haben über strittige Fragen mit dem ernsten Willen zur Einigung zu verhandeln und Vorschläge für die Beilegung von Meinungsverschiedenheiten zu machen.

Pflichten der Dienststellenleitung im Monatsgespräch

- rechtzeitiges und eingehendes Erörtern beabsichtigter Maßnahmen, die der Beteiligung unterliegen

- Behandeln des Dienstbetriebs, insbesondere alle Vorgänge, die die Beschäftigten wesentlich berühren

- möglichst frühzeitiges Unterrichten über beabsichtigte Maßnahmen zur Verwaltungsmodernisierung und zur Digitalisierung sowie über beabsichtigte Organisationsentscheidungen, die beteiligungspflichtige Maßnahmen zur Folge haben

Teilnehmende

- Dienststellenleiterin oder Dienststellenleiter, ggf. Vertreterin oder Vertreter
- alle Personalratsmitglieder, ggf. Ersatzmitglieder
- sachkundige Mitarbeiterinnen und Mitarbeiter oder Sachverständige der Dienststellenleitung oder des Personalrats
- Schwerbehindertenvertretung
- ein Mitglied der Jugend- und Auszubildendenvertretungen
- Beauftragte der im Personalrat der Dienststelle vertretenen Gewerkschaften
- Vertreterinnen und Vertreter des jeweiligen Arbeitgeberverbandes oder kommunalen Spitzenverbandes
- Frauen- und Gleichstellungsbeauftragte (§ 18 Abs. 1 HGlG)

13. Entscheidungen der Einigungsstelle

Entscheidungen der Einigungsstelle

* durch Beschluss nach mündlicher Verhandlung, die nicht öffentlich ist (§ 70 Abs. 1 HPVG)
* mit Stimmenmehrheit der Beisitzerinnen/Beisitzer und der/des Vorsitzenden (§ 70 Abs. 3 HPVG)
* im Rahmen der geltenden Rechtsvorschriften, insbesondere des Haushaltsgesetzes (§ 70 Abs. 1 HPVG)
* Der Beschluss ist zu begründen und von der oder dem Vorsitzenden der Einigungsstelle zu unterzeichnen (§ 70 Abs. 4 HPVG)
* Der Beschluss ist den Beteiligten unverzüglich zuzustellen (§ 70 Abs. 4 HPVG)
* Beschlüsse der Einigungsstelle führt regelmäßig die Dienststelle durch (§ 71 Abs. 3 HPVG)

Empfehlungscharakter

Der Beschluss der Einigungsstelle hat (nur) den Charakter einer unverbindlichen Empfehlung an die oberste Dienstbehörde

* bei personellen Einzelmaßnahmen nach § 75 Abs. 1 und 2 HPVG
* bei allgemeinen Personalangelegenheiten nach § 77 HPVG
* bei organisatorischen und wirtschaftlichen Angelegenheiten nach § 78 Abs. 1 HPVG

Pflicht zur Begründung

Folgt die oberste Dienstbehörde der Empfehlung der Einigungsstelle nicht, hat sie dies zu begründen.

Bindungswirkung

Der Beschluss der Einigungsstelle bindet die Beteiligten (Dienststellenleitung und Personalvertretung)

* bei sozialen Angelegenheiten nach § 74 Abs. 1 HPVG

Der Beschluss muss sich im Rahmen der geltenden Rechtsvorschriften, insbesondere des Haushaltsgesetzes, halten.

Ausnahme

Evokationsrecht

Die von der Bindungswirkung betroffene Entscheidung ist im Einzelfall wegen ihrer Auswirkungen auf das Gemeinwohl wesentlicher Bestandteil der Regierungsgewalt.
Dann ggf. abschließende Entscheidung der

* Landesregierung (Landesverwaltung)
* obersten Dienstbehörde (bei Gemeinden, Gemeindeverbänden, und sonstigen Körperschaften, Anstalten und Stiftungen des öffentlichen Rechts

14. Überblick über die Beteiligungsrechte

	Soziale Angelegenheiten	Personalangelegenheiten	Organisatorische und wirtschaftliche Angelegenheiten
Mitbestimmungsrechte (Verfahren nach §§ 66, 68–71 HPVG)	§ 74 Abs. 1 HPVG (B)[1] Ausnahme: § 78 Abs. 4 HPVG	**§ 75 Abs. 1 und 2 HPVG** (E)[2] (Einzelmaßnahmen) Ausnahme: § 76 **§ 77 HPVG** (E)[2] (allgemein)	**§ 78 Abs. 1 HPVG** (E)[2] Ausnahme: § 78 Abs. 4 HPVG
Mitwirkungsrechte (Verfahren nach § 72 HPVG)	**§ 74 Abs. 2 HPVG** **§ 79 HPVG**	**§ 75 Abs. 3 HPVG** Ausnahme: § 76 **§ 79 HPVG**	**§ 78 Abs. 2 HPVG** **§ 79 HPVG**
Anhörungsrechte (Verfahren nach § 73 HPVG)		**§ 75 Abs. 4 HPVG** Ausnahme: § 76	**§ 78 Abs. 3 HPVG**
Informationsrechte • allgemein nach § 61 Abs. 1 und 2 HPVG • bei Mitbestimmung nach § 66 Abs. 1 HPVG • bei Mitwirkung nach § 72 Abs. 1 HPVG • bei Anhörung nach § 73 HPVG	**§ 74 Abs. 3 HPVG**		

[1] Der Beschluss der Einigungsstelle hat bindenden Charakter (B) (§ 71 Abs. 1 Satz 2 HPVG).
[2] Der Beschluss der Einigungsstelle hat den Charakter einer Empfehlung (E) (§ 71 Abs. 1 Satz 1 HPVG).

Kompetenz verbindet

Wirlitsch / Reinke / Breyer

Arbeitszeit in Frage und Antwort

Die wichtigsten Fragen aus der Praxis an
Betriebs- und Personalräte
2023. 282 Seiten, kartoniert
€ 29,–
ISBN 978-3-7663-6975-8

Wann beginnt und endet die Arbeitszeit? Wie wird
Arbeitszeit korrekt erfasst? Wann müssen Überstunden
geleistet werden? Betriebsräte und Personalräte
bestimmen die Arbeitszeitregelungen in Betrieb und
Dienststelle maßgeblich mit. Zudem sind sie die erste
Anlaufstelle für die Beschäftigten, gerade bei Fragen
zur Arbeitszeit. Dieser Ratgeber gibt Betriebs- und
Personalräten Rückendeckung. Durch den Aufbau
in Frage und Antwort stehen die Fakten sofort im
richtigen Kontext – sowohl in Sachen Mitbestimmung
als auch bei Einzelfällen der Kolleginnen und Kollegen.

Im Mittelpunkt stehen Fragen zu:
- Beginn und Ende der Arbeitszeit
- Tägliche und wöchentliche Höchstarbeitszeiten
- Pausen und Ruhezeiten
- Arbeitszeiterfassung und Arbeitszeitkonten
- Teilzeit, Altersteilzeit, Elternzeit, Pflegezeit und
  Familienpflegezeit
- Mehrarbeit und Überstunden
- Mobiles Arbeiten, Home-Office und Telearbeit
- Schicht- und Nachtarbeit
- Wege- und Umkleidezeiten
- Arbeitszeit und Freizeit, Zeitsouveränität der
  Beschäftigten

Bund-Verlag

Kompetenz verbindet

Kittner

Arbeits- und Sozialordnung

Gesetze, Einleitungen, Übersichten
48., überarbeitete, aktualisierte Auflage
2023. 1.759 Seiten, kartoniert
Online-Zugriff auf alle Inhalte
€ 42,–
ISBN 978-3-7663-7290-2

Gesetze plus Orientierung und auf neuestem Stand – das ist die Erfolgsformel des jährlich neu aufgelegten Kittner. Grundlage der umfangreichen Textsammlung sind über 100 Gesetze und Verordnungen, die Betriebs- und Personalräte gut kennen sollten.

Der Mehrwert des Kittner:
Einleitungen vor den einzelnen Gesetzen informieren über Entstehung, Entwicklung und Inhalte des Gesetzes und erörtern aktuelle Rechtsfragen. Mehr als 80 neu gestaltete Checklisten, Übersichten und Grafiken veranschaulichen die Zusammenhänge und schaffen rasches Verständnis. So erkennen Leser und Leserinnen auf einen Blick, wie etwa ein Kündigungsschutzverfahren abläuft oder welche Beteiligungsrechte die Interessenvertretungen haben.

Der Erwerb der Print-Ausgabe berechtigt zum Online-Zugriff auf alle Inhalte des Kittner – ergänzt um alle Gesetze und höchstrichterliche Rechtsprechung im Volltext.

Bund-Verlag